AF820362

B. G. TEUBNERS HANDBÜCHER FÜR HANDEL UND GEWERBE

Die Handbücher sollen in erster Linie dem Kaufmann und Industriellen ein geeignetes Hilfsmittel bieten, sich rasch ein wohlbegründetes Wissen auf den Gebieten der Handels- und der Industrielehre, der Volkswirtschaft und des Rechtes, der Wirtschaftsgeographie und der Wirtschaftsgeschichte zu erwerben, wie es die erhöhten Anforderungen des modernen Wirtschaftslebens erfordern. Aber auch allen Volkswirtschaftlern und Politikern sowie den Verwaltungs- und Steuerbehörden wird die Sammlung willkommen sein, da sie in ihr die so oft nötigen zuverlässigen Nachschlagewerke über die verschiedenen kaufmännischen und industriellen Fragen finden werden.

Die Bilanzen d. privaten u. öffentl. Unternehmungen. Von R. Passow. 2 Bde. gr. 8. I. Bd. Allgemeiner Teil 3., neu durchges. Aufl. [VIII u. 306 S.] Geh. *M* 64.—, geb. *M* 80.—. II. Bd. Die Besonderheiten in den Bilanzen der Aktiengesellschaften, Gesellschaften mit beschränkter Haftung, Genossenschaften d. bergbaul., Bank-, Versicherungs- u. Eisenbahnunternehmungen, d. Elektrizitäts-, Gas- u. Wasserwerke sowie d. staatl. u. kommunalen Erwerbsbetriebe. 2., erw. u. verb. Aufl. [VI u. 298 S.] Geh. *M* 52.—, geb. *M* 64.—

Sozialpolitik. Von O. v. Zwiedineck-Südenhorst. [IX u. 450 S.] gr. 8. Geh. *M* 36.80, geb. *M* 52.—

Versicherungswesen. Von A. Manes. 3. neubearb. u. erweiterte Auflage. I. Bd.: Allgemeine Versicherungslehre. [XIV u. 231 S.] gr. 8. II. Bd.: Besondere Versicherungslehre. [XIV u. 357 S.] gr. 8.

Das Genossenschaftswesen in Deutschland. Von W. Wygodzinski. 2. Aufl. [Unter der Presse 1922.]

Einführung in die Elektrotechnik. Physikal. Grundlagen u. techn. Ausführungen. Von R. Rinkel. Mit 445 Abbild. im Text. [VI u. 464 S.] gr. 8. Geh. *M* 44.80, geb. *M* 48.—

Die Eisenindustrie. Von Oskar Simmersbach. Mit 92 Abbild. [X u. 322 S.] gr. 8 Geh. *M* 28.80, geb. *M* 32.—

Die chemische Industrie. Von Gustav Müller. Unter Mitwirkung von Fritz Bennigson in Berlin. [VIII u. 488 S.] gr. 8. Geh. *M* 44.80, geb. *M* 48.—

Chemische Technologie. Von Fr. Heusler. Mit 126 Abb. [XVI u. 351 S.] gr. 8. Geh. *M* 32.—, geb. *M* 34.40.

Die Zuckerproduktion der Welt. Von H. Paasche. [VI u. 338 S.] gr. 8. Geh. *M* 29.60, geb. *M* 32.—

Weitere Bände befinden sich in Vorbereitung.

Verlag von B. G. Teubner in Leipzig und Berlin

Preisänderung vorbehalten

B. G. TEUBNERS HANDBÜCHER FÜR HANDEL UND GEWERBE

VERSICHERUNGSWESEN

VON

ALFRED MANES

ERSTER BAND

ALLGEMEINE VERSICHERUNGSLEHRE

DRITTE NEUBEARBEITETE
UND ERWEITERTE AUFLAGE

FÜNFTES UND SECHSTES TAUSEND

SPRINGER FACHMEDIEN WIESBADEN GMBH 1922

ISBN 978-3-663-15215-6 ISBN 978-3-663-15778-6 (eBook)
DOI 10.1007/978-3-663-15778-6

SCHUTZFORMEL FÜR DIE VEREINIGTEN STAATEN VON AMERIKA:
COPYRIGHT 1922 BY SPRINGER FACHMEDIEN WIESBADEN
URSPRÜNGLICH ERSCHIENEN BEI B. G. TEUBNER IN LEIPZIG 1922

ALLE RECHTE, EINSCHLIESSLICH DES ÜBERSETZUNGSRECHTS, VORBEHALTEN.

VORWORT ZUR ERSTEN AUFLAGE (1905).

Dieses Werk ist nur ein Teil einer Sammlung von Handbüchern für Handel und Gewerbe. Seine Anlage hat sich daher in den Plan einzufügen, welcher für die ganze Sammlung aufgestellt ist. Danach soll eine gemeinverständliche, objektive, systematische Darstellung vom Stande der wissenschaftlichen Forschungen und der tatsächlichen Verhältnisse gegeben, polemische und kritische Auseinandersetzungen, rein theoretische Erörterungen und nicht notwendige Zitierungen aber vermieden werden.

Ferner ist nach dem Plane der Sammlung in dem das Versicherungswesen behandelnden Bande für die Arbeiterversicherung kein Raum. Diese soll vielmehr mit der Darstellung der Sozialpolitik verbunden werden. Ebenso gehen über den diesem Werke gesetzten Rahmen hinaus die Gebiete, welche als Versicherungsmathematik und als Versicherungsrecht bezeichnet werden. Auch für sie sind besondere Bände vorgesehen. Der Inhalt dieses Buches läßt sich mithin am treffendsten wohl als Darstellung der Versicherungswirtschaft bezeichnen. Es ist dies der bisher am meisten vernachlässigte Teil der Versicherungswissenschaft.

Ein Handbuch und ein Lehrbuch will das Werk sein. Es wendet sich mithin in erster Linie an die Unwissenden. Aber auch der Kenner wird vielleicht manche neue Anregung darin finden, da nicht nur die deutsche, sondern auch die ausländische Literatur, soweit ihre Beschaffung nur irgendwie möglich war, bei der Darstellung des Versicherungswesens berücksichtigt wurde. Für jede Versicherungsart und für alle Streitfragen wurde Rücksprache mit bewährten Männern der Praxis genommen. Wo die Literatur versagte, und das war nur zu häufig der Fall, habe ich aus erster Hand zu schöpfen gesucht und dabei im Inland wie im Ausland fast stets liebenswürdigste Förderung durch zahlreiche Helfer gefunden. Auch an dieser Stelle sei ihnen allen gedankt.

Daß hier eine ganze Reihe von Vorgängen und Tatsachen auf dem Gebiet der Versicherung, welche von der wissenschaftlichen Welt bisher nur wenig oder gar nicht beachtet wurden — wie die Versicherungskartelle, die neueren kleinen Versicherungszweige, die Entwickelung der Versicherungswissenschaft usw. — ans Tageslicht gebracht werden, wird hoffentlich den Lehrzweck des Buches nicht beeinträchtigen.

Neben dem deutschen hat vorzugsweise das amerikanische und englische Versicherungswesen Beachtung gefunden. Maßgebend hierfür war die auf Grund längeren Aufenthalts im Ausland gewonnene Überzeugung, daß gerade England und Nordamerika die für uns lehrreichsten Erscheinungen aufweisen. Dort die einheitliche alte Entwickelung, frei von nahezu jeder staatlichen Einmischung; hier die erste junge, aber um so intensivere Entwickelung bei einer überaus weitgehenden Einschnürung durch mehr als fünfzig verschiedene Gesetzgeber! Das Studium gerade der so entgegengesetzten Versicherungsverhältnisse in den drei Ländern: Deutschland, England und Nordamerika, in welchen übrigens die Versicherung am weitesten verbreitet ist, dürfte das Verständnis der zahlreichen Probleme, die dieses Werk behandeln muß, erleichtern und den Satz Goethes rechtfertigen: „Die Theorie an und für sich ist nichts nütze, als insofern sie uns an den Zusammenhang der Erscheinungen glauben macht."

Berlin-Wilmersdorf, im Herbst 1904. A. M.

VORWORT ZUR ZWEITEN AUFLAGE (1913).

In dem Jahrzehnt, das seit Beginn der Abfassung der ersten Auflage verflossen ist, haben sich außergewöhnlich viele und wichtige Ereignisse in allen Teilen der Versicherung eingestellt. Abgesehen von dem siegreichen Vordringen der Sozialversicherung in nahezu sämtliche Kulturländer, hat auf dem Gebiete der Privatversicherung die Aufsichts- wie die Vertragsgesetzgebung sich entfaltet, die Praxis sämtlicher Versicherungszweige ist durch Einführung neuer Versicherungsbedingungen wenigstens in Deutschland nicht unerheblich umgestaltet worden; bisher wenig oder gar nicht bekannte Zweige sind allgemein zur Verbreitung gelangt; die Zahl der Versicherungspolicen, wie die Höhe der versicherten Summen und die Kapitalien der Versicherungsanstalten haben sich enorm vermehrt; das Unterrichtswesen wie die Literatur auf dem Gebiete der Versicherung haben eine bisher unbekannte Ausdehnung erlangt. Wo früher lediglich Routine und rein kaufmännischer Betrieb in der Versicherung geherrscht hat, sieht man sich immer mehr gezwungen, eine höhere Auffassung vom Wesen und den Zielen der Assekuranz an die Stelle zu setzen, ihre hohen sozialen Aufgaben stärker zu betonen und die Lehren der Wissenschaft weniger zu ignorieren.

Aus allen diesen Tatsachen ist die gute Aufnahme der ersten Auflage dieses Werkes auch außerhalb Deutschlands wohl zu erklären. Es gereicht mir dabei zu besonderer Freude, daß eine Anzahl Autoren sich meinen Band als Vorbild für ihre Bearbeitungen des Versicherungswesens haben dienen lassen und wenigstens teilweise diese Tatsache ausdrücklich hervorheben.

Bei der neuen Auflage ist kaum eine Seite unverändert geblieben, denn ich habe redlich versucht aus den zahlreichen Kritiken, die erfreulicherweise nicht immer nur Lobreden enthielten, zu lernen. Namentlich der zweite, besondere Teil ist durchweg neu gestaltet worden. Die ganze Anlage, das System, der Umfang des Werkes sind aber im wesentlichen beibehalten worden. Zu ihrer Abänderung lag um so weniger Anlaß vor, als das von mir herausgegebene „Versicherungslexikon“ nebst „Ergänzungsband“ (Tübingen 1909 bzw. 1913) sämtliche Materien dieses Werkes aus der Feder bekannter Fachleute in größerer Ausführlichkeit mit umfassenden Literaturnachweisen behandelt, während eine kurze Fassung dieses Werkes in meinen „Grundzügen des Versicherungswesens“ (Leipzig, 2. Auflage 1911) vorliegt. Vom Abdruck der Versicherungsbedingungen konnte jetzt Abstand genommen werden, nachdem diese in der „Sammlung von Versicherungsbedingungen“ des Deutschen Vereins für Versicherungswissenschaft (5 Bände, Berlin 1909/1913) bzw. in meiner „Einführung in die Praxis der Privatversicherung“ (Tübingen 1908) erschienen sind.

Möge auch diese neue Auflage dazu beitragen, das Wissen von der Versicherung zu verbreiten und zu fördern.

Berlin-Wilmersdorf, im Herbst 1912. A. M.

VORWORT ZUR DRITTEN AUFLAGE (1921).

Zwischen der zweiten und der dritten Auflage dieses Werkes liegt der erste Akt der Weltrevolution. Er hat die Versicherung als solche nur in Rußland vernichtet, charakteristischerweise aber auch hier erst, nachdem alle übrigen kapitalistischen Einrichtungen beseitigt worden waren. Im übrigen hat die Versicherung kaum stärkere Erschütterungen erfahren, als andere Wirtschaftsorganisationen der am Kriege unmittelbar oder auch nur mittelbar beteiligten Länder. Immerhin haben die gewaltigen Ereignisse der Jahre 1914—1921 in zahlreichen Beziehungen bald auf diesen, bald auf jenen Versicherungszweig eingewirkt und viele Änderungen und Neuerungen hervorgerufen. Auch die Versicherungsliteratur ist in den letzten acht Jahren keineswegs dürftig gewesen. So erklärt es sich, wenn die vorliegende Neuauflage viele Änderungen, die hoffentlich auch als Verbesserungen bezeichnet werden dürfen, hat erfahren müssen. Auch an zahlreichen Erweiterungen fehlt es nicht. Durch die eingehendere Berücksichtigung der Versicherungsbedingungen aller Zweige und die Wiedergabe von Prämientarifen dürfte die praktische Verwendbarkeit des Buches erhöht worden sein. Unmittelbar vor Beendigung des Drucks ergab sich noch die Möglichkeit, gerade erscheinende Statistiken für 1919 und für 1920 zu benutzen. Die Zerlegung des Werkes in zwei Bände soll namentlich den Studenten die Anschaffung erleichtern.

Berlin-Wilmersdorf, Neujahrstag 1922.
Güntzelstr. 63.

ALFRED MANES.
Prof. Dr. phil. Dr. jur.

INHALTSVERZEICHNIS.

Erster Band.

Allgemeine Versicherungslehre.

I. Begriff und Wesen der Versicherung.

II. Entwicklung und Bedeutung der Versicherung.

III. Organisation der Versicherung.

IV. Versicherungstechnik (Betriebskunde).

V. Versicherungspolitik.

Zweiter Band.

Besondere Versicherungslehre.

(Die einzelnen Zweige der Privatversicherung.)

V. Transportversicherung.

VI. Feuerversicherung.

VII. Hagelversicherung.

X. Rückversicherung.

ERSTER BAND

ALLGEMEINE VERSICHERUNGSLEHRE

I. Begriff und Wesen der Versicherung.

§ 1. Begriffserläuterung.

Die wirtschaftliche Tätigkeit des Menschen ist auf die Deckung des verschiedenartigsten Bedarfs gerichtet. Je nach den besonderen Kulturzuständen, Lebensverhältnissen, Charaktereigenschaften der Menschen können wir eine sachliche Ordnung in der Befriedigung der einzelnen Teile des Gesamtbedarfs wahrnehmen. Ebenso ist aber auch eine zeitliche Ordnung in der Bedarfsdeckung vorhanden. Auf einer gewissen Kulturstufe begnügt sich der Mensch nicht mehr damit, für die elementaren Bedürfnisse der Lebenserhaltung zu sorgen. Außer diesen werden für sein wirtschaftliches Verhalten bestimmend nicht nur der gegenwärtig notwendige, sondern auch der zukünftige, in absehbarer Zeit eintretende, nicht nur der sichere, sondern auch der wahrscheinliche Bedarf. Der Mensch sucht dann seine gegenwärtigen Einnahmen auf längere Wirtschaftsperioden zu verteilen. Aber die Erfahrung lehrt ihn bald ein Doppeltes: einerseits ist das einzelne Wirtschaftssubjekt nicht imstande, für jeden künftigen möglichen Bedarf in ausreichender Weise zu sorgen, andererseits hat eine große Zahl von Wirtschaftssubjekten mit der Möglichkeit desselben Bedarfs zu rechnen, ohne daß dieser aber in allen Fällen eintritt. Sobald zu dieser Einsicht die Erkenntnis der Gesetzmäßigkeiten anscheinend rein zufälliger Ereignisse innerhalb einer ausreichend großen Gruppe von Wirtschaftssubjekten und der Wunsch sowie die Fähigkeit zur Veranstaltung einer gemeinsamen planmäßigen Organisation der denselben Gefahren ausgesetzten Wirtschaftssubjekte tritt, ist die Versicherung vorhanden.

Denn unter Versicherung versteht man: auf Gegenseitigkeit beruhende wirtschaftliche Veranstaltungen zwecks Deckung zufälligen schätzbaren Vermögensbedarfs.

Die nähere Betrachtung der einzelnen Begriffsmerkmale wird zu einer deutlicheren Vorstellung vom Wesen der Versicherung führen.

Wenn unter Versicherung wirtschaftliche Veranstaltungen verstanden werden, so soll hiermit zunächst das Erfordernis ihrer Planmäßigkeit ausgedrückt werden. Die Versicherung muß auf vernünftigen Erwägungen aufgebaut sein. Die Mühe, welche man für sie aufwendet, muß dem Erfolg wenigstens erwartungsgemäß entsprechen. Das Prinzip aller Wirtschaftlichkeit: die Befriedigung eines möglichst großen Bedarfs mit möglichst geringen Mitteln, soll Anwendung finden. Dabei muß es sich um die Deckung eines Bedarfs handeln, den der einzelne isoliert aufzubringen möglicherweise nur schwer imstande oder unfähig ist, sonst werden freiwillig nur wenig Wirtschaftssubjekte von der Versicherung Gebrauch machen, weil es dann an Anreizmitteln zur Überwindung des wirtschaftlichen Egoismus fehlt.

Aus dem Begriff wirtschaftliche Veranstaltungen ergibt sich weiter die Entgeltlichkeit aller Versicherung. Jeder Teilnehmer hat, sei es selbst, sei es durch Vermittlung eines anderen, einen Einsatz, einen Beitrag zu leisten, der im Verhältnis zu dem ihm drohenden Bedarf nur gering ist. Alle Einzelbeiträge zusammen müssen aber ausreichend sein, um die etwa erforderlichen Mittel zu beschaffen. Der Einsatz braucht nicht unmittelbar in Geld zu bestehen, er kann auch in Arbeitsleistungen zum Ausdruck kommen.

Zuweilen wird den Teilnehmern an den wirtschaftlichen Veranstaltungen von anderer Seite ein Zuschuß zu dem Ersatzbetrag gewährt, den sie auf Grund ihrer eigenen Beiträge beanspruchen können. Dieser Umstand nimmt einer solchen Einrichtung nicht den Charakter der Versicherung. Es handelt sich dann vielmehr um eine Vereinigung von Versicherung und Unterstützung, wie man sie bei unserer sozialen Invaliden-, Alters- und Hinterbliebenenversicherung beobachten kann.

Die Bezeichnung Gegenseitigkeit bedeutet mehr als Gemeinschaftlichkeit oder genossenschaftliche Organisation; die Gegenseitigkeit ist das Charakteristikum der Versicherung; sie setzt eine Vielheit von Wirtschaften voraus, die bewußt oder unbewußt untereinander in der Weise in Verbindung stehen, daß die Leistungen einer jeden im Bedarfsfalle jeder anderen zugute kommen. Hierin liegt, daß nicht etwa alle Beteiligten gleiche Beiträge entrichten müssen. Dadurch, daß man eine Vielheit von Wirtschaften verlangt, spricht man der sogenannten Selbstversicherung (S. 18) den Charakter der Versicherung ab, hält vielmehr die Vereinigung einer möglichst großen Anzahl verschiedener Wirtschaftssubjekte und innerhalb der Vereinigung die Verteilung der Leistungen für ein Grunderfordernis jeder wirklichen Versicherung.

Die Art und Weise der Bewirkung der Gegenseitigkeit ist wirtschaftlich ohne Bedeutung. Die ökonomische Idee ist stets dieselbe. Nur die äußere, die juristische Form kann verschieden sein. Heute gelangt die Gegenseitigkeit im allgemeinen zum Ausdruck entweder in der Rechtsform eines Gegenseitigkeitsvereins, bei dem sich die gefährdeten Personen selbständig organisieren, oder in der einer Aktiengesellschaft, bei der ein fremder Unternehmer die Organisation vornimmt. Sowohl bei dieser, wie bei jener Form stellt man der Organisation als solcher, die man als Versicherungsanstalt oder als Versicherer bezeichnet, die einzelnen beteiligten Personen, die wir Versicherte nennen, gegenüber.

Das Wort Vermögensbedarf ist im weitesten Sinne gedacht. Es kann sich um einen unmittelbaren Verlust, um Gewinnentgang, um Aufhören der Sparfähigkeit, um Ausgaben zur Abwehr eines drohenden Verlustes, um den Zwang zu irgendeiner Ausgabe handeln. In allen Fällen ist ein Vermögensbedarf vorhanden, wobei das Wort Vermögen in der üblichen Auffassung einfach als die Verfügungsgewalt über Sachgüter gebraucht wird. Das Ereignis, welches den Bedarf hervorruft, den Versicherungsfall bewirkt, ist bald ein elementares (Feuer, Hagel, Tod), bald eine menschliche Handlung (Fahrlässigkeit, Einbruchdiebstahl), bald ein solches des Wirtschaftslebens (Bankrott, Streik, Arbeitslosigkeit).

Dazu kommt die Eigenschaft der Zufälligkeit des Bedarfs. Das will sagen: seine willkürliche Herbeiführung durch denjenigen, dem der Ersatz geleistet werden soll, muß möglichst ausgeschlossen sein, sei es, daß Menschenkraft dazu überhaupt außerstande ist (wie bei Hagel oder Sturm), sei es, daß der Anreiz zur Herbeiführung durch Strafgesetze (wie bei Brandstiftung), durch die drohende berufliche Schädigung (wie bei der Haftpflicht des Arztes zufolge eines Operationsfehlers) oder (wie bei Selbstmord) durch sonstige Nachteile hintangehalten wird; die Herbeiführung des Bedarfsfalles muß für den Versicherten irgendwie materiell nachteilig sein, mag er auch in anderer Beziehung davon einen Vorteil haben (z. B. bei der Verheiratung einer Tochter).

Im einzelnen kann es unbestimmt sein, ob der Bedarf überhaupt eintritt. Es genügt aber auch, daß es lediglich unbestimmt ist, wann er eintritt oder in welcher Höhe er eintritt oder wie lange er andauert. Zufall in der Privat- wie in der Volkswirtschaft sind nämlich auch alle Ereignisse, deren Kommen wir zwar vermuten oder wissen und deren Ursachen wir kennen, bei denen wir aber den Zeitpunkt des Eintritts oder den Umfang nicht nach unserem Belieben zu regeln vermögen. Irgendwie zufällig ist der Bedarf dann doch stets. Auch hinsichtlich der Beitragsleistungen kommt das Moment des Zufalls, wenigstens für viele Fälle der Lebensversicherung, in Betracht, wie schon aus dem Begriff der Gegenseitigkeit hervorgeht. Die vereinzelt vertretene Auffassung, daß die Versicherung nur für den Versicherten den Charakter der Zufälligkeit besitze, ihn aber für den Versicherer abgestreift habe, ist nicht haltbar. Mit ebensoviel Berechtigung könnte man, wenigstens in vielen Fällen, das Gegenteil behaupten.

Trotz der Zufälligkeit muß der Vermögensbedarf schätzbar, statistisch meßbar sein. Dies bedeutet: jede Versicherung muß auf den Regeln beruhen, welche die Gesetzmäßigkeiten zufälliger Ereignisse diktieren, muß aufgebaut sein auf den Erfahrungen der Statistik, muß sich womöglich unter die Regeln der Wahrscheinlichkeitsrechnung bringen lassen. Diese von dem wirtschaftlichen Wesen der Versicherung nicht zu trennende Schätzbarkeit muß sich aber nicht allein auf die Zahl der Fälle erstrecken, sondern auch auf die Höhe der benötigten Deckung.

Zwecks Deckung des Bedarfs wird die gesamte Veranstaltung unternommen. In je höherem Maße sie durch eine Deckungsmittelgewährung erzielt wird, in desto größerem Umfange erfüllt die Versicherung ihre Aufgabe. Vollkommene Deckung ist das Ideal. Eine nur teilweise Deckung ist aber keineswegs aus dem Wesen der Versicherung auszuschließen, vielmehr aus technischen oder rechtspolitischen Gründen zuweilen wünschenswert, ja notwendig. Hingegen hört die Versicherung als solche auf, sobald mehr als der erwartungsmäßige Bedarf gedeckt, d. h. bewußt und gewollt ein Gewinn erzielt wird. Dann kann die Veranstaltung zur Wette, zum Spiel werden. Andererseits genügt es, um das Vorliegen einer Versicherung zu rechtfertigen, daß beim Abschluß mit der wenn auch ganz entfernten Möglichkeit eines Bedarfs nach der Auffassung des Versicherten gerechnet wird. Auch der Milliardär kann also eine Lebensversicherung abschließen.

Ob die Deckung in Geld erfolgt, durch Wiederherstellung einer beschädigten oder durch die Lieferung einer neuen Sache oder durch Gewährung ärztlicher Hilfe, ist gleichgültig; ebenso, ob die Deckung durch eine einmalige Leistung geschieht oder durch periodisch wiederkehrende Leistungen.

Da die Deckung des Bedarfs der Zweck der Versicherung ist, so liegt eine Versicherung nicht vor, wenn der Zweck unerreichbar ist. Es gehört schon begrifflich zur Versicherung, daß jeder Teilnehmer einen festen Anspruch auf die Deckung hat. Ob dieser sich auf einen privatrechtlichen Vertrag gründet oder auf staatsrechtlichen Zwang, ist für den Begriff der Versicherung unwesentlich. Nicht erforderlich ist, daß der Anspruch auf dem gewöhnlichen Rechtsweg geltend gemacht werden kann; auch ein schiedsrichterliches Verfahren oder die Entscheidung durch den Spruch von Berufsgenossen ist ausreichend. (Wirtschaftlich betrachtet handelt es sich z. B. bei den deutschen Streikentschädigungsgesellschaften (§ 61) um echte Versicherungen, mögen sie auch verwaltungsrechtlich nicht als Versicherungsunternehmungen angesehen werden.) Wo aber nichts anderes als Willkür oder nur die Hoffnung auf die Betätigung der Mildtätigkeit besteht, hört die Versicherung auf. Da beginnt das Unterstützungswesen, die Charitas, die Armenpflege, welche möglichst zu verdrängen und durch feste Rechtsansprüche auf Versorgung zu ersetzen die kulturell wichtige Aufgabe der Assekuranz ist.

Die Deckung kann auf verschiedene Weise erreicht werden: durch nachträgliche Umlegung wie durch vorherige Erhebung von Beiträgen, meist Prämien genannt, und bei diesem wie bei jenem Verfahren unterscheidet man mannigfache Unterarten. (Vgl. § 16.)

Aus den Begriffen der Gegenseitigkeit, Zufälligkeit, Schätzbarkeit und Bedarfsdeckung folgt der (bei der technischen Gestaltung des Versicherungswesens näher zu erörternde) Grundsatz des Erfordernisses der Verhältnismäßigkeit zwischen Leistung und Gegenleistung unter den bei der Versicherung Beteiligten in ihrer Gesamtheit.

Damit ist jedoch nicht gesagt, daß diese Verhältnismäßigkeit im Einzelfall etwa wirklich eintritt. Es ist in diesem vielmehr gerade die Ungleichheit zwischen Leistung und Gegenleistung ein charakteristisches Merkmal der Versicherung. Gerade auf dem Unterschied zwischen der erwartungsmäßigen und der tatsächlichen Leistung und Gegenleistung — diese Differenz wird Risiko genannt — beruht die gesamte Idee der Versicherungsorganisation.

Die hier versuchte wirtschaftliche und damit notgedrungen auch technische Begriffsbestimmung, (welche zu zahlreichen kritischen Erörterungen Anlaß gegeben und neben wiederholter Ablehnung häufig Zustimmung gefunden hat,) will das Problem lösen, einen allgemein verständlichen, möglichst kurzen Ausdruck zu finden für sämtliche Versicherungsarten und Versicherungsformen. Dabei wird von der Auffassung ausgegangen, daß eine wissenschaftliche wirtschaftliche Definition der Versicherung möglichst übereinstimmen muß mit dem, was der vernünftige allgemeine Sprachgebrauch unter Versicherung versteht, wenngleich zuzugeben ist, daß der Sprachgebrauch allein nicht maßgebend sein darf.

Es gibt keine wirtschaftliche Begriffsbestimmung, die eine absolute Richtigkeit für alle Zeiten hat. Wie das Wirtschaftsleben sich ändert, müssen sich auch die Begriffe ändern; und will die Wissenschaft nicht jede Fühlung verlieren mit dem praktischen Leben, das die Mutter der Nationalökonomie ist, so muß sie zusehen, daß ihre Definitionen mit der Auffassung des praktischen Lebens, sofern diese nicht etwa widersinnig ist, übereinstimmen. Unter diesen Umständen erscheint es sehr wenig angebracht, als Versicherung nicht nur das aufzufassen, was hier darunter verstanden werden soll, sondern unter diesen Begriff sämtliche Maßregeln wirtschaftlichen Schutzes, alle Veranstaltungen zur Meidung und Unterdrückung von Gefahren, wie beispielsweise das Sparwesen, zu bringen, ja selbst Bettelei und Notkredit, die Einrichtung von Reservefonds, technische Sicherungsvorrichtungen, wie Blitzableiter, als Versicherung aufzufassen. Denn wenn man den möglichen Eintritt eines Ereignisses durch irgendeine Maßregel bestimmt vermeiden kann, so hat man bereits die Sicherheit des Nichteintritts; man braucht also keine Vorsorge für die wirtschaftlichen Folgen zu treffen; denn sie kommen ja nicht. Man braucht sich nicht zu versichern, wenn man gesichert ist. Dieser Mißbrauch des Begriffs der Versicherung beruht auf der Verwechselung von Sicherung und Versicherung.

Ebenso verkehrt wie die Versuche, den Begriff der Versicherung ungebührlich auszudehnen, ist aber auch das Bestreben, nur wenige Versicherungsarten als echte Versicherungen anzuerkennen, z. B. nur die eigentlichen Schadenversicherungen, nicht aber die Lebensversicherung, oder nur die private, nicht die soziale Versicherung. Hat den ersteren Fehler eine einseitige technologische Auffassung hervorgerufen, so verdanken wir den letzteren einer einseitigen oder vielmehr der rein juristischen Auffassung der Versicherung. Diese ist aber zunächst in ihrem Wesen weder technisch noch juristisch, sondern vielmehr eine wirtschaftliche Einrichtung. Die technische Ähnlichkeit darf den Nationalökonomen ebensowenig zu einer falschen Definition verleiten, wie der Umstand, daß es dem Juristen Schwierigkeiten macht, eine einwandfreie, auf alle Versicherungsarten passende Begriffsbestimmung zu finden. Die scharfe Trennung zwischen privatem und öffentlichem Recht, die Eigenart der Sozialversicherung, die nicht wie die Privatversicherung auf Verträgen beruht, und der Umstand, daß der Jurist durchweg das einzelne Versicherungsverhältnis mit den sich daraus ergebenden Rechtsfolgen, nicht aber das ganze Gebilde ins Auge faßt, erklären wenigstens teilweise die großen Meinungsverschiedenheiten, die hier obwalten. Vielleicht kann man sich dahin einigen, daß als Versicherung im Rechtssinn anzusehen ist: ein selbständiges, entgeltliches Rechtsverhältnis, in welchem der eine Teil zwecks Deckung eines künftigen Vermögensbedarfs sich von dem anderen, solche Rechtsverhältnisse planmäßig im großen eingehenden Teil für einen irgendwie zufällig eintretenden Ereignisfall oder Zeitpunkt eine Leistung versprechen läßt.

Allen Versicherungen liegt derselbe Zweckgedanke zugrunde, nämlich: sie wollen Deckungsmittelversicherung für Individualbedarf liefern. Diese Sicherungsabsicht ist mit Recht nicht nur als ein gemeinsames und wesentliches Merkmal aller Versicherungsverträge bezeichnet worden, sondern zugleich als das einzige, das die Versicherungsgeschäfte von den reinen Wagnisgeschäften scheidet.

Eine systematische Einteilung des Gesamtgebietes der Versicherung ist nach verschiedenen Gesichtspunkten möglich. So unterscheidet man unter Hervorhebung juristischer Momente Privatversicherung und öffentliche Versicherung, je nachdem die Rechtspersönlichkeit des Versicherers der Sphäre des Privatrechts oder des öffentlichen Rechts angehört. Nicht minder sind es juristische Momente, welche die Einteilung der Versicherung in freiwillige und obligatorische, in Vertrags- und in Zwangsversicherung bedingen. Hingegen sind es wirtschaftliche Momente, welche die Einteilung in gewerbliche und gemeinwirtschaftliche Versicherungen bestimmen, gesellschaftliche Momente, welche zur Scheidung von Individual- und Sozialversicherung führen: diese wie jene können sowohl öffentliche wie private Versicherungen sein. In der Regel stellt sich die Sozialversicherung als öffentliche, die Privatversicherung als Individualversicherung dar.

Von Sozialversicherung spricht man, wenn eine Versicherung sozialpolitische Aufgaben zu erfüllen hat, wie unsere reichsgesetzliche Kranken-, Unfall-, Alters-, Invaliden-, Hinterbliebenen- und Angestelltenversicherung, von Privatversicherung (die meistens Vertragsversicherung ist), wenn die Versicherung solcher sozialpolitischer Aufgaben entbehrt. Bei beiden können Träger der Versicherung Privatanstalten jeder Art, wie Staatsanstalten jeglicher Form sein; der Umstand, daß eine Versicherung von einer öffentlich-staatlichen Unternehmung betrieben wird (die Feuerversicherung bei den preußischen Sozietäten), macht sie noch nicht zu einer sozialpolitischen, so wenig wie es ausgeschlossen ist, daß eine privatrechtliche Unternehmung der Sozialversicherung dient (als Ersatzkassen zugelassene Versicherungseinrichtungen in der Angestelltenversicherung). Im Anschluß an diese praktische Gestaltung wird auch in der vorliegenden Darstellung diese Haupteinteilung gewählt, ungeachtet mancher Bedenken, die sich vielleicht geltend machen lassen.

Versucht man eine Untereinteilung der Privatversicherung, so ergibt sich die Schwierigkeit, daß es keinen geschlossenen Kreis der Versicherungsarten gibt, daß täglich neue entstehen können, die der Zwangsjacke des Systems spotten. Allgemein üblich ist indessen die Einteilung in drei große Gruppen:

1. Personenversicherungen (Lebens-, Kranken-, Invaliden-, Hinterbliebenen-, Unfallversicherung usw.);

2. Sachversicherungen, Güterversicherungen (Feuer-, Transport-, Hagel-, Viehversicherung usw.);

3. Vermögensversicherungen (Kredit-, Hypotheken-, Haftpflicht-Rückversicherung usw.).

Logisch richtig erscheint die Einteilung in Versicherungen für Folgen von Ereignissen, welche notwendig eintreten müssen, wie der Tod, und solche, bei denen dies nicht der Fall ist, wie eine Heirat oder ein Feuer oder ein Sturm. Gelegentlich werden als eine besondere Gruppe Forderungsversicherungen ausgeschält, zu welchen die Auslosungsversicherung, die Kreditversicherung und die Betriebsverlustversicherung gerechnet werden.

In Anlehnung an das Versicherungsvertragsgesetz unterscheidet man zwischen Personenversicherung und Schadensversicherung, oder auch zwischen Summenversicherung und Schadensversicherung. Leitend ist hierbei die keineswegs stets richtige Auffassung, daß zwar die Versicherungsfälle in der Güter- und Vermögensversicherung Schadenfälle darstellen, bei der Personenversicherung ein Vermögensschaden aber nicht notwendigerweise vorliegen oder nachgewiesen werden muß, während ein solcher Nachweis bei den übrigen Versicherungen für die Ersatzleistung Voraussetzung ist.

Beachtenswert ist auch die Unterscheidung nach dem ökonomischen Zweck, welchem die einzelne Versicherungsart dient, in Werterhaltungs-, Wertübertragungs- und Wertzerstörungsversicherung.

Es sei schließlich noch der Einteilung gedacht, die nach der Art der Ursache der Vermögensbedürfnisse die Assekuranzen ordnet, je nachdem ein Bedarf sich einstellt durch Elementarereignisse, durch menschliche Willkür, namentlich Verbrechen, durch soziale Ursachen u. dgl. m.

§ 2. Voraussetzungen und Grenzen.

So wenig eine Versicherung zu allen Zeiten der Wirtschaftsentwicklung möglich ist, so wenig kann es jemals eine Versicherung zur Deckung aller nur irgendwie denkbaren Vermögensbedürfnisse geben. Die Versicherung ist an ganz bestimmte Voraussetzungen geknüpft. Nur wo diese vorliegen, kann man die Versicherung aufbauen. Es müssen beispielsweise erst geeignete Wertaufbewahrungsmittel vorhanden sein, also eine umfassende Kapitalbildung, ehe man eine Versicherung durchführen kann. Aber die Auffassungen über die erforderlichen Voraussetzungen haben sich im Laufe der Zeit beträchtlich gewandelt. Die Erfahrung mit zahlreichen Versicherungen hat gelehrt, daß man ein stolzes Gebäude auf Grundlagen errichten konnte, die man in weniger entwickelten Zeiten nicht für anbaufähig gehalten hatte.

Es wäre auch merkwürdig, wenn die Versicherung in einem Zeitalter, in dem das ganze Verkehrsleben revolutioniert worden ist, keiner Ausdehnung fähig gewesen wäre. Gerade der Fortschritt im Verkehrswesen, insbesondere im Transportwesen, beispielsweise das Aufkommen der Eisenbahnen, hat neue Gefahren für das menschliche Leben und für Güter und Vermögen im Gefolge gehabt. Und wenn auch die Fortschritte der Technik noch so hoch steigen, um Menschenleben und Güter zu sichern, so bringt gerade die fortschreitende Technik auf der anderen Seite immer wieder neue, früher unbekannte Gefahren für Leben und Güter. Man denke nur an das Aufkommen des Automobils, an die Fortschritte der Luftschiffahrt und des Flugverkehrs. Gerade unser modernes Leben bewegt sich in einer ungeheuren Menge latenter Gefahren, häufig hervorgerufen durch die immer mehr fortschreitende Dienstbarmachung von Naturkräften, über welche wir in zahllosen Fällen einzelnen Menschen die Herrschaft anvertrauen; diese aber entfesseln häufig eine Katastrophe, sei es, daß sie noch nicht genügend zu jener Herrschaft ausgebildet sind, sei es, daß sie zu sehr gewohnt, der Gefahr zu begegnen, einmal doch die Wachsamkeit vergessen. So haben allmählich, wie wir noch sehen werden, die notwendigen Voraussetzungen in gewissem Sinne eine beträchtliche Einschränkung nach verschiedenen Seiten erfahren.

Den Voraussetzungen auf der einen Seite stehen die Grenzen der Versicherungsmöglichkeit auf der anderen Seite gegenüber, und zwar objektive, welche die Eigenschaft der Gefahr, und subjektive, welche die Eigenschaft der Person betreffen.

Die Betrachtung dieser Voraussetzungen und Grenzen kann Hand in Hand gehen und ist durchaus nicht, wie es den Anschein hat, lediglich von theoretischem, sondern von großem praktischen Interesse, zumal daraus erhellt, wie der Gedanke der Versicherung in verhältnismäßig kurzer Zeit unter dem Einfluß einer intensiven Wirtschaftsentwicklung ebenfalls zu ungeahnter Entwicklung gelangen konnte.

Es scheint auf den ersten Blick, daß Grundvoraussetzung aller Versicherung die absolute Zufälligkeit des Ereignisses sein müsse. Es ist jedoch bereits darauf hingewiesen, daß es genügt, wenn diese Zufälligkeit sich irgendwie betätigt, und sei es auch nur hinsichtlich der Höhe oder Dauer des notwendig werdenden Bedarfs. Aber die Geschichte der Versicherung zeigt uns, daß das Erfordernis der Zufälligkeit immer mehr Einschränkung erlitten hat. Nur dann, so glaubte man einst, wenn die Herbeiführung des Bedarfs durch den Versicherten unmöglich oder so gut wie ausgeschlossen ist, kann man eine Versicherung betreiben. Der Willkür des Versicherten wurde also der geringste Raum gewährt. Als nicht unter Versicherung zu bringende Willkür faßte man es beispielsweise auf, wenn der Versicherte seine Lebensbedingungen dadurch verschlechterte, daß er eine Seereise unternahm oder zu einem anderen Beruf überging oder in den Krieg zog. In diesen Fällen ging der Betreffende oder sein Rechtsnachfolger jedes Anspruchs auf Deckung des etwaigen Bedarfs verlustig. Nach und nach kam man zu der Überzeugung, daß die Zufälligkeit nicht wesentlich beeinträchtigt werde, wenn man in die Versicherung auch alle jene Fälle einschloß. Mit wachsender Ausdehnung der Versicherung wächst nämlich zwar die Möglichkeit des Mißbrauchs, nicht aber die Wahrscheinlichkeit. Die Zufälligkeit wird durch spekulative Momente alsdann weniger beeinflußt. Und so mag heute, wenigstens nach den Versicherungsscheinen vieler Gesellschaften, der Versicherte sich umbringen oder in den Krieg ziehen oder die größten Reisen unternehmen: diese Ereignisse beeinträchtigen die Durchführbarkeit der Versicherung in keiner beachtenswerten Weise.

Aber nicht nur innerhalb der bestehenden Versicherungszweige hat man die Voraussetzung der Zufälligkeit eingeschränkt, man hat auch neue Versicherungszweige eingeführt, darunter solche, bei denen gerade die Willkür des Versicherten den Schaden veranlaßt, der zu einem Bedarfe führt. So ist die Haftpflichtversicherung in gewissem Umfange die Versicherung gegen die Folgen der eigenen Nachlässigkeit und Fahrlässigkeit. Gerade sie darf als das typische Beispiel für die durch das moderne Verkehrsrecht wirtschaftlich notwendig gewordene Ausdehnung der Versicherungsgrenzen gelten. Ausreichende Zufälligkeit bietet auch die Arbeitslosigkeit, wenigstens die nicht selbst verschuldete; nicht minder hat man die durch Streik hervorgerufenen Bedarfsfälle, abgesehen von gewissen Ausnahmen, als versicherbar erkannt. Das bei jener Versicherungsart zu lösende Problem besteht in der Durchführbarkeit der Willkürfeststellung und einer ausreichenden Kontrolle zwecks etwaiger Verweigerung der Bedarfsdeckung durch den Versicherer. Weiterhin ist charakteristisch, daß neuerdings der Ersatz nicht nur des tatsächlich entstandenen Schadens, sondern auch des Gewinnentgangs in zunehmendem Umfang Versicherung findet.

Die Zufälligkeit begreift in sich das vereinzelte Auftreten des Bedarfs. Denn wenn dieser bei allen Teilnehmern zur gleichen Zeit und womöglich auch in der gleichen Höhe einträte, so hätte keiner einen Vorteil von der ganzen Veranstaltung; jeder hätte alsdann im Ergebnis seinen Schaden selbst zu tragen, und die ganze Einrichtung wäre zwecklos. Aber auf der anderen Seite darf sich der Bedarf auch nicht zu selten einstellen. Sonst schwindet der psychologische Drang zur Teilnahme an der Versicherung. Das vereinzelte Auftreten ist zeitlich wie örtlich zu verlangen. Aber die Möglichkeit des Eintritts muß dauernd vorhanden sein.

Trotz des vereinzelten Auftretens sieht man als eine fernere selbstverständliche Voraussetzung eine gewisse Regelmäßigkeit des Eintreffens der Bedarfsfälle an, die Häufigkeit ihres Vorkommens in nicht zu weit voneinander liegenden Zeiträumen. Wenn hier keine besonders bemerkenswerte Erweiterung der Grenzen stattgefunden hat, so liegt dies daran, daß es sich dabei weniger um eine wirtschaftliche als um eine psychologische Voraussetzung handelt. Nur zu leicht verfällt der Mensch in Sorglosigkeit. Hat er lange nichts von einem Schaden gehört, so denkt er nicht daran, daß dieser eintreten und ihn treffen kann. Er fühlt nicht das Bedürfnis Vorsorge zu treffen. Wenn sich aber auch wirtschaftliche und technische Bedingungen ändern, die menschliche Natur hält hiermit nicht Schritt.

Im Gegensatz zu der ebenerwähnten zeitlichen Bedingung steht eine örtliche. Die Schäden, gegen deren Folgen man Deckung sucht, dürfen nicht sämtlich oder in ihrer Mehrzahl auf einem zu engen Gebiete sich ereignen. Es muß vielmehr eine möglichst starke Verteilung auf ein möglichst großes Gebiet stattfinden. Wenn immer in derselben Gegend sehr schwere Hagelfälle vorkommen, wenn gerade in einem bestimmten Landesgebiet Viehseuchen häufig sind, so werden naturgemäß die Bewohner der anderen Gebiete nicht willig sein, in eine gemeinsame Veranstaltung mit den ganz besonders Gefährdeten zu treten. Diese aber haben bei der hohen Wahrscheinlichkeit des Eintretens der Schäden gerade bei ihnen naturgemäß auf die Dauer nicht Mittel genug zur gegenseitigen Deckung, weil eben jeder jeden schließlich decken muß. Aber diese Schwierigkeiten, die zu beseitigen die Nächstenliebe so wenig wie der Unternehmungsgeist nicht imstande waren, hat manchmal das Machtwort des Staates, und zwar ebenso das des Staates im vierzehnten, wie des im zwanzigsten Jahrhundert, beseitigt, indem dieser zwangsweise die Bewohner seines Gebietes zu einer einzigen Versicherung zusammentat, mit oder ohne Gewährung von Zuschüssen an die Gefährdeten.

Daß es sich um zukünftige Bedürfnisse handeln muß, geht aus dem Begriffe der Zufälligkeit hervor. Das Geschehene ist sicher. Es erscheint daher nicht mehr zufällig. Mit bereits eingetretenen wirtschaftlichen Nachteilen hat sich die Versicherung nicht zu befassen. Das ist meist Sache der Armenpflege. Damit ist jedoch nicht gesagt, daß das Ereignis, an das sich das Bedürfnis knüpft, ein zukünftiges sein muß. Dieses kann vielmehr eingetreten sein, ohne daß es den Teilnehmern bekannt ist. Durch eine vor langen Jahren begangene Fahrlässigkeit hat ein Richter eine falsche Eintragung ins Grundbuch gemacht. Nachdem er sich gegen Haftpflicht versichert hat, wird der Fall erst bekannt und der Richter wird belangt. Das Ersatzbedürfnis legt hier trotz des der Vergangenheit angehörigen Ereignisses erst in der Zukunft und kann durch die Rückwärtsversicherung gedeckt werden.

Bisher haben wir von den objektiven Voraussetzungen und Grenzen gesprochen. Analoge Erscheinungen zu denen, welche wir hier beobachten konnten, bietet uns auch ein Blick auf die subjektiven.

Die wesentlichste subjektive Voraussetzung für die Versicherungsmöglichkeit einer Person ist deren Zahlungsfähigkeit. Wer keinen Beitrag zu leisten imstande ist, kann sich scheinbar auch an keiner Versicherung beteiligen. Allein, die vor wenigen Jahrzehnten noch unbekannte moderne Sozialpolitik hat in dieser Auffassung Wandel geschaffen. Statt des Geldes wird die Arbeitskraft des Mittellosen als Einsatz angenommen. So kann man wenigstens die deutsche soziale Unfallversicherung erklären, wenn man diese nicht als Haftpflichtversicherung der Unternehmer auszulegen vorzieht.

In diesem Zusammenhange sind noch einige weitere Beispiele anzuführen. Personen, deren Leben man als minderwertig zu bezeichnen pflegt, weil sie zu Krankheiten veranlagt sind, welche erfahrungsgemäß das Leben verkürzen, sucht man der Wohltat der Lebensversicherung dennoch teilhaftig werden zu lassen, indem man gewisse Vorsichtsmaßregeln trifft, beispielsweise eine Wartezeit einführt. (§ 32.) Wegen ihrer besonderen Feuergefährlichkeit gemiedene Gebiete oder Baulichkeiten werden der Feuerversicherung dadurch erschlossen, daß der Staat als Vermittler des Versicherungsschutzes die Parteien zusammenbringt. (§ 44.)

Objektive und subjektive Voraussetzungen vereinen sich in dem Erfordernis der Schätzbarkeit. Eine rationelle Versicherung ist nicht denkbar, ohne daß wenigstens annähernd eine statistische Ermittelung des gesamten in Betracht kommenden Bedarfs möglich ist. Die Wahrscheinlichkeit der Häufigkeit des Bedarfs und seines Umfangs muß unbedingt wenigstens ungefähr feststellbar sein. Hierzu dient in gewissen Fällen die Wahrscheinlichkeitsrechnung, welche auf Erfahrungsbeobachtung beruht. Wo diese Erfahrung noch nicht ausreicht, so daß eine eigentliche Wahrscheinlichkeitsrechnung nicht möglich ist, hilft man sich mit mehr rohen, durchschnittlichen Beobachtungswerten. Diese Schätzbarkeit ist unumgänglich, einerlei ob es sich um vorherige Ansammlung der Beiträge handelt oder um nachherige Umlage.

Die Wahrscheinlichkeitsrechnung spielt insbesondere bei allen Versicherungsarten, die in bezug zum menschlichen Leben und zur menschlichen Gesundheit stehen, eine ausschlaggebende Rolle. Die Anwendung der Statistik und ihrer Lehren, das Ergebnis von Massenbeobachtungen, weisen ebenso, wie die andere Voraussetzung der möglichst weiten räumlichen Ausbreitung auf die besondere Eignung der Versicherung zum Großbetrieb hin, worunter aber keineswegs nur Riesenbetriebe zu verstehen sind.

Allgemein wird von dem Erfordernis der Gefahr und bei ihrem Eintritt von Schaden gesprochen. Dabei werden diese Worte aber in einem besonderen, nämlich im Sinne der Versicherung gebraucht. Hier versteht man allgemein unter Gefahr die Möglichkeit des irgendwie zufälligen Eintritts desjenigen Ereignisses, dessen wirtschaftlich nachteilige Folgen die Auszahlung der Deckungssumme nötig machen. (Versicherungsfall.) Unter Schaden versteht die Versicherungspraxis das Ereignis selbst. Im einzelnen muß es sich gar nicht um das handeln, was man im gewöhnlichen Leben als Gefahr, als Schaden bezeichnet. Das Ereignis braucht durchaus kein Unglücksfall zu sein. Es kann an sich nach allgemeiner Auffassung sogar als ein Glück betrachtet werden, wie z. B. die Lebensdauer über das erwartete Alter hinaus, die Verheiratung einer Tochter, die Geburt eines Kindes, die Einziehung zum Militärdienst. Aber selbst alle diese Ereignisse machen einen Vermögensaufwand nötig oder hemmen den Erwerb, sind also insofern doch, wenn auch nur mittelbar und nur nach einer Seite hin, wirtschaftlich nachteilig.

Herkömmlich pflegt man die Frage nach dem Gegenstand der Versicherung zu erörtern. Das mag von Wert sein für den Juristen. Für den Nationalökonomen ist es höchstens lehrreich diese Streitfrage zu streifen. Denn sie zeigt, welche Verwirrung und Uneinigkeit unter den Schriftstellern herrscht, die sich mit der Versicherung vom wirtschaftlichen Standpunkte aus beschäftigt haben. Als Gegenstand der Versicherung hat man bezeichnet bald das Gut oder die Person, an welcher sich ein bestimmtes Ereignis betätigen kann, bald das Ereignis selbst, bald die Ersatzsumme. Allein offensichtlich kann man doch als Gegenstand der Versicherung nicht dasjenige bezeichnen, wogegen versichert wird; ebensowenig das Mittel der Versicherung oder gar ihr Ergebnis. Schließlich aber sieht man — und das ist allein richtig — das Interesse als Gegenstand jeder Versicherung an. Ein Interesse besteht aber für jemanden an einer Person, einer Sache, einem Vermögen, wenn er durch Ereignisse, welche sich an diesen betätigen, einen Vorteil erreichen oder einen Nachteil erleiden kann.

Man hat hier also die wirtschaftlichen Folgen irgendeines Ereignisses im Auge, um deren Deckung willen man eine Versicherung eingeht. Ohne ein solches Interesse ist keine Versicherung denkbar.

Je nach der Verschiedenheit dieses Interesses ist der Gegenstand der Versicherung ein verschiedener. Der Eigentümer eines Hauses steht in einer anderen Beziehung zu diesem, als der Hypothekengläubiger. Dieser wie jener kann seine Beziehung zu dem Hause versichern. Aber wenn auch äußerlich und nach dem üblichen Sprachgebrauch dasselbe Haus versichert ist, so sind es doch ganz verschiedene Beziehungen und Interessen, die hier versichert sind. Der Gegenstand der beiden Versicherungen ist nicht derselbe.

§ 3. Verwandte Veranstaltungen.

Die Versicherung ist in ihrem Wesen erst dann vollkommen zu verstehen, wenn man eine Reihe ihr ähnlicher Veranstaltungen, welche mehr oder minder mit ihr verwandt sind, genau von ihr trennt. Freilich: es gibt hier, wie bei allen wirtschaftlichen Erscheinungen, Grenzgebiete, wo der eine Begriff in den anderen übergeht und es kaum möglich ist zu entscheiden, wo der eine beginnt und der andere aufhört.

Zweifelsohne ist die Versicherung ein Teil der wirtschaftlichen Vorsorge. Deren Eigentümlichkeit ist es stets, ein Bedürfnis, welches in der Zukunft bevorsteht, in ein gegenwärtiges zu verwandeln. Ist man der Überzeugung, daß der an sich künftige Bedarf sich nicht vermeiden läßt, sondern bestimmt eintreten wird, und weiß man die Zeit und den Umfang seines Eintritts, so wird man im allgemeinen durch Ersparnisse für seine Befriedigung sorgen wollen. Anders, wenn man mit der Möglichkeit des etwaigen Nichteintritts rechnet, oder aber im ungewissen darüber ist, wann oder in welchem Maße oder auf welche Dauer der Bedarf sich einstellen wird. Alsdann erscheint das Sparen nicht rationell. Denn dieses ist, damit der Sparer selbst im ungünstigsten Fall gedeckt ist, mit einem solchen Aufwand verknüpft, daß es in zahlreichen Fällen unmöglich angewendet werden kann.

Diese Betrachtung bringt uns auf den Unterschied zwischen Sparen und Versichern. Wer sparen will, um einen künftigen Geldaufwand zu decken, muß hierzu vor allem die nötige Zeit haben. Wer versichert, ist vom Augenblick der Versicherungsnahme ab gedeckt, mag seine erste Einlage noch so gering sein. Wer sich vornimmt, jedes Jahr 1000 Mark auf die Sparkasse zu bringen, um im

Falle seines Todes seinen Erben ein großes Kapital zu hinterlassen. aber im ersten Jahre der Spartätigkeit bereits stirbt, hinterläßt diesen nur 1000 Mark lediglich vermehrt um die Zinsen. Wer sich dagegen mit 10 000 Mark versichert und am Tage nach der ersten nur wenige Mark betragenden Prämie stirbt, hinterläßt dennoch seinen Erben die versicherte Summe von 10 000 Mark. Stellt sich die Versicherung für den Einzelfall unbedingt geradezu als Gegensatz zum Sparen dar, so beruht sie andererseits auch in ihrer Gesamtheit trotz des Anscheins nicht auf Spartätigkeit, weder auf der Spartätigkeit eines einzelnen Beteiligten noch der einer organisierten Vielheit. Das klingt paradox. Auch bei einer Sparkasse gibt es zwar viele Einleger, aber von diesen steht die Spareinlage des einen in keiner Beziehung zu der des anderen, derart, daß ein gegenseitiges Anrecht darauf bestünde. Der Sparer ist isoliert. Er sorgt nur für sich. Sein Sparen kommt unmittelbar nur ihm oder seinen Nächsten zugute. Bei der Versicherung kommt im schroffen Gegensatz hierzu der Grundsatz zum Durchbruch: Alle für Einen, Einer für Alle. Die Einlage eines jeden ist gleichzeitig zur Deckung für den etwaigen Bedarf jedes anderen bestimmt. Beim Sparen handelt es sich um eine jederzeit zur Verfügung stehende Kapitalansammlung, deren Fortführung aber auch stets gehindert werden kann. Bei der Versicherung ist die Kapitalansammlung nur für einen ganz bestimmten Bedarfsfall bestimmt. Die Hinderung des Erreichens des Zieles wird gerade durch das Wesen der Versicherung ausgeschlossen. Die Versicherung übertrifft das Sparen um so mehr, je größer die Verbilligung der Bereitstellung von Deckungsmitteln und die Sicherheit ihrer Bereitstellung ist. Es handelt sich bei der Versicherung um eine Überwindung der wirtschaftlichen Ungewißheit. Sparen kann durchaus unwirtschaftlich sein im Vergleich zur Versicherung, insofern als man durch Einzahlung derselben Beträge bei einer Versicherungskasse in weit höherem Maße und viel schneller den Effekt erzielen kann, der durch Einzahlung bei einer Sparkasse zu erreichen wäre. Im Einzelfall freilich kann das Sparen rentabler ausfallen, wenn man unberücksichtigt läßt, daß man durch Benutzung der Versicherung, auch wenn ein Bedarfsfall nicht eintritt, sich Sicherheit gekauft hat, die bei der Sparkasse in weit geringerem Maße vorhanden ist.

Einen größeren Unterschied als zwischen Sparen und Spielen kann man sich kaum denken. Aber ebensowenig, wie es an Autoren gefehlt hat, welche Sparen und Versichern gleichgestellt haben, ebensowenig sind solche zu vermissen, welche die Versicherung als ein Spiel bezeichnen. Es liegt auf der Hand, daß diese Auffassung durchaus falsch ist. Denn schon der Zweck der Versicherung ist ein ganz anderer, wie der des Spiels. Allerdings kann es auch Fälle geben, in denen man etwas als Versicherung bezeichnet, was tatsächlich ein Spiel ist, und die Geschichte der Versicherung ist reich an solchen Beispielen, deren häufiges Vorkommen in früheren Zeiten wiederholt zu einem gesetzlichen Verbot der Versicherung überhaupt führte. Aber solche Fälle lassen sich nicht unter den Begriff bringen, welcher oben für die Versicherung aufgestellt ist. Zu dieser irrtümlichen Auffassung hat die einseitige Betrachtung der Versicherung vom Standpunkte der Wahrscheinlichkeitsrechnung aus geführt. Freilich auch das Spiel beruht auf Wahrscheinlichkeitsrechnung. Aber nicht alles, was hierauf beruht, ist ein Spiel. Die Versicherung ist gerade der absolute Gegensatz vom Spiel. Die Versicherung gibt wirtschaftliche Sicherheit im Falle eines Bedarfs. Der Spieler hingegen bewegt sich in fortwährender Unsicherheit. Der Zweck der Versicherung ist Bedarfsdeckung. Der Zweck des Spiels ist Gewinn. Wo eine Versicherung nur des Gewinnes wegen genommen wird und genommen werden kann, ist sie keine solche mehr, sondern wird zum Spiel. Daraus aber, daß in einem Einzelfall die Versicherung aufhören kann, eine solche zu sein, und zum Spiel wird, ist unmöglich der Schluß zu ziehen, daß Versicherung nun immer oder auch nur regelmäßig Spiel ist. Allein bei der fortschreitenden Entwicklung aller unserer wirtschaftlichen und sonstigen Einrichtungen ist sehr wohl der Fall denkbar, daß Kombinationen entstehen, bei denen sich Elemente der Versicherung mit solchen des Sparens oder des Spiels derart mengen, daß es schwer, ja unmöglich ist zu sagen, wo das eine aufhört und das andere beginnt.

Nicht anders liegt es mit Vorschußvereinen oder Darlehenskassen, die gelegentlich zwar unter diesen Namen erscheinen, tatsächlich aber nichts anderes als eine Art Kreditversicherung sein können. Auch durch das Rechtsgeschäft des Leibrentenkaufs kann ein zufälliger schätzbarer Vermögensbedarf erfüllt werden. Wird diese Rentengewährung im Großen organisiert, eine Gegenseitigkeit herbeigeführt, so haben wir es mit Versicherung zu tun, anderenfalls, wenn es sich nur um einen Einzelakt handelt, höchstens mit einer in ihrem Effekt versicherungsähnlichen Institution.

Die Ähnlichkeit der Versicherung mit dem Bankwesen und dem Kreditwesen ist im wesentlichen nicht an dieser Stelle zu betrachten, sondern an einer späteren, wo die wirtschaftliche Bedeutung der Versicherung zu würdigen ist. Es mag nur darauf hingewiesen werden, daß sich zuweilen eine Verbindung von Bank- und Versicherungsgeschäft findet, wie namentlich z. B. auch seitens einzelner Versicherungsanstalten, entsprechend dem Vorgehen der Hypothekenbanken, Schuldverschreibungen auf den Inhaber zur Ausgabe gebracht werden.

Hier ist noch genauer auf die bereits erwähnte Selbstversicherung zurückzukommen. Darunter werden gewöhnlich Erscheinungen verstanden, die in verschiedener Weise den Zweck der Deckung zufälligen schätzbaren Vermögensbedarfs mehr oder minder zu erreichen suchen, aber nicht auf dem Wege der Gegenseitigkeit. Die primitivste Art sogenannter Selbstversicherung ist die völlige Nichtversicherung unter Einrichtung von Rücklagen, sogenannter Selbstversicherungsfonds für die Einzelwirtschaft, die rechnungsmäßige Verteilung eines Bedarfs, welchen ein bestimmter Teil einer großen Wirtschaft erfordert, auf alle Teile derselben Wirtschaft, welche der gleichen Bedarfsmöglichkeit ausgesetzt sind. Beispielsweise legt der Fiskus eine gewisse Summe für den Fall zurück, daß etwa eines der fiskalischen Gebäude abbrennt. Statt daß er sich an einer Veranstaltung beteiligt, an der auch andere Wirtschaftssubjekte teilnehmen, welche dem gleichen Bedarfsfall ausgesetzt sind, sucht er nur aus eigenen Mitteln für einen etwaigen Bedarf Vorsorge zu treffen. Dieses Verfahren mag häufig die gleichen Wirkungen haben wie eine Versicherung. Es ist aber keine. Denn hier liegt keine Gefahrgemeinschaft vor. Eine Gemeinschaft können nur verschiedene Wirtschaftssubjekte bilden, nicht aber mehrere Gegenstände, welche demselben Wirtschaftssubjekt zugehören. Das Wirtschaftssubjekt, welches so zahlreiche und wertvolle Vermögensstücke besitzt, daß die Kosten der sogenannten Selbstversicherung die gleichen sind, wie die Teilnahme an einer wirklichen Versicherung, hat zweifelsohne im Falle eines Bedarfs einen absoluten Wertverlust. Es wird aber nicht durch das Verfahren der Selbstversicherung das erreicht, was die Versicherung bietet, nämlich gerade die Aufhebung des Verlustes, die Deckung, der Wertersatz.

Neben dieser Einzelselbstversicherung, wie sie beispielsweise von einer Anzahl Städte, sei es für die Versicherung von Immobilien, sei es für die von Mobiliar gegen Feuerschäden, vereinzelt auch gegen andere Risiken, betrieben wird, ist die Verbandsselbstversicherung zu nennen. Sie bildet einen Übergang zur eigentlichen Versicherung insofern, als sich hier mehrere Wirtschaftssubjekte zur gemeinsamen Risikentragung verbinden. Die Bedenken, welche gegen die Einzelselbstversicherung sprechen, finden sich hier in abgeschwächtem Maße, sofern es sich um eine nicht allzukleine Zahl von Mitgliedern handelt und die Objekte wie die räumliche Ausdehnung des Versicherungsgebietes den rationellen Erfordernissen der Versicherung entsprechen. Ein solcher Verband kann sich naturgemäß zu einer eigentlichen Versicherung insbesondere in Form eines Versicherungsvereins auf Gegenseitigkeit entwickeln, aber auch beliebig andere Rechtsformen annehmen, sofern keine Kollision mit den Vorschriften des Aufsichtsgesetzes erfolgt. Bei Beschränkung auf einen fest umgrenzten Teilnehmerkreis wird aber im allgemeinen nach der herrschenden Verwaltungspraxis die deutsche Staatsaufsicht nicht eintreten. Diese Praxis muß allerdings als recht bedenklich bezeichnet werden, wenn die Verbandsselbstversicherung, wie dies neuerdings der Fall ist, sich ausbreitet, namentlich wenn das Bestreben, durch solche Versicherungsersatzinstitute der Besteuerung ausweichen zu können, höher veranschlagt wird, als die Sicherung der Objekte, namentlich von Fabriken gegenüber Brandschäden usw.

Weiterhin fällt unter die irreführende Bezeichnung Selbstversicherung der häufige Fall, daß etwa ein Haus oder ein Schiff nur bis zu einer gewissen Höhe Versicherung findet, während für den Rest keine Versicherung gegeben wird, für den nicht übernommenen Teil behält vielmehr der Eigentümer die Haftung. Dann liegt nichts anderes vor als ein Ausschluß der Versicherung, ein Selbstbehalt.

Noch eine andere Betrachtung zeigt uns die Richtigkeit der hier vertretenen Auffassung. Es ist oben darauf hingewiesen worden, daß nur dann Versicherung möglich ist, wenn der Einsatz des Einzelnen im Verhältnis zu dem ihn möglicherweise treffenden Verlust ein geringer ist. Die Verlustfälle dürfen aber andererseits nur verhältnismäßig selten bei der Gesamtheit der Teilnehmer an der Veranstaltung eintreffen. Wenn nun ein Reeder 100 Schiffe hat und mit diesen an einer Versicherung teilnehmen wollte, so hätte er eine solche Summe von Prämien zu zahlen, daß diese Summe dem Verlust von einem oder womöglich mehreren Schiffen gleichkäme. Deshalb sieht er von einer Versicherung ab und legt sich eine Reserve zurück. Dies Verfahren hat aber nichts gemein mit der Versicherung, sondern höchstens mit dem Sparen. Vor allen Dingen ist der Selbstversicherer der Gefahr ausgesetzt, daß ein Vermögensbedarf eintritt, ehe er die erforderliche Deckungssumme zurückgelegt hat, genau wie der Sparer.

(Gelegentlich wird im Gegensatz zur sogenannten Selbstversicherung von Fremdversicherung gesprochen, worunter dann die eigentliche Versicherung verstanden wird. Fremdversicherung ist auch vorgeschlagen worden als Sammelname für die mit der Materie der Versicherung fremder Interessen zusammenhängenden Formen.)

Alle Arten der sogenannten Selbstversicherung nennt man zweckmäßiger Selbstdeckung oder Eigendeckung, und zwar entweder eine teilweise oder eine völlige. Man kann ferner unterscheiden zwischen vereinbarter, obligatorischer, freiwilliger und unbeabsichtigter Selbstdeckung.

Der Vollständigkeit halber sei eine weitere Bedeutung erwähnt, in welcher das Wort Selbstversicherung, und zwar in der Sozialversicherung gebraucht wird. Dort ist es die freiwillige Versicherung im Gegensatz zur zwangsweise vorgeschriebenen.

Zwischen Sparen und Versichern, d. h. zwischen der isolierten Fürsorge und der Risikenverteilung auf eine Vielheit, stehen die Garantieverträge. Sie sind aber als eine Überwälzung, nicht als eine Verteilung der Last zu betrachten. Häufig allerdings werden solche Verträge als Versicherungsverträge bezeichnet, aber durch die mißbräuchliche Anwendung des Ausdrucks werden sie noch nicht dazu. Ausgeschlossen ist es indessen nicht, daß die Übernahme von Garantieleistungen versicherungsmäßig erfolgt.

Schließlich ist noch darauf zurückzukommen, daß die Sozialversicherung als Versicherung aufgefaßt werden muß. Bekanntlich werden hier den Versicherten oft höhere Summen ausbezahlt, als sie nach den von ihnen geleisteten Beiträgen zu beanspruchen haben, und zwar geschieht dies, wie übrigens auch häufig bei privaten Veranstaltungen, zufolge der Beitragsleistung durch dritte Personen. Insbesondere zahlt das Deutsche Reich den Arbeitern einen Zuschuß von vielen Millionen. Während der Arbeiter jedoch bei der Kranken- und Invalidenversicherung einen Beitrag entrichtet, ist er völlig beitragsfrei bei der Unfallversicherung. Dasselbe ist häufig der Fall bei zahlreichen Veranstaltungen, welche im Inland wie im Ausland große Unternehmer für ihre Arbeiter, oft auch für deren Witwen und Waisen eingerichtet haben.

II. Entwicklung und Bedeutung der Versicherung.

§ 4. Entwicklung bis zur neueren Zeit.

Die allgemeine Geschichte des Versicherungswesens ist noch ungeschrieben und in keinem Lande ausreichend ermittelt, ebenso wie es an der genauen und zuverlässigen Durchforschung der Geschichte selbst eines einzigen Versicherungszweiges fehlt. Immerhin haben wir Kenntnis von zahlreichen Einzelheiten, wie uns auch die Marksteine der Entwicklung nicht unbekannt sind.

Hier besteht nur die Aufgabe, diejenigen Punkte der geschichtlichen Entwicklung herauszugreifen, welche gleichmäßig von Bedeutung sind für alle oder doch die meisten Versicherungszweige. Die Entwicklung der einzelnen Arten wird uns bei deren Sonderschilderung (2. Band) beschäftigen. Ebenso ist auf das historische Werden des Versicherungsrechtes, der Versicherungstechnik und der Versicherungswissenschaft an anderen Stellen zurückzukommen.

Versucht man eine systematische Einteilung der Versicherungsentwicklung, so trennt man zweckmäßiger Weise von der eigentlichen Geschichte die Vorgeschichte; diese weist zwei Epochen auf, das Altertum und das Mittelalter bis ins 14. Jahrhundert hinein. Die eigentliche Geschichte zerlegt man in drei große Epochen: die erste währt von Mitte des 14. bis Ende des 17. Jahrhunderts, in ihr bildet sich die Versicherungspolice aus; in der zweiten, welche das 18. und die erste Hälfte des 19. Jahrhunderts umfaßt, entstehen Versicherungsgesellschaften; die dritte, welche noch währt, ist die Epoche des modernen internationalen Großbetriebs und zugleich der Sozialversicherung. Doch auch nach anderen Gesichtspunkten ist eine Einteilung denkbar. So unterscheidet *Wörner* drei Entwicklungsstufen: 1. die der persönlich beschränkten freien Versicherungsgemeinschaft; 2. die der persönlich unbeschränkten freien Versicherungsgemeinschaft; 3. die der persönlich unbeschränkten Zwangsversicherungsgemeinschaft. Inwieweit es dabei richtig ist, die dritte Entwicklungsstufe als vollkommenste und letzte zu bezeichnen, mag dahingestellt bleiben.

Der Grundgedanke der Versicherung ist uralt. Ihre Keime sind schon in den ältesten Zeiten der Naturalwirtschaft vorhanden gewesen. Aber die moderne rationelle Versicherung ist, insbesondere in ihrem Hauptzweig, der Lebensversicherung, verhältnismäßig jungen Ursprungs; denn sie setzt wissenschaftliche Grundlagen voraus, die erst wenige Jahrhunderte alt sind.

Je geringer die Kultur des Menschen, desto weniger versteht er naturgemäß den Gefahren, welche ihn bedrohen, aus dem Wege zu gehen. Man hat daher gewöhnlich gelehrt, das Bedürfnis, welches der modernen Versicherung zugrunde liegt, wäre in früheren Zeiten noch weit dringender als heute vorhanden gewesen. Allerdings liegt gerade in der fortschreitenden Unterjochung der Naturgewalten unter den menschlichen Willen der Fortschritt der Kultur. Die Errungenschaften der modernen Hygiene, welche das Leben der Menschen erhalten, die Ausbildung feuersicherer Baukonstruktionen, welche die Zahl der Brände verringern, die Fortschritte der Schiffsbautechnik, welche die Gefahren der Seeschiffahrt gewaltig herabmindern: sie alle sind freilich Errungenschaften einer neuen, kulturell hochstehenden Zeitepoche. Allein ein verfeinertes Wirtschaftsleben bringt zahlreiche neue Lebensgewohnheiten, welche neue Gefahren, neue Bedürfnisse wachrufen. Wie oft und weit reist man im 20. Jahrhundert, im Gegensatz zu unserer Großväterzeit. Welche Zunahme haben unsere Verkehrsmittel, welche Verbreitung hat unser Beleuchtungswesen oder die Verwendung von Glas bei Bauten gegenüber der Zeit vor 100 Jahren gefunden. Alle diese Neuerungen geben dem Versicherungsgedanken neuen Nährboden. Dazu kommt als weiteres, daß die Entwicklung der Versicherungseinrichtungen nicht sowohl von dem vorhandenen Bedürfnis, als vielmehr vom Gefühl seines Vorhandenseins und der Fähigkeit zu seiner Befriedigung abhängig ist.

Empfand man nun auch zuweilen in früheren Zeiten das Bedürfnis einer Versicherung, ohne es in der bei uns üblichen Weise befriedigen zu können, so hatte man doch andere, wenn auch unvollkommene Mittel hierzu. So ersetzte z. B. die Einrichtung des Geleitgelds, wofür der Landesherr bei etwaigem Straßenraub sich zur Schadloshaltung verpflichtete, einen Teil der Binnentransportversicherung, der Brandbettel die Feuerversicherung, die Einrichtung der Konvoyschiffe in Hamburg teilweise die Seeversicherung und noch heute müssen als Surrogat für eine Hochwasserschädenversicherung die Kollekten zugunsten der Überschwemmten angesehen werden.

Daß auch die ethisch-psychologische Seite keineswegs zu unterschätzen ist, zeigt sich vielleicht noch mehr, wenn wir nicht die günstigen Folgen beachten, welche mit dem Drang des Menschen, seine Zukunft zu sichern, verbunden sind, sondern wenn wir die Hindernisse ins Auge fassen, welche dabei in Betracht kommen.

Altüberbrachte Sitte, Festhalten am Überkommenen, oft auch eine falsch verstandene Religion und Aberglaube haben das Aufkommen oder die Verbreitung der Versicherung in vielen Ländern gehemmt, bis in unsere Tage. Die Versicherung, als unerlaubtes Eingreifen in die Pläne Gottes, von Christen wie von Mohammedanern bekämpft, ist durchaus keine längst verschwundene Erscheinung, wie man auch gelegentlich den Blitzableiter als ein wider die göttliche Vorsehung tätiges Mittel bezeichnet hat. Das Almosenwesen war oder ist oft ebenso ein Hemmnis für die Ausbreitung der Versicherung wie der Glaube an die Wunderkraft des Heiligen Florian oder der von einem Hexenpater empfohlenen Feuersbrunstzettel, die an den vier Ecken des Hauses angebracht, Schutz vor Feuer gewähren sollen. Daß die kanonische Gesetzgebung mit ihrem Verbot des als Wucher betrachteten Zinsennehmens auf der einen Seite das Aufkommen der Versicherung gehindert, indirekt sie aber doch gefördert hat, wird noch ausführlicher darzustellen sein (vgl. § 40). Auch nach dem Islam gelten gewisse Versicherungen als wucherisch. Noch 1912 ist den mohammedanischen Bewohnern von Beirut der Abschluß von Lebensversicherungen verboten worden. Das sehr späte Aufkommen einer Versicherung in Japan ist auf viele dort noch immer nicht verdrängte patriarchalische Zustände und Sitten zurückzuführen.

Es gehört außerdem wohl zu den Eigentümlichkeiten fast jedes neuen Versicherungszweiges, daß ihm der Vorwurf der Unmoral oder Ungesetzlichkeit gemacht wird. Dem ist so wenig die Lebens- wie die Haftpflicht-, die Kredit- oder die Arbeitslosenversicherung entgangen.

Die ursprüngliche Gemeinschaft war die Familie und in ihr ist naturgemäß der Keim gegenseitiger Hilfe, des Eintretens von Einem für Alle und von Allen für Einen gegeben. Gemeinsame Wirtschaft, gemeinsame Gefahrabwendung, gemeinsame Fürsorge charakterisieren sie. Aber alle Leistungen und Gegenleistungen beruhten hier auf der persönlichen Hilfeleistung des Einzelnen. Einen Verkehr der Wirtschaften untereinander gab es dabei noch nicht. Mithin fehlte, abgesehen von allen anderen Momenten, das wesentliche Moment der Vereinigung mehrerer Wirtschaften zur Bedarfsdeckung. Die Vereinigung der einzelnen Familienmitglieder konnte dieses Moment nicht ersetzen; denn da es noch kein persönliches Eigentum, sondern nur eine Gesamthabe mit ideellem Anteil des Einzelnen gab, so bildeten alle Einzelnen nur unselbständige Teile der einen Wirtschaft.

Über eine Art Gefahrsgemeinschaften zwecks gegenseitiger Bedarfsdeckung wird schon aus der Zeit des babylonischen Herrschers Hamurabi um 2200 v. Chr. Geb. berichtet. Beispielsweise pflegten damals die Teilnehmer an einer Karawane die Verabredung zu treffen, daß der dem Einzelnen auf der Reise durch Raub oder Überfall erwachsene Schaden gemeinsam getragen werden sollte.

Auch in den primitiven Verhältnissen, unter denen das indische

Recht entstanden ist, finden sich Einrichtungen, die hier zu erwähnen sind. Für arbeitsunfähige Angehörige einer Familie sorgten die übrigen Mitglieder derselben. Stiftungen zu religiösen und wohltätigen Zwecken kamen häufig vor; sie wurden oft von besonderen Ausschüssen oder von der Familie des Stifters verwaltet.

Einen Anklang an Versicherung zeigt ferner das alte indische Recht darin, daß Schuldner, die in eine Wildnis oder einen großen Wald reisen, monatlich 10, solche, die über das Meer fahren, 20 Prozent Zinsen zahlen sollen. Der gewöhnliche Zinsfuß beträgt sonst höchstens 5 Prozent für den Monat. Genossenschaftliche Gestaltung und Zuwendungen an Hinterbliebene, oft mit einem religiösen Charakter, finden sich u. a. im alten Ägypten. Weit verbreitet waren bei den alten Juden kommunale Brautausstattungsvereine, zu denen als Institutionen zwecks Förderung des Volkszuwachses alle Mitglieder beitragspflichtig waren. Aus Griechenland wird uns berichtet, Sklavenbesitzer hätten mit einem begüterten Manne einen Vertrag dahin abgeschlossen, daß dieser ihnen im Falle des Entlaufens eines Sklaven eine gewisse Summe Geldes auszuzahlen verpflichtet sei, während sie diesem einmalige oder periodische Einzahlungen machten.

Ferner hat man schon früh auf der Grundlage der Gegenseitigkeit genossenschaftliche Verbände gebildet zur gemeinsamen Übernahme etwaiger Verluste durch die Seeschiffahrt. Es ist die griechische Koinonia, welche diesem Zwecke diente.

Aber auch das im Falle des Todes entstehende Vermögensbedürfnis hat man schon vor zwei Jahrtausenden gemeinsam durch Verteilung zu decken gesucht. So finden sich unter den römischen Kaisern Vereinigungen von Leuten niederen Standes, Collegia tenuiorum, welche den Hinterbliebenen ihrer Mitglieder gegen Entrichtung eines Eintrittsgeldes und monatlicher Beiträge im Falle ihres Todes eine gewisse Summe als Begräbnisgeld auszahlten. Auch unter den römischen Soldaten finden sich solche Einrichtungen mit dem Zwecke, den Mitgliedern bei Versetzung in eine andere Garnison ein Reisegeld oder im Falle des Ausscheidens aus dem Dienst ein kleines Kapital, oder schließlich im Falle des Todes ein Sterbegeld zu entrichten (vgl. § 28).

Die Reihe solcher Beispiele ließe sich noch beträchtlich vermehren. Sie zeigen sämtlich, daß dem Altertum versicherungsähnliche Einrichtungen nicht unbekannt gewesen sind. Weiter wird man aber kaum gehen dürfen. Man wird insbesondere nicht behaupten können, daß das Altertum schon unsere heutige Lebensversicherung gekannt hat: denn die Veranstaltungen der Römer in bezug auf Fürsorge für die Hinterbliebenen beruhten in keiner Weise auf den technischen Grundlagen, die heute das Fundament der Lebensversicherung bilden.

Dessenungeachtet finden sich auch jetzt noch Sterbekassen, welche nicht weniger primitiv sind als die im alten Rom. Zwischen den genossenschaftlichen Verbänden im alten Griechenland mit dem Zwecke, gemeinsam die aus der Seeschiffahrt sich ergebenden Schadensfolgen zu decken, und den modernen kleinen Kaskovereinen, deren Wesen darin besteht, daß sich eine Anzahl Besitzer kleiner Fischerboote zusammentun und die Verabredung treffen, im Falle des Unterganges oder Beschädigung eines Bootes den Schaden gemeinsam zu tragen, gibt es wohl ebensowenig einen Unterschied, wie zwischen den alten Karawanenverabredungen und den Vereinigungen von Pferdebesitzern im zaristischen Rußland mit dem Zwecke, dem einzelnen Mitgliede seinen Schaden zu ersetzen, welchen dieses durch den Diebstahl eines Pferdes erleidet.

Nur wenige Einrichtungen des Altertums mit versicherungsähnlichem Charakter retteten sich hinüber in das frühe Mittelalter. Insbesondere verschwinden die römischen Begräbniskassen, und wir sind außerstande, einen Zusammenhang aufzudecken zwischen ihnen und ähnlichen Veranstaltungen, welche im Mittelalter in der Gilde und ähnlichen Verbänden entstehen.

War, wie erwähnt, zur Zeit der Naturalwirtschaft die Familie die natürlich gegebene Gefahrgemeinschaft, so war es im Mittelalter die Gilde, jene wichtige künstliche Gemeinschaft der germanischen Völker. Diese ist für die Entwicklung der Versicherung von Bedeutung als dauernde Gemeinschaft, welche jedoch nicht auf Verwandtschaft beruht, sondern auf dem Bedürfnis der meist durch denselben Beruf sich nahestehenden Gildebrüder zu gegenseitigem Beistand. Ähnliche Erscheinungen zeigt übrigens schon viele Jahrhunderte früher gleichfalls das indische Recht.

Die alten Gilden hatten häufig Bestimmungen des Inhalts, daß sie einem durch Schiffbruch, Brand, Wassernot, Diebstahl oder Raub geschädigten Genossen einen bestimmten Ersatz zu leisten hätten. Dafür wurden regelmäßige Beiträge erhoben. Es wird berichtet, daß im 10. Jahrhundert bereits eine angelsächsische Gilde den Ersatz von gestohlenem Vieh gewährt hat. Aus dem 11. Jahrhundert ist die Einrichtung einer englischen Gilde bekannt, welche Beiträge für die Beerdigung ihrer Mitglieder erhob; eine andere englische Gilde kannte zu so früher Zeit bereits eine Brandentschädigung. Aus Dänemark wird gemeldet, daß man dort ums Jahr 1200 Umlagen unter den Genossen einer Gilde veranstaltete, wenn einer von ihnen Schiffbruch erlitt oder eine Pilgerreise zu unternehmen hatte ohne die erforderlichen Mittel aufbringen zu können. Auch zur Befreiung aus der Gefangenschaft, in die ein Gildebruder geriet, wurden Umlagen veranstaltet.

Auch außerhalb der Gilden finden sich ähnliche Versicherungseinrichtungen. Im 12. Jahrhundert vereinigten sich in Island Gruppen begüterter Bürger zum gemeinschaftlichen Tragen von Verlust durch Brandschäden oder Viehsterben. In der ältesten bekannten isländischen Gesetzessammlung von 1271 werden die Rechtsverhältnisse der zwangsweise zu Ersatzgenossenschaften vereinigten Bauern geregelt. Als weiteres besonders interessantes Beispiel sei die Diebstahlversicherung hervorgehoben, die schon im frühen Mittelalter, wie uns ein Dekret des Papstes Alexander III. (1159 bis 1181) belehrt, allerdings nur auf ein ganz kleines Gebiet, nämlich Rodez in Südfrankreich beschränkt, vorhanden war, und sich bis 1789 gehalten hat. Weiter ist überliefert, daß im Jahre 1310 der Graf von Flandern auf Ersuchen der Bewohner von Brügge die Errichtung einer Versicherungskammer gestattet habe, bei welcher die Kaufleute ihre Waren gegen See- und andere Gefahren mittels Zahlung einer festen Prämie versichern konnten.

Bei den meisten dieser mittelalterlichen Versicherungserscheinungen beobachten wir, daß eine Gruppe sich nahestehender Personen aus dem Gefühl der Gemeinschaft und der persönlichen Unsicherheit heraus sich zusammenschließt, um einen Vermögensbedarf, welcher dem einzelnen Mitgliede erwächst, gemeinsam zu tragen. Namentlich wurde oft vereinbart, daß die Genossen einem durch Schiffbruch, Wassersnot, Feuersbrunst, Diebstahl oder Gefangennahme Beschädigten einen bestimmten Ersatz zu leisten hätten.

Bei den Gilden und teilweise auch bei den ihnen ähnlichen anderen Verbänden wie Zünften, die hauptsächlich oder nebenbei Ersatzzwecken dienten, kommen häufig religiöse Empfindungen zur Erscheinung, kommunistische Gedanken, welche der Charitas stets zugrunde liegen.

Es ist der Gemeinsinn, welcher die erwähnten freiwilligen Einrichtungen der Gilden, der nachbarlichen und sonstigen Verbände ins Leben gerufen hat; und Gemeinsinn ist es auch, auf welchen die so auffallend frühen Zwangsversicherungsorganisationen sich aufbauen.

Aber wir sehen auch schon das Eindringen eines anderen Geistes. Man läßt Außenstehende in die Gemeinschaft eintreten gegen besondere Geldleistungen. Bei dem abgeschlossenen Charakter der Gilden nahm man einen Fremden sicherlich nicht aus Gemeinsinn auf, sondern um den Angehörigen der Gilde Vorteile zu bringen. Man rechnete offenbar damit, daß die Geldleistungen, welche man auf diese Weise erzielte, den Gildebrüdern in erster Linie zugute kämen. Vereinzelt finden wir alsdann das selbständige Zusammentreten Fremder, offenbar veranlaßt durch die entgeltliche Zulassung solcher zu den Gilden.

Zu dem Gemeinsinn tritt also der Erwerbssinn hinzu. Der Erwerbssinn ist es denn auch, welchem die moderne Versicherung ihr Entstehen, ihre ganze Entwicklung, ihre segensreiche Wirkung zu verdanken hat. Aber keineswegs allein aus dem Gildewesen heraus ist die Erwerbsversicherung entstanden. Diese hat vielmehr vorzugsweise ihren Ursprung in dem Seeversicherungsgewerbe Italiens, dessen Entstehen in die Mitte des 14. Jahrhunderts anzusetzen ist. Davon wird noch die Rede sein. (Vgl. § 40.) Auch Einzelversicherer, wie sie sich in der Familie der Fugger, Welser usw. finden, haben viel zur Förderung der Versicherung beigetragen.

Die Ablösung der Naturalwirtschaft durch die Geldwirtschaft und die zunehmende Arbeitsteilung waren wichtigste Vorbedingungen für die eigentliche Versicherung.

Eine genossenschaftliche und eine kapitalistische Methode des Betriebes der Versicherung lassen sich von Anfang an verfolgen. Dabei ist zu beachten, daß nicht bei allen Versicherungszweigen die eine und die andere Methode zu konstatieren ist, oft vielmehr nur die eine oder die andere. Die beiden Methoden laufen aber im allgemeinen nicht unabhängig nebeneinander her, sondern gehen so häufig und so unausgesetzt ineinander über, daß sie oft kaum zu trennen sind. Das gilt namentlich für die neueste Zeit. Zu den beiden erwähnten Dingen kommt aber noch eine dritte Methode, die öffentlichrechtliche, die staatliche Versicherung, deren häufiges Charakteristikum, der Zwang, wie hervorgehoben, keineswegs erst eine Erscheinung unseres Jahrhunderts der Sozialpolitik ist; diese staatliche Methode bildet namentlich auch den Übergang vom mittelalterlichen zum neueren Versicherungswesen, nachdem die Gilden ihre Bedeutung verloren hatten, der Kapitalismus aber noch nicht weit genug vorgeschritten war.

Da über die Versicherungen Urkunden aufgenommen wurden, so ist auch die Geschichte des Versicherungsrechts, des Versicherungsvertragsrechts, alten Datums. Die Mutter nicht nur zahlreicher Versicherungszweige, sondern vor allem auch des Versicherungsrechts, ist das Seeversicherungsgeschäft.

Die wirtschaftliche Notwendigkeit des Entstehens der kapitalistischen Seeversicherung liegt in der hohen Gefahr des Seehandels, bedingt einerseits durch das fremde und feindselige Element, andererseits durch das Fehlen des Schutzes der Gemeinschaft auf der See. Der überaus frühe Betrieb des Seehandels durch Einzelunternehmer bildet eine der wichtigsten Voraussetzungen für die Entstehung der Versicherung. Aber der entgeltliche Seeversicherungsvertrag knüpft auch wieder an schon Bestehendes an, nämlich an die Einrichtung der Bodmerei, des Seedarlehns. Das ist ein Darlehn an eine Person, welche im Begriff steht, mit dem empfangenen Gelde oder mit dafür gekauften Waren eine Seereise zu unternehmen. Dabei wird verabredet, daß eine Rückzahlung des Darlehns nebst hohen Zinsen zu erfolgen habe, wenn die Reise glücklich vonstatten gegangen sei; anderenfalls war weder Darlehn noch ein Entgelt zu entrichten. Bei Schiffsuntergang erhielt mithin der Eigentümer des Schiffs oder der Waren dadurch einen Ersatz, daß er das Darlehensgeld behielt, es nicht zurückzuzahlen brauchte, während der Geldgeber Kapital nebst Zinsen einbüßte. Wir haben es hier mit einem umgekehrten Versicherungsvertrag zu tun.

Wie sich der Versicherungsgedanke zur Reinheit durchrang, lehrt erst die spätere Entwicklung im Mittelalter.

Soll aus dem Seedarlehn die Prämienversicherung hervorgehen, so müssen zwei Momente eine Änderung erfahren. Die von dem Schuldner zu leistende Zinszahlung muß sich von der darin versteckten Risikoprämie loslösen, und die Prämie muß unbedingt geleistet werden. Andererseits darf die Ersatzsumme von dem Kapitalisten nicht vorschußweise, sondern nur bedingt, erst nach einem Schadenseintritt ausgezahlt werden. Nach der ersten Seite hin ist die Entwicklung gefördert worden durch die kanonistische Gesetzgebung, insbesondere durch das Dekretale Papst Gregors IX. von 1230, welches jeden Seedarlehnszins und damit das Seedarlehn selbst als wucherisch verbot. Dies gab den Anstoß zur Trennung von dem Vorschußgeschäft und der entgeltlichen Gefahrsübernahme und damit auch zur Trennung der Rollen von Darlehnsgeber und Gefahrsübernehmer. Die andere Seite fand Förderung durch die Kreditierung des Kapitals bis zum etwaigen Schadenseintritt, bei dessen Vorliegen allein die Leistung der Ersatzsumme zweckentsprechend ist. In der Stundung dieser Summe liegt der entscheidende Wendepunkt.

Andere Einflüsse kommen hinzu: das Seedarlehn wird häufig nicht mehr unter Verpfändung des Warentransports genommen, sondern das Schiff wird verpfändet, also neben der Güterversicherung zeigt sich die Kaskoversicherung, wozu ungefähr zur gleichen Zeit auch Ansätze der Rückversicherung und der Konjunkturenversicherung auftauchen. Andere mittelalterliche Seegeschäfte wie die Commenda, die süditalienische Colona, das katalonische Agermanament, enthielten, wenn auch sehr versteckt, den Assekuranzgedanken; man sprach allgemein in Kauf- und Transportverträgen von der Gefahrübertragung.

Das kirchliche Verbot des zinsbaren Seedarlehns hatte zur Folge, daß man die Versicherung in einen möglichst großen Gegensatz zum Seedarlehn zu bringen sich bemühen mußte. Dies geschah dadurch, daß man die Verpflichtung des Versicherers als Kaufgeschäft maskierte. Der Versicherer erklärte, die zu versichernden Gegenstände vom Versicherten gekauft zu haben, und bekannte sich für den Kaufpreis schuldig: dabei fand sich die Nebenbestimmung der Nichtigkeit des Geschäfts für den Fall, daß die versicherten Gegenstände am Bestimmungsort ohne Beschädigung ankommen würden. Die vereinbarte Versicherungssumme wurde also angeblich als Kaufpreis vorgeschützt. Die Fiktion des Kaufgeschäfts wandte man nicht nur auf die Seeversicherung an, sondern auch auf die Lebensversicherung. Als Kaufobjekte konnten aber hier nicht die versicherten Personen selbst bezeichnet werden. So half man sich damit, daß man von einer „Quantität Gegenstände und Waren" sprach.

Der erste wirkliche (See-) Versicherungsvertrag, von dem wir zuverlässige Kunde haben, stammt aus dem Jahre 1347 und gehört dem genuesischen Notariatsarchiv an. Eine pisanische Versicherungsurkunde ist aus dem Jahre 1384, eine florentinische aus dem Jahre 1397 bekannt. (Vgl. auch § 40.)

In langsamem, folgerechtem Werdegang hat sich so der Versicherungsvertrag neben der allmählichen Gestaltung der erforderlichen Organisation des Versicherungsgeschäfts entwickelt.

Bei der Weiterentwicklung des Versicherungsvertragsrechts spielt eine große Rolle die Fortbildung der Rechtsformen der Police. Die schwerfällige Notariatsurkunde kam schon im 14. Jahrhundert in Wegfall. An ihre Stelle trat die meist unter Vermittlung von Maklern ausgestellte Privaturkunde der Versicherer, die Police, polizza. Sie enthält erschöpfend alle Rechtsbestimmungen. Auf ihr baut sich die Gesetzgebung auf. Eine Verordnung des Dogen von Genua aus dem Jahre 1369, in welcher zum erstenmal von assecuramentum im Sinne von Versicherung die Rede ist, bestimmt, daß gewisse Einwendungen gegen Versicherungsverträge zulässig sein sollten. Aus dem Jahre 1435 stammt die älteste vorhandene Seeversicherungsordnung von Barcelona, der sich als hochwichtige Erscheinung im Jahre 1691 die französische Ordonnance de la Marine anschließt, während in Deutschland das erste Versicherungsgesetz aus dem Jahre 1731 herrührt: die Hamburger Assekuranz- und Haverey-Ordnung. Die Gesetzgebung vollzog sich im 15. und 16. Jahrhundert in Spanien und Italien. In den nördlichen Ländern faßte die Versicherung erst Wurzel, als der Handel im Zeitalter der Entdeckungen transatlantische Wege einschlug. So kam die Gesetzgebung im 17. Jahrhundert in die Hände der Niederlande und Frankreichs. Im 18. Jahrhundert ging sie an England über, im 19. an Deutschland.

Die Reformation brachte die Wuchergesetzgebung des kanonischen Rechts immer mehr in Vergessenheit. Die juristischen Schriftsteller berücksichtigten sie schließlich kaum noch. Aber es wäre verfehlt, anzunehmen, daß der Versicherungsvertrag nunmehr eine ungefährdete Entwicklung angenommen hätte. Vielmehr treten jetzt neue Bedenken auf. Diese wurden hervorgerufen durch den Mißbrauch der Versicherung zu Spiel und Wette.

Als gegen Ausgang des Mittelalters die Strenge der Gesetzgebung gegen Spiel und Wette zunahm, verfiel man, indem man in jedem Versicherungsgeschäft einen Spielcharakter witterte, auf das Mittel, jede „Spiel- und Wettassekuranz" für ungültig zu erklären, und stellte die äußerst wichtige bis auf den heutigen Tag allgemein geltende Forderung auf, daß der Gegenstand der Versicherung nur ein wirkliches echtes Interesse, niemals aber ein bloßes Spielinteresse sein dürfte.

Noch bis in unsere Tage zählte man den Versicherungsvertrag zu den Glücksverträgen, weil die Theorie sich bis in die neueste Zeit kaum die Mühe nahm, das Versicherungswesen gründlich zu beachten.

Der gewerbsmäßige Versicherer war zunächst eine einzelne Person. Aber schon früh können wir den Betrieb durch eine Mehrheit von Personen wahrnehmen, die meist in der losen Form einer Gelegenheitsgesellschaft oder in der festeren einer Aktiengesellschaft oder auch eines Gegenseitigkeitsvereins vereint waren. 1668 wurde die erste Versicherungsaktiengesellschaft gegründet, sie diente der Seeversicherung und hatte in Paris ihren Sitz, war aber nur von kurzem Bestand. Der Londoner Brand von 1666 rief bald auch große Feuerversicherungsgesellschaften in England hervor, während dort die erste Seeversicherungsanstalt 1720 gegründet wurde. In Deutschland findet sich keine Versicherungsgesellschaft vor 1765. In diesem Jahr wurde in Hamburg und zugleich in Berlin eine Seeversicherungs-Aktiengesellschaft eröffnet. Die ersten der Lebensversicherung dienenden Gesellschaften entstanden in England Mitte des 18. Jahrhunderts, in Deutschland 1828/29. Das letzte Drittel des 18. Jahrhunderts bringt auch die Hagel- und die Viehversicherung im Zusammenhang mit der Intensivierung der Landwirtschaft. Das kompliziertere und verfeinerte Wirtschaftsleben des 19. Jahrhunderts läßt dann zahlreiche andere Versicherungsarten zur Entstehung gelangen.

Seit 1845 breitet sich die Unfallversicherung aus, zunächst begrenzt auf Eisenbahnunfälle, seit 1876 gelangte die Haftpflichtversicherung zur Einführung; Glas- und Wasserleitungsschädenversicherungen folgen, sowie die zahlreichen sonstigen kleineren Zweige.

Auch Unternehmerverbände (§ 12) treffen wir von Mitte des 18. Jahrhunderts an. Die weitere Ausgestaltung des Versicherungsgewerbes und damit des Versicherungswesens wird bedingt durch die Entwicklung des Makler- und des Agentenwesens. (§ 13.) Von besonders maßgebendem Einfluß war die Ausbildung der Rückversicherung. (§ 64.)

§ 5. Entwicklung in der neueren Zeit.

Ein eigentümliches Auftauchen und Verschwinden der mannigfachsten Versicherungsgedanken und -veranstaltungen nehmen wir wahr, wenn wir Umschau halten in den Akten der letzten vier Jahrhunderte. Was immer heutzutage auftreten mag an neuen Versicherungsplänen, es hat fast immer seine Vorläufer gehabt, die freilich meist ebensoschnell wieder verschwunden sind, wie sie in dem unternehmenden Kopf, sei es eines Spekulanten, sei es eines Wohltäters oder Gelehrten aufgeblitzt waren. Aber nur Bruchstücke sind es, welche von allen diesen Plänen und Einrichtungen auf uns gekommen sind. Und wenn in modernen Zeiten ein gleicher Plan, eine gleiche Einrichtung auftauchte, so bestand wohl ausnahmslos kein Zusammenhang mit den Erscheinungen einer früheren Zeit. Denn die Versicherungsgeschichte pflegt insbesondere in den Kreisen der Praktiker noch weit unbekannter zu sein, als sie von den Theoretikern undurchforscht ist. Mit ziemlicher Gewißheit läßt sich sagen, daß die Kenntnis der Versicherungseinrichtungen des Altertums im Mittelalter, wie zu Beginn der Neuzeit, nicht verbreitet oder doch ohne Einfluß auf die Entstehung der modernen Versicherung gewesen ist. Und ferner läßt sich wohl die Auffassung vertreten, daß die Güterversicherungen früher als die Personenversicherungen bestanden haben. Denn dort sind wissenschaftliche Grundlagen nicht in dem Maße erforderlich wie hier, wo es erst der schwierigen Kenntnis der wahrscheinlichen Lebensdauer des Menschen bedarf, ein Wissen, das uns in ausreichender Weise erst die Neuzeit gebracht hat.

Betrachten wir etwa nur das 19. Jahrhundert, so können wir eine gewisse, schrittweise vor sich gehende Entwicklung des Versicherungsgedankens und der Versicherungseinrichtungen feststellen. Die Bahn haben hierzu die physiokratischen Lehren gebrochen, die mit dem Merkantilismus aufräumten und dem Individualismus Raum ließen zur Betätigung. Die zunächst mehr und mehr zurücktretende Tätigkeit der staatlichen Organe, der Wegfall von Unterstützungen, das Verschwinden der Gilden und Zünfte, isoliert den Einzelnen in einer ganz ungeahnten Weise, und führt schnell zur Erkenntnis der Ohnmacht des Individuums, und damit zur Vereinigung Vieler zum Zwecke der Erreichung gemeinsamer Ziele.

Die Intensität des Versicherungsschutzes wächst in der Weise, daß zu den bestehenden Versicherungen, welche die Schadensfolgen aus elementaren Ereignissen wettmachen sollen, oder wenigstens gegen Schäden, die durch menschliche Willensakte nur in den seltensten Fällen herbeigeführt werden, solche Versicherungszweige hinzutreten, die auch gegen Nachteile Schutz gewähren, welche gerade vornehmlich durch den menschlichen Willen entstehen können. Schließlich schuf man Versicherungen zwecks Deckung von Vermögensbedarf, der überhaupt nicht durch elementare Gewalt oder auch nur durch wirtschaftliche Konjunkturen oder staatsbürgerliche Verpflichtungen heraufbeschworen werden kann, sondern einzig und allein durch mehr oder minder willkürliche Handlungen bedingt wird.

Die Gründung der Unternehmungen, welche alle diese Zweige aufnahmen, war aber nur möglich unter besonderen wirtschaftlichen Zuständen. Und bei der Betrachtung der Gründungsjahre der heutigen Versicherungsgesellschaften finden wir auch einen innigen Zusammenhang mit den Zeiten einer allgemein günstigen wirtschaftlichen Lage. Das lehrreichste Beispiel bieten vielleicht die 1850er Jahre, bekanntlich eine der wichtigsten spekulativen Perioden, die Deutschland bisher erlebt hat. Weit mehr als die Hälfte von 50 deutschen Versicherungsgesellschaften mit einem Kapital von mehr als 60 Millionen Taler sind in den Jahren 1853—1857 entstanden.

Die Mitte des 19. Jahrhunderts ist für das deutsche Versicherungswesen die eigentliche Gründungszeit gewesen.

Ein weiterer Markstein der neuesten Entwicklung ist die Erscheinung, daß von den verschiedenen Unternehmungsformen die einen sich durch gewisse Änderungen in ihrer Verfassung den anderen immer mehr zu nähern trachten, daß die Aktiengesellschaften gewisse Grundsätze der Gegenseitigkeitsunternehmungen anzunehmen sich bestreben, während auf der anderen Seite die Gegenseitigkeitsvereine Vorteile, welche die Aktiengesellschaften den Versicherten bieten, in ihre Verfassung aufzunehmen sich bemühen.

Nahezu alle Erscheinungen, welche für das Bankwesen wiederholt als typisch für die Wirtschaftsentwicklung im 19. Jahrhundert dargelegt worden sind, insbesondere von *Sombart,* lassen sich gerade so gut in der Entwicklung des Versicherungswesens wahrnehmen.

Der zahlreichen Umwandlung von Privatbanken in Aktiengesellschaften entspricht das fast völlige Verschwinden der Einzelversicherer und auch der Übergang von Gegenseitigkeitsanstalten in die Form des Aktienbetriebes. Daneben läßt sich eine zunehmende Fusionierung und Kommanditierung sowie Konzernbildung feststellen. Freilich werden gerade in den allerletzten Jahren diese Fusionen aufgewogen durch zahlreiche Neugründungen.

Dem mächtigen Emporsteigen der führenden Bankhäuser entspricht genau die ebenso schnelle und über alles Erwarten starke Entwicklung der führenden großen deutschen und in noch größerem Maße der amerikanische Gesellschaften. Die Zahl der beschäftigten Personen, der Angestellten auf den Bureaus und in den Agenturen wächst enorm, die großen werden immer größer, während die Zunahme in der Zahl neuer Unternehmungen immer kleiner wird. Bei den Banken, wie bei den Versicherungsanstalten nehmen fernerhin die Grundkapitalien gewaltig zu; hier wie dort bringt der überseeische Verkehr einen ausgedehnten Geschäftsbetrieb im Ausland mit sich.

Und wie so auf der einen Seite eine dem Bankwesen entsprechende Entwicklung im Versicherungswesen wahrzunehmen ist, so zeigt sich ein analoges Bild bei einem Vergleich zwischen Industrie und Warenhandel und dem Versicherungswesen. Auch hier sehen wir, was wohl kaum eines Nachweises bedarf, aber häufig genug nicht beachtet wird, wie der große Zug, der die letzten Jahrzehnte der Entwicklung der Volkswirtschaft beherrscht, in allen seinen einzelnen Ausstrahlungen auch im Versicherungswesen zum Ausdruck gelangt.

Besonders deutlich wahrnehmbar ist die Übereinstimmung der Entwicklung des Versicherungswesens mit der der Industrie hinsichtlich der Kartellbildung. Wie in der Industrie, so vereinen sich auch im Versicherungsgeschäft die Unternehmer, um gemeinsame Vereinbarungen zu treffen, sei es hinsichtlich der Vertragsbestimmungen, sei es hinsichtlich des Verkaufspreises der Versicherungsscheine. Der Kartellierung der Unternehmungen treten auf der anderen Seite Kartelle der Versicherten gegenüber. Und eine dritte Art von Zusammenschluß ist hier zu vermerken: die mit den Bestrebungen der Versicherungsbeamten, zunächst der Agenten zur materiellen und moralischen Hebung ihres Standes zusammenhängenden.

Aber wie wir neben der elektrischen Schnellbahn im Besitze einer Aktiengesellschaft mit vielen Millionen Grundkapital den ländlichen Fuhrmann antreffen, der auf der gleichen Strecke Waren befördert, neben dem riesenhaften Warenhaus der Großstadt den bescheidenen Kramladen des Dorfes, so kann uns auch nicht wundernehmen, wenn neben dem enormen Großbetrieb einer Tausende von Angestellten zählenden, Millionen von Versicherten aufweisenden, international tätigen Riesengesellschaft zahllose Versicherungszwergbetriebe der mannigfachsten Art sich erhalten haben. Und wie jener Kramladen nach wie vor trotz des Warenhauses rentabel sein und bleiben kann, so vermögen auch die kleinen Kaskovereine und Kuhgilden und sonstigen Versicherungsvereine mit einem engbegrenzten Kreise von Teilnehmern sich zu erhalten.

Die Betriebsweise der Versicherung weist eben das analoge Bild auf, wie die Betriebsweise jedes anderen Gewerbes. Und es trägt vielleicht zur Anschaulichkeit bei, wenn wir den eben begonnenen Vergleich weiter fortsetzen. Kann man jene kleinen Vereine etwa dem Handwerksbetrieb gleichsetzen, so sind die Riesengesellschaften das Analogon der großstädtischen Warenhäuser. Der Vergleich ist um so richtiger, als in der Tat die kleinen Vereine im wesentlichen ihren Sitz in kleinen Gemeinden haben. Auch die moderne Form des Warenhandels, welche sich uns im Abzahlungsgeschäft bietet, hat ihr Analogon in der Versicherung. Die Einführung der Wochenprämie bei der Volksversicherung, neuerdings auch bei der Haftpflichtversicherung, verrät eine gewisse Verwandtschaft mit den Eigentümlichkeiten des Abzahlungsgeschäfts. Die höheren Kosten zufolge der Unsicherheit regelmäßiger Weiterzahlung, die Häufigkeit des Verfalls ist dem Abzahlungs- wie dem Volksversicherungsgeschäft eigentümlich. Das von Amerika auch zu uns herübergekommene Anwerbesystem, bei welchem der Agent von Haus zu Haus geht und Versicherungsscheine anbietet, was ist es anderes als die Übertragung der Einrichtung von Handlungsreisenden auf die Versicherung?

Im Warenhandel wie im Versicherungshandel treffen wir eine fortschreitende Spezialisierung auf der einen, eine fortschreitende Kombinierung auf der anderen Seite. Hier wie dort will man den Käufer einer Ware, eines Versicherungsscheines, möglichst gleichzeitig gelegentlich desselben Kaufaktes zur Deckung eines weiteren Bedarfs veranlassen. Und durch die Vereinigung von mehr als einer Ware beim Verkauf, von mehr als einer Versicherungsart beim Betrieb, erzielt man hier wie dort eine bedeutende Ersparung in den Generalunkosten.

Auch die qualitative Differenzierung der Käufer läßt sich bei der Versicherung wahrnehmen. Während der Kaufmann und der Rentner im großen Warenhaus ihre Einkäufe besorgen, andere Kreise den kleinen Kramladen bevorzugen, oder aber Warenhäuser für bestimmte Personenkreise, so auch im Versicherungswesen. Wir haben Anstalten, welche nur die Angehörigen von Armee und Marine versichern, wie ein Warenhaus nur für Beamte und Offiziere. Und wie die Preislage der Waren eine verschiedene ist, je nachdem man im großen feinen Spezialgeschäft der Residenz oder im kleinen Laden des Dorfes oder in der engen Straße einer Vorstadt einkauft, so finden wir auch bei den Versicherungsunternehmungen, wie die eine Anstalt vorzugsweise Adels- oder Großgrundbesitzerkreise heranzuziehen sucht, eine andere aber kleine Kaufleute, und je nach dem verschiedenen Kundenkreise ihre Tarife in der äußeren Form, wie in der inneren Anlage gestaltet.

So wenig beachtet, wie die meist in aller Stille arbeitenden Kartelle ist die ebenfalls wohl vorwiegend der neuen Zeit angehörige Filialisierung von Versicherungsunternehmungen, das will sagen: die Gründung von Tochteranstalten. In zwei verschiedenen Formen tritt uns diese Erscheinung entgegen. Entweder gründen große Versicherungsunternehmungen, meist Rückversicherungsanstalten, eine oder mehrere Anstalten, welche die direkte Versicherung betreiben, oder aber es entstehen nach und nach, mit einer gewissen Personalunion, nur rein äußerlich verschiedene Unternehmungen, von denen die eine diese, die andere jene Versicherungsart betreibt.

Eine neue Gründungsperiode beginnt mit dem Schluß des ersten Jahrzehnts unseres Jahrhunderts, und zwar nach verschiedenen Richtungen hin; einmal entstehen zum Betriebe bereits längst eingeführter Versicherungszweige, wie namentlich der Feuerversicherung, neue allgemeine Gesellschaften; zum Teil ist die Gründung dieser auf einzelne große Maklerfirmen zurückzuführen. Daneben bilden sich zahlreiche lokal oder hinsichtlich des Personenkreises begrenzte Versicherungsvereine, welche eine Zersplitterung der für die Versicherung besonders vorteilhaft erscheinenden allgemeinen Risikenmischung in wachsendem Umfang herbeiführen. Beispiele hierfür sind konfessionelle Feuerversicherungsvereine und landwirtschaftliche sowie Hausbesitzer-Haftpflichtversicherungsvereine. Des weiteren zeigen sich Neubildungen auf dem Gebiet der öffentlich-rechtlichen Versicherung insofern, als neben die privaten Lebensversicherungsanstalten provinziale Lebensversicherungsinstitute, zunächst in Preußen treten. Die öffentlichen Feuerversicherungssozietäten dehnen ihren Betrieb auf andere

Branchen als die Feuerversicherung aus, ebenso erweitern zahlreiche große Privatanstalten ihr Tätigkeitsgebiet durch Aufnahme neuer Zweige, beispielsweise der Diebstahl- neben der Feuerversicherung, der Unfall- und Haftpflicht- neben der Lebensversicherung. Schließlich entstehen Neuorganisationen für neue Versicherungszweige wie die Mietverlustversicherung.

Die neueste Gründungsperiode setzt nicht nur in Deutschland, sondern wohl in allen Ländern unmittelbar nach Beendigung des Weltkrieges ein. Es hat kaum jemals eine Zeit gegeben, in der auch nur annähernd so zahlreiche neue Gesellschaften in der ganzen Welt ins Leben gerufen worden sind, wie in den Jahren 1918—1920. Allein in Deutschland wurden während dieser Zeit weit über 100 Gesellschaften neu gegründet, hauptsächlich zum Betrieb der Transportversicherung, daneben für Feuer- und Einbruchsdiebstahl- sowie Aufruhrversicherung. Zurückzuführen ist dieses geradezu beängstigende Formen annehmende Gründungsfieber zu einem erheblichen Teil auf die starken Wertsteigerungen aller Waren und Güter. Besonders charakteristisch für diese letzte Gründungsperiode ist das Bestreben einer Anzahl großer Konzerne, an deren Spitze teilweise Rückversicherungsgesellschaften, teilweise direkt arbeitende Anstalten oder auch Maklerfirmen stehen, ihr Betätigungsgebiet möglichst auszudehnen. Die letzten Jahre sind auch besonders reich an Fusionierungen und anderen Arten eines Zusammenschlusses zur Verbilligung der Generalunkosten, welche durch die nicht unerheblichen Gehaltssteigerungen und sonstigen Verwaltungsspesen, namentlich auch Steuern, sehr stark in die Höhe gegangen sind.

Was die Entwicklung des inneren Betriebes anbelangt, so finden wir hier auf der einen Seite eine Fortbildung der Arbeitsteilung, auf der anderen eine Fortbildung der Arbeitsvereinigung: Akkumulation mehrerer Zweige zeigt sich ebenso, wie vereinzelt die Konzentration. Diese ist bald in der Form von Interessengemeinschaften wahrzunehmen, welche mehrere Anstalten eingehen, bald in der Verwendung derselben Organe, namentlich der Agenten, für mehr als eine Gesellschaft.

Beispiele beweisen besser als lange Erörterungen den Fortschritt, welchen die moderne Versicherung gebracht hat.

Bei einem Vergleich des langsamen Wiederaufbaues Londons nach dem großen Feuer von 1666 mit der wunderbar schnellen Wiederaufrichtung von San Franzisko nach dem Erdbeben und Brande vom April 1906 zeigt sich, daß die imponierende Wiedererstehung der Feuerversicherung in enger Verbindung mit der Rückversicherung, und zwar keineswegs nur der einheimischen amerikanischen zu verdanken ist. In San Franzisko, der kalifornischen Hauptstadt, betrug die von den Versicherern bezahlte Summe 740 Millionen Mark, während der Wert des zerstörten Eigentums auf 1400 Millionen Mark zu veranschlagen ist. Nicht weniger als 21 Millionen Mark haben allein zwei große deutsche Versicherungsanstalten in San Franzisko zu tragen gehabt.

Gerade bei solchen Massenkatastrophen zeigt sich das dem modernen Versicherungswesen eigentümliche Moment: die starke Internationalisierung, welche freilich nicht für alle Versicherungszweige und nicht für alle Versicherungsländer gleich intensiv ist.

Versicherungsunternehmungen, die in allen Erdteilen tätig sind, Policen in allen lebenden Sprachen ausstellen, Angehörige aller Rassen zu ihren Beteiligten zählen, sind in diesem Maße erst eine Erscheinung vom letzten Drittel des vorigen Jahrhunderts. Es bedarf kaum der Erwähnung, daß dabei an die großen amerikanischen Lebensversicherungsgesellschaften in erster Linie gedacht ist. Aber auch die deutschen Rückversicherungsgesellschaften und daneben die Feuerversicherer sind wenigstens bis in den Weltkrieg hinein am Versicherungswesen aller Länder beteiligt.

Bis zu welcher Riesenausdehnung der Betrieb einer Versicherungsgesellschaft selbst bei Beschränkung auf ein Land in unseren Tagen zu wachsen vermag, zeigen folgende Ziffern aus dem Bericht der Newyorker Metropolitan Volksversicherungsaktiengesellschaft für 1920. Täglich wurden hier 1029 Auszahlungen auf fällig gewordene Policen geleistet, unter Einrechnung der Reservenerhöhungen im Betrage von 612 103 Dollars; 13 485 Policen wurden jeden Tag neu ausgestellt oder wieder in Kraft gesetzt, lautend auf täglich fast $5^1/_2$ Millionen Dollars, während täglich die Fonds der Anstalt um über $^1/_3$ Million Dollars anwuchsen. Die Zahl der laufenden Policen betrug in dem Berichtsjahr fast 24 Millionen, lautend auf über $6^1/_3$ Milliarden Dollars Versicherungssummen.

Das Zeitalter der Sozialpolitik fördert nicht nur in Deutschland ein noch nicht genug beachtetes, äußerst interessantes wirtschaftliches und politisches Problem: die Bestrebungen zur Verstaatlichung der Versicherung, die Forderung staatlicher Beihilfe, das Vordringen des Gedankens eines allgemeinen Menschenrechts auf Versicherung.

In Kreisen, in denen vor noch nicht fünf Jahrzehnten der Gedanke der Versicherung vollkommen fremd war, in denen man dem Versicherungswesen als einer großkapitalistischen Spekulation feindselig gegenüberstand, sucht man heute mit allen Mitteln, sogar zwangsweise, eine Versicherung herbeizuführen, offen oder versteckt mit dem Wunsche von Staatszuschüssen. Mögen solche Bestrebungen gelegentlich auch auf einem Mißverstehen der modernen Sozialpolitik und ausländischer Gesetzgebungsarbeiten beruhen, so sind sie doch ein markantes Zeichen dafür, wie der Versicherungsgedanke in Deutschland volkstümlich ist, seitdem das Deutsche Reich als Versicherungsorganisator auf dem Gebiete der Sozialversicherung tätig geworden ist.

Wo eine solche mächtige Entwicklung vor sich geht, kann auf die Dauer auch der Gesetzgeber nicht zurückbleiben. Und so sehen wir als ein ferneres Merkmal der Entwicklung Fortschritte auf dem Gebiete der Versicherungsgesetzgebung. Gerade die Wende dieses Jahrhunderts bringt in zahlreichen Ländern neue Gesetze über die Staatsaufsicht und über das Vertragsrecht; und kaum, daß die nationale Versicherungsgesetzgebung in Fluß gerät, so erscheint schon, wie das bei der Internationalisierung der Versicherung kaum anders zu erwarten ist, die (freilich noch unerfüllte) Forderung eines internationalen Versicherungsaufsichts- und Vertragsrechts.

Es ist im höchsten Grade überraschend, daß das Versicherungswesen in der letzten Hälfte des 19. Jahrhunderts einen so imponierenden Ausbau in seinen Grundlagen wie in seiner Höhe erfahren hat, ohne daß bis dahin eine der Entwicklung der Praxis gleichstehende Entwicklung der Theorie wahrzunehmen ist.

Das Gewerbe, das Geschäft, welches mehr als irgendein anderes auf wissenschaftlichen Grundlagen beruht, die Nutzanwendungen aus den Lehren nicht nur einer, sondern, abgesehen von der theologischen, aller Fakultäten und dazu noch der technischen Disziplinen zieht, ist zu dieser Höhe gelangt, ohne die Hilfe einer speziellen Theorie. Um so näher liegt die Frage, ob bei dem Vorhandensein einer speziellen Theorie die Fortschritte nicht noch schneller, größer, rationeller ausgefallen wären?

Daß nicht nur in Deutschland, sondern in allen Kulturländern eine Versicherungswissenschaft aufkommt, deren Zweck ist, alle Vorgänge und Erscheinungen des Versicherungswesens in der Vergangenheit wie der Gegenwart zu studieren, Vergleiche zu ziehen und Erwägungen darüber anzustellen, das ist vielleicht das erfreulichste Merkmal der modernen Entwicklung des Versicherungswesens.

Es gab eine Zeit, in der gewisse Versicherungen als ein Luxus für Begüterte galten. Aber bekanntlich ändert sich der Begriff des Luxus im Laufe der Zeit wie jeder andere wirtschaftliche Begriff. Kleidungsstücke, die man einst als Luxus für Könige ansah, erkennt man heute als unentbehrlich selbst für den Ärmsten an. Was die Zivilprozeßordnung vor wenigen Jahrzehnten als pfändbar bezeichnete, erklärt das neue Prozeßrecht als unpfändbar, weil in dieser kurzen Spanne Zeit die Auffassung von dem, was notwendig ist für des Lebens Notdurft, sich geändert hat. So geht es auch mit der Versicherung. Wir stehen nicht nur in Deutschland auf dem Standpunkt, daß sie in gewissen Arten eine unumgänglich notwendige Veranstaltung gerade für die Ärmsten ist; und der Staat selbst sucht den Ärmsten das zu gewähren, was einst als Luxus für die Reichsten galt.

Die Frage, welchen Einfluß der Krieg und die Nachkriegszeit auf die Stellung der Versicherung im Wirtschaftsleben ausgeübt hat, ist dahin zu beantworten, daß ihre Bedeutung noch gewonnen hat. Leider hat der Krieg nur allzuviel Propaganda für die Bedeutung der Lebensversicherung gemacht. Auch die internationale Erscheinung der Geldwertverringerung, des Steigens aller Preise, häufig genug verbunden mit zunehmender Schwierigkeit ausreichenden Erwerbes einerseits, andererseits die zunehmende Unsicherheit und Kriminalität, haben in den weitesten Kreisen die Unerläßlichkeit der verschiedensten Güterversicherungsarten erkennen lassen. Früher bedeutete ein Brand- oder Diebstahlschaden eine durchweg mehr oder minder große Unannehmlichkeit; gegenwärtig kann dadurch die ganze Existenz eines Wirtschaftssubjektes in Frage gestellt werden.

Aber die Zeiten der Erhöhung des Versicherungsbedarfsgefühls sind für die Versicherer nicht solche reiner Freude gewesen; denn ungeahnte Schwierigkeiten, hervorgerufen durch Lohnkämpfe und andere, die Verwaltungskosten gewaltig steigernde Tatsachen, die sinkende Rentabilität der Vermögensanlagen, ein oft rücksichtsloser Konkurrenzkampf, namentlich durch neugegründete Gesellschaften u. v. a., haben verwickelte Probleme gezeitigt. (Vgl. auch § 28 am Ende.)

Die Bedeutung des Versailler Friedens für die deutsche Versicherung ist sehr weitgehend. Die Tätigkeit im ehemals feindlichen Ausland ist durch die verschiedensten Anordnungen ungemein erschwert, wenn nicht unmöglich gemacht. Die Verkleinerung des Reichsgebiets hat den deutschen Versicherern eine weitere Einschränkung ihres Tätigkeitsfeldes gebracht. Vor allem aber sind es die allgemeinen wirtschaftlichen Bestimmungen des Versailler Dokuments, die eine schwere Schädigung auch der deutschen Versicherung im Gefolge haben.

Die Bestimmungen des Friedensvertrages über die Versicherungsverträge, welche sich in den §§ 8 bis 24 der Anlage zum V. Abschnitt des X. Teils (Wirtschaftliche Bestimmungen) finden, beziehen sich auf Versicherungsverträge zwischen Personen, die erst nach dem Vertragsschluß Feinde geworden sind, zwischen denen mithin der Handel erst nach Vertragsabschluß verboten oder auf Grund von besonderen Vorschriften gesetzwidrig geworden ist.

Erhebliche Schwierigkeiten sind den deutschen Versicherern auch durch andere Friedensschlüsse, beispielsweise den von St. Germain erwachsen, dadurch, daß neue Staaten und mit ihnen neue Geldverhältnisse entstanden sind.

§ 6. Wirtschaftliche Bedeutung.

Über die Tatsache der hohen privatwirtschaftlichen und volkswirtschaftlichen Bedeutung des Versicherungswesens an sich herrscht keinerlei Streit, so viel Meinungsverschiedenheiten auch darüber vorhanden sein mögen, ob diese oder jene Betriebsform nützlicher, diese oder jene Versicherungsart im Einzelfall zweckmäßiger ist.

Die Betrachtung des privatwirtschaftlichen Nutzens der Versicherung zeigt uns günstige Wirkungen vor Eintritt und solche nach Eintritt des Vermögensbedarfs, dessen Deckung Zweck und Ziel der Versicherungsveranstaltung ist.

Vorher ist die Wirkung der Versicherung, daß an die Stelle der Unsicherheit das Gefühl der Sicherheit tritt. Auf diese Weise wird im Ergebnis der Zufall ausgeschaltet oder wenigstens seine nachteilige Wirkung. Man braucht nicht mehr mit ihm zu rechnen. Denn bei Eintritt eines zufälligen Ereignisses werden ja dem Versicherten die Schadensfolgen ausgeglichen. An die Stelle des Zufalles und der Ungewißheit tritt Ruhe und Zuversicht. Unbedenklich kann das Wirtschaftssubjekt seine Entschlüsse für die Zukunft fassen und sie zur Ausführung bringen.

Stirbt das Wirtschaftssubjekt, bevor es die für den künftigen Unterhalt seiner Familie erforderlichen Beträge aus seinen Unternehmungen hat gewinnen können, so hilft die beim Tode auszahlbare Lebensversicherungssumme. Hindert ein persönlicher Unfall das Wirtschaftssubjekt daran, seinen Geschäften nachzugehen, so bietet die Unfallversicherung ihm Ersatz für den Schaden, der ihm aus dem Unfall erwächst. Wird eine Fabrik oder ein Haus durch Feuer zerstört, eine Ernte durch Hagel vernichtet, so tritt die Elementarversicherung in Tätigkeit und schafft dem Geschädigten einen Ersatz.

Aus diesen Beispielen erhellt zugleich die segensreiche privatwirtschaftliche Wirkung der Versicherung nach Eintritt des Bedarfs. Die Familie des Versicherten wird geschützt, aber auch den Gläubigern kommt die Tatsache der Versicherung in vielen Fällen zugute und erhöht so den Kredit eines Wirtschaftssubjektes.

Einzelne Versicherungsarten sind auch insofern von hoher privatwirtschaftlicher Bedeutung, als sie für eine vorteilhafte Kapitalsanlage in Betracht kommen. Diese Benutzung der Versicherung ist allerdings bei uns in Deutschland noch wenig verbreitet, während sie in den Vereinigten Staaten in höchster Entwicklung steht.

Die für die Versicherung erforderlichen einmaligen oder regelmäßigen Ausgaben stellen eine Belastung des Privathaushalts oder einer geschäftlichen Unternehmung dar. Doch vermögen wir bei dem jetzigen Stand der Forschung keine ausreichende Antwort auf die Fragen zu geben, wie im Einzelfall die Mittel für die Versicherungskosten aufgebracht werden. Bald wird es sich hierbei um eine Verbrauchseinschränkung des Versicherten auf anderen Gebieten handeln, bald wird er die Kosten durch erhöhte Tätigkeit zu beschaffen in der Lage sein, bald ist eine Abwälzung auf Dritte durch Preiserhöhung und ähnliches möglich.

Es dürfte auch kaum möglich sein, allgemeine Regeln darüber aufzustellen, welches das richtige Verhältnis der Ausgaben für Versicherung zum Einkommen bzw. zu den übrigen Ausgabeposten einer Wirtschaft ist. Dabei wird im Einzelfall die wirtschafts-psychologische Beschaffenheit des Individuums den Ausschlag geben. In erheblichem Maße kann aber die Versicherungsneigung durch Beispiele und Propaganda gefördert werden. Doch zeigen sich hier starke Verschiedenheiten bei den einzelnen Völkern und innerhalb dieser bei den einzelnen Bevölkerungsschichten. Leider aber fehlt es an ausreichenden Statistiken über die Berufszugehörigkeit und Einkommenstufen der Versicherten. Nicht minder entbehren wir aller exakten Nachweise über die Verwendung der aus den Versicherungskassen in die einzelnen Wirtschaften strömenden Versicherungssummen. Wir wissen nicht, ob oder in welchem Maße diese Summen produktiv oder konsumtiv Verwendung finden, sind hier vielmehr lediglich auf Mutmaßungen und Schätzungen angewiesen.

Der durch die Versicherung zu deckende Bedarf kann zwei verschiedenen Ursachen entspringen: einem vom Zufall abhängenden tatsächlichen, unmittelbaren Schaden oder Gründen wirtschaftlicher Vorsorge für ein nicht schädliches, aber doch mittelbar einen Bedarf erzeugendes Ereignis.

Die Natur des Schadens ist aber wiederum nicht einheitlich. Der Schaden kann ein rein privatwirtschaftlicher sein, beispielsweise im Falle des Diebstahls, oder er kann sich auch gleichzeitig als ein volkswirtschaftlicher darstellen, wenn es sich nämlich nicht nur um eine Vermögenswertverschiebung, sondern um eine Vermögenswertzerstörung, etwa durch Feuer, Hagel oder Tod handelt. Der Schaden, welcher den Vermögensbedarf hervorruft, kann ein sachlicher sein, d. h. an einem Gute, oder ein persönlicher, d. h. am Leben oder der Gesundheit sich betätigen.

Volkswirtschaftlich ungleich wichtiger ist es naturgemäß, das Entstehen einer Gefahr, eines wirklichen Schadens zu vermeiden, zu unterdrücken. Nur durch die Unterdrückung wird ein Nationalverlust vermieden. Aber die Versicherung kann nur in beschränkter Weise einen solchen Nationalverlust vermeiden. Sie schützt die bedrohte Privatwirtschaft. Der einzelne Versicherte denkt auch nur an seine Privatwirtschaft. Ihm genügt es, daß, wenn Feuer sein Haus zerstört hat, er schadlos gehalten wird. Ihn kümmert nicht der hierdurch entstandene volkswirtschaftliche Verlust. Aber es ist zu beachten, daß Meidung und Unterdrückung von Verlusten durchaus nicht immer möglich ist, und daß schließlich die Versicherung doch auch volkswirtschaftlich häufig genug einziges Mittel bleibt, gänzliche Sicherheit zu erhalten.

„Dem volkswirtschaftlichen Zweck der Gesellschaft gegenüber verhält sich die Idee der Versicherung subsidiär. Sie ist nicht eigentlich ein Bestandteil des Produktionsprozesses selbst, die Versicherung in der Gesellschaft ist vielmehr, abgesehen vom privaten Versicherungsunternehmer, der durch sie seinen Unternehmergewinn erwirbt, der Produktion gegenüber nur Hemmung von Hemmungen. Diese Abwehr der wirtschaftlichen Folgen von Hemmungen, von Schäden und Gewinnausfällen kann nur von gesellschaftlichen Organisationen, nicht von Einzelnen unternommen werden, sowie die Schäden so groß werden, oder so unvermittelt auftreten können, daß die wirtschaftliche Kraft des Einzelnen ihnen nicht mehr gewachsen ist." (*Stephinger*.)

Die Wirkung der Versicherung ist in allen Klassen der Bevölkerung zu verspüren, und es gibt keine Grenzen des Reichtums und keine der Armut, wo man etwa die Versicherung für überflüssig erklären könnte. An sich erscheint die Versicherung um so wertvoller, je ärmer der an ihr Beteiligte ist. Aber bei den unberechenbaren Schwankungen des immer verwickelter gewordenen Weltmarktes, der immer neue Probleme bildenden Weltwirtschaft, wird die absolute Sicherheit selbst der größten Vermögen immer geringer. Wenn zahlreiche Wirtschaftssubjekte in größerer Zuversicht und Ruhe der Zukunft entgegenblicken und in der Überzeugung tätig sein können, daß, was immer auch kommen mag, für den Fortbestand der Wirtschaft und die Hinterbliebenen gesorgt ist, so ergibt sich daraus auch für die Volkswirtschaft die erfreulichste Folge. Die Gütererzeugung wird ganz allgemein gefördert, und es tritt insbesondere dank der Güterversicherung in ihren verschiedenen Formen eine größere Gleichmäßigkeit der Preise ein. Denn wie im Leben des Einzelnen, so wird in der ganzen Volkswirtschaft der Zufall ausgeschaltet, und man kann auf Grund des Bestehens der Versicherung mit der ruhigen Fortentwicklung, dem ruhigen Bestand der gegenwärtigen Verhältnisse im kaufmännischen, im gesamten Wirtschaftsleben rechnen.

Die Versicherung ragt in jedes Gebiet der Volkswirtschaft herein. Ihr gesamter Zirkulationsprozeß wird durch die Versicherungen reguliert, würde ohne sie die schwersten Störungen erleiden. So darf *Kohler* von ihr sagen: „sie ist ein Sieg des menschlichen Gedankens über die rohen Gewalten des Lebens, ein Sieg der denkenden Logik über die alogischen Gestaltungen, mit denen wir zu kämpfen haben."

Man hat es der Versicherung zum Vorwurf gemacht, daß in gleichem Maße, wie sie sich verbreitet und auswächst, die Wohltätigkeit schwinde. Aber gerade das ist in der Auffassung des Nationalökonomen vielleicht ihr allergrößter Vorzug. An die Stelle des Almosens tritt der Rechtsanspruch, an die Stelle des Gefühls der Abhängigkeit von anderen, das schöne Bewußtsein der Unabhängigkeit.

Die Versicherung führt zweifelsohne einen gewissen Ausgleich der Vermögensverhältnisse herbei. Verhindert sie auch volkswirtschaftlich durchaus nicht Verluste, so beseitigt sie doch ihre Nachteile, dadurch, daß sie diese auf zahlreiche Schultern verteilt, eine Atomisierung der Vermögensschäden herbeiführt. Diese werden dann von so Vielen getragen, daß der Einzelne sie kaum noch spürt. Die Versicherung hindert dadurch in zahlreichen Fällen den Eintritt der Verarmung. Sie ist daher eine beachtenswerte Kapital erhaltende Kraft. Das wird ein Beispiel lehren. Man denke sich, daß ein Fabrikant seine gesamten Fabrikanlagen unversichert gelassen hat, und diese durch eine Feuersbrunst zerstört werden. Es wird ihm alsdann recht schwer fallen, da sein ganzer Besitz vernichtet ist, die erforderliche Summe zum Neubau der Fabrik zu erhalten. Sein Ruin ist ebenso wahrscheinlich, wie die Not der arbeitslos gewordenen Arbeiter sicher ist. Wenn aber der Fabrikant eine Feuerversicherung eingegangen ist und die Arbeiter gegen die Arbeitslosigkeit versichert sind, so erhält der Fabrikant die Mittel zum Wiederaufbau seiner Fabrik, ja möglicherweise auch einen Ersatz für den Verlust durch das Stocken der Fabrikation bis zur Fertigstellung der Fabrik, und die Arbeiter erhalten Mittel zum Weiterleben bis dahin. Der Fabrikant mag zudem gar manchmal noch die Mittel bekommen, neue zeitgemäße Verbesserungen in seiner Fabrik anzubringen, welche er ohne deren Zerstörung durch Feuer wohl überhaupt nicht oder noch nicht vorgenommen hätte.

Aber nicht nur Kapital erhaltend, auch Kapital schaffend wirkt die Versicherung dadurch, daß sie den Unternehmungsgeist fördert und entwickelt, und ferner dadurch, daß sie den Wert der bestehenden Kapitalien vermehrt.

Vermögen sowohl wie Einkommen kann die Versicherung im Einzelfall erhalten oder neu bilden. Sie gewährt selbst dem Vermögenslosen die Möglichkeit, sich ein Einkommen zu verschaffen ohne Einsetzung seiner Arbeitskraft zum Zwecke des Erwerbs.

Die berufsmäßige Risikenübernahme ist eine eigentümliche Art gesellschaftlicher Arbeitsteilung, die der Güterproduktion zum Vorteil gereicht. Die Erfahrung, welche die diesen Beruf Ausübenden, die Versicherer, im Laufe der Zeit sammeln, die Kenntnisse, die sie sich auf diesem Gebiet aneignen, versetzen sie in die Lage, die Risikenübernahme rationeller, mithin auch billiger zu betätigen, als es unerfahrene Personen könnten. Die Tätigkeit der Versicherer wirkt also als ein gesellschaftliche Kosten ersparendes Moment. Die gleiche Wirkung übt aber auch die oben als Gegenseitigkeit bezeichnete Risikenvereinigung aus. Denn ohne Versicherung müßte jede Unternehmung mehr oder minder umfangreiche Summen bereit halten, um eintretende Bedarfsfälle zu decken. Diese Summen zusammengenommen sind aber gewaltig viel höher als diejenigen, welche die Versicherer zur Deckung derselben Bedarfsfälle zur Verfügung stellen, denn während für den Einzelnen die Ungewißheit über Höhe, Grad, Zeit des Bedarfseintritts höchst ungewiß ist, besteht für den Versicherer, der eine große Menge Risiken vereint, eine solche Ungewißheit nur in ganz minimalem Umfang. Daß es für die Volkswirtschaft stets von erheblichem Nachteil ist, unnötig große Summen für die verschiedenen Bedarfsmöglichkeiten zurückzustellen, wenn es eine Einrichtung gibt, die dasselbe oder noch besseres mit weit kleineren Summen zu leisten imstande ist, dürfte ohne weiteres einleuchten.

Auf die Frage, in welche Gruppe des ökonomischen Systems man die Versicherung einzuordnen hat, gibt es so viele Antworten, als sich Autoren diese Frage vorgelegt haben.

Die Versicherung ist als zum Handel gehörig bezeichnet worden, indem man dabei vom Versicherungsgeschäft ausgeht, welches auf einem zweiseitigen Vertrage beruht, dessen Wesen in der gegenseitigen Zusicherung von Rechten besteht; also eine Art Sicherheitsverkauf gegen Beitragsleistung. Als Umsatz bezeichnet ein Autor die Versicherung, auf Assoziation und Wahrscheinlichkeitsrechnung basierend und durch einen Vertrag zustande kommend. Schon oben ist aber darauf hingewiesen, daß ein Vertrag für die Versicherung durchaus unwesentlich ist, so daß diese beiden Auffassungen in sich zusammenfallen.

Mit der Wirklichkeit stimmt am meisten überein die Auffassung der Versicherung als ein Kapital erhaltendes, womöglich Kapital bildendes Mittel; insbesondere hat die Lebensversicherung eine sehr große kapitalbildende Kraft, indem durch sie Sparsamkeit, wirtschaftliche Voraussicht, Fleiß und Energie gefördert und durch die angesammelten Kapitalien auch der Kreditbedarf in erheblichem Maße gedeckt wird. Nicht minder zutreffend wird die Versicherung als eine Einkommen sichernde, Einkommen erhaltende Veranstaltung bezeichnet.

Als eine auf Selbsthilfe beruhende Einrichtung kann man die Versicherung nur dann bezeichnen, wenn man unter Selbsthilfe nicht die Sorge des Einzelnen lediglich für sich selbst verstehen will, sondern die organisierte Fürsorge einer größeren auf Gegenseitigkeit beruhenden Gemeinschaft. Es handelt sich also um eine ganz andere Selbsthilfe als etwa beim Sparen, wo der Einzelne gänzlich unabhängig ist von den übrigen Sparern. Die Versicherung ist jedoch nur möglich, wenn Alle für Einen und Einer für Alle einzutreten bereit ist.

Diese Art Selbsthilfe wohnt aber auch einer Versicherung inne, deren Teilnehmer zu ihrem Abschluß vom Staate gezwungen worden sind. Sobald sie dem Zwange gemäß eine Versicherungsorganisation gebildet haben, helfen sie sich, abgesehen von etwaigen Unterstützungen, welche ihnen der Staat zuteil werden läßt, selbst. *Schäffle* sagt treffend: „Die Zwangskasse bringt nicht Staatshilfe, der Staat stellt durch die Anordnung der Zwangskasse eben nur die Voraussetzungen allgemeiner Verwirklichung der Selbsthilfe her.“

Solange es keine Versicherung gibt, können nur sehr reiche Leute große Unternehmungen vollführen. Nur sie können sich der Gefahr aussetzen, einen erheblichen Verlust zu erleiden. Mit dem Aufkommen der Versicherung ist auch der weniger Reiche imstande, sich an Unternehmungen zu beteiligen; und je ausgebreiteter die Versicherung ist, desto weitere Kreise einer Volkswirtschaft werden der Produktion gewonnen.

Es erhebt sich nun aber die Frage, ob das für die Versicherung seitens der Einzelwirtschaften zu zahlende Geld nicht etwa in unwirtschaftlicher Weise der Produktion entzogen wird. Darauf ist zu erwidern: je mehr Personen an einer Versicherung beteiligt sind, desto minimaler sind die einzelnen Anteile zur Deckung des Gesamtbedarfs: zuweilen sind dies so geringe Posten, daß sie für die Einzelwirtschaft kaum in Betracht kommen, oder aber häufig genug würden sie, falls die Versicherung nicht bestände, in unproduktiver Weise verwendet werden.

Nicht nur den Schaden nach seinem Eintritt ausgleichend wirkt die Versicherung, sie bringt es vielmehr auch mit sich, daß, soweit möglich, der Eintritt von Schäden gehindert wird. Diese vorbeugende Wirkung der Versicherung ist nicht hoch genug zu veranschlagen. Einige Beispiele mögen dies erläutern. In Amerika ist bei den hohen Häusern der Personenaufzug unumgänglich notwendig. Der überaus starke Andrang und die häufige Benutzung bringt jedoch eine große Reihe von Gefahren mit sich. Da die Hauseigentümer für etwaige bei den Personenaufzügen vorkommende Schäden haften, so ist hier für die Haftpflichtversicherung ein günstiger Boden gegeben. Allein die Versicherungsgesellschaften beschränken sich nicht darauf, etwaige entstehende Haftpflichtschäden zu decken, sondern sie lassen auch von einem eigens hierzu angestellten zahlreichen Personal mehrmals im Jahre die gesamte Einrichtung der Personenaufzüge prüfen, und die versicherten Eigentümer sind verpflichtet, den Inspektoren erforderlich erscheinende Verbesserungen anzubringen. Bekannter sind die großen Fortschritte, welche in Deutschland in bezug auf die Verhütung von Unfällen in den Fabriken durch die soziale Unfallversicherung erreicht worden sind, und die Erfolge des Heilverfahrens in der Invalidenversicherung zwecks Vermeidung des Eintritts der Erwerbsunfähigkeit. Eine segensreiche vorbeugende Wirkung hat auch die Feuerversicherung zu verzeichnen, der es zum großen Teil zu verdanken ist, wenn heute eine weit größere Feuersicherheit herrscht als ehedem.

Die vorbeugenden Wirkungen der Versicherung kommen zum Ausdruck in zahlreichen Bestimmungen der Feuer- und Sanitätspolizei. Es ist der Einfluß der Feuerversicherung, welcher bei zahlreichen Vorschriften der Bauordnungen, der Einfluß der Viehversicherung, welcher bei zahlreichen Paragraphen der Veterinärgesetzgebung mitgewirkt hat.

Die Vorbeugung hat aber ihre Grenzen. Es kann im Einzelfall beispielsweise für den Versicherten bedeutend günstiger sein höhere Prämien zu zahlen, um zu teuere oder zu schwierige Kapitalverwendungen zu vermeiden. Die Vorbeugung kann seitens der Versicherungsunternehmungen gefördert werden dadurch, daß sie dem Versicherten gewisse Maßregeln empfehlen, in noch weit höherem Maße aber dadurch, daß sie die Anwendung gewisser Maßregeln dem Versicherten unter Androhung von Nachteilen vorschreiben, insbesondere die Auszahlung der Versicherungssummen davon abhängig machen, daß Vorsichtsmaßregeln getroffen worden sind.

Der Versicherung kommt ebenso wie dem Kredit ein produktiver Charakter zu. Die Bedeutung der Versicherung für das Kreditwesen ist im allgemeinen besonders hinsichtlich der Feuerversicherung, alsdann aber auch hinsichtlich der Lebensversicherung erkannt und ausgenutzt worden. Aber zweifelsohne besteht auch bei einer ganzen Reihe sonstiger Versicherungszweige die Möglichkeit, sie zugunsten des Kredites des Versicherten zu verwerten, was bei der allgemein zunehmenden Kreditwirtschaft von noch nicht genügend beachteter Wichtigkeit ist.

Kredit bedeutet Vertrauen, und zwar Vertrauen in die zukünftige Zahlungsfähigkeit des Schuldners. Sein zukünftiges Eigentum, nicht das gegenwärtige, ist es, welches der Gläubiger bei Gewährung eines Darlehns ins Auge faßt. Die Versicherung, welchen Zweig sie auch immer umfassen mag, hat aber immer den Zweck, die Vermögensverhältnisse des Versicherten oder seiner Angehörigen für die Zukunft sicherzustellen. Kredit und Versicherung gehen, wenn auch von verschiedenen Ausgangspunkten aus, doch gewissermaßen auf dasselbe Ziel los. Die Versicherung macht den Versicherten kreditfähiger, ja die Feuerversicherung schafft den Immobiliarkredit, soweit es sich um Hausbesitz handelt, überhaupt erst. Wer würde einem Menschen, der zwar ein Haus, aber keinen Pfennig Geld besitzt, ein Darlehn gewähren, wenn er damit rechnen müßte, daß im Falle des Abbrennens des Hauses der Hausbesitzer in keiner Weise die Mittel zur Verfügung hätte, das Darlehn zurückzugewähren. Im Augenblick, in dem die Feuerversicherung die nötige Garantie für diesen Fall schafft, erhält der mittellose Hausbesitzer Kapital zur Verfügung. Auch für den Personalkredit ist die Versicherung zweifelsohne von Wert. Das hat man noch lange nicht genug gewürdigt, namentlich unsere Auskunftsbureaus müßten den Versicherungen mehr Beachtung schenken.

Dazu kommt ein weiteres wichtiges Moment, die Einwirkung der Versicherung auf die Kreditbedingungen. Die Zinsen für ein Darlehn auf ein unversichertes Haus würden höher sein, als die Zinsen für ein Darlehn auf ein versichertes Haus sind. Die Differenz zwischen diesen beiden Zinshöhen hat man in der Wissenschaft sogar direkt als Assekuranzprämie bezeichnet.

Die Ähnlichkeit mit dem Bankgeschäft ist bei der Versicherung unverkennbar. Sie beruht, wie jenes, auf gegenseitigem Kreditgeben. Der Umstand, daß eine Reihe hervorragender deutscher Versicherungsgesellschaften den Namen Versicherungsbanken führen, ist kein reiner Zufall. 1916 hatten die deutschen Versicherungsanstalten rund 7 Milliarden Fonds zu verwalten und etwa $1/2$ Milliarde neu anzulegen. Ungeheure Kapitalien häufen sich in den Versicherungskassen an, mit der Bestimmung, später — oft erst nach einem Menschenleben — zur Auszahlung zu gelangen. Es wäre sinnlos, die so angesammelten Gelder nicht nutzbringend anzulegen. Und so sehen wir unsere großen Versicherungsanstalten als äußerst tätige Verleiher. Wie diese zahlreichen Privatwirtschaften durch Hergabe von Hypothekengeldern u. dgl. Nutzen bringen, so sind die Kapitalien der Versicherungsanstalten auch von großer Wichtigkeit für den Staat hinsichtlich der Unterbringung von Staatsanleihen. (§ 19.)

Wenn man mit *Schäffle* die Versicherung als eine Ausgleichung der Einkommen verschiedener Perioden mittels bankmäßiger Übertragung und Rückübertragung der Erübrigungen ansieht, hat die Bezeichnung von Versicherungsanstalten als Banken mehr Berechtigung.

Der enge Zusammenhang der Versicherung mit dem Geldmarkt muß, so scheint es, bei Krisen zu besonderem Ausdruck gelangen. Allein bisher ist die Einwirkung von Krisen im Wirtschaftsleben auf die Versicherung noch nicht ausreichend untersucht und gewürdigt worden. Die Lebensversicherung wird aber wohl ebenso wie die Sparkasse in Zeiten sinkender Konjunktur stärker benutzt. Der finanzielle Stand der Gesellschaften aller Branchen scheint nur ganz minimal von einer Baisse betroffen zu werden, so daß die Privatwirtschaften auch in Zeiten von Krisen mit gutem Vertrauen auf die Versicherungsunternehmungen blicken können.

Welchen Einfluß Krieg wie Nachkriegszeit mit allen ihren Störungen des Wirtschaftslebens auf die Versicherung haben, hat man in den Jahren 1914—1918 ausreichend zu studieren Gelegenheit gehabt. Es hat sich hier gezeigt, daß die verschiedenen Versicherungszweige ganz verschieden davon getroffen worden sind, am ungünstigsten die Lebensversicherung infolge der langfristigen eine nachträgliche Erhöhung der Prämien ausschließenden Verträge, etwas weniger die Unfall- und Haftpflichtversicherung, während vor allem die Transportversicherung, daneben auch die Feuerversicherung infolge der großen Wertsteigerungen sehr erhebliche Vorteile gehabt haben. Die Kapitalanlage in Kriegsanleihe, während des Weltkrieges eine allgemeine Pflicht und patriotische Tat, hat sich privatwirtschaftlich betrachtet als großer Fehlschlag erwiesen.

Die mit dem Jahr 1902 einsetzende offizielle Statistik des Reichsaufsichtsamts vermag erfreulicherweise wenigstens zu melden, daß sich das Bedürfnis nach (Lebens-)Versicherung in Deutschland rasch entwickelt hat. Es waren z. B. in der gesamten Lebens- einschließlich der Volksversicherung vorhanden:

Ende des Jahres	in Kraft befindliche Policen	Es kam je 1 Versicherung auf ... Personen der Reichsbevölkerung	Auf den Kopf der Bevölkerung entfallen
1902	6324000	9	161 ℳ
1903	6951000	8	169 „
1904	7502000	8	175 „
1905	8015000	8	182 „
1906	8531000	7	189 „
1907	9279862	7	187 „
1908	10443475	6½	192 „
1909	11326426	6	200 „
1910	11977517	5½	210 „

Es hat danach die Zahl der Versicherungen bis 1910 erheblich stärker zugenommen als die Zahl der Einwohner; auch der durchschnittlich auf den Kopf der Gesamtbevölkerung entfallende Betrag ist bis zu dem genannten Jahr in stetem und gleichmäßigem Wachsen begriffen gewesen. Für die folgenden zehn Jahre sind wir teilweise auf Schätzungen angewiesen. In den Kriegsjahren hat die Policenzahl, die sich 1913 bis auf 14 Millionen gehoben hatte, abgenommen, um nach Kriegsende den alten Stand erheblich zu übertreffen. (§ 28.) Auch die durchschnittliche Höhe der Versicherungssummen ist gestiegen; doch gilt dies uneingeschränkt nur für die große Lebens-, nicht für die Volksversicherung. Während der Kriegszeit ist die Steigerung aber keineswegs derart, daß sie die Geldentwertung ausgleicht. Höchstens bei einem verhältnismäßig kleinen Kreis von Güterversicherungen (namentlich bei der Transport-, z. T. auch bei der Feuer- und Einbruchdiebstahlversicherung) dürfte eine reale Ausgleichung eingetreten sein.

Die Beteiligung der Frauen an der Versicherung ist überall weit geringer als die der Männer. Ebenso ist ausnahmslos die Durchschnittsversicherungssumme bei den Frauenversicherungen beträchtlich niedriger als bei den Männerversicherungen. Diese Erscheinung ist um so überraschender, als die Bestrebungen unserer Zeit zur Mehrung der selbständigen Erwerbsgelegenheiten für Frauen fortgesetzt reichere Erfolge aufzuweisen haben und auch die ärztliche Untersuchung von Frauen durch weibliche Ärzte möglich ist. Neuerdings ist die Beteiligung der Frauen im Wachsen begriffen.

Viel zu wenig, wenn überhaupt beachtet ist die enge Verbindung des deutschen Versicherungswesens, insbesondere der Transport-, Feuer- und Rückversicherung mit ausländischen Volkswirtschaften, mit der gesamten Weltwirtschaft.

Jede Versicherungsunternehmung ist ihrer Natur nach darauf angewiesen, einen möglichst großen Bereich von Teilnehmern zu umfassen, häufig genug über die Grenzen des Staatsgebietes, in welchem sie ihren Sitz hat, hinauszugehen. Die ältesten großen deutschen Anstalten haben ihren Sitz gerade in kleinen Bundesstaaten. Durch das

Überschreiten der Landesgrenzen entstehen enge Beziehungen zu fremden Staaten. Die mehr oder minder mächtigen, häufig genug überaus kapitalstarken Anstalten bekommen Interesse an friedlichem Verkehr unter den verschiedenen Nationen meist schon deshalb, weil sie oft Millionen in ausländischen Grundstücken oder Staatspapieren angelegt haben. Da fernerhin oft einflußreiche Politiker an der Spitze von Versicherungsgesellschaften stehen, so ergibt sich von selbst die Bedeutung des internationalen Versicherungswesens für die auswärtige Politik.

Als Deutschland noch ungeeint und — wie heute — ohne eine Marine dastand, als die deutsche Handelsflotte, an Zahl und Ansehen unbedeutend, häufig genug unter fremder Flagge die See durchkreuzte, waren durch das Mittel der Seeversicherung gewaltige Summen deutschen Kapitals an der Schiffahrt der großen seefahrenden Nationen beteiligt. Auch die Beteiligung der deutschen Anstalten an der Feuerversicherung des Auslandes ist schon viele Jahrzehnte alt. Wenn irgendein Dampfer untergeht, auf welchem Meere immer es sein mag, wenn heute in Amsterdam eine Feuersbrunst ausbricht oder in Peking: die deutsche Versicherung ist meist ebenso finanziell daran interessiert, wie einheimische Gesellschaften.

Es kann nicht dem geringsten Zweifel unterliegen, daß durch die Errichtung von Agenturen deutscher Gesellschaften im Ausland auf der einen Seite, anderseits durch die Übernahme von Rückversicherungen im Ausland durch die deutschen Gesellschaften ein volkswirtschaftlich hoch bedeutsamer Verkehr angebahnt wird, der durchaus nicht nur dem Versicherungswesen zugute kommt. Hauptsächlich sind es Aktiengesellschaften, welche das Auslandsgeschäft betreiben. Die im Aufsichtsrate dieser Gesellschaften sitzenden Mitglieder pflegen durchweg bekannte Finanzleute, große Unternehmer zu sein, häufig genug die Spitzen unserer Großindustrie, unseres Handels, und es ist klar, daß auf diese Weise wohl häufig auch deutsche Industrie und deutscher Handel gefördert worden sind. Mit Recht erblickt man in der internationalen Entwicklung das letzte wirtschaftliche Ziel auf dem Gebiete der Versicherung; denn sie erwirkt die Erzielung einer möglichst vollkommenen internationalen Gefahrausgleichung unter den Kulturvölkern.

Für den Geschäftsbetrieb der Versicherung kann das Auslandsgeschäft selbstverständlich ebensowohl eine Verbilligung als auch eine Verteuerung der Versicherung für die inländischen Versicherten bedeuten, je nachdem es sich rentabel oder unrentabel erweist.

Von den deutschen privaten Lebensversicherungsanstalten hatten vor dem Kriege 9 ihren Betrieb auf Österreich ausgedehnt, 5 auf Ungarn, 5 auf Luxemburg, 10 auf die Schweiz, 6 auf Dänemark, 3 auf Norwegen, Schweden und Finnland, 14 auf Holland, 10 auf Belgien, 3 auf Frankreich, 2 auf Griechenland, je eine auf Spanien, Serbien und Bulgarien, 3 auf die Türkei und Nordafrika, je eine auf Südafrika, Argentinien, Guatemala und Ostasien. Dabei ist zu berücksichtigen, daß die Lebensversicherung keineswegs etwa der internationalste Versicherungszweig ist, vielmehr in bezug auf Auslandstätigkeit durch die Feuer-, Transport- und Rückversicherungsgesellschaften bei weitem übertroffen wird. Durch den Krieg und seine Folgen sind jedoch mit Vernichtung oder zum mindesten wesentlicher Störung der deutschen wirtschaftlichen Beziehungen im ehemals feindlichen Ausland, wie schon erwähnt, auch die Beziehungen der deutschen Versicherer mehr oder minder lahmgelegt worden.

Den internationalen Vorteilen, welche das Versicherungswesen mit sich zu bringen imstande ist, stehen naturgemäß auf der anderen Seite internationale Nachteile gegenüber. Eine Riesengesellschaft, deren Vermögen sich auf Milliarden beläuft, mag zur Hauptgläubigerin eines kleinen Staates werden, und ist dann nur zu leicht geneigt, auf dessen Gesetzgebung und Politik einzuwirken. Oder im Falle eines Krieges unterstützt eine ausländische Gesellschaft ihre eigene Regierung gegenüber der anderen kriegführenden Macht, obwohl viele tausend Angehörige derselben an dem Versicherungsunternehmen beteiligt sind.

Was die soziale Bedeutung der Versicherung anbelangt, so ist wohl an erster Stelle anzuführen, daß die Versicherung eine Förderung des Familiengeistes und Familienlebens bringt. Noch ist die Grundlage unserer gesamten Wirtschafts- und Staatsverfassung die Familie, und jedes Mittel, welches geeignet ist, diese Institution, deren Wurzel von so vielen Seiten benagt wird, zu befestigen, ist von erheblichstem Werte. Die Versicherung gewährt nicht nur, wie wir gesehen haben, die Möglichkeit der Vermögens- und Einkommenssicherung; sie gibt auch die Möglichkeit zum Emporsteigen einer Familie zu einer höheren Klasse, indem durch sie Studiengelder u. dgl. gesichert werden können. So können durch die Versicherung die Mittel zur Verbreitung der Bildung gewonnen werden.

Wie die Versicherung das Hinaufsteigen in eine höhere Klasse befördern kann, so kann sie anderseits Familien vor dem Herabsinken aus oberen Klassen in niedere bewahren. Das hat man insbesondere in Amerika erkannt, wo es als die selbstverständliche Pflicht jedes, auch noch so reichen jungen Ehemanns gilt, seiner Frau eine möglichst hohe Lebensversicherungspolice mit in die Ehe zu bringen.

Nicht nur die einzelnen Familien fördert die Versicherung, sie knüpft vielmehr auch ein Band unter den Familien. Sie bringt eine engere Verkettung der Interessen. Sie durchsetzt den wirtschaftlichen Egoismus mit altruistischen Gedanken. Und da, wo Versicherungen auch aus rein egoistischen Gründen eingegangen werden, sind doch die Wirkungen die gleichen, wie wenn altruistische Gründe maßgebend gewesen wären. Denn sie kommen nicht nur demjenigen zugute, welcher sich direkt an der Versicherung beteiligt, sondern auch seinen Angehörigen, seinen Gläubigern.

Die Privatversicherung ist zwar an sich ein Geschäft und keine Wohlfahrtseinrichtung. Sie will und muß Geschäft sein, wenn sie Erfolge erzielen will. Sie muß ebenso kaufmännisch betrieben werden, wie irgendeine Fabrik oder eine Bank. Aber die Privatversicherung hat doch, wenn sie auch noch so kaufmännisch betrieben wird und etwa nur in der Absicht, möglichst hohen Gewinn zu erzielen, unter allen Umständen volkswirtschaftlich für die weitesten Kreise bedeutsame wohltätige Folgen. Im Falle der Not, im Falle des Eintritts eines Bedarfs zahlt die Versicherungsanstalt Summen aus, die häufig weit höher sind als die Beiträge, welche der durch den Schaden Betroffene eingezahlt hat. So schützt die Privatversicherung, wie jede Versicherung, in zahlreichen Fällen vor Not. Und gerade hierin liegt schon an sich, mag es beabsichtigt sein oder nicht, die soziale Funktion der Privatversicherung.

Die Förderung allgemeiner, wirtschaftlicher wie auch kultureller Ziele machen sich gelegentlich einzelne Versicherungsgesellschaften zur besonderen Pflicht. So besitzt beispielsweise die Aachen-Münchener Feuerversicherungsgesellschaft seit ihrem Bestehen einen gemeinnützigen Fonds, der u. a. für die Errichtung der Technischen Hochschule in Aachen in erheblichem Umfange zur Verfügung gestellt worden ist. In neuester Zeit ist es vor allem die größte amerikanische Volksversicherungsgesellschaft Metropolitan, welche auf dem Gebiet der Volksgesundheitspflege, allerdings vorwiegend, wenn nicht ausschließlich, im Interesse ihrer eigenen Versicherten, hohe Aufwendungen macht.

Es ist selbstverständlich, daß die Versicherung wie jede menschliche Einrichtung nicht nur Lichtseiten, sondern auch dunkle Schattenseiten aufzuweisen hat. Die Geschichte des Versicherungsbetrugs ist so alt wie die Geschichte der Versicherung selbst. Den Anreiz, sich auf Kosten der anderen einen Vorteil zu verschaffen, einen Verlust zu erheucheln und hierdurch eine bestimmte Ersatzsumme zu erschwindeln, kann man schon ebensofrüh wahrnehmen, als das Gegenstück, daß jemand Beiträge zu Versicherungszwecken sammelt und unterschlägt.

Wir haben auch Gelegenheit genug festzustellen, daß in vielen Fällen die Fahrlässigkeit und der Leichtsinn dadurch erhöht wurde, daß jemand in der Überzeugung lebte, ihn könne kein Verlust treffen, weil man ihm die Folgen eines etwaigen Schadens, den sein Leichtsinn habe, zu ersetzen verpflichtet sei.

Aber wenn nicht viele Anzeichen täuschen, so nehmen die Versicherungsbetrügereien in allen ihren Arten in dem Maße ab, in welchem der Gedanke der Versicherung verbreitet wird. Mit der Aufklärung der Menschen über die sozialen Vorteile der Versicherung, über den hohen Wert gegenseitigen Beistandes, muß die Achtung vor dieser Einrichtung zunehmen und das Pflichtgefühl jedes Einzelnen allen anderen Versicherungsteilnehmern gegenüber wachsen.

Je weiter ausgebreitet die Versicherung, desto eher sind Mißbräuche möglich. Aber auf der anderen Seite werden die Versicherungsunternehmungen in der Bekämpfung solcher Betrügereien desto geschulter. Beispielsweise besitzen große amerikanische Gesellschaften eigens ausgebildetes Detektivpersonal, welches im Falle des im ersten Versicherungsjahr erfolgenden Todes eines Lebensversicherten genaue Nachforschungen über die Todesursache anzustellen hat. Man hat in Amerika insbesondere die Erfahrung gemacht, daß, je freier und liberaler ein Versicherungsvertrag gestaltet ist, desto geringer die Zahl der Verbrechen wird.

So wenig man die Möglichkeit erheblicher wirtschaftlicher wie moralischer Nachteile des Versicherungswesens zu leugnen braucht, so sehr kann man der Überzeugung sein, daß eine richtige Versicherungsgesetzgebung und gewisse versicherungstechnische Vorsichtsmaßregeln die Zahl und die Bedeutung aller Nachteile auf ein Minimum herabzudrücken imstande ist.

§ 7. Verbreitung der Versicherung.

Bei der bis in die allerletzten Jahrzehnte sehr unzuverlässigen und unvollständigen Statistik des Versicherungswesens können die statistischen Nachweise nur annähernd ein Bild von der Verbreitung der Versicherung geben. Die Zahlen sind jedenfalls nur als Minimalzahlen aufzufassen. Denn bis in die Gegenwart hat man fast ausnahmslos nur die großen und mittleren Unternehmungen statistisch zu erfassen vermocht, während die vielen tausend kleineren Vereine in den verschiedensten Zweigen sich der statistischen Erfassung nahezu vollkommen entzogen haben.

Die Aufstellung genauer internationaler vergleichender Statistiken wie sie für unsere Zwecke am wichtigsten wären, scheitert daran, daß höchst bedauerlicherweise die zuständigen Behörden der verschiedenen Staaten durchweg nach voneinander abweichenden Gesichtspunkten die Ergebnisse mitteilen. In vielen Ländern gibt es eine offizielle Versicherungsstatistik überhaupt nicht oder nur für wenige Zweige. In den Privatstatistiken werden, ohne daß man es im Einzelfalle stets merkt, bald Brutto-, bald Nettoziffern geboten; bald ist es das Gesamtgeschäft der Unternehmungen, bald nur das Inlandgeschäft, welches dargestellt wird; hier erfahren wir die Resultate aller in einem Land tätigen, dort nur die Ergebnisse der heimischen Anstalten; einmal wird nur die reine Privatversicherung geschildert, ein andermal werden auch die öffentlichen Anstalten mitberücksichtigt.

Für die Zeit während des Weltkriegs und nachher fehlen in einer großen Reihe von Staaten die früher regelmäßig und pünktlich veröffentlichten Ziffern. In anderen Ländern, leider auch in Deutschland, ist die amtliche Statistik stark im Rückstand und im wesentlichen nicht über 1916 hinausgelangt. Erfreulicherweise liegen wenigstens einige vorläufige Angaben bis 1920 vor und sind namentlich auch im 2. Band verwertet.

Folgendes möge zur Erläuterung des Tabellenwerkes auf S. 52—56 dienen.

Tabelle I zeigt die Ausbreitung der Versicherungsunternehmungen während des 19. Jahrhunderts von Jahrzehnt zu Jahrzehnt in 30 Ländern. Gerade hier macht sich der Mangel der statistischen Forschung insbesondere geltend, weil, wie man sofort erkennen wird, nur die großen Anstalten gezählt werden konnten.

Tabelle II sucht die Ausbreitung des wichtigsten Zweiges der Versicherung, nämlich der Lebensversicherung, während des 19. Jahrhunderts in allen in Betracht kommenden Kulturländern zu veranschaulichen, und zwar werden die Lebensversicherungssummen zu Ende eines jeden Vierteljahrhunderts und 1910 verzeichnet. Interessant ist hierbei die Verschiebung des prozentualen Anteiles der Hauptversicherungsländer. Während England in der ersten Hälfte des 19. Jahrhunderts weitaus das erste Versicherungsland ist und sowohl absolut als prozentual an der Spitze steht, macht ihm in der zweiten Hälfte Amerika den Rang streitig. Als drittes Land behauptet Deutschland absolut wie prozentual von 1850 an durchaus seine Stellung und übertrifft damit Frankreich, welches den dritten Platz bis 1825 innehatte. Dabei mag auf das Emporschnellen des Gesamtbetrages aller Lebensversicherungssummen in Deutschland hingewiesen werden. Diese haben sich im Jahrzehnt 1911—20 weiterhin ganz erheblich erhöht und sind von 14 auf 23 ½ Milliarden Mark gestiegen. (Vgl. 2. Bd. S. 9.)

Die Tabelle III sucht das Verhältnis der Versicherungssumme zur Bevölkerungszahl am Ende jedes Vierteljahrhunderts in den Hauptländern zu veranschaulichen. Amerika überragt hier wieder alle anderen Länder. Dabei ist freilich die Sozialversicherung außer Ansatz geblieben, sonst ergäbe sich eine andere Reihenfolge; es würde bei Einbeziehung der Arbeiterversicherung Deutschland einen hervorragenderen Platz einnehmen.

Die nächsten Tabellen unter Nr. IV a und b beziehen sich ausschließlich auf Deutschland; sie veranschaulichen die Prämieneinnahmen, Schadenzahlungen und z. T. Versicherungssummen, und zwar Tabelle a das Gesamtergebnis für die Jahre 1890 bis 1919, Tabelle b das Ergebnis in 1920 mit Unterscheidung der Zahlen für die einzelnen Zweige. Man sieht hier deutlich, wie die Lebensversicherung bei weitem alle übrigen direkten Versicherungen überragt. Sie hat 1920 nahezu die gleiche Prämieneinnahme aufzuweisen wie die Rückversicherung, nämlich 2001 gegenüber 2219 Millionen Mark.

Die Tabellen unter V a und b stellen aus den Aktiven und Passiven der deutschen, von der amtlichen Statistik erfaßten Versicherungsanstalten wichtigere Posten dar. Am Schlusse des Jahres 1920 dürften unter Einrechnung auch der von den Tabellen V a und b nicht erfaßten Versicherungen 15 Milliarden Mark Aktiven zu verzeichnen gewesen sein. Unter den Passiven nehmen bei weitem den ersten Rang die Prämienreserven der Lebensversicherungsgesellschaften mit über 7 Milliarden ein.

Das Ziffernmaterial ist teilweise nach der Statistik des Reichsaufsichtsamts die jedoch nur bis 1916 eine vollständige, von da ab bis 1920 eine vorläufige ist), teilweise nach Iranyis Angaben im Assekuranz-Jahrbuch (das Material bis 1918/19 enthält) zusammengestellt; auch Stefans Assekuranzatlas wurde benutzt.

I. Ausbreitung der Versicherungsunternehmungen in 30 Ländern von 1800—1910.

Anzahl der am Ende eines jeden Jahrzehnts bestehenden größeren inländischen Privatversicherungsanstalten aller Zweige.

Jahr	1. Deutschland	2. Österreich-Ungarn	3. Schweiz	4. Niederlande	5. Belgien	6. Frankreich	7. England	8. Dänemark	9. Schweden	10. Norwegen	11. Italien	12. Rußland	13. Finnland	14. Spanien	15. Portugal	16. Bulgarien	17. Rumänien	18. Serbien	19. Griechenland	20. Türkei	21. Amerika	22. Kanada	23. Argentinien	24. Chile	25. Mexiko	26. Brasilien	27. Japan	28. China	29. Indien	30. Australien	Summen
1800	3	1	.	1	.	2	14	3	1	.	.	.	.	.	.	.	.	.	.	.	5	.	.	.	.	.	.	.	.	.	30
1810	5	1	.	2	.	7	25	3	3	.	.	.	.	.	.	.	.	.	.	.	9	.	.	.	.	.	.	.	.	.	55
1820	8	4	.	4	1	19	28	3		.	.	.	.	.	.	.	.	.	.	.	12	.	.	.	.	.	.	.	.	.	83
1830	20	9	1	4	7	33	51	3	7	.	1	2	.	.	.	.	.	.	.	.	21	.	.	.	.	.	.	.	.	.	159
1840	35	12	3	5	8	43	77	3	8	1	1	5	1	.	.	.	.	.	.	.	32	.	.	.	.	.	.	.	.	.	234
1850	56	13	3	12	11	52	91	9	9	3	1	7	1	.	.	.	.	.	.	.	38	.	.	.	.	.	.	.	.	.	306
1860	82	17	7	15	17	60	110	13	11	4	1	9	2	.	.	.	.	.	.	.	72	.	.	.	.	.	.	.	.	.	420
1870	120	36	14	21	21	73	143	14	13	9	3	12	2	.	.	.	.	.	.	.	99	.	.	.	.	.	.	.	.	.	580
1880	171	41	21	28	37	95	173	14	19	14	7	15	6	1	.	.	.	.	.	.	147	1	1	.	.	.	4	.	.	21	816
1890	199	59	23	33	69	110	205	16	31	17	10	17	13	2	.	1	2	1	.	.	220	2	2	1	.	.	20	.	.	18	1071
1900	227	77	23	48	83	116	222	17	42	19	17	19	21	5	.	3	3	3	.	1	229	6	9	3	1	18	43	1	.	16	1272
1910	259	86	40	324	124	502	422	52	59	30	94	24	41	53	32	3	5	2	2	1	252	12	12	3	1	20	61	1	3	20	2540

II. Verbreitung der Lebensversicherung nach Versicherungssummen 1800—1910.

Staaten	1800		1825		1850		1875		1900		1910	
	Millionen Mark	Anteil am Gesamtbestand in %	Millionen Mark	Anteil am Gesamtbestand in %	Millionen Mark	Anteil am Gesamtbestand in %	Millionen Mark	Anteil am Gesamtbestand in %	Millionen Mark	Anteil am Gesamtbestand in %	Millionen Mark	Anteil am Gesamtbestand in %
1. Vereinigte Staaten v. Amerika	34	33,34	293	20,33	621	17,66	8412	42,10	53176,7	60,39	90812,4	61,60
2. England	60	58,33	1059	73,49	2450	69,60	7561	37,85	*16500	18,75	*23000	15,60
3. Deutschland	.	.	20	1,39	204	5,80	1714,7	8,59	8000	9,09	13537,8	9,18
4. Frankreich	9	8,33	58	4,02	140	4,00	1066,3	5,34	2930	3,33	4464	3,03
5. Österreich-Ungarn	.	.	4,3	0,30	53	1,51	699,3	3,51	2249,5	2,55	4339,3	2,97
6. Kanada	.	.	.	.	.	.	.	.	1122	1,27	2164,7	1,47
7. Niederlande	.	.	.	.	4	0,13	71,3	0,36	915	1,04	1812	1,23
8. Schweden	.	.	0,4	0,03	7	0,21	63	0,32	670,6	0,76	1388,1	0,94
9. Rußland	.	.	.	.	6	0,18	71,1	0,36	765,1	0,87	1316	0,90
10. Japan	.	.	.	.	.	.	.	.	298,9	0,34	1214	0,82
11. Dänemark	.	.	.	.	.	.	17,6	0,09	253,1	0,28	694,5	0,48
12. Italien	.	.	0,8	0,06	15	0,44	42	0,21	237,4	0,26	623,8	0,42
13. Schweiz	.	.	.	.	2,5	0,08	201,4	1,01	364,5	0,41	586,1	0,40
14. Finnland	.	.	.	.	.	.	1,7	0,01	107,8	0,12	385,6	0,26
15. Belgien	.	.	5,5	0,38	13,5	0,39	41,1	0,21	*140	0,15	330,4	0,22
16. Norwegen	.	.	.	.	.	.	7,2	0,04	124,6	0,14	274,7	0,18
17. Spanien	.	.	.	.	.	.	.	.	71	0,08	220	0,15
18. Rumänien	.	.	.	.	.	.	.	.	110,3	0,12	168	0,11
19. Bulgarien	.	.	.	.	.	.	.	.	40,3	0,05	54	0,04
20. Griechenland	.	.	.	.	.	.	.	.	.	.	5,5	.
21. Türkei	.	.	.	.	.	.	.	.	.	.	1,1	.
Summe	103	100,00	1441,0	100,00	3516,0	100,00	19970,0	100, 0	88077,0	100,00	147392,0	100,00

* Geschätzt.

III. Lebensversicherungssumme auf den Kopf der Bevölkerung.

Staaten	1800		1825		1850		1875		1900	
	ℳ	₰	ℳ	₰	ℳ	₰	ℳ	₰	ℳ	₰
1. Amerika	—	87	6	66	12	17	145	03	461	25
2. England	3	75	42	36	74	25	193	87	323	50
3. Holland	.	.			1	43	17	75	195	75
4. Belgien	.	.	2	75	3	38	10	22	170	60
5. Schweiz	.	.	.	.	1	14	80	40	167	25
6 Schweden	.	.	—	16	2	33	†12	40	134	40
7. Deutschland	.	.	—	77	6	18	45	10	122	85
8. Dänemark	.	.	.	.	.	—	.	.	105	17
9. Frankreich	—	34	1	93	4	.	28	53	76	03
10. Finnland	.	.	.	.	.	.	4	—	67	30
11. Österreich-Ungarn	.	.	—	15	1	51	18	39	62	70
12. Norwegen	.	.	.	.	.	.	.	.	55	—
13. Italien	.	.	—	05	—	55	16	15	21	20
14. Rumänien	.	.	.	.	.	.	.	.	20	50
15. Kanada	.	.	.	.	.	.	.	.	14	05
16. Rußland	.	.	.	.	—	10	—	84	10	92
17. Bulgarien	.	.	.	.	.	.	.	.	10	89
18. Serbien	.	.	.	.	.	.	.	.	8	52
19. Japan	.	.	.	.	.	.	.	.	6	40
20. Spanien	.	.	.	.	.	.	.	.	3	90

† = Skandinavien.

IV. a) Prämieneinnahmen und Schadenzahlungen in allen Zweigen der deutschen Versicherung

abgerundet in Millionen Mark 1890—1919.

(Nach dem Assekuranz-Jahrbuch)

a) Gesamtergebnis 1890—1919				b) Ergebnis für die einzelnen Zweige 1919			
Jahr	Gesamt-Prämien-einnahme	Eigene Prämien-ein-nahmen	Eigene Schaden-zah-lungen	Zweige	Gesamt-Prämien-einnahme	Eigene Prämien-ein-nahmen	Eigene Schaden-zah-lungen
1890	479	396	218	1. Lebensvers.	1247	1180	535
1900	994	773	451	2. Unfallvers.	92	} 114	} 51
1902	1083	846	474	3. Haftpflichtvers.	67		
1904	1221	946	533	4. Transportvers.	926	423	268
1906	1375	1061	668	5. Feuervers.	708	397	141
1908	1522	1176	711	6. Hagelvers.	66	64	44
1910	1753	1349	745	7. Viehvers.	63	49	30
1912	2066	1550	883	8. Glasvers.	38	35	22
1914	2147	1610	1013	9. Diebstahlvers.	114	58	53
1916	2159	1603	971	10. Sonstige dir. V.	36	16	5
1917	2367	1653	1064	11. Rückvers.	1025	587	302
1918	2815	1916	1142	Sämtliche Zweige mit Einschluß der öffentlich-rechtlichen Privatversicherung	4382	2923	1451
1919	4382	2923	1451				

b) Entwicklung und Verbreitung der deutschen reichsaufsichtspflichtigen[1]) Versicherungszweige 1908—1920.

(Nach der vollständigen amtlichen Statistik bis 1916 und der vorläufigen für 1920.)

Zweig	I. Versicherungsscheine in Millionen Stück			II. Versicherungssummen in Millionen Mark				III. Gesamt-Prämieneinnahm. in Mill. Mark				IV. Schadenzahlungen in Millionen Mark			
	1908	1912	1916	1908	1912	1916	1920	1908	1912	1916	1920	1908	1912	1916	1920
1. Leben	10,4	13,2	13,4	12091	15514	15921	27727	534	702	715	2001	299 (199)	374 (255)	489 (230)*	578 (683)*
2. Unfall	1,0	1,3	1,3	?	?	?	?	40	51	35	171	} 44	} 61	} 52	} 82
3. Haftpflicht	2,0	2,5	2,7	?	?	?	?	41	57	48	153				
4. Feuer	10,5	11,9	12,9	112877	147388	170237	444230	242	291	318	1368	139	164	146	565
5. Hagel	0,6	0,5	0,5	2985	3143	4004	10963	47	36	46	147	44	29	33	117
6. Vieh	?	?	?	544	696	981	8100	11	13	14	147	11	13	11	85
7. Glas	0,5	0,6	0,6	292	358	369	1488	8	10	10	110	5	7	7	58
8. Diebstahl	0,7	1,1	1,3	12241	19131	21512	64052	11	16	18	276	4	6	7	132
9. Wasserleitung	0,09	0,1	0,1	3557	5395	6642	12936	2	3	3	9	1	1	1	4
10. Sonstige dir. Zweige	0,05	0,2	0,2	487	804	1926	22712	1	3	5	169	1	2	4	35
Sämtliche beaufsichtigte Zweige (soweit Angaben vorhanden)	25,7	31,4	33,0	145074	192429	221592	592208	937	1252	1212	4551	448	657	750	1656

* Rücklagen in die Prämienreserven, überwiegend aus den Prämieneinnahmen.

1) Es fehlen in dieser Tabelle insbesondere die nicht unter Reichsaufsicht stehende wichtige Transport- und Rückversicherung, ferner die öffentliche Feuerversicherung usw.

V. Aus den Bilanzen der von der amtlichen Statistik erfaßten deutschen Versicherungszweige* 1914 und 1920.

(Nach der amtlichen Statistik.)

a) Aus der Bilanz für Ende 1914.

Die Zahlen in 1000 Mark.

Gesamtgeschäft.

Posten der Vermögenswerte und Verbindlichkeiten	Hauptzweig						
	1. Leben	2. Unfall und Haftpflicht	3. Feuer	4. Vieh	5. Hagel	6. Glas	7. Rückv.
Vermögenswerte insgesamt	**6455846**	**359952**	**762165**	**8969**	**55331**	**19384**	**552699**
Verpflicht. der Aktionäre oder Garanten	120598	46154	179893	750	19621	4363	112347
Kapitalanlagen	6000532	257398	467521	5121	27903	11997	261136
Forderungen	297026	53004	109442	2845	7545	2685	177863
Kassenbestand	6766	408	1447	140	256	48	383
Übr. Vermögenswerte	30924	2988	3862	113	6	291	970
Verlust	—	—	—	—	—	—	—
Verbindlichkeiten insgesamt	**6455846**	**359952**	**762165**	**8969**	**55331**	**19384**	**552699**
Aktien- oder Garantiekapital	163404	62000	245208	1000	25529	6312	151286
Gesetzliche Rücklage	34008	34044	69558	3773	9436	1619	36676
Sonderrücklagen	164197	35447	68314	184	12035	1161	32142
Gewinnrücklagen	570144	6804	—	—	—	—	—
Guthaben von Versicherungsunternehm.	16239	16987	35450	36	154	195	54270
Prämienreserven und Prämienüberträge	5102569	114776	201909	1726	1	5406	151958
Schadenrücklagen	90519	59114	59630	499	980	3126	103724
Übr. Verbindlichkeiten	146995	10248	33370	1314	2505	1240	7019
Gewinn	167771	20532	48726	437	4631	325	15624

b) Die wichtigsten Bilanzposten 1920.

(Vorläufige amtliche Statistik.)

Die Zahlen in 1000 Mark.

Bilanzposten	Hauptzweig						Summen 1—7
	1. Leben	2. Unfall und Haftpflicht	3. Feuer	4. und 5. Hagel u. Vieh	6. Sonstige dir. Zweige	7. Rückv.	
Aktien-(Garantie-)Kapital	145299	86450	342826	26529	8312	241674	851090
Prämienreserven u. Überträge	7172248	297703	677411	28526	25472	897097	9098457
Rücklagen f. schwebende Vers.-Fälle u. Schadenrücklage	132751	203638	216899	9661	16264	379946	959159
Gewinnrücklage der Versicherten	572399	—	—	—	—	—	572399
Gesetzliche und Sonder-Rücklage	292622	72325	189259	64400	2375	46415	667396
Bilanzgewinn	141661	14790	91653	12221	937	26988	288250
Bilanzverlust	40	106	125	510	—	374	1155

* Es fehlt leider auch hier die wichtige Transportversicherung. Ebensowenig sind in diesen Tabellen die Bilanzen der öffentlich-rechtlichen Versicherungsanstalten enthalten.

III. Organisation der Versicherung.

§ 8. Übersicht der Organisationsfragen.

Mit der Erörterung der Organisation des Versicherungswesens betritt man ein äußerst umstrittenes und schwieriges Gebiet, welches zu den vielleicht am meisten, aber auch am leidenschaftlichsten behandelten Gegenständen innerhalb des gesamten Versicherungswesens gehört. Man würde jedoch fehlgehen in der Vermutung, daß die Häufigkeit und Lebhaftigkeit, mit der das Für und Wider der verschiedenen Organisationsfragen insbesondere in den letzten 50 Jahren in Deutschland erörtert worden ist, eine Lösung der Meinungsverschiedenheiten gebracht hätte. Eine völlige Einigung erscheint ebenso ausgeschlossen, wie eine solche etwa zwischen den Anhängern des Freihandels und des Schutzzolls undenkbar ist. Nur zeitweilige Kompromisse gibt es hier.

Alle Systeme und Formen der Organisation haben wesentliche Vorteile und wesentliche Nachteile. Es gibt vor allem kein absolut bestes System und keine absolut beste Form. Was für eine Zeitepoche und für ein Land paßt, paßt nicht für ein anderes Jahrhundert und ein anderes Volk. Was für einen Versicherungszweig günstig erscheint, wirkt für einen anderen schädlich.

Das Abwägen des Für und Wider ist um so schwieriger, als man die einzelnen Systeme und Formen niemals in ihrer abstrakten Wirkung erforschen kann, sondern stets berücksichtigen muß, daß Menschen mit den verschiedensten Veranlagungen und Charakteren, mit den verschiedensten Fähigkeiten und Absichten in ihnen tätig sind. So kann der absolute Vorzug eines Systems ins Gegenteil verkehrt werden durch seine schlechte Handhabung im Einzelfall.

Aber selbst wenn man zu einer Einigung darüber gelangen könnte, was für ein Volk in einer gewissen Zeitepoche und für einen bestimmten Versicherungszweig, volkswirtschaftlich betrachtet, die beste Organisationsart wäre, so würden doch oft andere als rein wirtschaftliche Erwägungen, insbesondere solche der inneren oder äußeren Politik oder des Staatskredits, der praktischen Durchführung dieser Erkenntnis hemmend entgegentreten. Hierfür fehlt es nicht an neueren Beispielen, welche zeigen, daß, um politischen oder fiskalischen Interessen zu dienen, diese oder jene Versicherung in einer den wissenschaftlichen Erwägungen mehr oder minder widersprechenden Weise organisiert wurde. (Deutsche Angestelltenversicherung, italienisches Lebensversicherungsmonopol usw.)

Unter den mannigfachen Bedenken und Streitfragen, welche hier zu erörtern sind, hat die größte Bedeutung diejenige, ob sich die Versicherung überhaupt für den privatwirtschaftlichen Betrieb eignet oder aber als eine öffentliche, vom Staat oder einer anderen öffentlich-rechtlichen Körperschaft (Kommune, Provinz usw.) zu organisierende oder gar zu betreibende Einrichtung aufgefaßt werden muß? Es stehen sich da in schroffstem Gegensatze gegenüber extreme Vertreter der individualistischen Wirtschaftsauffassung und Verfechter sozialistischer wie auch solche kommunistischer Ideen mit der Forderung einer Verstaatlichung des Versicherungswesens in Form von Monopolen oder einer Sozialisierung bald in dieser, bald in jener Form.

Innerhalb der großen Anhängerschaft privatwirtschaftlichen Betriebs bekämpfen sich die Aktiengesellschaften und die Gegenseitigkeitsvereine, und unter den letzteren wieder die verschiedenen Formen der Gegenseitigkeitsorganisation.

Wir haben aber nicht nur eine Form öffentlicher Versicherungsunternehmungen und nicht nur einen Typus von Aktiengesellschaften und Gegenseitigkeitsvereinen. Wir können vielmehr bei jeder einzelnen Unternehmungsform wieder die verschiedensten Spielarten wahrnehmen. Besonders charakteristisch für die neuere Entwicklung ist es hierbei, daß die eine Organisationsform bestrebt ist, Vorteile der anderen bei sich selbst einzuführen, und daß auf diese Weise die ehemals scharfen Unterscheidungsmerkmale zwischen den einzelnen Organisationsformen immer mehr verschwimmen.

Es soll im folgenden eine Darstellung der Vorteile und Nachteile jeder einzelnen Unternehmungsform unter Anführung der hauptsächlichsten für und wider vorgebrachten Gründe versucht werden. Vorausgeschickt werden mag hier aber das Ergebnis, daß, wenigstens für das gegenwärtige Deutschland, in dem Nebeneinanderbestehen der verschiedensten Organisationen volkswirtschaftlich die größten Vorteile zu erblicken sind, da anzunehmen ist, daß die jeweils wirklich beste Form schließlich zum Siege gelangt und die minderwertige, sofern sie nicht gänzlich schwindet, sich doch der als vorteilhaft erkannten Form immer mehr nähert.

Zwar beruht jede Versicherung, wie der schon oben aufgestellte Begriff besagt, auf Gegenseitigkeit, aber die Rechtsform kann eine verschiedene sein und kann im Einzelfall zu der Annahme verleiten, daß das Prinzip der Gegenseitigkeit nicht gewahrt wäre; so bei einem Einzelunternehmer oder bei der Aktiengesellschaft. Allein das ist ein Irrtum. Um welche Form es sich immer handeln mag, stets ist eine Vielheit solcher Personen vorhanden, welche Beiträge bezahlen und welche daraus die gegenseitige Deckung eines Vermögensbedarfs erwarten.

Selbst wenn es sich um einen Einzelversicherer handelt, beruht die Versicherungsunternehmung keineswegs auf der Verpflichtung eines einzelnen Mannes, den Schaden Vieler zu tragen. Vielmehr bildet die Vereinigung der Versicherten die eigentliche Grundlage, nach welcher der von einem Bedarf Verschonte durch die von ihm bezahlte Prämie den Verlust der von einem Bedarf Betroffenen trägt. Der Einzelversicherer allein kann dem Versicherten die gewünschte Sicherheit nicht leisten, sondern aus den Prämien der vom Verlust frei Bleibenden sammeln sich die Summen, welche der Versicherer von Zeit zu Zeit auszahlen muß. Der Sachverhalt ist ganz entsprechend, wenn die Versicherung von einer Mehrheit von Unternehmern geleistet wird.

Eine Gesamtheit von Personen kann sich nun zu Versicherungszwecken selbständig organisieren und eine Körperschaft bilden, aus ihrer eigenen Mitte die Betriebsleiter und Beamten nehmen oder auch fremde Beamte für die Gemeinschaft anstellen. Dann liegt ein sogenannter Gegenseitigkeitsverein vor, bei dem Identität zwischen den Versicherungsunternehmern und den Versicherten herrscht. Die Gesamtheit der Versicherten bildet eben das Versicherungsunternehmen.

Bei der Aktiengesellschaft besteht keine solche Identität. Eine Gesamtheit von Versicherten ist hier zwar auch vorhanden, und eine Versicherungsunternehmung haben wir ebenfalls; allein die Unternehmung wird von anderen Personen als von den Versicherten gebildet, nämlich von einer Gruppe von Kapitalisten, den Aktionären. Aber die Aktionäre sind nur die Vermittler der Gegenseitigkeit, wie es auch ein Einzelunternehmer ist.

Bei der öffentlichen Anstalt ist dieser Vermittler direkt oder mittelbar der Staat, eine Kommune oder eine sontige öffentlich-rechtliche Körperschaft, wie eine Provinz. Im einzelnen kann die Organisation sehr verschieden sein.

Die Geschichte der Versicherung hat gezeigt, daß nicht sowohl der Gemeinsinn als vielmehr der Erwerbssinn das moderne entwickelte Versicherungswesen geschaffen hat. Auch Gegenseitigkeitsunternehmungen werden wohl in den seltensten Fällen aus lediglich humanitären Gründen und Wohltätigkeitsabsichten geschaffen. Das Motiv, welches den Gründer einer Versicherungsunternehmung beseelt, wird bei allen Versicherungsformen in der Regel das nämliche sein: Erlangung wirtschaftlicher Vorteile. Hierin soll kein Tadel liegen. Sonst müßte man auch dem Arzte, welcher den Kranken nicht unentgeltlich heilt, dem Apotheker, welcher seine Medizin nicht unentgeltlich verabfolgt, einen Vorwurf machen.

Gegenseitigkeitsvereine werden nicht etwa von Direktoren und Beamten verwaltet, welche aus Gründen der Nächstenliebe ihre Dienste dem Unternehmen umsonst bieten; die Angestellten erhalten geradeso eine Besoldung wie die Direktoren und Beamten einer Aktiengesellschaft; auch die staatlichen Unternehmungen haben besoldete Beamte. Daneben können einzelne Posten im Ehrenamt verwaltet werden. Die Gegenseitigkeitsunternehmung tritt den Versicherten in den meisten Beziehungen ebenso als ein selbständiges Rechtssubjekt gegenüber wie die Aktiengesellschaft oder wie der Staat als Unternehmer in vielen Fällen. Allein alle diese Umstände können nicht hindern, daß bei einem Gegenseitigkeitsverein dennoch gewisse Grundsätze herrschen, die bei einem Aktienunternehmen der Natur der Sache nach ausgeschlossen sind.

Private Versicherung und öffentliche Versicherung, nicht etwa nur in der Gestalt der Sozialversicherung, stehen sich heute mehr denn je als Rivalen auf zahlreichen Gebieten des Versicherungswesens gegenüber. Es sei nur erinnert an die freiwillige Versicherung im Rahmen der Reichsversicherungsordnung, welche mit der privaten Rentenversicherung, an die Haftpflichtversicherungseinrichtungen von Berufsgenossenschaften, welche ebenfalls mit Privatanstalten wetteifern, an die öffentlicher Lebensversicherungsanstalten neben den privaten in Deutschland. Allein beide Systeme sind doch nichts anderes als praktische Ausgestaltungen desselben Gedankens, verschiedene Organisationsarten zur Erreichung desselben Zweckes: Sicherung einer Anzahl von Personen, welchen ein mehr oder minder gewisser Bedarf in der Zukunft bevorsteht. Um so lehrreicher ist es, den Kampf um den Vorrang unter den beiden Systemen, der gerade im zwanzigsten Jahrhundert in eine besonders lehrreiche Phase getreten ist, zu verfolgen.

Die Frage der Organisation der Versicherung betrifft aber nicht nur die Unternehmungsarten, von denen bisher ausschließlich die Rede war, sondern auch die Vereinigungen der Unternehmer und der Versicherten und den Dienst in einem Versicherungsunternehmen, den Außen- wie den Innendienst. Letzterer ist so sehr mit anderen Einrichtungen technischer Art verknüpft, daß er zweckmäßiger in dem die Versicherungstechnik behandelnden Kapitel erörtert wird. (§ 14 ff.) Dagegen gehört die Organisation des Außendienstes, das Vermittlerwesen, in diesen Abschnitt. (§ 13.)

§ 9. Systeme der Versicherung.

Wie bereits angedeutet wurde, sind zwei Systeme der Versicherung auseinanderzuhalten: private Versicherung und öffentliche Versicherung, je nachdem Privatpersonen oder Korporationen des öffentlichen Rechtes die Organisatoren sind. (Es sei nochmals hervorgehoben, daß diese Einteilung nicht gleichbedeutend ist mit der in Privat- und Sozialversicherung; s. S. 7.) Der Sprachgebrauch des gewöhnlichen Lebens pflegt häufig die öffentliche Versicherung als Staatsversicherung zu bezeichnen, ohne daß man unterscheidet, ob tatsächlich ein eigentlicher Staatsbetrieb vorhanden ist, sei es mit Monopolcharakter, sei es ohne solches Zwangsrecht, oder ob der Staat etwa nur durch ein Gesetz oder eine sonstige Maßregel eine Versicherung ins Leben gerufen hat, deren eigentlicher Betrieb alsdann von ihm womöglich nur in geringem Umfang beeinflußt wird, indem z. B. die Versicherten das Recht der Selbstverwaltung haben.

Das Für und Wider beider Systeme läßt sich vielleicht am besten abwägen, wenn man die Frage zu beantworten sucht, ob sich eine Verstaatlichung oder Sozialisierung der Versicherung empfiehlt? Zuvor mag aber das Urteil über die Frage der Verstaatlichung dahin formuliert werden, daß es auch hier keine absolut und ewig richtige Entscheidung gibt, daß vielmehr der Gesamtzustand einer Volkswirtschaft und eines Staates und die besonderen Verhältnisse einzelner Berufs- und Gesellschaftskreise den Ausschlag zu geben haben. Von diesem Gesichtspunkte aus scheint beispielsweise die Verstaatlichung der Lebens- oder der Haftpflichtversicherung im heutigen Deutschland ebensowenig gerechtfertigt, wie für die Arbeitslosigkeits-, die Mutterschaftsversicherung und eine große Reihe anderer Zweige der öffentliche Betrieb wünschenswert und zweckentsprechend ist.

Der Gedanke, durch den Staat Versicherungszweige betreiben zu lassen, ist durchaus nichts Neues, vielmehr Jahrhunderte alt und in den verschiedensten Ländern immer wieder in den Vordergrund getreten. Tatsächlich ist bald auf diesem, bald auf jenem Gebiet im Laufe der Jahrhunderte die staatliche Versicherung auch wirklich betrieben worden. (Obligatorische Diebstahlversicherung als Monopol der Geistlichkeit 1170 in Südfrankreich; portugiesisches Zwangsversicherungsmonopol 1370; staatliche Unfallversicherung der Söldner der Niederländischen Republik 1665; Vorschläge für eine staatliche Feuer- und Kinderversicherung durch Holzschuher, Obrecht u. a. 1560, 1606 usw.; Eintreten des Philosophen Leibniz für eine staatliche Assekurationskasse zum Zwecke der Volkswohlfahrt 1695; englische Zwangsversicherungspläne Ende des 18. Jahrhunderts usw.)

Die Erwähnung des überraschend frühen Staatsbetriebes der Versicherung selbst in den Zweigen, an deren Verstaatlichung heute, wenn überhaupt, erst in letzter Linie gedacht wird, führt notgedrungen dazu, Kritik zu üben an der üblichen Ausdrucksweise, die Versicherung sei „reif" zur Sozialisierung oder Verstaatlichung; denn sie würde dann ja organisatorisch wieder in den Zustand verfallen, in dem sie sich, wenigstens in bezug auf manche Zweige, in einzelnen Ländern vor Jahrhunderten befand.

Die Antwort auf die Frage, ob der Staat oder eine andere öffentlich-rechtliche Organisation an die Stelle der bisherigen Privatbetriebe treten soll, muß heute ganz anders lauten, als wenn wir uns etwa in einem versicherungslosen Lande befänden und hier die Versicherung überhaupt erst neu einzuführen wäre. Die Anhänger der Verstaatlichung glauben und wünschen, daß die gesamte Versicherung allmählich in öffentlichen Betrieb übergehen wird in Analogie zur Entwicklung des Geld-, Münz-, Post- und Eisenbahnwesens. Zunächst denken sie dabei an den Staat als Betriebsleiter. Als erstrebenswertes Ziel wird aber auch die Organisation durch kleinere öffentlich-rechtliche Körperschaften, insbesondere durch Provinzen und Stadtgemeinden bezeichnet.

Dagegen wird mit Recht ausgeführt, daß das Versicherungsbedürfnis kein so allgemeines sei wie dasjenige, welches hinsichtlich der Post oder der Eisenbahn oder des Sanitätswesens in Betracht kommt. An gewissen Versicherungsarten haben nur die Begüterten ein Interesse, das gewöhnlich mit dem Umfang des Besitzes steigt, während z. B. der Besitzlose an den meisten Güterversicherungsarten gänzlich uninteressiert ist. Allerdings würde das Bedürfnis wohl bei einer Verallgemeinerung der Versicherung sich ebenso steigern, wie die Benutzung der Post jeweils mit ihrer Ausdehnung und Verbilligung sich mehrt.

Ein Hauptvorwurf richtet sich gegen die durch das Bestehen zahlreicher Versicherungsunternehmungen verursachten hohen Betriebskosten. Deren Wegfall erwartet man insbesondere bei einem einheitlich konzentrierten Staatsbetrieb, bei welchem man auch die Dienste von anderweitig beschäftigten Staatsbeamten verwenden und dadurch viele Gehälter sparen zu können glaubt.

Mag aber auch durch konzentrierten Staatsbetrieb wirklich eine Ersparung an Beamten möglich sein, so wäre doch eine endgültige Verbilligung ziemlich in Frage gestellt. Denn die Kosten der Versicherung lassen sich nicht absolut betrachten. Man muß vielmehr den Kosten die Leistungen gegenüberhalten. Daß aber bei dem Ersatz der Konkurrenz durch ein Staatsmonopol die Fortschritte im Versicherungswesen weniger schnell zu konstatieren sein dürften, selbst wenn gleichzeitig ein Versicherungszwang eingeführt wird, steht wohl außer Zweifel.

Übrigens wäre eine große Verbilligung auch unter Beibehaltung des privaten Systems durch stärkere Konzentration oder gar durch die zwangsweise Anordnung der Versicherung zu erzielen, so daß die Anwerbekosten und womöglich auch die Erhebungskosten wegfallen könnten. Denn neben der Konkurrenz und ihren Mitteln, insbesondere dem Reklamewesen, findet gerade die Anwerbepraxis weitgehende Mißbilligung.

Auch der unbedingte Anhänger des Privatbetriebs in der Versicherung wird in zahlreichen Fällen unumwunden zugeben, daß hier einzelne schwere Mißstände herrschen. Bei genauer Beobachtung wird man aber fast stets erkennen können, daß die betreffenden Mängel weniger dem System anhaften, als vielmehr durch einzelne Personen, die in seinem Dienste stehen, verschuldet sind. Schon aus diesem Grunde dürften sich die Mißstände mit weniger eingreifenden Mitteln beseitigen lassen als mit Ersatz des Privatbetriebs durch öffentliche Organisation. Die Auswüchse des Konkurrenzwesens im Handel hat man nicht durch dessen Verstaatlichung zu unterdrücken versucht, sondern durch ein Gesetz zur Bekämpfung des unlauteren Wettbewerbs. Ebenso kann die Aufsichts- und Vertragsgesetzgebung Mißstände, wo sie vorhanden sind, beseitigen.

Einen allgemeinen Vorteil des öffentlichen Betriebssystems hat man darin sehen wollen, daß durch Vereinigung des Versicherungswesens und des gesamten Sanitäts- und Polizeiwesens in den Händen des Staates die Vorbeugung mehr als bisher gefördert werden könnte.

Demgegenüber ist darauf hinzuweisen, daß beispielsweise die Feuerversicherungsgesellschaften, insbesondere grade in Ländern, in denen es ausschließlich privaten Betrieb gibt, das Höchste an Vorbeugung geleistet haben, mehr vielleicht als Staaten, welche für einzelne Versicherungszweige eigene Anstalten besitzen. Auch in der Seeversicherung hat die Privatversicherung bedeutende Schutzmaßregeln veranlaßt. Besonders lehrreich ist das Beispiel der nordamerikanischen Dampfkesselexplosionsversicherung, bei welcher mangels staatlicher Kontrolle durch angestellte Sachverständige der Versicherungsgesellschaften die Kessel eingehender Prüfung unterzogen werden, so daß diese Gesellschaften im Grunde genommen eher Sicherungs- als Versicherungsanstalten sind. Anderseits mag freilich zugegeben werden, daß hinsichtlich der Vorbeugung noch ein weiter Spielraum zur Betätigung vorhanden ist. Gerade die Betriebsmethoden der privaten Versicherung erziehen in zahlreichen Fällen zu Schutzmaßregeln. Denn je weniger gefährdet ein versicherter Gegenstand ist, desto geringer pflegt die Prämie zu sein.

Die Versicherer suchen — wie noch ausführlich zu erörtern sein wird — eine möglichst genaue Klassifikation der Risiken nach dem Grade, in welchem diese von einer Gefahr bedroht sind, vorzunehmen. So erfüllt die Versicherung sogar einen wirtschaftlich-erzieherischen Zweck. Das wird zwar allgemein anerkannt; allein man wirft dem privaten Betriebssystem vor, daß zufolge der Klassifikation gerade die Güter und Personen unversichert bleiben müßten, welche der Versicherung am dringendsten bedürften. Es sei durchaus nicht immer die Schuld des einzelnen Individuums, wenn gerade seine Gesundheit oder seine Güter von hohen Gefahren bedroht seien; denn das einzelne Individuum könne nichts für das Milieu, in das es einmal hineingeboren wurde, oder für die aus irgendwelchen natürlichen Gründen besondere Gefährdung seines Eigentums.

Die Folgerungen, welche man hieraus zieht, lassen sich jedoch nicht aufrechterhalten. Würde man die Klassifikation der Risiken vermeiden, so hätten in zahlreichen Fällen solche Wirtschaftssubjekte eine hohe Prämie zu zahlen, welche möglichst vorsichtig zu wirtschaften bestrebt sind, und von denen es durchaus nicht immer feststeht, daß sie zur Zahlung einer höheren Prämie imstande sind. Die Nachlässigen, welche im Einzelfall finanziell äußerst zahlungsfähig sein können, würden auf diese Weise auf Kosten der Sorgsamen und möglicherweise finanziell minder Leistungsfähigen Versicherung erhalten. Weit weniger wäre gegen den Vorschlag einzuwenden, daß der Staat auf irgendeine Weise die Versicherung der minderwertigen Leben zu fördern suchte, etwa durch Zuschüsse an Unbemittelte, oder auch die

Versicherung besonders feuergefährlicher Fabrikanlagen, die von allgemeinem Nutzen sind.

Gegen die sozialistischen Wünsche, daß die Versicherung als Vermögensausgleichungsmittel wirken soll, führt *Lexis* aus, daß man die private Versicherung nicht mit sozialpolitischen Wohltätigkeitseinrichtungen verwechseln dürfe. „Die ersten Anfänge der Feuerversicherung und der Viehversicherung waren allerdings Unterstützungsorganisationen, bei denen nicht gerechnet wurde, die aber auch nur Beihilfen und nicht wirkliche Entschädigungen leisteten. Bei dem heutigen normalen Versicherungsbetrieb kann aber nur das Prinzip der Gleichheit von Leistung und Gegenleistung zugrunde gelegt werden; will man Wohltätigkeitseinrichtungen zur Unterstützung der unbemittelten Versicherungsbedürftigen schaffen, so muß dies auf andere Art geschehen als dadurch, daß man die Inhaber der guten Risiken zugunsten der Inhaber von schlechten mehr belastet. Denn eine solche Art der Verteilung der Versicherungslast ist schon deshalb völlig irrationell, weil sie gar nicht nach der wirtschaftlichen Leistungsfähigkeit der Versicherten geregelt ist. Der Besitzer eines sehr feuersicheren massiven Hauses kann stark verschuldet sein, ein reicher Fabrikant kann aber zahlreiche leichtgebaute und feuergefährliche Arbeiterhäuser besitzen."

Weiterhin werden hauptsächlich die Dividenden bekämpft, welche die Aktiengesellschaften an ihre Aktionäre und Aufsichtsräte zahlen, und dieser Umstand bietet ein weiteres Moment für die Forderung der Verstaatlichung des Versicherungswesens. Demgegenüber mag die eine Frage aufgeworfen werden, ob etwa ohne Beteiligung der Aktienunternehmungen am Versicherungswesen dieses in gleicher Schnelligkeit und in gleichem Umfang zur Ausbreitung gelangt wäre? Hätte hier wirklich die Staatsinitiative ein Gleiches geschaffen? Sollten gelegentlich die Vergütungen, welche die Aktionäre oder Organe einer Versicherungsanstalt erhalten, wirklich zu hoch sein, so wäre auch ohne Verstaatlichung hier Abhilfe zu schaffen durch eine satzungsgemäße Beschränkung der Dividenden und Tantiemen, wie sie sich tatsächlich bei einzelnen Gesellschaften findet. Die diesbezüglichen Vorwürfe, welche man den Versicherern macht, treffen mehr als diese unser höchst reformbedürftiges Aktien- und namentlich Aufsichtsratswesen.

Es werden außerdem eine ganze Reihe von Versicherungszweigen vorwiegend von Gegenseitigkeitsvereinen betrieben, und die Zahl derjenigen Aktiengesellschaften, welche den Versicherten einen mehr oder minder hohen Anteil am Gewinne neben den Aktionären zugute kommen lassen, ist im ständigen Wachsen begriffen. Diese gemischten Organisationsformen, welche gegenwärtig vorherrschen (vgl. S. 81), haben bei weitem nicht die gebührende Würdigung von seiten der Anhänger der Verstaatlichung gefunden.

Wie einseitig und kurzsichtig man vorgeht, wenn man die im Versicherungswesen zuweilen vorkommenden Schwindeleien seitens einzelner Unternehmer mit Vorliebe den Aktiengesellschaften zurechnet, zeigt deutlicher als alles die Geschichte der Viehversicherung, welche bekanntlich auch heute fast nur von Gegenseitigkeitsvereinen betrieben wird. In keinem Gebiet der gesamten Versicherung sind mehr unsolide und schwindelhafte Gründungen vorgekommen, haben sich größere Mißstände gezeigt, welche meistens lediglich aus der Spekulationssucht von Gründern hervorgegangen waren, als gerade hier.

Das Argument, durch eine Verstaatlichung des gesamten Versicherungswesens käme man über die große Schwierigkeit einer Staatsgesetzgebung hinsichtlich der Beaufsichtigung des Versicherungswesens hinweg, kann heute jedenfalls für Deutschland und zahlreiche andere Länder nicht mehr angeführt werden. Denn der moderne Gesetzgeber hat die Aufgabe in durchaus befriedigender Weise gelöst. Die Gesetzgeber haben auch die Antwort auf die Frage nach der Berechtigung des Privatbetriebs erteilt. Was schließlich die oft behauptete Prozeßsucht der Privatversicherung betrifft, so bemerkt hierzu das Eidgenössische Versicherungsamt: „Wenn wir diese Gerichtsentscheidungen mit unbefangenem Sinne überblicken, so können wir uns der Einsicht nicht verwehren, daß die Gerichte, welchen man wohl nicht Voreingenommenheit gegen die Versicherungsnehmer vorwerfen kann, ungerechten Zumutungen der letzteren ebensooft entgegentreten müssen als solchen der Versicherungsgesellschaften."

Den Vorteilen eines öffentlichen Monopolbetriebs, bei welchem keine Rücksicht auf die Konkurrenz nötig, infolgedessen ein viel ruhigerer Geschäftsgang möglich und jeder Gedanke an Übervorteilung der Versicherten durch den Unternehmer ausgeschlossen sein soll, stehen erhebliche Nachteile gegenüber. Insbesondere sind die öffentlichen Kassen im Falle eines Krieges noch stärker bedroht als das private Eigentum. Da ferner das Interesse an der Ausdehnung der Versicherung bei einem gegen festen Gehalt angestellten Beamten ein weit geringeres ist als etwa bei einem mit Tantieme angestellten Privatdirektor, so wird der Kreis der Versicherten, falls man nicht besondere Mittel anwendet, nicht in der Weise zunehmen wie beim Privatbetrieb. Die Staatsversicherungsanstalten Neuseelands werden nach rein privatwirtschaftlich-individualistischen Geschäftsgrundsätzen betrieben; ihre Agenten bearbeiten das ganze Land, agitieren von Haus zu Haus und erhalten Tantiemen nach der Zahl der Personen oder der Höhe der Versicherungssummen, die sie den Staatsanstalten zuführen. Dasselbe System hat man bei der staatlichen Monopolanstalt für Lebensversicherung in Italien eingeführt.

Eine Verstaatlichung der Versicherung hätte, abgesehen von anderen Bedenken, auch zur Folge, daß eine ungeheure Masse privaten Vermögens in die engste Berührung mit den Staatsfinanzen käme, so daß das Budgetrecht seine praktische Bedeutung fast gänzlich verlieren würde, da die Kontrolle der Staatsfinanzen durch die Volksvertretung fast hinfällig würde.

Selbst *Adolf Wagner*, der hervorragendste Verfechter des „gemeinwirtschaftlichen Betriebs", verkennt nicht die „unbestreitbaren privatökonomischen und technischen Glanzseiten", welche insbesondere bei den Aktiengesellschaften zum Ausdruck kommen. „Es tritt in ihnen die ganze Kraft und wirtschaftliche Leistungsfähigkeit des assoziierten Privatkapitals hervor; wie sie ein intelligentes Verwaltungspersonal, das nur auf Gewinnerzielung sieht und in diesem Streben bei den Unternehmern, den Aktionären, alle Unterstützung findet, entwickeln kann." — „Es ist nicht unwahr, daß die Versicherungsaktiengesellschaften Bedeutendes bei uns wie in anderen Ländern für die Verbreitung der Versicherung, insbesondere der Feuer- und Lebensversicherung, getan haben." Und so nennt *Wagner* die Privatunternehmung „in ihrer Organisation ein Muster privat-ökonomischer Wirtschaftlichkeit und technischer Tüchtigkeit."

Von neueren Autoren ist es insbesondere *Gerhard Wörner*, der die von *Adolf Wagner* gewiesene Richtung weiter verfolgt und auszubauen gesucht hat. Er sieht in der Verstaatlichung des Versicherungswesens, insbesondere der Feuerversicherung, eine naturnotwendige, früher oder später sich ergebende Entwicklung und erklärt Zwangsversicherungsgemeinschaften überall da für gerechtfertigt, wo ein Versicherungszweig zum Gemeinbedürfnis geworden ist. Daß aber die Entwicklung der Versicherung zu einem solchen Gemeinbedürfnis vorhanden ist, glaubt *Wörner* aus der Statistik erweisen zu können. Er will nun gerade diejenigen Versicherungszweige öffentlicher Zwangsbewirtschaftung zuführen, von denen seiner Auffassung nach die Interessenten freiwillig in ihrer großen Mehrheit Gebrauch gemacht haben, während viele andere der Auffassung sind, es müßten solche Versicherungszweige verstaatlicht werden, die nicht genügend Anhänger auf dem Wege der Freiwilligkeit finden. Eins der Hauptargumente für *Wörners* Forderungen besteht in der von ihm vermuteten Verbilligung, allein es ist eine erhebliche Verkennung der Psychologie des Versicherungsnehmers, wenn die Beitragsfrage derart in den Vordergrund gerückt wird. Mindestens die gleiche Bedeutung hat für den Versicherungsnehmer das Problem der Schadenregulierung, der möglichst reibungslosen Auszahlung im Bedarfsfalle. Daß in dieser Beziehung eine staatliche Anstalt besser als eine private arbeitet, wird man nicht behaupten können.

Aber auch *Wörner* vermag so wenig wie *Wagner* gewisse große Vorzüge der Versicherung wie sie heute ist, zu leugnen. Sollte sich da keine Lösung des Problems finden lassen, durch welche diese allgemein anerkannten Vorteile des privatwirtschaftlichen Betriebs erhalten, die hier, wie auf jedem anderen Gebiete menschlicher Tätigkeit vorhandenen Mängel aber beseitigt werden können?

Wenn auf der einen Seite Verfechter des Verstaatlichungsgedankens die hohe Entwicklung und die großen Vorteile des privaten Betriebs rückhaltlos zugeben, auf der anderen Seite Anhänger des privaten Betriebs unumwunden wesentliche Nachteile oder Auswüchse dieser Betriebsart eingestehen, so ist hierin ein Fingerzeig gegeben für die beste Lösung des Streites, ob unter den gegenwärtigen Verhältnissen das private oder das öffentlich-rechtliche System der Versicherung vorzuziehen ist.

Wenn im öffentlichen Betrieb nicht die gleiche Ausgestaltung und Anpassungsfähigkeit des Versicherungswesens denkbar ist, so ist dem Privatbetrieb der Vorzug zu geben. Wenn aber beim Privatbetrieb Auswüchse vorhanden sind, deren Beseitigung möglich ist, so ist es, falls die private Initiative der Unternehmer hierzu nicht ausreicht, Sache des Staates, durch ein geeignetes Aufsichts-, Vertrags- und Arbeitsrecht diesen Auswüchsen zu steuern. In welcher Weise die Gesetzgeber dieser Aufgabe gerecht geworden sind, wird anderswo zu besprechen sein. (§ 20ff.) Versicherungszweige aber, welche von privaten Unternehmern nicht in Anbau genommen werden, obgleich dafür eine volkswirtschaftliche Notwendigkeit besteht (z. B. die Hochwasserschädenversicherung, die Seekriegsversicherung), hat der Staat als Unternehmer zu betreiben oder wenigstens zu organisieren.

Alle diese theoretischen, das alte Verstaatlichungsproblem betreffenden Auseinandersetzungen beziehen sich auch auf das Problem der Sozialisierung im neueren Sinne, wie es sich jetzt insbesondere in der deutschen Republik, am stärksten unmittelbar nach ihrer Einführung, gezeigt hat, dann aber immer mehr in den Hintergrund gerückt ist, da eine daniederliegende, schwer um die Existenz ringende Volkswirtschaft sich auf Experimente nicht einlassen kann. Unter dieser Sozialisierung wird entweder dasselbe verstanden, was man früher als Verstaatlichung bezeichnete, (und zwar neigen hierzu vor allem diejenigen, welche eine Sozialisierung aus fiskalischen Gründen, also ohne Rücksicht auf eine etwaige Verteuerung wünschen) oder aber es kommen „neben der völligen Übernahme noch andere Formen der Beteiligung und der Kontrolle durch die Gesamtheit in Betracht“, wie es in dem Programm der von den deutschen Volksbeauftragten Ende 1918 eingesetzten Sozialisierungskommission heißt. Bei allen diesen anderen Formen soll eine — mindestens fragwürdige — Verbilligung und Verbesserung der Versicherung erzielt werden.

Eine Ausdehnungstendenz des öffentlichen Betriebs im Versicherungswesen ist allerdings in Deutschland unverkennbar. Aber es ist höchst charakteristisch, daß seit der Einführung der reichsgesetzlichen Sozialversicherung das deutsche Privatversicherungswesen einen gewaltigen Aufschwung genommen hat. Während noch im Jahre 1870 England mit 71 Prozent am europäischen Versicherungsgeschäft beteiligt war und Deutschland demgegenüber nur 12 Prozent aufzuweisen hatte, hatte sich das Verhältnis bereits im Jahre 1900 dahin verschoben, daß England nur noch 50 Prozent, Deutschland dagegen 23 Prozent besaß, und diese Verschiebung zugunsten Deutschlands hat sich wenigstens bis in den Weltkrieg fortgesetzt. Es kann nicht dem geringsten Zweifel unterliegen, daß der Staat als Versicherungsorganisator für den privaten Betrieb insofern von Vorteil ist, als er den Versicherungsgedanken volkstümlicher macht, das Versicherungsbedürfnis in Kreise trägt, in denen es früher niemals empfunden wurde. Es ist sicherlich kein bloßer Zufall, daß sich die deutsche Volksversicherung erst mit der Sozialversicherung ausgebreitet hat und daß sie z. B. von 1891 bis 1919 von etwas über 600 000 auf rund 10 Millionen Policen bei entsprechender Vermehrung der Versicherungssumme bis auf über 2 Milliarden Mark gewachsen ist. Leistungen einer sozialpolitischen Charakter tragenden Versicherung können für den Einzelnen stets nur das unbedingt erforderliche Mindestmaß bieten. So entsteht der Wunsch und allmählich das immer mehr und mehr empfundene Bedürfnis bei den in die öffentliche Sozialversicherung Eingeschlossenen, über die von jener zu leistenden Summen hinaus Deckung zu suchen.

Beispiele für die Tendenz der Ausbreitung der öffentlichen Versicherung zeigen sich auf den verschiedensten Gebieten.

An die alten Zweige der Sozialversicherung hat sich innerhalb der Reichsversicherungsordnung vom 19. Juli 1911, welche viele Millionen Personen neu unter die bisherige Kranken-, Unfall- und Invalidenversicherung gebracht hat, eine Witwen- und Waisenversicherung angegliedert, und durch das Versicherungsgesetz für Angestellte vom 20. Dezember 1911 sind weitere Schichten in die reichsgesetzliche Versicherung einbezogen worden. In gleicher Richtung gewirkt haben die in den letzten Jahren erlassenen Gesetze zur Ausdehnung des Kreises der versicherungspflichtigen Personen.

Eine sehr beachtenswerte Erscheinung ist die seit 1911 erfolgte Einrichtung von öffentlichen Lebensversicherungsanstalten, in den östlichen und mittleren Provinzen Preußens, dann darüber hinaus in ganz Deutschland. (§ 28.)

In mehreren deutschen Einzelstaaten hat man die Schlachtviehversicherung verstaatlicht. (§ 48.)

Die häufig aufgestellte Behauptung, die Seeversicherung sei am wenigsten geeignet für Verstaatlichung, scheint unrichtig. In Portugal wurde bereits durch einen Erlaß von König Fernando um 1375 zwangsweise eine staatliche Seeversicherung eingeführt. In Holland findet sich 1629 der Wunsch nach einer staatlichen Seeversicherung zur Deckung des Kriegsrisikos. Derselbe Plan ist in England vor Kriegsausbruch, auch anläßlich des Burenkrieges aufgetaucht. Auch in Deutschland wurde er erwogen. Ein altes zuverlässiges Beispiel findet sich in Hamburg 1622. Aus dem Anfange des vorigen Jahrhunderts stammt das Projekt der Errichtung einer Staatsanstalt zur Übernahme der Transportversicherung auf dem Rhein. Der Weltkrieg brachte staatliche Seekriegsversicherungseinrichtungen der mannigfachsten Art in fast allen für den Seeverkehr wichtigeren Ländern, in Deutschland in Form einer gemischt-wirtschaftlichen Unternehmung, der Deutschen Seeversicherungs-Aktiengesellschaft von 1914, deren Aktienmehrheit das Reich übernahm, während im übrigen deutsche Transportversicherungsgesellschaften Aktionäre waren. Rein staatliche Einrichtungen schufen u. a. England und die Vereinigten Staaten. Besonders beachtenswert waren die Einrichtungen der skandinavischen Länder, namentlich Norwegens.

An jede Privatversicherungsanstalt sind, wenn sie berechtigten volkswirtschaftlichen Anforderungen genügen will, die Forderungen zu stellen:

1. daß sie grundsätzlich jedem, welcher das Bedürfnis danach empfindet, die Möglichkeit der Versicherungsnahme bietet;
2. daß das Entgelt nicht unverhältnismäßig hoch ist und zu keinem übermäßig hohen Unternehmergewinn führt.

Daß man aber so weit gehen darf, für eine Versicherung zu verlangen, daß beispielsweise bei der Feuerversicherung einfach jedes Haus und jeder Gegenstand, dessen Besitzer das Bedürfnis der Versicherung aus irgendwelchen Gründen empfinden mag, auch wirklich versicherungsfähig ist, soll hiermit durchaus nicht behauptet werden. Nach einer älteren Verordnung waren ausgeschlossen: „Versicherungen von Leuten, welche nicht ordnungsliebend, nicht zahlungsfähig, nicht von unbescholtenem Rufe sind, sowie von solchen, deren Gebäude sich in einem verwahrlosten Zustande befinden, außerdem aber auch die Versicherungen von Leuten, die in Orten wohnen, bei deren Einwohnerschaft Sorglosigkeit, Indolenz, Spekulationssucht, Mangel guten Sinnes für Ordnung und Gesetzlichkeit, Gleichgültigkeit gegen Einführung und Beobachtung von Vorsichts- und Schutzmaßregeln gegen Feuersgefahr in einer Weise zutage treten, daß die Versicherung geeignet erscheint, eine Gefährdung der Sicherheitszustände des ganzen Bezirks zu veranlassen." Hiernach sind es nicht versicherungstechnische, sondern moralische und soziale Gründe, die zur Ablehnung solcher Risiken führen.

Die eben aufgestellten Forderungen sind gelegentlich als sozialistische bezeichnet und abgelehnt worden; sie sind aber nicht mehr sozialistisch, als die Versicherung kommunistisch ist. Jedenfalls haben als Autoritäten anerkannte Praktiker sie zu verwirklichen gesucht.

Es ist ein großer Fehler, einen fundamentalen Gegensatz konstruieren zu wollen zwischen öffentlicher und privater Versicherung. Beiden liegt unbedingt derselbe Gedanke zugrunde; nur die Form, in welcher dieser Gedanke im Rechts- und Wirtschaftsleben Ausdruck findet, ist verschieden. Beide aber haben ebenso ihre Berechtigung wie ihr in jedem Zustand der Volkswirtschaft festabgegrenztes Gebiet. Die eine Versicherungsart kann so wenig mit Vorteil darüber hinausgreifen wie die andere. Aber für den Betrieb der einen kann man aus dem Betrieb der anderen zweifelsohne noch recht viel lernen; es ist daher im Interesse beider großen Versicherungsgruppen, daß die Angehörigen der einen mit denen der anderen in dauernder Verbindung stehen.

Die Privatversicherung hat mit der vom Staat organisierten oder betriebenen auch das gemeinsam, daß sie neben ihrem Versicherungscharakter andere Tendenzen anzunehmen geneigt ist. Die historische Betrachtung hat gezeigt, daß bei der Privatversicherung gelegentlich ein spielartiges Moment hinzukommt. Bei der öffentlichen Versicherung ist es das Wohltätigkeitsmoment, das sich, wenn nicht immer, so doch in der überwiegenden Mehrzahl der Fälle bei ihr feststellen läßt. An sich gehört aber das eine so wenig wie das andere zum Begriff der Versicherung. Vergleicht man den privaten und den öffentlichen Betrieb der Versicherung miteinander, so darf man diese beiden Zusätze nicht mit den Versicherungsveranstaltungen selbst verwechseln.

§ 10. Formen des öffentlichen Betriebs.

Nach diesen prinzipiellen Erörterungen über die Unterschiede zwischen dem öffentlichen und dem privaten Versicherungssystem bleibt die Aufgabe, die tatsächlichen Zustände innerhalb beider kennen zu lernen.

Das öffentliche Versicherungssystem zeigt nicht nur in verschiedenen Staaten, sondern auch in einem und demselben Staatsgebiet mannigfache Formen.

In dem buntscheckigen Bild staatlichen Versicherungsbetriebes in den verschiedensten Ländern lassen sich vier verschiedene Systeme des Staatsbetriebes unterscheiden:

1. Staatliche Anstalten, bei welchen freiwillige Versicherungen abgeschlossen werden, und die im freien Wettbewerb mit Privatgesellschaften tätig sind. Das bekannteste Beispiel hierfür sind eine Reihe preußischer Feuerversicherungssozietäten, die Viehversicherungsanstalt in Baden und die Landes-Hagelversicherungsanstalt in Bayern, neuerdings die der öffentlich-rechtlichen Lebensversicherung dienenden preußischen Provinzialanstalten usw.

2. Staatliche Anstalten, denen ein Monopolrecht verliehen ist, bei denen aber doch nur freiwillige Versicherungen zum Abschluß gelangen. Hier ist vor allem die italienische Lebensversicherung zu nennen; auch die bayerische Feuerversicherung gehört hierher.

3. Staatliche Anstalten, die außer mit einem Monopolrecht mit dem Zwangsrecht ausgestattet sind, daß man bei ihnen Versicherun-

gen nehmen muß. Hauptbeispiel ist hier die deutsche Sozialversicherung.

4. Halbstaatliche Anstalten, gemischt-wirtschaftliche Betriebe verschiedenster Art, insbesondere solche mit dem Staat als Hauptaktionär. Diese können dann aber je nach Ziffer 1—3 verschieden organisiert sein.

Bei dem Monopol staatlicher Anstalten kann es sich handeln um:

1. Fiskalisches Monopol, bei dem es vor allem darauf ankommt, hohe Überschüsse für den Staat zu erzielen.

2. Verwaltungsmonopol, bei welchem die Erzielung hoher Überschüsse nicht eigentlicher Zweck des Staatsbetriebes ist, dieser vielmehr nur aus organisatorischen Gründen ausgeführt ist.

3. Gemischtes Monopol, bei welchem die beiden obengenannten Zwecke sich vereinigt finden.

4. Soziales Monopol, ein bisher außer auf dem Gebiet der Arbeiter- und Angestelltenversicherung nicht durchgeführtes Verfahren.

Abgesehen von den sozialen Versicherungseinrichtungen für Arbeiter und Angestellte bestehen in Deutschland eine Reihe öffentlicher Versicherungsanstalten. Dafür, welche Anstalten als solche aufzufassen sind, kann nicht immer die Entscheidung der Aufsichtsbehörde maßgebend sein, da diese nach verwaltungstechnischen Grundsätzen zu urteilen hat und lediglich entscheidet, ob eine Anstalt unter ihre Aufsicht fällt oder nicht.

Die Lebensversicherung betreiben die bereits erwähnten Provinzial- oder Landesinstitute; die Haftpflichtversicherung kann von den im ganzen Reichsgebiet vorhandenen Berufsgenossenschaften betrieben werden. Für die öffentliche Feuerversicherung bestehen in Preußen 26 öffentliche Anstalten. Hiervon betreiben 13 Immobiliar- und Mobiliarversicherung, die andere Hälfte nur Immobiliarversicherung, und eine Reihe von diesen haben ein Monopol. Im übrigen Deutschland bestehen 22 Anstalten, von welchen nur 5 Mobiliarversicherung betreiben. Auch hier haben einige ein Monopol. Was die Hagelversicherung betrifft, so hat nur Bayern eine öffentliche Hagelversicherungsanstalt, ohne daß es Monopol besitzt. Bayern hat auch eine allgemeine Viehversicherungsanstalt und eine Pferdeversicherungsanstalt. Ebenso hat Baden eine Landesviehversicherungsanstalt. Dazu kommen neuere Einrichtungen für die Schlachtviehversicherung in verschiedenen Staaten. Schließlich besteht eine öffentliche Rückversicherung auf Gegenseitigkeit innerhalb der Feuerversicherung. Hingegen haben die preußischen öffentlichen Lebensversicherungsinstitute zu Rückversicherungszwecken eine Aktiengesellschaft gegründet.

Der Staatsbetrieb der Versicherung im Ausland oder die Pläne zur Einführung eines solchen betreffen entweder alle Versicherungszweige oder, und das ist bei weitem die Regel, nur einzelne wichtige Zweige. Die allgemeine Verstaatlichung der Versicherung ist besonders häufig in Frankreich seit Mitte des vorigen Jahrhunderts gefordert worden; 1847/49 wurde sie auch von der Regierung Belgiens geplant; vor Jahrzehnten stand sie schon in Österreich, ferner in Rußland wie in Queensland zur Erörterung, während ihre Durchführung sich bis zu einem Gesetz nur in Uruguay 1912 und im bolschewistischen Rußland 1918 verdichtet hat. Aber selbst in Uruguay ist der Grundsatz als solcher nach verschiedenen Seiten hin durchbrochen. Eine Art allgemeines Versicherungsmonopol bestand im ehemaligen Königreich Polen 1816—1866. Heute gibt es im Ausland öffentliche Versicherungsanstalten u. a. in der Schweiz, in Österreich, Dänemark, Belgien, Frankreich, Italien, Rußland, Uruguay und Neuseeland. Im zweiten Teil dieses Werkes wird auf einzelne Einrichtungen zurückzukommen sein.

Wo man im Ausland irgendeinen Versicherungszweig verstaatlicht, ihn insbesondere in ein öffentliches Monopol verwandelt hat, sind übrigens bisher nirgends Veranlassung dazu Sozialisierungsideen gewesen, von denen sich die deutsche Sozialisierungskommission und ihre Anhänger haben leiten lassen. Soweit es sich um Versicherungs-Staatsbetriebe handelt, die schon vor vielen Jahrzehnten oder Jahrhunderten eingeführt worden sind, ist dies nicht überraschend. Damals war man für Staatsversicherung, weil die Versicherung nicht reif war für kapitalistischen Betrieb. Heute gibt es viele, die den Staatsbetrieb wollen, weil sie die Versicherung reif halten für irgendeine Art sozialistischen Betriebes. Untersucht man nun aber die positiven Gründe, die zu Verstaatlichungen geführt haben, so war häufig eines der treibenden Momente der Wunsch eines Schutzes der heimischen Volkswirtschaft gegen ihre Ausbeutung durch ausländische Versicherer: so in Italien, wo man die österreichischen Anstalten, in Uruguay, wo man die englischen Gesellschaften hinausdrängen wollte. Bei uns in Deutschland denkt niemand an Verstaatlichung als Schutz für die heimische Versicherungsindustrie.

Ein anderes Motiv zur Herbeiführung der Verstaatlichung im Ausland bestand darin, Mittel gewinnen zu wollen zur Durchführung der noch fehlenden Sozialversicherung. Auch hierzu brauchen wir keine Verstaatlichung.

Das Studium des einschlägigen Materials zeigt weiter die sehr wichtige Tatsache, daß die Länder, die zum Staatsbetrieb übergingen, Versicherungseinfuhrländer gewesen sind. Deutschland aber ist in erheblichem Umfang Versicherungsausfuhrland gewesen, und weitblickende Vertreter der Privatversicherung sind der Überzeugung, daß Deutschland immerhin in beträchtlichem Umfang auch weiterhin ein Versicherungsausfuhrland bleiben oder vielmehr wieder werden wird. Dieser Export dürfte für das Gedeihen unserer Versicherung unentbehrlich sein; an ihm ist daher das versicherungsuchende deutsche Publikum ebenso interessiert wie der Fiskus.

Wenn man aus den Erfahrungen aller Staatsbetriebe ein allgemeines Schlußurteil herausdestilliert, so läßt sich etwa folgendes feststellen.

Die im freien Wettbewerb mit Privatgesellschaften tätigen Staatsbetriebe haben höchstens mittelmäßigen Erfolg aufzuweisen gehabt, nur ganz ausnahmsweise aber die Privatbetriebe in einer für die Volksgesamtheit feststellbaren günstigen Weise übertroffen. Staatliche Monopolanstalten, bei denen lediglich auf Grundlage der Freiwilligkeit Versicherungen abgeschlossen werden, scheinen vermutlich infolge Wegfalls des Wettbewerbs volkswirtschaftlich noch weniger günstige Ergebnisse aufzuweisen als die zuerst genannten Staatsbetriebe. Wo man sich dazu entschließen konnte, staatliche Monopolanstalten zu errichten, bei welchen die Bevölkerung Versicherungen zu nehmen gezwungen wurde, sind die Erfahrungen — abgesehen von der Sozialversicherung — soweit es sich um die Immobiliarfeuerversicherung handelt, zum Teil günstige gewesen, während die Erfahrungen in allen anderen Zweigen meistens schwankend, großenteils ungünstig sind.

Hieraus ist die Folgerung zu ziehen, daß, wenn man nicht in der Lage oder bereit ist, den Versicherungszwang durchzuführen, man von der Verstaatlichung eines Zweiges der Versicherung unter allen Umständen Abstand nehmen soll.

Erkennt man die unleugbaren Vorteile der sozialen Zwangsversicherung an, so werden hierdurch auch dem Gebiete der vom Staat organisierten oder gar betriebenen Versicherung vernünftige Grenzen gezogen. Die Zwangsversicherung soll nur dann durchgeführt werden, wenn mit Freiwilligkeit nichts oder nichts Genügendes zu erreichen ist. Dies bezieht sich auch auf den Zwang, soweit er in der Privatversicherung vorkommt (z. B. bei einzelnen Feuersozietäten). Die Freiwilligkeit ist aber insbesondere ausgeschlossen, wenn bei den zu versichernden Wirtschaftssubjekten solche Hindernisse vorliegen — insbesondere keine oder nur minimale Zahlungsfähigkeit —, daß ein rationeller geschäftsmäßiger Versicherungsbetrieb nicht denkbar ist.

Die Zwangsversicherung ist mithin ein sekundäres Mittel. Allein, da sie gerade dem Wirtschaftssubjekte zugute kommt, welches finanziell am schlechtesten gestellt ist, so ist ihre volkswirtschaftliche und sozialpolitische Bedeutung um so größer.

Einig ist man heute darin, daß die Zwangsversicherung nur ein Existenzminimum gewähren soll und darf (aber auch weniger als dieses soll sie nicht leisten); von dem Minimum bis zum Maximum der Fürsorge ist die freiwillige Versicherung einzutreten berufen.

Häufig wird auch nur ein Zwang seitens des Staates zur Versicherungsnahme ausgeübt, ohne daß die Gezwungenen genötigt sind, bei einer Staatsanstalt zu versichern. Dies gilt beispielsweise für die Arbeiterunfallversicherung in Italien und anderen Ländern. Auch außerhalb der Sozialversicherung kommt diese Anordnung vor, z. B. findet sich in Dänemark seit 1918 eine Zwangshaftpflichtversicherung der Kraftfahrzeugbesitzer, die sich bei einer der zugelassenen Privatanstalten decken müssen.

Man hat bestritten, daß Zwangsversicherung überhaupt Versicherung ist, da der Gedanke der Versicherung unlöslich mit der freien Entschließung des Einzelnen verbunden sei. Die Freiwilligkeit sei ein wesentliches Moment der Versicherung. Durch den Zwang beseitige man überhaupt den Gegenseitigkeitscharakter und mache die Versicherung zu einer lästigen Steuer, zu einem drückenden Hindernis für die Betroffenen. Diese Einwendungen sind nicht stichhaltig. Wie schon gelegentlich der Erörterung des Wesens der Versicherung hervorgehoben wurde, entspricht auch die durch Zwang herbeigeführte Gemeinschaft durchaus dem Charakter der Versicherung, freilich, ohne daß in dem Zwang etwas anderes zu erblicken ist, als ein notwendiges Übel.

Während es, wie *von Zwiedineck-Südenhorst* meint, bei privater Versicherung mit völliger Freiheit immer unwahrscheinlich ist, daß alle diejenigen, welche die Versicherung brauchen, sie auch wirklich suchen, und daß alle diejenigen, welche sie wirklich suchen, sie auch erhalten, haftet der Zwangsversicherung der Nachteil an, daß sie kaum eine Individualisierung ermöglicht und auch solche Personen der Versicherung unterwirft, welche ihrer gar nicht bedürfen.

Als ein Stück öffentlicher Zwangsversicherung können auch die Beamtenpensionen aufgefaßt werden, zu welcher die Beamten latente Beiträge liefern; die auf jeden Beamten fallenden Beiträge werden von der Staatskasse zurückgehalten. Das Staatspensionswesen hat nicht nur Anhänger, vielmehr eine erhebliche Anzahl Gegner. Diese machen gegen seine Einrichtung dasselbe geltend, wie gegen die öffentliche Versicherung überhaupt, und betonen, vielleicht nicht ohne Recht, daß, falls den Beamten die für sie vom Staate direkt als latente Beiträge zurückgelegten Gelder in bar ausbezahlt würden und die Beamten alsdann Versicherung nehmen könnten, wo sie wollten, sie in vielen Fällen günstiger stünden; denn wenn in einem Staate, in dem es Pensionen gibt, ein Beamter vor einer bestimmten Reihe von Jahren ausscheidet, so sind seine latenten Beiträge für ihn gänzlich verloren, während ihm durch eine Versicherung bei einer privaten Anstalt diese Summen erhalten bleiben.

Eine Verbindung von Staat und Privatversicherung findet sich in mannigfachen Formen, sei es, daß z. B. der Staat eine Vereinbarung mit Privatanstalten trifft, wonach diese innerhalb seiner Gebiete zur Annahme von Versicherungen verpflichtet sind (vgl. Hagelversicherung in Württemberg usw. § 46) oder daß der Staat den Privatanstalten Staatseinrichtungen zur Verfügung stellt (vgl. die Volksversicherung in der Schweiz § 33). Auch seitens kommunaler Verbände sind ähnliche Vereinbarungen mit Privatanstalten getroffen worden (vgl. die Lebens- und Volksversicherung in St. Gallen § 33).

Im Ausland findet sich auch gelegentlich die Einrichtung, daß der Staat die freiwillige Versicherung aller oder bestimmter Bevölkerungskreise wenigstens bei gewissen Kassen oder Anstalten durch Zuschüsse zu den Prämien oder in anderer Form fördert.

§ 11. Formen des Privatbetriebs.

Nicht weniger mannigfaltig wie die Formen der öffentlichen Versicherung sind die Betriebsformen des privaten Systems.

Neben den Hauptarten: Gegenseitigkeitsvereine, Aktiengesellschaften und gemischte Gesellschaften, spielen eine untergeordnete Rolle Einzelunternehmer, Gelegenheitsgesellschaften, Gesellschaften m. b. H. und Genossenschaften.

Die Veranstaltung einer Versicherung durch Einzelunternehmer ist zwar so alt wie die Versicherung überhaupt. Aber stets sind es nur ganz bestimmte Zweige gewesen, in denen Einzelunternehmer in Tätigkeit getreten sind. Insbesondere ist diese Versicherungsform auch noch heute charakteristisch für die Seeversicherung, daneben für die Schlachtviehversicherung und die Auslosungsversicherung.

Der einzige Vorteil, welchen man dieser Unternehmungsform zuschreiben kann, ist die Leichtigkeit und Schnelligkeit der Entschließung. Diesen Einzelunternehmungen gleichzustellen sind offene Handelsgesellschaften und Kommanditgesellschaften, die beide im Versicherungswesen zu den Seltenheiten gehören.

Die Gefährlichkeit des Risikos, welches die Einzelunternehmer laufen, ist von diesen selbst, namentlich in der Seeversicherung, längst erkannt worden und hat dazu geführt, die Einzelunternehmer in Organisationen zusammenzubringen, sei es in der Form einer offenen Handelsgesellschaft, bei der mehrere mit ihren vollen Vermögen für jede einzelne Verpflichtung grundsätzlich haften und immer dieselben Personen das einzelne Risiko übernehmen, oder aber in Gelegenheitsgesellschaften. Diese trifft man vorzugsweise auf den Versicherungsbörsen an, in den meist unter der Bezeichnung Lloyds bekannten Instituten, welche hauptsächlich in England, den englischen Kolonien und in den Vereinigten Staaten von Amerika verbreitet sind. Mehrere Personen vereinen sich hier von Fall zu Fall zur Übernahme eines Risikos mit beliebigen Summen.

Der genossenschaftliche Betrieb von Versicherungen findet sich, von wenigen deutschen Ausnahmen abgesehen, nur im Auslande und hier vorzugsweise in England.

Die Gesellschaft mit beschränkter Haftung wurde in Deutschland neustens unter der Herrschaft der die Gründungen von

Aktiengesellschaften stark einschränkenden Kriegsgesetzgebung in einer Anzahl von Fällen, namentlich zum Betrieb der aufsichtsfreien Transportversicherungen gewählt, doch wurden dann später diese Gesellschaften in Aktiengesellschaften umgewandelt.

Während die Aktiengesellschaft eine Rechtsform ist, die sich auf allen Gebieten findet, ist die Form des Gegenseitigkeitsvereins nur im Versicherungswesen vorhanden. Sie läßt sich einreihen in den weiteren wirtschaftlichen Begriff der Genossenschaft. Juristisch unterscheidet sie sich freilich ganz wesentlich von dieser, was schon daraus hervorgeht, daß nach herrschendem deutschen Recht die Genossenschaft zum Betriebe der Versicherung für die wichtigsten Zweige nicht mehr zugelassen wird.

Seit dem 15. Jahrhundert trifft man vereinzelt, seit dem 16. bereits häufig Personenvereinigungen mit dem ausgesprochenen Zweck gegenseitiger Schadendeckung, zunächst für Vieh- und Brandschäden, dann auch für Deckung der Nachteile, welche durch Tod oder Krankheit des Familienhauptes den Angehörigen entstehen. Der Name dieser Vereinigungen, wie Brandkassen, Viehkassen, Feuergilden, Sterbekassen, Witwenkassen u. dgl., zeigt ihre Natur und ihren hauptsächlichen Zweck. Daß daneben noch andere Ziele, wie Förderung der Berufsinteressen, verfolgt wurden, ist bekannt, ebenso, daß zur Schadendeckung zuerst nur Naturalleistungen in Betracht kamen.

Die Verfassung war noch weniger als primitiv. Es fehlte an jeder auf die Zukunft bedachten Wirksamkeit, an jeder Vermögensansammlung. Erst beim Eintritt des Versicherungsfalls griff man zu Umlagen. Die Teilnehmerzahl war eng begrenzt. So kann es nicht wundernehmen, daß solche Kassen massenweise bankrott gingen. Aber immer wieder entstanden neue, immer andere Versicherungszweige wurden von ihnen aufgenommen: Ende des 18. Jahrhunderts die Hagelversicherung, im 19. Jahrhundert zahlreiche Arten der Personenversicherung und die Haftpflichtversicherung.

Mit Beginn des 18. Jahrhunderts zweigen sich zufolge staatlichen Eingriffs die öffentlichen Versicherungsvereine auf Gegenseitigkeit ab. Beitrittszwang für Mitglieder, Aufnahmepflicht und Verwaltung durch öffentliche Behörden, oft auch Monopole sind ihre Kennzeichen. Für Feuer-, Vieh- und Hagelversicherung sind sie von außerordentlicher Bedeutung geworden und bestehen in ihrer Eigenart im wesentlichen unberührt bis heute.

Das 19. Jahrhundert bringt den großen Versicherungsverein auf Gegenseitigkeit als neuen Typus. Seine Eigenart besteht in einem kaufmännischen Betrieb, der dem der Aktiengesellschaften durchaus entspricht, in seiner allgemeinen Zugänglichkeit unter Verzicht auf rein lokale Betätigung. Diese Entwicklung begann mit Gründung der

Gothaer Feuerversicherungsbank 1821 und der Gothaer Lebensversicherungsbank durch *Arnoldi* 1828.

Den Unterschied zwischen den modernen und den alten Gegenseitigkeitsanstalten kann man dadurch kennzeichnen, daß man die alten Genossenschaften von Menschen, die neuen Genossenschaften von Kapitalien nennt.

Die Verfassung eines Gegenseitigkeitsunternehmens ist nach den verschiedenen Rechten verschieden. Hier wird lediglich das deutsche Recht ins Auge gefaßt, wonach der gesetzliche Name eines solchen Unternehmens Versicherungsverein auf Gegenseitigkeit (abgekürzt a. G.) lautet, und irgendeine andere auf Gegenseitigkeit begründete Unternehmungsform als diejenige, welche das herrschende Aufsichtsgesetz vorschreibt, ausgeschlossen ist.

Der deutsche Versicherungsverein auf Gegenseitigkeit ist eine mit Rechtsfähigkeit ausgestattete private Personenvereinigung mit regelmäßig nicht geschlossener Mitgliederzahl und dem Zweck der Befriedigung eines Versicherungsbedürfnisses unter den Mitgliedern, welche in einem Versicherungsverhältnis zum Verein stehen müssen. Die Gesellschafter und der Versicherungsnehmer sind hier also identisch. Gewinn oder Verlust der Gesamtheit ist auch Gewinn oder Verlust des Einzelnen.

Es werden nach herrschendem Rechte von den gewöhnlichen Versicherungsvereinen auf Gegenseitigkeit kleinere Vereine unterschieden; das sind solche, die bestimmungsgemäß einen sachlich, örtlich oder hinsichtlich des Personenkreises eng begrenzten Wirkungskreis haben und von der Aufsichtsbehörde als kleinere Vereine ausdrücklich anerkannt sind. Zu diesen beiden reinen Gegenseitigkeitsformen kommt als dritte der gemischte Verein. Dessen Eigentümlichkeit besteht darin, daß er nach seinen Satzungen Versicherungen auch mit Nichtmitgliedern abschließen darf.

Der Versicherungsverein auf Gegenseitigkeit beruht auf einer Satzung, in welcher anzugeben ist: Name, Sitz und Zweck des Vereins; die Ereignisse, bei deren Eintritt der Verein zu einer Vermögensleistung verpflichtet ist; die Art und Erhebung der Beiträge; die Voraussetzungen über Erwerb und Verlust der Mitgliedschaft; schließlich Vorschriften über die technische Verwaltung und ähnliches.

Die Organe des Versicherungsvereins auf Gegenseitigkeit entsprechen im wesentlichen denen der Aktiengesellschaft. Kontrollorgan ist der Aufsichtsrat. Was bei der Aktiengesellschaft die Generalversammlung ist, hat beim Versicherungsverein auf Gegenseitigkeit den gesetzlichen Namen „Oberstes Organ".

Wie erwähnt, hat der Versicherungsverein auf Gegenseitigkeit nach herrschendem deutschen Recht juristische Persönlichkeit, Rechtsfähigkeit. Daraus folgt, daß den Vereinsgläubigern nur das Vereinsvermögen haftet, eine unmittelbare Haftung der Mitglieder gegenüber den Gläubigern des Vereins jedoch nicht stattfindet.

Die Beiträge der Mitglieder, so schreibt das Gesetz vor, und die Leistungen des Vereins an die Mitglieder dürfen bei gleichen Voraussetzungen nur nach gleichen Grundsätzen bemessen sein.

Die besondere Eigentümlichkeit des Gegenseitigkeitsvereins kommt bei der Beitragspflicht zum Ausdruck. Die primitivste Art ist das Umlageverfahren. Hier wird die innerhalb eines gewissen Zeitraums, beispielsweise eines Jahres, notwendig gewordene und zur Auszahlung gelangte Summe auf die Mitglieder verteilt, umgelegt. Dies Verfahren eignet sich naturgemäß nur für einfache Versicherungsarten, da insbesondere bei nicht genügend hohen Fonds die Auszahlung der für die Deckung des Vermögensbedarfs notwendigen Summe erst nach Feststellung aller Versicherungsfälle und nach Einziehung der danach erforderlichen Beiträge erfolgen kann.

Im Gegensatz zu dieser nachträglichen Beitragserhebung steht das System der Vorauserhebung. Hier sind zwei Wege gangbar. Der eine ist so, daß von den Mitgliedern lediglich nach einem vorläufigen Voranschlag Vorschußleistungen gefordert werden, während die endgültige Feststellung der Beiträge nach dem Ergebnis am Schluß des Rechnungszeitraums erfolgt und alsdann nötigenfalls Nachschüsse einbezogen werden. Möglicherweise findet hier allerdings auch eine Rückerstattung zu hoch gezahlter Beiträge statt. Der andere Weg ist der, daß feste Beiträge, welche als endgültige Leistungen anzusehen sind, erhoben werden, so daß eine Einziehung von Nachschüssen ebenso wie eine Rückvergütung zuviel bezahlter Beiträge ausgeschlossen ist. Die Nachschußpflicht kann also ganz ausgeschlossen oder auch auf einen bestimmten Höchstbetrag beschränkt werden. In beiden Fällen müssen aber dann die Leistungen des Unternehmens bei Versicherungsfällen unter Umständen eingeschränkt werden.

Herkömmlich wird als besonders vorteilhaft für die Angehörigen der Gegenseitigkeitsunternehmungen im Gegensatz zu denen der Aktiengesellschaften hervorgehoben, daß bei ersteren eine Mitwirkung der Versicherten an der Verwaltung stattfinde. Die Versicherten, welche in ihrer Gesamtheit das Unternehmen selbst bildeten, hätten es in ihrer Macht, die leitenden Organe in der von ihnen gewünschten Weise zu beeinflussen und so an dem gesamten Betrieb teilzunehmen. Dieses Recht besteht zweifelsohne juristisch, während es bei der Aktiengesellschaft juristisch nicht besteht. Tatsächlich liegen die Verhältnisse aber derartig, daß das Mitbestimmungsrecht höchst zweifelhaft ist. Je größer der Kreis der Angehörigen einer Gegenseitigkeitsanstalt ist, desto mehr schwindet das Gefühl der Zusammengehörigkeit, desto schwieriger wird auch die Beteiligung der Versicherten an der Verwaltung, desto mehr nähert sich die Form in ihrem Ergebnisse dem der Aktiengesellschaft. Immerhin besteht der erwähnte Vorteil bei

Gegenseitigkeitsvereinen wenigstens nach dem Buchstaben des Gesetzes, und es ist ein interessantes Problem für die Aktiengesellschaften, auch hierin mit den Gegenseitigkeitsunternehmen zu konkurrieren. Versuche zur Vertretung der Versicherten bei der Aktiengesellschaft sind denn auch bereits gemacht worden.

Für die kleineren Vereine gelten zwar grundsätzlich dieselben Bestimmungen, für gewisse Einzelheiten greifen jedoch Abweichungen Platz. Diese rechtfertigen sich dadurch, daß sich bei den kleineren Vereinen der Geschäftsbetrieb in engen Kreisen bewegt.

Der Vollständigkeit halber ist hier darauf hinzuweisen, daß die öffentlichen, auf Gegenseitigkeit beruhenden Anstalten von den erwähnten Gesetzesvorschriften nicht betroffen sind. Diese stehen unter Landesrecht, beispielsweise die preußischen Feuerversicherungssozietäten unter dem Gesetz vom 25. Juli 1910. Nach wie vor dem neuen Recht bestehen unverändert weiter: die auf Grund der Gewerbeordnung von Innungen oder Innungsverbänden errichteten Unterstützungskassen und die auf Grund berggesetzlicher Vorschriften errichteten Knappschaftskassen. Dagegen fallen unter das Reichsaufsichtsgesetz die ehemaligen Hilfskassen, welche im Zusammenhang mit der Reform der Sozialversicherung durch die Reichsversicherungsordnung nur noch als private Krankenversicherungsvereine zugelassen sind.

Eine besondere Stellung im Rahmen der Gegenseitigkeitsvereine nehmen in wachsendem Maße diejenigen ein, welche als Berufsvereinigungen oder genossenschaftsähnliche Verbände zu bezeichnen sind; sie sind ein Ausdruck der von versicherungstechnischen Gesichtspunkten aus oft bedenklichen Erscheinung einer Absonderung der einzelnen Berufe und Interessentenverbände von den allgemeinen Versicherungsunternehmungen.

Während, wie gesagt, die Organisationsformen der Gegenseitigkeitsvereine dem Versicherungswesen eigentümlich und nur hier zu finden sind, ist die Organisationsform der Aktiengesellschaft weit verbreitet, durch gesetzliche Vorschriften des Handelsgesetzbuches allgemein geregelt und hat nur wenige für das Versicherungswesen eigentümliche Abweichungen, welche allein hier zu erörtern sind.

So gering jedoch die äußerlichen Abweichungen erscheinen, so bedeutend sind die wirtschaftlichen. Denn das Grundkapital der Aktiengesellschaft, welches sonst fast stets Betriebsfonds ist, ist hier in der Regel lediglich Garantiefonds mit dem Zweck der Deckung eines etwa wider Erwarten entstehenden Fehlbetrags. Auch bei anderen Aktiengesellschaften wird ein solcher Fonds angesammelt. Es pflegt dies aber ein besonderer Reservefonds zu sein. Da bei der Versicherungsaktiengesellschaft das Grundkapital die Aufgabe des Reservefonds der anderen Gesellschaften hat, so ist eine Volleinzahlung nicht erforderlich und es muß eine Erhöhung des Grundkapitals auch selbst vor der vollen Einzahlung erfolgen können. Eine solche Erleichterung der für die übrigen Aktiengesellschaften geltenden Vorschriften ist gerechtfertigt, weil das Kapital der Aktionäre bei einer Versicherungsgesellschaft meist weniger gefährdet ist als bei den meisten übrigen Gesellschaften.

Das Aktienkapital pflegt in Deutschland gewöhnlich nur in der Höhe von 25 Prozent eingezahlt zu sein, während für den Rest früher auf Sicht gestellte Solawechsel der Aktionäre ausgestellt wurden. Die wechselmäßige Deckung ist seit 1910 bei vielen Anstalten aufgehoben worden; denn durch die Novelle zum Wechselstempelsteuergesetz müssen solche Wechsel nicht nur einmal, sondern fortlaufend alle sechs Monate von neuem versteuert werden. Zur Ersparung dieser Abgaben begnügt man sich mit dem gewöhnlichen handelsrechtlichen Kaduzierungsverfahren (Verlust der Ansprüche der Aktionäre auf alle Rechte und die geleisteten Einzahlungen bei nicht rechtzeitiger Erfüllung weiterer Zahlungsverpflichtungen), sofern nicht ausnahmsweise, z. B. wegen des Wohnens der Aktionäre im Ausland, die Stellung eines Bürgen oder die Hinterlegung von Wertpapieren gefordert wird. Die Aktien sind gewöhnlich sogenannte vinkulierte Namensaktien, d. h. sie lauten auf Namen und sind nur mit Zustimmung der Gesellschaften übertragbar, so daß die Börsenspekulation in ihnen erschwert wird, die Aktien vielmehr meist in festen Händen großer Kapitalisten sind. Auch die volleingezahlten Versicherungsaktien mit ihrer bedeutend erleichterten Umlaufsfähigkeit pflegen dem großen Verkehr nicht zugänglich gemacht zu werden.

Die Versicherungsaktien haben u. a. die börsentechnische Eigentümlichkeit, daß sie ohne Rücksicht auf die noch fehlenden Einzahlungen per Stück gehandelt werden, während bei den gewöhnlichen Aktien der Kurs in Prozenten des Nominalbetrags der Aktien ausgedrückt wird. Ferner werden die Versicherungsaktien ohne Zinsen gehandelt. Die Aktionärdividende wird in Prozenten der eingezahlten Beträge, nicht in Prozent des Nominalbetrags der Aktien angegeben. Mit ihren oft sehr großen Dividenden- und Kursschwankungen eignen sich die Versicherungsaktien nur in geringem Maße als Anlagepapiere für kleine Kapitalisten. Beispielsweise war der Kurs der Aktien einer unserer führenden Hagelversicherungsanstalten 1908 bis auf 20 Mark pro Stück gesunken, der Kurs anderer Aktien derselben Art, die kurz vorher noch auf 700 Mark standen, bis auf 10 Mark; eine unserer ersten Feuerversicherungsanstalten erlebte 1909 einen Kursrückgang ihrer Aktien von 7600 auf 4250 Mark pro Stück. Bei einer der größten Anstalten desselben Zweiges schwankten die Dividenden von 1905 bis 1910 zwischen 0 und $38^1/_2$ Prozent. Sehr viele Versicherungsaktien, wenigstens der alten Gesellschaften, dürften durch Erbgang in die Hände ihrer jetzigen Eigentümer gelangt sein, die sich als Abkömmlinge der Gründer bezeichnen können.

Weit exponierter als die Lage der Aktionäre ist die der Hauptgläubiger einer Versicherungsgesellschaft, nämlich der Versicherten. Jeder einzelne Versicherte zahlt der Versicherungsaktiengesellschaft eine Geldsumme, und zwar zum Teil in recht hohen Beträgen ein, mit dem ausgesprochenen Zweck, im Falle eines womöglich erst nach Jahrzehnten eintretenden Bedarfs ausreichende Deckung zu erhalten. Wenn der Gesetzgeber daher auf der einen Seite der Versicherungsaktiengesellschaft gewisse Erleichterungen im Verhältnis zu ihren Aktionären gibt, so hat er allen Anlaß, desto schärfere Bestimmungen für die Versicherungsaktiengesellschaften im Verhältnis zu ihren Hauptgläubigern aufzustellen. In welcher Weise dies tatsächlich geschehen ist, wird in dem über die Staatsaufsicht handelnden Kapitel (§ 20 f.) zu erörtern sein.

Eine Neuerung der Nachkriegszeit ist die Einführung von Vorzugsaktien mit mehrfachem Stimmrecht zum Schutz gegen Kapitalüberfremdung. Erwähnt sei auch an dieser Stelle der bisher wohl nur in England, von der Londoner Gesellschaft Guardian, unternommene Versuch, kleine Aktien an Versicherungsangestellte, die sich besonders ausgezeichnet und eine längere Dienstzeit zurückgelegt haben, im Verhältnis zu ihrem Jahresgehalt zu vergeben.

Mögen auch rechtlich die Gebilde der Aktien- und Gegenseitigkeitsgesellschaft wesentlich verschieden erscheinen, und mögen auch die Interessenten einer der beiden Formen diese oder jene als die prinzipiell geeignetste Form bezeichnen; bei dem heute üblichen und immer mehr Verbreitung gewinnenden gemischten Betrieb beider Formen sind die Unterschiede im Ergebnis oft kaum wahrzunehmen. (Über die ganz andersartigen gemischt-wirtschaftlichen Gesellschaften vgl. oben S. 71.)

Die Übereinstimmung vieler Einrichtungen der beiden häufig in so scharfen Gegensatz zueinander gebrachten Formen ist weit größer, als man im allgemeinen annimmt. Bei den Aktiengesellschaften wird von allen Versicherten ein fester, Prämie genannter Beitrag gezahlt. Auch beim Gegenseitigkeitsverein ist ein solcher fester Beitrag heute üblich. Die Gesamtheit der Beiträge soll bei beiden Formen ausreichen zum Ersatz des gesamten eintretenden Bedarfs für Versicherungsfälle und Betriebskosten. Ergibt sich ein Fehlbetrag, so pflegt hier wie dort ein Reservefonds vorhanden zu sein, dem die erforderlichen Mittel entnommen werden können. Reicht auch der Reservefonds nicht aus, so haftet bei der Aktiengesellschaft das von den Aktionären gezeichnete Kapital, beim Gegenseitigkeitsverein ein mehr oder minder großer Teil des Vermögens der Versicherten. Eine wirklich unbegrenzte Deckungsmöglichkeit ist weder hier noch dort vorhanden; diese findet vielmehr ihre Grenzen an der Kapitalkraft, sei es der Aktionäre, sei es der Versicherten. Die Ähnlichkeit ist um so größer, als häufig bei den Gegenseitigkeitsvereinen, falls überhaupt noch eine Nachschußpflicht besteht, eine Höchstsumme von Nachschüssen vorgesehen ist. Die technische Grundlage der beiden Organisationsformen ist naturgemäß dieselbe. Ebenso sind die Verwaltungskosten durchweg gleichartig. Sämtliche Beamte beziehen Gehälter, die Agenten beziehen Provisionen, die Verbreitung der Versicherung wird durch teuere Reklame bewirkt, das Interesse an der Ausbreitung des Geschäfts wird in der Regel durch Tantiemen an die Angestellten aufrechterhalten. Insoweit zeigt sich also zwischen den hier ins Auge gefaßten großen Gegenseitigkeitsbetrieben und Aktienbetrieben kein Unterschied. Einen solchen findet man aber, wenn man die Dividenden der Aktionäre ins Auge faßt. Durch sie wird der Anschein erweckt, als ob eine Verteuerung der Versicherung bei den Aktiengesellschaften herbeigeführt werde. Abstrakt betrachtet trifft dies zu. Bei näherem Zusehen kann man feststellen, daß in zahlreichen Fällen eine Verteuerung dennoch nicht eintritt, weil der ganze Mechanismus der Aktiengesellschaft auf eine möglichst intensive Verbreitung der Versicherung hinausläuft und bei zunehmendem Versicherungsbestand die für den einzelnen Versicherten durch das Aktiendividendensystem an sich entstehenden Mehrkosten sich immer mehr verringern. Die Verfassung der Aktiengesellschaft bringt es auch oft mit sich, daß hier Verbesserungen bestehender Einrichtungen schneller durchgeführt werden, als bei dem oft schwerfälligeren Betrieb der Gegenseitigkeitsunternehmung. Es können im Einzelfall die seitens eines Gegenseitigkeitsvereins zu zahlenden Gehälter und die übrigen allgemeinen Verwaltungskosten die bei einer Aktiengesellschaft zu zahlenden, einschließlich der Dividenden, übersteigen. Wenn die Prämiensätze zuweilen bei den Gegenseitigkeitsvereinen niedriger sind als bei den Aktiengesellschaften, so wird hierdurch noch nicht bewiesen, daß diese billiger arbeiten. Eine Hauptursache hierfür kann in der Verschiedenheit des Arbeitsfeldes liegen, die sich z. B. für die Mobiliarfeuerversicherung in Bayern dadurch charakterisiert, daß die durchschnittliche Versicherungssumme bei den ersteren doppelt so hoch ist wie bei den letzteren, während diese wieder im Verhältnis zur Versicherungssumme weitaus mehr Schäden vergüten.

Wir haben bei dieser Gegenüberstellung den modernen, in fast allen Kulturstaaten augenblicklich vorhandenen Stand der Gegenseitigkeits- und Aktienbetriebe im Auge, nicht den vor mehr oder minder vielen Dezennien herrschend gewesenen; wir haben auch nicht die kleinen Gegenseitigkeitsvereine mit primitiven Einrichtungen den großen Aktiengesellschaften gegenübergestellt. Aber die kleinen Gegenseitigkeitsvereine zählen auch in Deutschland nach Tausenden. Ihre Existenzberechtigung leugnen zu wollen, geht selbstverständlich nicht an. Man mag eine berechtigte Vorliebe für den internationalen Großbetrieb in der Versicherung empfinden, aber diese darf doch nicht so weit gehen, daß man ausnahmslos alle lokalen Klein- oder Mittelbetriebe als unzweckmäßig bezeichnet. In vielen Fällen dürfte es freilich nur die Neigung zur Sonderbündelei und Vereinsmeierei sein, welche den oft genug unrentablen Kleinbetrieb ins Leben ruft und aufrechterhält.

Untersuchungen *Rohrbecks* über die Frage, ob Klein- oder Großbetrieb im privaten Versicherungswesen zweckmäßiger ist, haben für die Feuer- wie für die Lebensversicherung ergeben, daß an sich keine Überlegenheit des Großbetriebs vorhanden ist. Immerhin erschienen die Großbetriebe wertvoll durch ihre ständig wachsende Möglichkeit der Beteiligung an besonders ausgedehnten Wagnissen. Für die mittleren Unternehmungen war eine gewisse Gleichmäßigkeit des Geschäftsverlaufs kennzeichnend. Ihre Geschäftsausdehnung vollzog sich eher im Rahmen der durchschnittlichen Wagnisse, während die größeren Gesellschaften die starken Anspannungen der Großbetriebe vermeiden konnten, ohne sich auf Geschäfte mit erfahrungsgemäß gleichmäßigem Schadenverlauf beschränken zu müssen. Nur die kleineren Unternehmungen ließen besondere Vorzüge überhaupt nicht erkennen.

Ein absoluter Vorzug der einen vor der anderen Form wenigstens im Großbetrieb besteht heute kaum noch. Dies wird um so deutlicher, wenn wir die gemischten Organisationsformen ins Auge fassen. Darunter sind etwa folgende Gebilde zu verstehen:

1. Aktiengesellschaften, welche einen Teil des Verdienstes an die Versicherten verteilen; sei es, daß sie den Aktionären eine ein für allemal beschränkte Dividende gewähren, beispielsweise bis zu 4 Prozent, wie die Statuten der Deutschen Volksversicherungs-Aktiengesellschaft und der Volksfürsorge bestimmen (beide „trotz der kapitalistischen Form von sozialem Geiste erfüllt"), sei es, daß sie die Dividendenhöhe von Fall zu Fall festsetzen.
2. Aktiengesellschaften, bei welchen den Versicherten ein Mitwirkungsrecht an der Verwaltung eingeräumt ist, so daß auch hier der Gedanke der Gegenseitigkeit durch deren Beteiligung verwirklicht wird. (Beispiel gleichfalls die Deutsche Volksversicherungs-Aktiengesellschaft.)
3. Gegenseitigkeitsvereine, welche auch andere Personen als ihre Mitglieder gegen eine feste Prämie ohne Nachschußverpflichtung versichern.
4. Gegenseitigkeitsvereine, welche eine Nachschußpflicht ihrer Mitglieder dadurch ausschließen, daß sie mit einer Aktiengesellschaft einen Nachschußvertrag abschließen (Allgemeiner Deutscher Versicherungsverein).
5. Gesellschaften, welche nur nominell (z. B. zur Erleichterung der Gründung) Aktiengesellschaften sind, aber u. a. dadurch, daß ihrem ganz geringfügigen Aktienkapital ein enormer Versicherungsbestand gegenübersteht, im Ergebnis zu Gegenseitigkeitsvereinen werden, wie eine amerikanische Gesellschaft mit 100000

Dollars Aktienkapital, aber einem Versicherungsbestand von über 800 Millionen Dollars.

6. Gesellschaften, bei denen die dividendenberechtigten Versicherten den aus ihren Prämien erzielten Gewinn ganz erhalten, während die Aktionäre ihre Dividenden nur aus dem Geschäft mit nicht beteiligten Versicherten nehmen. Die Gesellschaft besteht daher eigentlich aus zwei verschiedenen, einer reinen Erwerbsgesellschaft und einem reinen Gegenseitigkeitsverein.
7. Zuweilen bildet eine Gruppe Versicherter innerhalb einer Aktiengesellschaft eine Art Gegenseitigkeitsverein zu bestimmten Zwecken. (Das Kriegsrisiko bei der Lebensversicherung wie das Risiko minderwertiger Leben wird vereinzelt in dieser Weise zu decken gesucht.)

Die am häufigsten vorkommende Mischform (Nr. 1), Aktiengesellschaften mit Gewinnbeteiligung der Versicherten, herrscht fast unbeschränkt in der modernen Lebensversicherung, findet sich aber nur vereinzelt in der Unfall- und Haftpflichtbranche, außerhalb Deutschlands auch in der Feuerversicherung (u. a. bis vor kurzem bei vier alten englischen Gesellschaften).

Alle gemischten Organisationsformen gehen von der Erwägung aus, daß weder das reine Aktienprinzip, noch das reine Gegenseitigkeitsprinzip die absolut richtige Organisationsform ist. Das Aufkommen dieser Mischformen zeigt die Vorteile und Nachteile jeder der beiden reinen Formen. In der Verbindung beider dürfte für einen wesentlichen Teil der Versicherung die Lösung des Problems zu finden sein, welche Organisationsform die beste ist.

Im allgemeinen kann man wohl annehmen, daß über die Vorzüge oder Nachteile dieser oder jener Form des privaten Versicherungsbetriebs Unkenntnis oder falsche Vorstellung in weiten Kreisen des Publikums herrscht, und daß es sehr häufig lediglich vom Zufall abhängt, ob sich jemand bei einer Aktiengesellschaft oder bei einer Gegenseitigkeitsgesellschaft versichert. Es wird in um so höherem Maße lediglich vom Zufall abhängen, als der Prozeß der gegenseitigen Annäherung der beiden Formen im wesentlichen unbeachtet vom großen Publikum vorschreitet.

Die Aktiengesellschaft ist für Versicherungen von kurzer Dauer an sich geeigneter als der Gegenseitigkeitsverein, weil die Schwierigkeit der Aufrechterhaltung reiner Gegenseitigkeitsprinzipien sich im Verhältnis zur Kürze der Versicherungsdauer steigert. So hat 1919 Deutschland für die Gütertransport- und die Diebstahlversicherung keine, für die Unfall- und Haftpflichtversicherung gegenüber 37 Aktiengesellschaften nur eine große Gegenseitigkeitsanstalt; bei der Glasversicherung ist das Verhältnis 23:2, bei der Rückversicherung 53:0. Dagegen ist das Verhältnis bei der Lebensversicherung, welche fast stets mit einer langen Versicherungsdauer zu rechnen hat, bei Beachtung nur der größeren Anstalten, 28 : 19. Die Aktiengesellschaft hat auch den Vorteil leichterer Gründung, sie hat weniger Schwierigkeiten im Anfangsstadium zu überwinden als der Gegenseitigkeitsverein. Dieser ist die ideale Form bei Versicherungen, die nur bei scharfer gegenseitiger Kontrolle der Versicherten betrieben werden können: bei der Viehversicherung, auch bei der Krankenversicherung.

Die gesamte Volkswirtschaft genießt zweifelsohne dadurch, daß verschiedene mehr oder minder geeignete Organisationsformen in Wettbewerb miteinander treten können und dürfen, erhebliche Vorteile. Die Ausmerzung dieser oder jener Organisationsform hätte zweifelsohne im Gefolge gehabt, daß die Nachteile der anderen nicht beseitigt, im Gegenteil, sich vermehrt hätten. Aber nicht nur die beiden Hauptformen des Privatbetriebs haben voneinander gelernt, sondern auch die privaten von den öffentlichen und umgekehrt. Wie wäre es anders zu erklären, wenn große Aktiengesellschaften freiwillig hohe Beiträge zu Feuerlöschzwecken stiften, und wenn demgegenüber öffentliche Anstalten durch Flugschriften und andere nicht immer sympathische Mittel der Reklame für Erweiterung ihres Betriebs tätig sind?

Das Mitbestimmungsrecht der Angestellten ist im Versicherungsgewerbe nicht erst durch das Betriebsrätegesetz anerkannt worden; sondern bereits in dem im Mai 1919 vom Arbeitgeberverband geschlossenen Tarifvertrag wird in Fragen der Lohn- und Arbeitsbedingungen dem Angestelltenausschuß eine gleichberechtigte Mitwirkung bei den Entscheidungen der Geschäftsleitung zugestanden. Wenn eine Einigung nicht zustande kam, sollte eine aus je zwei Vertretern des Arbeitgebers und der Arbeitnehmer zusammengesetzte Schlichtungskommission entscheiden. Auch Kündigungen und Entlassungen sollten nur nach Zustimmung des Angestelltenausschusses oder der Schlichtungskommission vorgenommen werden dürfen. Nunmehr ist das Betriebsrätegesetz für das Mitbestimmungsrecht der Angestellten maßgebend. Es sieht für das Versicherungsgewerbe keine besonderen Bestimmungen vor. (Vgl. S. 98.)

§ 12. Verbandsbildung.

Das Verbandswesen innerhalb der Versicherung gliedert sich in Unternehmerverbände, Schutzverbände der Versicherten und in Angestelltenverbände.

Die Unternehmerverbände zerfallen in geschäftstechnische und in Berufsverbände. Unter ersteren sind zu verstehen Verabredungen zwischen einer mehr oder minder beschränkten Zahl von Unternehmungen zum Zwecke der Mitversicherung, einer Garantieleistung, einer Risikenteilung, einer Organisations- oder Arbeitsgemeinschaft usw. Über diese Art von Verbänden wird an verschiedenen anderen Stellen zu reden sein (§§ 14, 65). Im allgemeinen pflegt man, wenn von Versicherungsunternehmerverbänden die Rede ist, nur an die Berufsverbände zu denken, in welchen sich alle oder doch die überwiegende Mehrzahl Gesellschaften desselben Zweiges vereinigen, sei es als Fachvereine zur allgemeinen Wahrnehmung ihrer gemeinschaftlichen Interessen, sei es zur Pflege kollegialer Beziehungen, gemeinnütziger Verwertung von Erfahrungen, Vervollkommnung der statistischen Grundlagen, Förderung wissenschaftlicher Zwecke, Einrichtung eines Nachrichtendienstes einerseits unter den Mitgliedern, andererseits zur Aufklärung des Publikums, Stellungnahme zu Maßregeln der Gesetzgebung, Verwaltung und Rechtsprechung, sei es zu besonderen, durch den Versicherungsbetrieb bedingten Zwecken. In letzterem Fall haben wir es dann meistens mit Kartellen zu tun. Die kartellmäßigen Aufgaben beschränken sich auf gemeinsame Aufstellung von Vertragsbestimmungen wie auch von Sicherheitsvorschriften in gewissem Umfange des Versicherungspreises, Bildung von Gefahrengemeinschaften für notleidende Risiken (seit längerer Zeit bereits in der Feuer-, neuerdings in der Lebensversicherung), Schaffung und Unterhaltung von Anstalten zu gemeinsamer Schadenregulierung und Schadenverhütung namentlich in der Seeversicherung. Die Verbände als Syndikate zu bezeichnen, ein namentlich in Frankreich üblicher Ausdruck, ist unangebracht.

Die Unternehmerverbände sind so alt wie die moderne Versicherung selbst und in allen Ländern, in welchen das Versicherungswesen auch nur einigermaßen zur Bedeutung gelangt ist, treffen wir sie an.

Die allgemein übliche Einteilung der Kartelle ist auch anwendbar auf die Kartelle im Versicherungswesen.

Die Kartelle, welche wir beobachten können, pflegen jedoch niemals höherer Ordnung zu sein, worunter man solche versteht, welche Angebot-, Nachfrage- oder Gewinnkontingentierungen herbeizuführen die Absicht haben, sondern lediglich Kartelle niederer Ordnung, beschränkende Kartelle, vorzugsweise Vereinbarungen zwecks Preisregulierung: Preiskartelle, oder zur Regelung der Verkaufsbedingungen: Konditionenkartelle.

Hauptsächlich ist es die Lebens- und die Feuerversicherung, in deren Entwicklung eine Kartellbildung vorkommt. Schon 1791 ist eine, wie es scheint, die erste „Kombination" Londoner Feuerversicherungsanstalten festzustellen. Der Zweck dieser Vereinigung war, gemeinsam den Feuerschutz wirkungsvoll zu betreiben. 1797 entstand in Hamburg der noch heute blühende Verein Hamburger Assekuradeure, der durch Errichtung eines Havariebureaus, Festsetzung der Versicherungsbedingungen und Prämien sich verdient gemacht hat, ebenso wie der später gegründete Verein der Bremischen Seeversicherungsgesellschaften. 1827 treffen wir in Newyork auf eine Vereinigung der dortigen Feuerversicherungsgesellschaften mit dem Zweck sowohl allgemeiner Interessenvertretung als auch der Erzielung günstiger Prämien. Mehr wissenschaftlicher Natur scheint die Vereinigung schottischer Feuerversicherer im Jahre 1829 gewesen zu sein. In Deutschland finden wir 1833, ausgehend von der Vaterländischen Versicherungsgesellschaft in Elberfeld, die erste eigentliche Kartellbildung; allein nur eine einzige Gesellschaft war bereit sich zu beteiligen. Mit dieser, der Aachen-Münchener Gesellschaft, kam im Jahre 1835 auch die Vereinbarung eines Minimaltarifs für einzelne Distrikte, namentlich Hannover und Westfalen, zustande. In Frankreich hatte eine Reihe dortiger Gesellschaften etwa gleichzeitig solche gemeinsame Tarife vereinbart.

Was die Lebensversicherung betrifft, so scheint hier die älteste Vereinigung im Jahre 1840 in Schottland entstanden zu sein. Aus ihrem Programm mag angeführt werden, daß die Mitglieder beabsichtigten, die Erfahrungen aller Anstalten hinsichtlich der Verwaltung zusammenzustellen, zu vergleichen und zu beraten, sich gegenseitig Mitteilung von besonders interessanten Rechtsfällen zu machen und über deren Lösung zu beschließen, überhaupt alle Angelegenheiten von gemeinschaftlichem Belang zu besprechen, eine gewisse Einheitlichkeit des allgemeinen Geschäftsbetriebs einzuführen, auf die Gesetzgebung einzuwirken und auch „gemeinschaftlich die Extraprämien für Kriegs- und Seegefahr und für verschiedene Reisen festzustellen“.

Die deutsche Entwicklung, deren Betrachtung uns am nächsten liegt, nahm folgenden Gang.

Nachdem die Pläne von 1833 nur unzureichend gelungen waren, wurde 1852 die Gründung eines Allgemeinen Deutschen Versicherungsvereins zwecks Vereinigung aller privaten Versicherungsgesellschaften ohne Rücksicht auf deren Betriebszweig erwogen. Das großzügige, von dem verdienstvollen Direktor *Knoblauch* ausgehende Projekt schrumpfte aber derart zusammen, daß 1853 nur ein Verein der deutschen Feuerversicherungsanstalten aller Systeme daraus ward. Abgelöst wurde dieser Verein 1857 durch eine als Direktorenkonferenz bekannte Vereinigung von Aktiengesellschaften, die noch heute besteht und deren Absicht dahin geht, dem ungesunden Konkurrenztreiben Einhalt zu tun. Deshalb war zwar jeder der Gesellschaften die Bemessung der Prämien und Bedingungen freigestellt, wenn es sich um die Erwerbung neuer Versicherungen oder solcher außerhalb der Konferenz stehender Gesellschaften handelte; bewarb sich dagegen eine Konferenzgesellschaft um eine bei einer anderen Konferenzgesellschaft bestehende Versicherung, so mußte sie entweder die Prämien und Bedingungen der letzteren übernehmen, oder sie war verpflichtet, falls sie günstigere Prämien und Bedingungen gewähren wollte, hiervon der besitzenden Konferenzgesellschaft Anzeige zu machen. Die Konferenzgesellschaften konnten sich also wenigstens gegenseitig nicht durch Unterbietung Konkurrenz machen und waren gehalten, wenn sie günstigere Bedingungen stellen wollten, eine versicherungstechnische Begründung dafür zu geben, der sich dann die besitzende Gesellschaft anschließen konnte.

Aus der Initiative der Mitglieder der Direktorenkonferenz ging im Jahre 1871 der Verband Deutscher Privat-Feuerversicherungsgesellschaften hervor, der die rein geschäftliche Seite des Feuerversicherungsbetriebes von seinen Aufgaben ausschloß und sich vielmehr allein die Vertretung der allgemeinen Interessen seines Wirtschaftszweiges, sowie die Verfolgung der wissenschaftlichen Zwecke desselben zum Ziele setzte. Auch dieser Verband, dem 1921 15 deutsche Feuerversicherungsaktiengesellschaften und Gegenseitigkeitsanstalten angehören, besteht heute noch. Unabhängig von ihm wurde 1896 der kleinere Verband deutscher Feuerversicherungsanstalten auf Gegenseitigkeit mit dem Sitz in Lübeck ins Leben gerufen.

Um die Mitte des letzten Jahrzehnts begann dann eine Bewegung unter allen in Deutschland arbeitenden Privat-Feuerversicherungsgesellschaften, auf gewissen Gebieten Prämienfestsetzungen zu treffen. Den Ausgang nahm die Bewegung von den Hanseplätzen, wo auf der einen Seite jahrelang große und zahlreiche Schäden, namentlich von den Speicherrisiken, ganz außergewöhnliche Entschädigungen gefordert hatten, und auf der anderen Seite die Konkurrenz einiger sechzig deutscher und ausländischer Feuerversicherungsgesellschaften die Prämiensätze auf einen unzulänglichen Stand herabgedrückt hatten. Das Zusammentreffen beider Momente bewirkte, daß sich viele Gesellschaften, erschreckt durch die erlittenen Verluste von der Versicherung gewisser Risiken in den Seeplätzen, namentlich der Speicher, zurückzogen und daß ein Versicherungsnotstand drohte. Durch die Errichtung der Tarifvereinigung für die Hansestädte und deren Nachbarorte, mit dem Sitz in Hamburg, wurden wieder normale Verhältnisse angebahnt. Ähnliche Umstände führten zur Errichtung der Tarifvereinigung für Norddeutschland (früher Tarifvereinigung für die Ostseeplätze Stettin, Danzig, Neufahrwasser, Königsberg i. Pr., Pillau, Memel), der Tarifvereinigung für die Hafengebiete von Mannheim und Ludwigshafen und der binnenländischen Speichertarifvereinigung.

Das gesamte Binnendeutschland, mit Ausnahme der Hansestädte, umfaßt die Vereinigung der in Deutschland arbeitenden Privat-Feuerversicherungsgesellschaften, jetzt Deutsche Feuerversicherungsvereinigung, mit dem Sitz in Berlin.

Die Vereinigung ist aus freien Zusammenkünften hervorgegangen, deren erste im Jahre 1895 stattfand. Die feste Organisation durch Annahme von Satzungen, Einsetzung eines Ausschusses usw. erfolgte im Jahre 1900. Zweck der Vereinigung ist Wahrung und Förderung der privaten Feuerversicherung in Deutschland. Zur Erreichung dieses Zweckes will die Vereinigung insbesondere für eine gesunde Gestaltung der Grundlagen des privaten Feuerversicherungsgeschäfts sorgen und im Hinblick hierauf regelnd in den Wettbewerb der Gesellschaften untereinander eingreifen. Sie zählt 1921 61 Mitglieder, und zwar 54 Aktien- und 7 Gegenseitigkeitsanstalten. Minimalprämientarife sind von ihr für eine Anzahl Gruppen industrieller Risiken, deren seitherige Prämien ihr unzulänglich erschienen, herausgegeben worden; es sind dies Textil-, Braunkohlenbrikett- und Preßstein-, Papier-, Tabak-, Leder- sowie Tonwaren- und Zementindustrie, elektrische Bahnen und Elektrizitätswerke. Die unter die Minimaltarife gestellten Versicherungen umfassen etwa den fünften Teil der deutschen Industrie. Auf die übrigen vier Fünftel bezieht sich eine „Abmachung", die das gegenseitige Prämienunterbieten tunlichst einschränken und gleichzeitig die Möglichkeit gewähren soll, Prämienerhöhungen, wo solche etwa erforderlich scheinen, vorzunehmen. Schließlich hat die Vereinigung auch einen Minimaltarif für Warengeschäfte und einen Minimalprämientarif für Kraftfahrzeuge eingeführt. Im übrigen besteht ihre Aufgabe in der Bearbeitung der Versicherungsbedingungen, der Aufstellung von Verhaltungsmaßregeln zur Verhütung von Feuersgefahr u. dgl. m.

Die Interessen der außerhalb des deutschen Reichsgebiets arbeitenden Mitglieder der „großen Vereinigung" werden von der besonderen, am 14. November 1914 in Düsseldorf gegründeten Vereinigung für ausländisches Feuerversicherungsgeschäft, mit dem Sitz in Hamburg, wahrgenommen. Es bestehen ferner seit dem 12. Juni 1918 eine Vereinigung für die private Feuerversicherung in den baltischen Ländern und Litauen (Sitz Magdeburg) und eine Deutsche Vereinigung für die private Feuerversicherung in Polen (Sitz Berlin). Da jedoch der Friedensvertrag von Versailles die Tätigkeit der deutschen Gesellschaften in den östlichen Randstaaten gänzlich unterbunden hat, beschränkt sich die Tätigkeit der beiden letztgenannten Vereinigungen nur noch auf die Abwicklung der laufenden Geschäfte.

1869 trat der Verein Deutscher Lebensversicherungsgesellschaften ins Leben, welcher noch heute besteht und die meisten Gesellschaften umfaßt.

Sein Zweck ist: Schutz der Mitglieder des Vereins vor Hintergehungen, Austausch der Erfahrungen der Vereinsmitglieder, gemeinsames Vorgehen bezüglich der die Besteuerung des Lebensversicherungsbetriebs sowie die Rechtsverhältnisse der Gesellschaften und der Agenten derselben betreffenden Gesetzgebung und Judikatur, Regelung der Beziehungen der Gesellschaften zu den Ärzten, Ausarbeitung normaler Lebensversicherungsbedingungen, Verwertung der in bezug auf die Sterblichkeit gemachten Erfahrungen und Herstellung einer deutschen Sterblichkeitstafel auf Grund dieser Erfahrungen, Regelung der Pensionsverhältnisse für die Beamten der Gesellschaften, welche Mitglieder des Vereins sind, Gründung und Verwaltung besonderer Verbände, z. B. für gemeinschaftliche Versicherung gegen Kriegsgefahr und für gemeinschaftliche Rückversicherung unter den Mitgliedern des Vereins. Von besonderer Bedeutung ist die mit diesem Vereine verbundene Einrichtung des Verbands zur gegenseitigen Mitteilung abgelehnter Risiken. An diesem teilzunehmen besteht jedoch keine Verpflichtung für die Vereinsmitglieder, während andererseits auch Gesellschaften, ohne Vereinsmitglieder zu sein, aufnahmefähig sind.

Sehr umfassend sind auch die Ziele des 1896 gegründeten Verbands Deutscher Lebensversicherungsgesellschaften, als dessen Zweck satzungsgemäß bezeichnet wird: „die Wahrung und Förderung aller gemeinsamen Interessen der Verbandsgesellschaften". Zugefügt wird aber: „Von den Aufgaben des Verbands ist ausgeschlossen alles, was auf den Wettbewerb der Verbandsgesellschaften und auf die inneren Verhältnisse einzelner Gesellschaften Bezug hat." Der Verband zählt zur Zeit 45 Mitglieder.

Was die übrigen Versicherungszweige anlangt, so finden sich auch hier nahezu ausnahmslos Kartellbestrebungen. 1900 trat der Verband der in Deutschland arbeitenden Unfallversicherungsgesellschaften, gewöhnlich Unfallversicherungsverband genannt, zusammen, zwecks Vertretung, Wahrung und Förderung aller gemeinsamen Interessen des Unfall- und Haftpflichtversicherungsgeschäfts der beteiligten Gesellschaften. Von den Aufgaben auch dieses Verbands war und ist ausgeschlossen alles, was auf den Wettbewerb der Verbandsgesellschaften und auf die inneren Verhältnisse der einzelnen Gesellschaften Bezug hat.

Nach jahrelangen Bemühungen ist es 1904 gelungen, gemeinsame Versicherungsbedingungen und gemeinsame Minimalprämien einzuführen, sowie sämtliche Gesellschaften zu zwei Tarifvereinigungen zu vereinigen, deren Geschichte besonderes Interesse verdient. Die beiden Tarifvereinigungen der in Deutschland arbeitenden Unfallversicherungsgesellschaften und Haftpflichtversicherungsgesellschaften hatten satzungsgemäß den Zweck, „einerseits durch Aufstellung und Entwicklung einer zuverlässigen Statistik aus den Erfahrungen aller Tarifgesellschaften, durch die Einführung gemeinschaftlicher allgemeiner Versicherungsbedingungen und gemeinschaftlicher Prämientarife die Unfall- und Haftpflichtversicherung zur Erfüllung der ihr obliegenden wirtschaftlichen Aufgaben immer vollkommener zu gestalten und andererseits durch Pflege besonderer und freundschaftlicher Konkurrenzgrundsätze den Betrieb der einzelnen Tarifgesellschaften gegenüber dem auf diesem Gebiet unverhältnismäßig starken Wettbewerb mit größtmöglicher Sicherheit zu umgeben". Den Tarifvereinigungen traten alle Gesellschaften bis auf drei bei; zwei weitere Gesellschaften, welche die beiden Branchen später aufnahmen, blieben ihnen gleichfalls fern. Aus diesem Grunde und auch wegen der namentlich in der Haftpflichtbranche bestehenden zahlreichen Abkommen mit Vereinigungen (Begünstigungsverträge) war eine allgemeine und strikte Durchführung der Verbandstarife und der Verbandsbedingungen nicht zu erzielen. Auch fühlten sich verschiedene Gesellschaften durch die Vertragsbestimmungen zu sehr eingeengt, so daß beim ersten Ablauf des Vertrags Ende 1909 ungefähr ein Drittel aller Tarifgesellschaften, darunter mehrere der größten, aus den Vereinigungen ausschieden, welcher Umstand dann am 1. Juli 1910 zur völligen Auflösung der beiden Vereinigungen führte. Seitdem hat der oben bereits erwähnte Unfallversicherungsverband wieder mehr an Bedeutung gewonnen. Er ist nunmehr wieder die alleinige Vertretung der gemeinsamen Interessen der Unfall- und Haftpflichtversicherungsgesellschaften. Er hat namentlich die von den Tarifvereinigungen begonnene eingehende und umfangreiche Statistik übernommen und führt sie weiter fort. Dagegen schließt er auch jetzt noch alles, was auf den Wettbewerb der Verbandsgesellschaften und auf ihre inneren Verhältnisse Bezug hat, von seinen Aufgaben aus. Es gehören ihm daher auch fast sämtliche in Deutschland die Unfall- und Haftpflichtversicherung betreibenden Gesellschaften an.

Von Verbänden und Vereinigungen, die wirtschaftliche Zwecke verfolgen, bestehen auf dem Gebiete der Unfall- und Haftpflichtversicherung außerdem:

a) Der Seereiseunfallversicherungsverband, der sich aus dem im Jahre 1892 gegründeten sog. Chicago-Verband entwickelt hat und der Seereise- und Weltunfallversicherungen auf gemeinsame Rechnung in Deckung nimmt. Es gehören ihm zur Zeit 24 Gesellschaften an.

b) Der im Jahre 1907 gegründete Automobilversicherungsverband zur gemeinsamen Tragung des Risikos aus der Haftpflichtversicherung der Halter von Kraftfahrzeugen. Ihm gehören zur Zeit 18 Gesellschaften an.

c) Der im Jahre 1920 gegründete aus 8 Gesellschaften bestehende Luftkonzern zur gemeinsamen Tragung der Unfall- und Haftpflichtversicherung des Haltens und Benutzens von Luftfahrzeugen.

Diese drei Verbände haben obligatorische Bedingungen und Prämien.

d) Der Unfallkatastrophenverband (gegründet 1890, revidiert 1911), der den Zweck hat, die aus katastrophalen Ereignissen erwachsenden Unfallschäden, sofern sie ein bestimmtes Maximum übersteigen, gemeinsam zu tragen. Der Verband ist international und zählt über 40 Mitglieder.

Alle vier Verbände sind gegenseitige Rückversicherungsvereinigungen.

e) Die Ende 1920 infolge der Geldentwertung und anderer katastrophaler Ereignisse notwendig gewordenen Tarifvereinigungen. Diesen gehören nicht alle Mitglieder des Hauptverbandes an. Die Vereinigungen suchen im Gegensatz zum Verband, der alles, was sich auf den Wettbewerb bezieht, ausschließt, gerade diesen zu regeln.

Weiterhin sind hier zu nennen: der Verband der deutschen Hagelversicherungsaktiengesellschaften, der Verband befreundeter Hagelversicherungsgesellschaften auf Gegenseitigkeit, die Freie Vereinigung der Deutschen Viehversicherungsgesellschaften, der Verein deutscher Viehversicherungsgesellschaften, der Deutsche Glasversicherungsverband, der Deutsche Transportversicherungsverein. Auch die Anstalten, welche die Diebstahlversicherung betreiben, haben sich ebenso wie die Gesellschaften für Versicherung von Wasserleitungsschäden von Maschinen und Aufruhr vereinigt, so daß wohl für fast alle Versicherungszweige Unternehmerverbände vorhanden sind. Neben den ganz Deutschland umfassenden Verbänden finden sich auch zahlreiche örtlich beschränkte, so der Verein Hamburger Assekuradeure, der Verein Königsberger Seeversicherer, der Verein Berliner Assekuradeure u. v. a.

Diese sämtlichen Verbände der privaten Versicherungsunternehmungen haben sich in der durch die Initiative des Generaldirektors *von Rasp* 1911 geschlossenen Vereinigung der deutschen Privatversicherung zusammengeschlossen mit dem Ziel von Wahrung und Förderung der Interessen der gesamten Privatversicherung.

Diese Vereinigung wurde 1913 umgenannt in Zentralverband der Privatversicherung und nennt sich seit 1919 Reichsverband der Privatversicherung. Die Satzung hat eine Umänderung erfahren, um die Arbeitsgebiete des Reichsverbandes von den Fachverbänden deutlich abzugrenzen. Der Reichsverband bezweckt satzungsgemäß die Wahrung und Förderung der Interessen der gesamten Privatversicherung, insbesondere liegt ihm die Bearbeitung solcher volkswirtschaftlichen, sozialpolitischen und finanzpolitischen Fragen ob, die das Privatversicherungswesen insgesamt oder mehrere Versicherungszweige gemeinsam angeht.

Die neueste Ausgestaltung der Versicherungs-Unternehmerverbände besteht in der Schaffung besonderer Arbeitgeberverbände. Wir haben in Deutschland einen solchen, der das ganze Reich umfaßt, wie auch solche lokaler Natur, die sich auf einzelne Landesteile oder einzelne Städte erstrecken.

Die Verbandsbildung ist aber keine Eigentümlichkeit der reinen Privatversicherung. Sie ist auch bei der öffentlichen Betriebsform wahrzunehmen. Beispiel hierfür ist die Vereinigung öffentlicher Feuerversicherungsanstalten und der 1912 ins Leben getretene Verband der öffentlichen Lebensversicherungsanstalten, der Ende 1911 seine Tätigkeit aufnahm. Dieser bezeichnet als seinen Zweck die Förderung des öffentlichen Lebensversicherungswesens, insbesondere die Gewährung von Rückversicherungen an die ihm angeschlossenen Anstalten. Der Verband ist ferner mit Genehmigung des preußischen Ministers des Innern berechtigt, in denjenigen Landesteilen, in denen öffentliche Lebensversicherungsanstalten nicht bestehen, die Lebensversicherung unmittelbar zu betreiben, in außerpreußischen Landesteilen jedoch nur vorbehaltlich der Genehmigung der beteiligten Bundesregierungen. Die Einzelanstalt haftet dem Versicherungsnehmer für die durch den Versicherungsvertrag übernommenen Verpflichtungen. Den über ihren Selbstbehalt hinausgehenden Teil der Versicherungssumme — die sogenannten Exzedenten — überweist die Anstalt dem Verbande in Deckung. Von diesen Exzedenten behält der Verband einen Teil in eigener Deckung, den Rest überweist er seinem Rückversicherungsorgan in Rückversicherung. Dieser Verband geht mithin in seinen Zielen und Aufgaben weit hinaus über die privaten Lebensversicherungsverbände, er ist selbst ein eigentlicher Versicherungsunternehmer, zumal er nicht nur Rückversicherung, sondern auch unmittelbar die Lebensversicherung betreibt, und zwar von Personen mit einem Wohnsitz in Landesteilen, in welchen noch keine öffentlich-rechtliche Lebensversicherungsanstalt errichtet ist. Der Verband bestimmt auch die technischen Grundlagen und Tarife, und kein Versicherungsvertrag darf von einer der Untergesellschaften angenommen werden, ohne daß der Verband selbst seine Zustimmung erteilt.

Den nationalen Unternehmerverbänden zur Seite stehen internationale. So der schon erwähnte Seereiseunfallversicherungsverband, ferner der kontinentale Valorenversicherungsverband und der sehr verdienstvolle Internationale Transportversicherungsverband.

Dieses im Januar 1874 zu Berlin gegründete Kartell hat den Zweck, die Interessen des gesamten Transportversicherungswesens zu vertreten, zu wahren und zu fördern. Insbesondere soll es Aufgabe des Verbands sein: das Transportversicherungsgeschäft in technischer Beziehung aufzubessern, also für Herstellung und Durchführung angemessener Prämien, Versicherungsbedingungen, Schadenregulierungsgrundsätze zu sorgen, gute geschäftliche Beziehungen unter den Verbandsgesellschaften und ihren Leitern zu pflegen und auf Beseitigung etwa sich ergebender Übelstände im Wettbewerbe der Mitglieder hinzuwirken. Im Anschluß an diesen Verband wurde 1911 in Paris eine Internationale Vereinigung von Seeversicherern gegründet, der 1913 nicht weniger als 217 Gesellschaften und 291 Einzelpersonen als Mitglieder angehörten; doch hat der Weltkrieg die weitere Tätigkeit dieser Vereinigung gehemmt.

Eine im wachsenden Umfang sich ausbreitende Verbandsbildung ist der Pool, wie er namentlich bei großen Versicherungskonzernen üblich geworden ist. Seine Eigenart besteht darin, daß eine Anzahl Gesellschaften, häufig solche, die denselben Aktionärkreis oder denselben Vorstand, denselben Aufsichtsrat besitzen, untereinander die Verpflichtung eingehen, bei ihnen einlaufende Anträge einer Geschäftsstelle mitzuteilen, welche auf Grund eines vereinbarten Schlüssels die Geschäfte an die Poolgesellschaften verteilt, oft auch die Rückversicherung erledigt.

Wie Deutschland, so besitzt heute nahezu jedes Land Versicherungskartelle. Sie sind wohl ausnahmslos in der Zeit entstanden — wenigstens läßt sich dies für zahlreiche Kartelle nachweisen — als die Konkurrenz zu ungezügelt wurde und den gesunden finanziellen Fortbestand einer Anzahl Gesellschaften zu gefährden drohte.

Dieser Umstand führt zur Betrachtung der Ursachen der Versicherungskartelle überhaupt.

Die Entstehungsgründe sind im wesentlichen die allgemeinen: Heftigkeit des Konkurrenzkampfes, Zunahme in dem Kapitalrisiko, Abnahme der Gewinne, Zersplitterung der Betriebe zufolge der Regellosigkeit des Angebots und die hieraus entspringenden nachteiligen Wirkungen, wie Überproduktion und Preisrückgang. Die Überproduktion äußert sich insbesondere in der enorm gesteigerten Konkurrenz unter den Agenten. Dazu kommt als besonderes Förderungsmittel der Kartellierung in Deutschland: die jetzt durchgeführte Vereinheitlichung der Versicherungsgesetzgebung. Diese macht es naturgemäß leichter, zalreiche Unternehmungen zu einigen, da die allgemeinen Versicherungsbedingungen schon durch den Gesetzgeber annähernd gleichlautend gemacht und dadurch auch die Versicherungspreise auf eine ziemlich gleiche Stufe gebracht werden. So ist es kein Zufall, wenn mit dem Aufkommen der Versicherungsgesetzgebung eine ganze Reihe weiterer Versicherungskartelle entstanden ist.

Die Aufgabe der Versicherungskartelle ist und muß sein die Erzielung lohnender, wenn auch mäßiger Preise und Erträgnisse. Dabei ist nicht etwa die Unterdrückung der Konkurrenz, sondern vielmehr eine Verhütung ihrer Auswüchse das Ziel, auf welches die Unternehmerverbände hinaussteuern.

Die eingehende Betrachtung der Erfahrungen im Versicherungskartellwesen zeigt, daß bei ihm gewisse Nachteile, welche dem Kartellwesen sonst anhaften, weniger, gewisse mit ihm verbundene Vorteile aber in höherem Maße zum Ausdruck gelangen als bei der Kartellierung von Industrien. Das mag folgende Erwägung klarlegen.

Die Interessen von Handel und Industrie laufen darauf hinaus, möglichst jede Schwankung in den laufenden Ausgaben, also auch in den Ausgaben für die Versicherung zu vermeiden und möglichst stets mit denselben Ziffern zu rechnen. Es bedarf nun kaum einer großen Überlegung, um zu der Erkenntnis zu kommen, daß je größer das Gebiet ist, welches eine Versicherungsgesellschaft beherrscht, desto konstanter die Durchschnittsergebnisse der Schäden sind, desto gleichmäßiger die Prämien lange Zeit bleiben können. Stellen wir uns vor, daß für das ganze Deutsche Reich eine einzige Feuerversicherungsanstalt bestünde, bei der sämtliches bewegliches und unbewegliches Eigentum versichert ist, so wird hier zweifelsohne die Prämie längere Zeit gleichmäßig bleiben, als wenn jedes einzelne Land seine eigene Anstalt hätte. Dasselbe Ergebnis kann aber erzielt werden, wenn alle einzelnen Anstalten sich zu einem großen Organismus verschmelzen, wenn sie ihre jahrzehntelangen Erfahrungen auf dem Gebiet der Schadenstatistik und anderer technischer Hilfsmittel austauschen, auf gemeinsame Kosten zur möglichst genauen Ermittlung des Risikos wirtschaftliche Forschungen anstellen lassen u. dgl. m.

Weiterhin ist aber sehr zu beachten, daß die „Ware" Versicherung wenigstens in der Regel beliebig vermehrbar ist. Versicherungskartelle sind daher ganz anders zu beurteilen als etwa ein Kohlenkartell, bei dem eine monopolartige Wirkung an sich deshalb eher möglich ist, weil die Produktion keine beliebige Steigerung erfahren kann. Daß der Allgemeinheit durch Versicherungskartellbildung auf die Dauer eine ernste Schädigung nicht erwachsen kann, folgt schon aus dem namentlich in Deutschland vorhandenen Gemisch von Betriebsformen. Den Aktienunternehmungen stehen die privaten Gegenseitigkeitsvereine gegenüber und beiden Formen wieder die staatlichen oder kommunalen Versicherungsinstitute. Bei Überspannung der Preise von der einen Seite werden sich die Versicherungsnehmer bald der anderen Seite zuwenden, sich durch Errichtung eigener Versicherungsanstalten zu schützen suchen oder die Gründung öffentlicher Anstalten befürworten. Auch die Aufsichtsgesetzgebung mit den weitgehenden Befugnissen, welche diese den Aufsichtsbehörden einräumt, ist ein Sicherheitsventil, insbesondere gegen die etwaige übermäßige Einschränkung der Versicherten in den Versicherungsbedingungen.

Die Unternehmerverbände des Versicherungswesens haben gegenüber denen anderer Gewerbezweige vor allem die Besonderheit, daß sie keine eigentliche Produktionsregelung herbeiführen können, denn die Dienstleistungen, welche die Versicherungsunternehmer anbieten, können nicht als vertretbar gelten, wenn sie auch leicht vermehrbar sind. An dieser Tatsache ändert auch nichts der Umstand, daß die Verbände häufig bestrebt sind, Einheitspreise für gleichartige Versicherungsleistungen zu vereinbaren. Die Geschichte der Verbände zeigt, daß solche Vereinbarungen durchweg nur eine recht beschränkte Zeit sich zu halten vermögen, weil die Privatversicherung gerade in der Anpassung an die individuellen Verhältnisse der Versicherungsnehmer eine ihrer besonderen Aufgaben erblickt, hiermit aber die Fixierung von Einheitspreisen sich nicht scharf durchführen läßt. Es müßte denn sein, daß die Verbandstarife außerordentlich stark spezialisiert und differenziert werden. Hierzu wird man aber kaum geneigt sein. In der Regel beschränkt man sich auf die Vereinbarung von Minimalprämien. Diese haben naturgemäß die Tendenz, die Normalprämien zu werden, ohne daß sich genau feststellen läßt, wie weit dies der Fall ist.

Für das Verhältnis zwischen Staat und Versicherungskartellen muß als Aufgabe die Vermittlung zwischen den beiden Extremen Monopol und ungezügelte Konkurrenz gelten. Beide sind schädlich und nützlich zugleich. Ihnen die richtige Bahn zu weisen, hat der Staat die Pflicht. Die deutsche Aufsichtsgesetzgebung über das private Versicherungswesen macht es jedoch überflüssig, etwa eine Kartellgesetzgebung gegen die Versicherungsgesellschaften nach Art und Weise der nordamerikanischen Staaten zu erlassen. Dort sind die Versicherungskartelle ebenso zu Hause, wie insbesondere, freilich ohne nennenswerten Erfolg, die Antikartellgesetze.

Die Unternehmerverbände sind gleichzeitig zuweilen auch Abnehmerverbände. Das gilt z. B. für die Verbände der Lebens- und Unfallversicherung in ihrem Verhältnis zu den Ärzten. Die einheitliche Festsetzung des Honorars für die Ausstellung eines hausärztlichen Attestes ist z. B. das Ergebnis eines solchen Abnehmerverbandes.

Die Kartellierung der Versicherer hat ebenso wie derselbe Vorgang auf anderen Wirtschaftszweigen Gegenbewegungen hervorgerufen, die in mehreren Verbänden von Versicherten ihren Ausdruck gefunden haben. Der Organisation der Produzenten tritt die Organisation der Konsumenten entgegen. Die ersten Organisationen dieser Art, welche freilich viel jünger sind als die Unternehmerverbände, treffen wir in der Feuerversicherung. Von den deutschen und russischen Zuckerfabriken, sowie von der österreichischen Montanindustrie sind durch Vereinigungen einer großen Reihe von Unternehmungen desselben Industriezweiges nominell Rückversicherungsgesellschaften auf Gegenseitigkeit errichtet worden. Allein diese Bezeichnung ist unzutreffend. Diese Verbände sind vielmehr anzusehen als Preiskoalitionen auf seiten der Nachfrage mit der Besonderheit, daß sie dem Versicherer sowohl die Anwerbe- wie die Einsammlungskosten, zuweilen auch die Schadenregulierungskosten ersparen, wofür sie dann einen Teil der vereinbarten Normalprämie unter dem Namen einer Provision erhalten.

Die erste umfassendere Organisation der Versicherten ist der 1892 gegründete Haftpflichtschutzverband Deutscher Industrieller. Nach seinen ursprünglichen Satzungen bezweckt dieser Verband, durch fachwissenschaftliche Untersuchungen und durch Verwertung der Erfahrungen des praktisch-gewerblichen Lebens dahin zu wirken, daß die nach dem Unfallversicherungsgesetz verbliebene und durch die sozialpolitische Gesetzgebung überhaupt begründete, bzw. neu geschaffene Haftpflicht derart beschränkt werde, daß sie nicht über die Grenzen der Billigkeit hinausgeht, bzw. in den Kreis der berufsgenossenschaftlichen Unfallversicherung einbezogen wird. Daneben ließ sich der Verband die Haftpflichtversicherung seiner Mitglieder angelegen sein. So gelang dem Verband die Aufstellung eines Normativ-Haftpflichtversicherungsvertrags, auf Grund dessen mit einer Anzahl von Gesellschaften Versicherungen eingegangen wurden. Der Verband hat zweifelsohne eine für seine Mitglieder vorteilhafte Änderung der Vertragsbestimmungen und ein Sinken der Prämie veranlaßt, schon dadurch, daß den Mitgliedern des Verbandes Ermäßigungen zugestanden werden. Inzwischen hat der Verband seine Aufgaben bedeutend erweitert. Die spätere Umänderung der Firma des Haftpflichtschutzverbands in: Allgemeiner Versicherungs-Schutzverband läßt die Bestrebungen der letzten Jahre deutlich zum Ausdruck gelangen.

In Nachahmung dieses Verbands bildete sich eine Reihe ähnlicher Verbände zwecks gemeinsamer Unterhandlung mit Versicherungsgesellschaften und etwaiger Gewinnbeteiligung bei dem Geschäft. Oder bereits bestehende wirtschaftliche Verbände dehnten ihre Tätigkeit auch auf die Vermittlung günstiger Vertragsabschlüsse für die Versicherung ihrer Mitglieder aus.

1900 trat in Leipzig der Deutsche Versichertenverband ins Leben, welcher sich die Aufgabe gestellt hat, die berechtigten Interessen seiner Mitglieder, soweit dieselben private Versicherungsverträge abgeschlossen haben oder abzuschließen beabsichtigen, wahrzunehmen.

Im Jahre 1901 entstand der Deutsche Feuerversicherungschutzverband. Nach seinen ersten Statuten bezweckt er „die Wahrnehmung der Interessen der Feuerversicherungsnehmer im allgemeinen bei den Regierungen und gesetzgebenden Faktoren und gegenüber den Versicherungsanstalten, namentlich in bezug auf die Gestaltung der Versicherungsbedingungen und des Versicherungsvertrags, die Festsetzung der Prämien und die Feststellung der Brandschäden, sowie die Förderung des Feuerschutzes und Feuerlöschwesens". Auch dieser Verband hat seine Firma wie seinen Aufgabekreis erweitert; er nennt sich jetzt Deutscher Versicherungs-Schutzverband und bezweckt „die Wahrnehmung der Interessen der Versicherungsnehmer auf dem Gebiete der Feuer-, Lebens-, Unfall-, Haftpflicht-, Transport- und jeder sonstigen Versicherung bei den Regierungen und gesetzgebenden Stellen und gegenüber den Versicherungsanstalten, namentlich in bezug auf die Gestaltung der Versicherungsbedingungen und des Versicherungsvertrages, die Festsetzung der Beiträge (Prämien) und die Feststellung der Schäden, sowie auch die Förderung des Feuerschutzes, Feuerlöschwesens und der Unfallverhütung." Der Verband hatte eine Reformgesellschaft für Feuerversicherung gegründet, die jedoch bald in einer anderen Gesellschaft aufging.

Sämtliche Verbände sind heute in weitem Umfange Prüfungs-, Beratungs- und Auskunftstellen; sie sind gewissermaßen für den Privatversicherten, was die Arbeitersekretariate für den Sozialversicherten sein wollen.

Der Hauptwortführer der Organisation der Versicherungsnehmer *Otto Prange* hat neuerdings einen Zusammenschluß der verschiedenen vorhandenen gleichgerichteten Organisationen befürwortet, um ebenso, wie Arbeitgeber und Arbeitnehmer von Organisation zu Organisation sich neuerdings verständigen, eine solche Verständigung zwischen der Zentralorganisation der Versicherer und der Zentralorganisation der Versicherungsnehmer herbeizuführen.

Insoweit sich die Verbände von Versicherern als Arbeitgeberverbände betätigen, stehen ihnen Arbeitnehmerorganisationen gegenüber, und zwar einerseits solche der Angestellten des Innendienstes, andererseits solche der Angestellten des Außendienstes (§ 13.) Von den in Deutschland vorhandenen Organisationen dieser Art ist der Allgemeine Verband der Versicherungsangestellten zu nennen, der auf freigewerkschaftlicher Grundlage die Wahrung und Vertretung der wirtschaftlichen und sozialen Interessen aller Versicherungsangestellten unter völliger Ausschaltung von Religion und Parteipolitik bezweckt und den Zusammenschluß sämtlicher Versicherungsangestellten erstrebt. Diesem Ziel dienen u. a. Förderung der Berufsbildung, Auskunfterteilung, Unterstützung, vor allem aber auch die Sicherung von Vertretungen in den Betriebsräten, in den Bezirks- und Reichsarbeiterräten, nicht zuletzt die Durchführung von Tarifverträgen.

Zwischen dem Arbeitgeberverband deutscher Versicherungsunternehmungen einerseits und dem Zentralverband der Angestellten andererseits (zu dem sich damals der Verband der deutschen Versicherungsbeamten, der Verband der Bureauangestellten und der Zentralverband der Handlungsgehilfen zusammengeschlossen hatte), ist am 12. Mai 1919 ein obligatorischer Reichstarifvertrag (der überhaupt erste in Deutschland) abgeschlossen worden, der alsdann gekündigt und mehrfach abgeändert worden ist. Dieses Übereinkommen stellt einen ungemein beachtenswerten Versuch dar, die Lohnkämpfe im Versicherungsgewerbe, wie sie im Februar 1919 zu einem Ausstande geführt hatten, für die Zukunft auszuschalten. „Es muß rückhaltlos anerkannt werden", erklärt die Aufsichtsbehörde zu dem Tarifvertrag, „daß die Arbeitgeber bei diesem Vertragswerk im Interesse des sozialen Friedens weitgehendes Entgegenkommen gegenüber den wirtschaftlichen und sozialen Wünschen der Arbeitnehmer bekundet haben". Es sind Gehaltssätze vereinbart worden, die eine erhebliche Steigerung der bisherigen, in vielen Fällen allerdings unzureichenden Entlohnung darstellen. Die Arbeitszeit wurde verkürzt, eine feste Urlaubszeit festgelegt und bei Arbeitsunfähigkeit durch Krankheit oder Unfall den Angestellten eine weitgehende Sicherheit gewährt, das Kündigungsrecht der Arbeitgeber eingeschränkt, der Ausschluß von Konkurrenzklauseln bewilligt, auch eine Sicherstellung der Angestellten bei Fusionen und Domizilverlegung zugestanden, schließlich ein Mitbestimmungsrecht der Angestellten normiert, indem Angestelltenausschüsse vereinbart wurden, die bei allen Fragen der Lohn- und Arbeitsbedingungen, auch bei Kündigungen und Neueinstellungen, Beförderungen und Versetzungen gleichberechtigt mit der Geschäftsleitung erklärt wurden. (Vgl. S. 85.)

§ 13. Vermittlerwesen.

Wie Unternehmerverbände nicht dem Versicherungswesen ausschließlich eigentümlich sind, aber doch zufolge ihrer Besonderheiten und ihrer gerade im Versicherungswesen zum Ausdruck gelangenden volkswirtschaftlichen Wichtigkeit hier zu erörtern waren, so ist auch das Vermittlerwesen an sich zwar keine Einrichtung, welche man etwa ausschließlich in der Versicherung findet, aber es ist für ihre Entwicklung so wichtig, daß ihm eine besondere Würdigung zuteil werden muß. Gerade in ihm spiegeln sich, vielleicht besser als bei irgendeiner anderen Einrichtung des Versicherungswesens, die bedeutenden Vorteile geschäftsmäßigen Betriebs auf der einen und die zuweilen nicht weniger schweren Nachteile ungezügelter Konkurrenz auf der anderen Seite.

Das Vermittlerwesen stellt im wesentlichen die Organisation des Außendienstes in der Versicherung dar. Zwar gibt es auch Beamte des Außendienstes, welche keine Vermittlertätigkeit ausüben, sondern als Inspektoren, Kontrollbeamte oder Schadenliquidatoren tätig sind; aber an Zahl wie Bedeutung stehen diese den Vermittlern nach. Andererseits sind die Vermittler zuweilen gleichzeitig Verwaltungsbeamte, indem sie als Taxatoren und Schadenliquidatoren Verwendung finden.

Der Versuch, in großen Zügen die historische Entwicklung der Organisation des Vermittlerwesens darzulegen, kann nur ein unzulängliches Ergebnis haben, da es an genaueren Nachforschungen auch auf diesem Gebiete fehlt. Zudem ist die Entwicklung durchaus nicht gleichartig innerhalb der verschiedenen Zweige verlaufen.

Am lehrreichsten dürfte die Entwicklung innerhalb der Lebensversicherung sein. Was das Vermittlerwesen bei dieser betrifft, so lassen sich in den Hauptversicherungsländern drei große Perioden in der Entwicklung im allgemeinen feststellen. Die erste, welche in Deutschland etwa bis Anfang der 70er Jahre währte, zeichnet sich dadurch aus, daß das Gewerbe eines Versicherungsagenten meist nur im Nebenbetrieb vorkommt. Angesehene Bankiers und Kaufleute, welche ausreichendes Einkommen bereits aus ihrem Hauptberuf beziehen, sind nebenbei die Vermittler der Versicherungsanstalten. Denn die Einnahmen aus der Vermittlertätigkeit sind im allgemeinen gering, bei der Lebensversicherung etwa 4 Prozent der Prämie.

Dieser Zustand ändert sich in der zweiten Periode, welche durch das Aufkommen der aus Amerika stammenden Abschlußprovision charakterisiert wird. Bisher hatte der Agent nur einen Anteil an den jährlich eingehenden Prämien. Jetzt erhält er außerdem eine mehr oder minder hohe Vergütung beim Abschluß einer Versicherung. Das Einkommen aus der Vermittlertätigkeit steigt. Es lohnt sich Vermittler im Hauptgewerbe zu sein. Es entwickelt sich das eigentliche und selbständige Vermittlergewerbe. In Deutschland beginnt diese Periode Anfang der 70er Jahre, in England und den Vereinigten Staaten liegt ihr Anfang naturgemäß weiter zurück.

Die dritte Periode, in welcher wir noch stehen, wird gekennzeichnet durch den mit dem Aufkommen der Volksversicherung und der enormen Ausbreitung der Versicherung überhaupt entstehenden Massenbedarf und Massenverbrauch von Vermittlern. Die Versicherung dringt in Kreise ein, welche ihr früher fernstanden. „Der kleine Mann" benutzt die Versicherung, welche vorher gewissermaßen ein Privileg der oberen und mittleren Klassen war. Die Konkurrenz der Gesellschaften fordert immer dringender die Anspannung aller Kräfte, den Gebrauch aller Mittel zur Erweiterung des Kreises der Versicherten. So steigen die Einnahmen aus der Vermittlertätigkeit, wie die Zahl der benötigten Personen und die Konkurrenz unter ihnen. Es dringen auch Elemente in den Vermittlerstand ein, welche ihrer ganzen Vergangenheit und Bildung nach ihm früher fernstanden. Mißstände der mannigfachsten Art machen sich geltend, die ihren Höhepunkt in der allerdings nur vereinzelt eingeführten sogenannten wilden Organisation erreichen. Zur Beseitigung der Mißstände machen sich im Vermittlerstande selbst Bestrebungen geltend. (S. 108.)

Dieser Entwicklungsgang ist, wie hervorgehoben wurde, bei der Lebensversicherung zu verfolgen; bei ihr lassen sich weitaus die meisten gewerbsmäßig tätigen Vermittler wahrnehmen, welche aber nicht nur die Lebensversicherung, sondern auch andere Zweige, insbesondere Unfall- und Haftpflichtversicherungen, zu vermitteln pflegen. Die Vermittler für manche Versicherungszweige sind gelegentlich auch heute noch selbständige, angesehene Kaufleute, welche nur im Nebengewerbe für die Versicherung tätig sind.

Die Zahl der bei den deutschen Privatgesellschaften Ende 1918 tätigen Agenten betrug über 156 000, während die der Angestellten im Innendienst sich nur auf wenig über 18 000 belief. Bei den einzelnen Gesellschaften ist die Zahl der Agenten sehr verschieden, sie schwankt zwischen einigen Hundert und vielen Tausend.

Wie es auch außerhalb des Versicherungswesens Vermittler, Agenten gibt, so gibt es auch Versicherungen ohne Agenten. Nicht nur in England, sondern auch in Deutschland bestehen Versicherungsunternehmungen, welche keinen einzigen Agenten beschäftigen. Allein nur unter ganz bestimmten Voraussetzungen ist das Agentenwesen bei dem heutigen Stand der Volksbildung und Volksaufklärung entbehrlich.

Dies wird eine Betrachtung der Aufgabe und Bedeutung des Versicherungsagenten zeigen.

Das Agentenwesen ist notwendig, solange das Versicherungsbedürfnis nicht ohne Anstoß von außen ausreichend empfunden wird, oder solange man keinen Versicherungszwang hat, oder solange nicht andere zweckentsprechende Organisationen von einer größeren Gemeinschaft aus, sei es einem Verein, einer Gemeinde, dem Staat, getroffen werden. Denn jede Versicherung ist ihrer ganzen Natur nach auf möglichst großen, jedenfalls andauernden Zugang angewiesen.

Von agentenlosen Gesellschaften, deren es in England vier gibt, ist am bekanntesten die Equitable in London. Sie besteht seit 1762, schließt aber trotz ihrer abnorm billigen Verwaltung und ihrer großen Gewinnanteile von Jahr zu Jahr weniger Versicherungen ab. Die neuen Versicherungen reichen nicht aus, den Abgang zu decken. Die Prämien, welche die Equitable erhebt, sind naturgemäß niedriger, als die bei anderen Gesellschaften, weil eben die Agentenprovisionen wegfallen. Die wenigen bei ihr Versicherten genießen also Versicherung zu billigeren Preisen als die Versicherten anderer Gesellschaften. Ist es aber volkswirtschaftlich nicht wertvoller, wenn statt weniger zu geringen Prämien Versicherter eine weit größere Masse des Volkes der Versicherung teilhaftig wird zu höheren Preisen? Das einzige in Deutschland in Betracht kommende Beispiel bietet der nach dem Vorbild des Österreichischen Beamtenvereins 1875 gegründete Preußische Beamtenverein in Hannover, der den Zweck verfolgt, auf dem Wege der Selbsthilfe Lebensversicherung für seine Mitglieder einzuführen. Die Werbetätigkeit, welche sonst den Versicherungsvertretern obliegt, wird hier von den Mitgliedern selbst, die in Zweigvereinen organisiert sind, ausgeübt. Die Zweigvereine pflegen gesellige Veranstaltungen zu treffen, auch Spar- und Darlehnskassen einzurichten, Rabattvereinbarungen abzuschließen und auch sonstige Vorteile für ihre Mitglieder zu erzielen.

Es ist aber zu betonen, daß das Agentenwesen durchaus keine Besonderheit etwa nur des Privatbetriebs der Versicherung ist. Agenten finden wir bei den Gegenseitigkeitsvereinen ebenso wie bei Aktiengesellschaften, bei den rein privaten Anstalten ebenso wie bei den öffentlichen Sozietäten und den neuen preußischen Provinzial-Lebensversicherungsanstalten, nur daß bei den beiden letzteren die als Vermittler tätigen Personen Beamte sind; sie führen meist die Bezeichnung Kommissare; ihre Vermittlertätigkeit ist oft nur eine nebenamtliche; teils sind sie festbesoldet, teils vermitteln sie gegen Provision. Die Staatsversicherungsanstalt Neuseelands hat ebenfalls Agenten: Staatsbeamte, die von Haus zu Haus Propaganda machen und im Verhältnis zu den von ihnen erzielten Abschlüssen besoldet werden; auch die neue italienische Monopolanstalt hat Agenten angestellt, ohne diesen jedoch Beamtenrang zu gewähren.

Die Organisation des Agentenwesens ist zwar keine übereinstimmende in den einzelnen Ländern und in den verschiedenen Versicherungszweigen, aber im wesentlichen herrschen dieselben Grundsätze fast überall.

Der Bestand aller Versicherungsunternehmungen, in erster Linie derjenigen, welche die Lebensversicherung betreiben, ist durchaus abhängig vom Neuzugang. Falls der jährliche Neuzugang dem Abgang durch das natürliche Ende des Versicherungsvertrags, durch Kündigung oder Verfall und andere Gründe nicht gleichkommt, gelangt die Versicherungsanstalt notwendig in den Zustand schrittweiser Auflösung. In dem Maße aber, in welchem der Neuzugang den Abgang übertrifft, erfüllt ein Versicherungsunternehmen seine privat- und volkswirtschaftliche Aufgabe. Die Probleme, welche sich hierbei den Versicherungsunternehmungen bieten, sind äußerst schwierig, nämlich die Sicherung einer möglichst großen Zahl möglichst lange verbleibender neuer Teilnehmer zu möglichst geringen Kosten. Die Berichte zahlreicher Anstalten zeigen uns die zunächst überaus hoch erscheinenden Aufwendungen für Neuerwerb von Policen. Allein diese Angaben sind, wie noch gezeigt werden wird, weder zu vermeiden, noch an sich wegen ihrer Höhe anfechtbar. Es ist durchaus nicht gesagt, daß eine für Anwerbekosten nur wenig Geld aufwendende Gesellschaft aus diesem Grund etwa besser verwaltet oder finanziell leistungsfähiger ist, als eine Anstalt, welche große Summen für Anwerbekosten auswirft.

Der wirtschaftliche Begriff des Agenten deckt sich mit dem juristischen, wonach Versicherungsagent ist, wer, ohne als Gehilfe im Versicherungsgewerbe angestellt zu sein, ständig damit betraut ist, für eine bestimmte Versicherungsanstalt Versicherungen gegen Entgelt zu vermitteln oder im Namen seines Auftraggebers abzuschließen.

Es ist insbesondere zu unterscheiden zwischen Abschlußagenten und Vermittelungsagenten. Die Generalagenten bei der Feuerversicherung haben größtenteils die Vollmacht nicht nur zur Vermittelung, sondern auch zum Abschluß. Im allgemeinen sind die Agenten nur Vermittelungsagenten.

Die Generalagenten führen häufig den Titel Subdirektor, während die anderen Agenten Unteragenten, auch Spezialagenten, meistens einfach Agenten genannt werden.

Zu unterscheiden von den fest angestellten Agenten sind die gelegentlichen Vermittler, die in Einzelfällen einen Versicherungskandidaten einer Gesellschaft zuführen, die sogenannten Schlepper.

Der Generalagent ist der Vertreter einer Versicherungsanstalt meist in einem fest abgegrenzten Bezirk, sei es, daß dieser Bezirk auf eine einzelne Stadt beschränkt ist, sei es auf mehrere Städte, eine Provinz, einen Bundesstaat. Er ist der wichtigste Außenbeamte der Versicherungsgesellschaften, der Außenbetriebsleiter, oft auch Hauptbevollmächtigter oder Repräsentant genannt. Seine Verpflichtung besteht (nach einem Anstellungsvertrag) darin, sich nicht nur persönlich mit aller Energie, sondern auch gemeinschaftlich mit den ihm unterstellten Organen der Ermittlung und Zuführung guter Versicherungsanträge für die Gesellschaft unausgesetzt zu widmen, sondern namentlich auch dafür Sorge zu tragen, daß dies die unter ihm arbeitenden Organe tun. Er ist ferner verpflichtet, für alle geeigneten Plätze seines Bezirks zuverlässige und tüchtige Agenten zu ermitteln und nach Feststellung ihrer Solidität und Solvenz sie der Direktion in Vorschlag zu bringen. Der Generalagent hat für die ihm überwiesenen Agenten und Beamten des inneren und äußeren Dienstes der Gesellschaft gegenüber das Delkredere zu tragen. Für die Handlungen und Verbindlichkeiten der ihm unterstellten Agenten, Vermittler, Inspektoren und Subgeneralagenten übernimmt die Gesellschaft keinerlei Haftung.

Als Entgelt für die Erfüllung der dem Agenten obliegenden Verpflichtungen und für die darauf verwandten Bemühungen und Ausgaben, sowie für das Delkredere gewähren die Gesellschaften Provisionen von verschiedener Höhe für die einzelnen Versicherungsarten, und hier wieder jeweils Abschlußprovisionen und Inkassoprovisionen.

Beispielsweise zahlen einzelne Gesellschaften für Lebensversicherungen auf den Todesfall 12 Promille, für solche auf den Lebensfall 6 Promille der Versicherungssumme, für Rentenversicherungen mit einmaliger Kapitaleinzahlung 3 Prozent der einmaligen Einzahlung. Andere Anstalten zahlen für die Vermittlung von Lebensversicherungen neben Kostenersatz durchschnittlich 15 bis 25 ‰ der Versicherungssumme, wieder andere 60 % der Prämie. Die Inkassoprovisionen betragen von Lebensversicherungen etwa 3 Prozent der bar vereinnahmten Prämienbeträge. Für Volksversicherungen werden beispielsweise Abschlußprovisionen gewährt in Höhe des zwölffachen Betrags der Wochenprämie, wenn vom Versicherungsnehmer mindestens 20 Wochen, des sechsfachen Betrags, wenn weniger, aber mindestens 10 Wochen auf die einzelne Versicherung bezahlt worden sind. Die Inkassoprovisionen betragen etwa zwischen 6 und 12 Prozent der vom Beginn der Versicherung an bar vereinnahmten Prämienbeträge. Bei der Einzelunfallversicherung finden wir Abschlußprovisionen je nach der Versicherungsdauer von 10 Prozent, 20 Prozent, 30 Prozent und Inkassoprovisionen von 6 Prozent. In der Haftpflichtversicherung bewegen sich die Sätze der Abschlußprovisionen zwischen $7^1/_2$ Prozent, 15 Prozent und 25 Prozent der ersten Jahresprämie, während als Inkassoprovision etwa $7^1/_2$ Prozent bezahlt werden.

Die Generalagenten bekommen neben den Bezügen nach dem Umsatz der Policen, welche sie direkt oder mittels ihrer Agenten oder gelegentlicher Vermittler den Gesellschaften zuführen, zuweilen auch ein festes Gehalt. Häufig besteht dann noch die Einrichtung, daß sie bei Erreichung eines gewissen Jahresquantums an Policen eine besondere Vergütung erhalten.

Welchen Teil von den vorerwähnten Provisionen der Generalagent an die unter ihm arbeitenden Agenten und Geschäftsvermittler abgeben will, wird in der Regel seinen mit diesen besonders zu treffenden Vereinbarungen überlassen, doch behalten sich oft die Direktionen das Recht vor, wo es ihnen im Geschäftsinteresse angemessen erscheint, den Provisionsanteil des Agenten zu erhöhen. Auf die Provisionseinnahmen werden dem Generalagenten meist bestimmte Beträge garantiert.

Als Beispiel für die Verteilung der Provisionen in der Feuerversicherung mag aus den Bestimmungen einer großen deutschen Anstalt das folgende Schema mitgeteilt werden. (Die Zahlen in der Tabelle bedeuten Prozent der Prämie.)

	Provisionsklassen					
	I.		II.		III.	
	Abschluß	Inkasso	Abschluß	Inkasso	Abschluß	Inkasso
1. Vermittler	10	10	10	10	10	10
2. Nächsthöheres Organ	1	.	1	.	1	1
3. Generalagent	3	3	3	3	3	3
4. Subdirektor	1	.	1	.	1	1

Weitere Abstufungen, welche sich hier finden, betreffen die Anzahl der Jahre So wird z B. bei einem Abschlusse von 10 Jahren in Klasse I 50 Prozent gewährt. Die Provisionsklassen werden je nach der Güte des Risikos bemessen und nach der Prämienhöhe berechnet. Je höher der Prämiensatz, desto ungünstiger das Risiko, desto geringer der Provisionssatz. Der oben mitgeteilte Verteilungsmaßstab wird zuweilen, insbesondere bei der Lebensversicherung, durch Abgaben von Provisionen an noch andere Organe erweitert. Es lassen sich Fälle nachweisen, in denen bis zu zehn verschiedenen Personen ein Anteil an der Provision bei Abschluß einer Versicherung zuteil geworden ist (Organisator, Subdirektor, Bezirksdirektor, Generalagent, Hauptagent, Agent, Subagent, Vermittler, Oberinspektor und Inspektor). Diese Atomisierung der Provision werden alte, große Gesellschaften vorziehen, während kleine und junge Anstalten eine Provisionskumulierung zu wählen genötigt sind. Jene haben oft ein sich bis in die kleinsten Dörfer erstreckendes, Tausende Agenten umfassendes Vermittlernetz, diese nur wenige für sie tätige Beamte des Außendienstes

Die Interessen der Agenten und der Gesellschaften stimmen durchaus nicht immer überein. Jene sehen zuweilen darauf, daß sie ihre Provision verdienen, ohne Rücksicht auf einen etwaigen baldigen Verfall der Police. Diese wollen aber dauernde, nicht verfallende Verträge. Wird die Provision nach der Prämie bemessen, so sucht der Agent vorzugsweise Verträge zu vermitteln, bei denen die einzelnen Prämien hoch sind, also in der Lebensversicherung abgekürzte Versicherungen. Ist die Provision nach der Versicherungssumme bestimmt, so wird er mehr Versicherungen auf den Todesfall zu vermitteln suchen.

Die Aufgabe des von dem Generalagenten angestellten und unter ihm stehenden Agenten ist Heranziehung neuer Teilnehmer und Einziehung der Prämien von ihnen. Dazu kommen bei beiden häufig noch eine Reihe von Diensten mehr technischer Natur, beispielsweise die Besichtigung von Gebäuden, welche unter Versicherung gebracht werden sollen, oder von Änderungen während der Vertragsdauer. Bei der Lebensversicherung hat der Agent oder auch Generalagent Auskunft über die persönlichen Verhältnisse des Antragstellers einzuziehen.

General- wie Lokalagenten haben meist einen bestimmten Anwerbebezirk, der sich auf einzelne Stadtteile, ganze Städte, Provinzen und Staaten ausdehnen kann. Es finden sich aber auch, bei der wilden Organisation, Agenten ohne ein solches geographisches Monopol.

Die Agenten sind auch die Grundlage bei dem Zweiganstaltsystem, welches keine Generalagenten kennt. An ihrer Stelle stehen die unmittelbar mit der Hauptdirektion zusammenhängenden Zweiganstalten, Zweigdirektionen. Dieses, aus Amerika stammende System wurde zuerst bei der Feuerversicherung, später bei der Lebensversicherung eingeführt. Die Vorteile des Zweiganstaltsystems bestehen darin, daß die Direktion unmittelbar mit dem Agenten verkehrt und die Mittelperson des Generalagenten wegfällt. Hierdurch werden zweifelsohne in vielen Fällen Ersparnisse erzielt und eine gleichmäßige Verwaltung leicht ermöglicht. Die Gesellschaft ist hier ihr eigener Generalagent. Dieses System ist aber in Deutschland wenig in Gebrauch. Auch in Amerika ist man über seine Vorzüge geteilter Ansicht.

Bei beiden Systemen finden sich besondere Inspektoren oder Revisoren zur Kontrolle der einzelnen Agenturen und auch der Generalagenturen. In Amerika haben die Revisionsbeamten häufig die Bezeichnung Superintendent.

Der Dienst des Agenten wird durch umfangreiche Instruktionen (Agenturübertragungsbedingungen) geregelt.

Das Recht der Agenten, über welches außerordentlich weitgehende Meinungsverschiedenheiten bestanden haben, ist jetzt im Gesetz über den Versicherungsvertrag geregelt. Danach sind, wie schon erwähnt, zwei Arten von Agenten zu unterscheiden: Vermittlungsagenten und Abschlußagenten. Das Publikum vermag in der Regel die beiden Arten nicht auseinander zu halten, es sieht vielmehr in jedem Versicherungsagenten zumeist eine Vertrauensperson der Versicherungsanstalt, und zahlreiche Fälle von Unzufriedenheit und Streitigkeiten entstehen daraus, daß das Publikum glaubt, jede Äußerung eines Versicherungsagenten binde seine Anstalt. Das ist keineswegs der Fall.

Die Vollmacht der Vermittlungsagenten, welche die große Mehrzahl aller Agenten bilden, ist vielmehr gesetzlich auf ganz bestimmte Fälle beschränkt. Der Vermittlungsagent gilt in dem Versicherungszweig, für den er bestellt ist und, falls er ausdrücklich nur einen bestimmten Bezirk angewiesen bekommen hat (Bezirksagent), auch nur für Geschäfte und Rechtshandlungen, die sich auf in dem Bezirk befindliche Sachen oder sich hier gewöhnlich aufhaltende Personen beziehen als ermächtigt: Anträge auf Schließung, Verlängerung oder Änderung eines Versicherungsvertrags, sowie den Widerruf solcher Anträge entgegenzunehmen; die Anzeigen, welche während der Versicherung zu machen sind, sowie Kündigungs- und Rücktrittserklärungen, oder sonstige, das Versicherungsverhältnis betreffende Erklärungen von dem Versicherungsnehmer entgegenzunehmen; die von dem Versicherer ausgefertigten Versicherungsscheine oder Verlängerungsscheine auszuhändigen; schließlich Prämien nebst Zinsen und

Kosten anzunehmen, sofern er sich im Besitz einer Prämienrechnung befindet, die vom Versicherer wenn auch nur im Wege mechanischer Vervielfältigung unterzeichnet ist. — Selbst diese engen Vollmachten können mit Wirksamkeit gegen den Versicherungsnehmer eingeschränkt werden, sofern dieser die Einschränkung kannte oder kennen mußte.

Es ist mithin der Vermittlungsagent nicht berechtigt, irgendwelche Abänderungen hinsichtlich des Vertragsverhältnisses, wie es die Versicherungsanstalt festgestellt hat, oder hinsichtlich der Tarife zu vereinbaren. In dieser Beziehung unterscheidet er sich sehr wesentlich vom Abschlußagenten; denn dieser ist auch befugt, die Änderung oder Verlängerung von Versicherungsverträgen zu vereinbaren, sowie Kündigungs- und Rücktrittserklärungen abzugeben; auch gilt in den Fällen, in denen die Kenntnis des Versicherers nach dem Vertragsgesetz von Erheblichkeit ist, z. B. Kenntnis erheblicher Gefahrumstände bei Vertragsschluß, die Kenntnis eines Abschlußagenten (nicht aber die des Vermittlungsagenten) der Kenntnis des Versicherers gleich. Dagegen darf der Abschlußagent nicht Ansprüche anerkennen oder ablehnen oder Vergleiche schließen, sofern er nicht etwa zur Vornahme solcher Handlungen besonders ermächtigt ist.

Eine äußerlich erkennbare Unterscheidung zwischen den beiden Arten von Agenten ist nicht vorhanden. Die überwiegende Zahl der Agenten hat aber nur die Rechtstellung von Vermittlungsagenten. Anzeigen und Mitteilungen an diese, ebensowie Erklärungen von ihnen, gelten nicht als an oder von der Versicherungsanstalt abgegeben. Überläßt der Versicherungsnehmer die ihm obliegende Ausfüllung des Fragebogens dem Agenten, oder macht er auf dessen Veranlassung unrichtige Angaben, so ist in der Regel der Versicherungsnehmer dafür verantwortlich. Nur ausnahmsweise wird die Verletzung seiner Pflicht als unverschuldete angesehen werden können.

Die Bestimmungen des Handelsgesetzbuchs über die Handlungsagenten, soweit sie in Frage kommen, gelten auch für die Versicherungsagenten, und außerdem hat das Aufsichtsgesetz vom 12. Mai 1901 einige Bestimmungen getroffen.

Bei der Frage der Verantwortlichkeit für die Agenten stehen sich die Forderungen von Versicherern und Versicherten noch immer schroff gegenüber. Diese wollen dem Agenten eine möglichst schrankenlose Vertretungsbefugnis eingeräumt wissen, jene hingegen die Vertretungsbefugnis möglichst einengen und ihre Verantwortlichkeit auf ein geringes Mindestmaß zurückführen.

Der Betrieb des Agenturgewerbes bedarf in einzelnen Ländern, beispielsweise in fast allen Staaten der Nordamerikanischen Union, früher auch in Teilen Deutschlands, der Konzession, in Preußen gemäß dem Gesetze von 1853 ehemals der Anmeldung, womit eine obrigkeitliche Prüfung der Persönlichkeit verbunden war.

Die übertriebene Konkurrenz im Agentenwesen hat zu einem großen Übel geführt, nämlich zur Provisionsabgabe seitens der Agenten an Versicherung Suchende, ein gerade auch in Deutschland weit verbreiteter Mißstand, der vorzugsweise bei der Lebensversicherung herrscht.

Die Bekämpfung der Provisionsabgabe ist mit den verschiedensten Mitteln versucht worden; schon vor Jahren hat z. B. die amerikanische Gesetzgebung dagegen wiederholt scharfe Bestimmungen erlassen, jedoch ohne vielen Erfolg. Nach dem Recht vieler amerikanischer Staaten darf ein Nachlaß in bezug auf die Prämie, welche in dem Tarif der Gesellschaft vorgeschrieben ist, nicht stattfinden. Der Agent darf also keinen Rabatt in der Form gewähren, daß er einen Teil der Bezüge, welche ihm von der Gesellschaft für den Vertragsabschluß zukommen, dem Versicherung Suchenden auszahlt. Handelt er hiergegen, so wird er scharf bestraft, unter Umständen mit der Entziehung der Konzession. Aber selbst diese Vorschriften haben sich nicht als ausreichendes Mittel bewährt. 1921 ist auch in Deutsch-Österreich die Provisionsabgabe gesetzlich verboten und mit Strafe bedroht worden. In Deutschland wurden von den meisten Anstalten Antirabattabkommen getroffen, durch welche auch Begünstigungsverträge unter Zusicherung besonderer Vorteile für versicherte Personen verhindert werden sollen.

Die weitgehenden Provisionsnachlässe zeigen übrigens, daß die den Agenten gezahlten Provisionen oft reichlich hoch sind; denn die Agenten verzichten ja selbst auf einen Teil der ihnen zukommenden Bezüge.

Die größte Ausdehnung hat das Agentenwesen in Amerika gewonnen, wo das sogenannte Canvassingsystem, das Anwerben von Haus zu Haus, das Hausieren mit Policen verbreitet ist. Aber auch in Deutschland ist es mit der Volksversicherung eingedrungen.

Amerika bietet gleichzeitig das klassische Beispiel für die wirtschaftliche Ausbeutung der Agenten. Es wurde hier wohl zuerst, wenn auch durchaus nicht allgemein, die Praxis geübt, Agenten nur eine kurze Zeit anzustellen, indem man von der Erwägung ausgeht, daß der Agent zu Beginn seiner Tätigkeit zunächst seinen ganzen Bekanntenkreis dem Unternehmen zu gewinnen sich bemüht, und daher im Anfang leichtere und schnellere Erfolge aufzuweisen hat als später, wo alle seine Bekannten von ihm bereits bearbeitet und gewonnen sind. Man entläßt ihn daher einfach, nachdem man ihn in dieser Weise ausgenutzt hat. Schwammsystem hat man zutreffend dieses Verfahren genannt. Es findet seine Ergänzung in dem System der Pensaverträge. Hier wird dem Agenten ein sehr hohes festes Monatsgehalt versprochen. Dabei gilt aber die Vertragsabrede, daß er ein gewisses Minimum, beispielsweise 50 Policen zu insgesamt 1000 Dollars Versicherungssumme im Monat der Gesellschaft zu bringen hat. Für jede 100 Dollars weniger wird ihm ein nicht unerheblicher Abzug vom Gehalt gemacht, falls er nicht noch dazu seine Entlassung erhält. Um dieser zu entgehen, versichert der Vermittler häufig genug irgend jemanden und zahlt die erste Prämie aus eigenen Mitteln. Natürlich folgt keine zweite Zahlung und die Police verfällt. (Über die Rechtmäßigkeit sowie Zulässigkeit solcher für die Gesellschaften als Schutz dienenden Pensaverträge herrscht große Meinungsverschiedenheit.) Um so beneidenswerter ist das Schicksal eines Helden auf dem Gebiete der Anwerbepraxis. Geldgeschenke, ja selbst Medaillen seiner Gesellschaft harren seiner; sein Name wird veröffentlicht und sein Bild prangt zur Anfeuerung neuer Werber auf allen Bureaus und in den Fachblättern.

Beachtenswert ist die im Jahre 1901 erfolgte Organisation eines Deutschen Bundes der Versicherungsvertreter, in dem die lokalen Vereinigungen der Außenbeamten eine Zentrale haben. Der Bund bezweckt die Besserung der Standesverhältnisse. Daneben gibt es noch andere Organisationen der Außenbeamten, beispielsweise der leitenden Generalvertreter einzelner Zweige. Diese Zersplitterung ist jedenfalls wenig zweckmäßig. 1921 wurde in Berlin der Reichsverband der deutschen Versicherungs-Generalagenten gegründet. Dieser bestrebt sich, wie es scheint mit Erfolg, die übrigen Verbände derselben Berufsgruppe in sich aufzunehmen, um durch straffe Zusammenfassung die Interessen des Standes gegenüber Gesellschaften wie Gesetzgeber zu vertreten. Hierzu sollen ihm u. a. Ortsgruppen dienen, deren Errichtung neben der von Fachgruppen geplant ist.

Ähnliche Organisationen gibt es seit längerer Zeit in vielen Ländern des Auslands, insbesondere in England, Amerika und Frankreich.

Einen großen Aufschwung hat in den letzten zwei Jahrzehnten das Maklerwesen genommen. Der Versicherungsmakler übernimmt im Gegensatz zum Agenten die Vermittlung von Versicherungen für andere Personen, ohne von ihnen vertragsmäßig hiermit betraut zu sein; er steht nicht wie der Agent im festen Dienst einer Gesellschaft, deren Interessen zu vertreten er die Pflicht hat, sondern er steht frei zwischen Versicherern und Versicherungsuchenden; letztere pflegen ihn mit der Vermittlung zu betrauen. Nur allzu leicht aber gerät der Makler ebenfalls in Abhängigkeit einer bestimmten Gesellschaft und bleibt Makler nur noch dem Namen nach. Während bis vor kurzem die Makler wenigstens in Deutschland fast nur für die Rück- und die Transportversicherung in Betracht kamen und vornehmlich ihren Sitz an den Zentren des Seeverkehrs, in Hamburg und Bremen hatten, haben seit einigen Jahren Maklerfirmen, gelegentlich unter Bezeichnungen wie Bureaus für Versicherungsvermittlung und ähnliches, ihren Betrieb auch auf die Feuerversicherung und andere Zweige ausgedehnt, vereinzelt sogar selbst neue Gesellschaften gegründet. Namentlich in der Nachkriegszeit sind große Maklerfirmen in den Vordergrund getreten und haben sich teilweise zu bedeutenden Konzernen entwickelt mit einem ganzen Netz selbstgegründeter Anstalten. Eine neue Erscheinung sind auch Maklerfirmen in Form von Aktiengesellschaften. Nicht selten vereinigt freilich die gleiche Firma einen Makler- wie einen Agenturbetrieb. Im Ausland, namentlich England und Amerika, spielt der Versicherungsmakler eine große Rolle, in New York beherrscht er die ganze Feuerversicherung; dort hat er öfter auch über die Vermittlerrolle hinausgehende Befugnisse. Die Maklergebühren sind in Hamburg und Bremen seit langem fixiert; sie betragen zur Zeit in der Seeversicherung etwa zwischen 5 und 15 Prozent der Prämie bzw. zwischen $^1/_8$ und $3\,^0/_{00}$ der Versicherungssumme. Diese Gebühren hat auf den genannten deutschen Seeplätzen der Versicherer allein zu zahlen.

Das Verhältnis zwischen Maklern und Gesellschaften ist nicht immer harmonisch, weil die Makler naturgemäß den Agenten das Geschäft erschweren, in der Lage sind, sich die besten Risiken auszusuchen und diese nach ihrem Gutdünken bei einer beliebigen und nicht immer gerade der für den Versicherten besten Anstalt unterzubringen.

Nicht überall, wo Versicherungsmakler tätig sind, haben sich Versicherungsbörsen gebildet, regelmäßige Versammlungen von Versicherern zwecks Übernahme von Risiken, die durch Makler angeboten werden. Solche Börsen gab es allerdings bereits bei Entstehung der Seeversicherung an Hauptplätzen der Assekuranz in Italien (vgl. § 40); aber es ist fast nur die See- bzw. Transport-, daneben die Feuerversicherung, innerhalb deren bis auf den heutigen Tag sich ein börsenmäßiger Handel findet. Hauptbörsenplätze für die Seeversicherung befinden sich in Deutschland in Hamburg und Bremen, im Ausland insbesondere in London, Rotterdam und Amsterdam sowie in New York.

IV. Versicherungstechnik (Betriebskunde).

§ 14. Überblick über den Geschäftsbetrieb.

Versicherungstechnik wird hier im weitesten Sinne gebraucht als Sammelname für alle im Betrieb der Versicherung vorkommenden, dieser eigentümlichen Verrichtungen. Gewöhnlich pflegt man unter Versicherungstechnik mit mehr oder weniger Recht bald diese, bald jene Verrichtungen im Geschäftsbetrieb einzelner Zweige zu bezeichnen. Von diesen speziellen Techniken wird im besonderen Teil bei den einzelnen Zweigen jeweils die Rede sein. (2. Band.)

Die allgemeine Versicherungstechnik, die an dieser Stelle allein zu behandeln ist, läßt sich in drei große Teile zerlegen, deren Betrachtung in der Weise stattfinden soll, wie die Verrichtungen im Einzelfall sich folgen.

Als den ersten Teil kann man die mit dem bereits besprochenen

Vermittlerwesen zusammenhängenden Einrichtungen sowie die mit der tatsächlichen Aufnahme der Versicherten verbundenen Vorgänge ansehen.

Der Geschäftsgang ist regelmäßig so, daß seitens der von den Agenten bearbeiteten und gewonnenen Personen ein Aufnahmeantrag auf vorgedruckten Formularen eingereicht wird. Dieser Antrag enthält im wesentlichen die Beantwortung einer mehr oder minder großen Anzahl von Fragen, welche an die Versicherung suchenden Personen gerichtet werden, und die sie bei Meidung von Rechtsnachteilen richtig auszufüllen verpflichtet sind. Die auf die Fragen erteilten Antworten sollen als Unterlage zur Bemessung des Risikos, also zur Bemessung des Preises dienen, welchen der Versicherte zu zahlen hat. Sie sollen zunächst aber dem Versicherer Gelegenheit zur Prüfung geben, ob die beantragte Versicherung von ihm überhaupt übernommen werden kann. Im Interesse beider am Versicherungsvertrage beteiligten Parteien liegt eine möglichst genaue Deklaration bei der Stellung des Antrages. Hierdurch können für beide Teile peinliche Unklarheiten und Meinungsverschiedenheiten bei der Schadenregulierung zum mindesten eingeschränkt werden. Man unterscheidet summarische, gattungsweise und spezielle Deklarationen, doch hat im allgemeinen der Versicherte nicht die Auswahl, welche Art er wählen will, vielmehr bestimmt dies meistens der Versicherer. Bei den einzelnen Zweigen herrschen wesentlich verschiedene Regeln. (Vgl. insbesondere das bei der Feuer- und Einbruchdiebstahlversicherung übliche Verfahren. §§ 44, 54.)

Gleichzeitig mit dem Antrag, der von dem Kandidaten zu unterzeichnen ist, pflegt eine vertrauliche Äußerung des Agenten über die Glaubwürdigkeit und die sonstigen persönlichen Verhältnisse, über welche direkt zu fragen nicht angebracht ist, an die Versicherungsanstalt abzugehen; bei der Lebensversicherung kommt meist der Bericht des untersuchenden Arztes zu diesen Vorbereitungen hinzu. Der Antrag nebst den Beilagen wird geprüft und, falls aus irgendeinem Grund das Risiko nicht versicherbar erscheint, abgelehnt. Anderenfalls erfolgt die Annahme und als Beleg hierfür in der Regel die Ausstellung einer Vertragsurkunde, die Police oder Versicherungsschein heißt.

Zuweilen findet sich ein vereinfachtes Verfahren, indem der Versicherung Suchende durch Unterschrift auf einem vorgedruckten Policenformular, das manchmal die Form einer Postkarte hat, die Versicherung durch Abgabe seiner Unterschrift vollzieht und auf einem angefügten Abschnitt der Gesellschaft lediglich hiervon Mitteilung macht. Dies ist die sogenannte Kuponpolice. Abtrennversicherungsscheine sind an sich zwar für die meisten Versicherungsarten denkbar, bisher aber nur üblich in der Einbruchdiebstahl-Versicherung, Wasserleitungsschäden-Versicherung, namentlich soweit deren

Abschluß sich auf der Hamburger Börse zu vollziehen pflegt, bei der Reiseunfallversicherung und bei der Trichinenversicherung; ihre Einführung in die Feuerversicherung hat das Aufsichtsamt gehindert, weil es die Prüfung der subjektiven Verhältnisse und die Bemessung der Versicherungssumme nach dem Wert des versicherten Interesses zur Zeit der Versicherungsnahme für unerläßlich hält. Beim Kauf von Policen für Reiseunfallversicherung vermittels Automaten auf Bahnhöfen ist zum Inkraftsetzen der Versicherung noch nicht einmal eine Benachrichtigung der Gesellschaft erforderlich.

Über sämtliche Anträge wird eine Antragsstatistik geführt.

Die in den Antragsformularen gestellten Fragen sind bei den einzelnen Versicherungszweigen durchaus verschieden. Denn es ist klar, daß bei einer Unfallversicherung das Risiko von ganz anderen Momenten als etwa bei einer Diebstahlversicherung abhängig ist. Auch bei den verschiedenen Unternehmungen stimmen die Fragebogen in den Einzelheiten nicht überein, wenn auch der Inhalt im wesentlichen derselbe ist.

Der dem Versicherer zuerteilte Versicherungsschein enthält die Bedingungen, auf Grund deren die Versicherung erfolgt, und die sich für beide Teile daraus ergebenden Rechtsfolgen. Diese bilden den wesentlichen Inhalt des Versicherungsvertragsrechts. (§ 24.) Die allgemeinen Versicherungsbedingungen sind vor Vertragsschluß dem Versicherten auszuhändigen, der hierüber quittieren muß. Die Bedingungen bilden bei den Gegenseitigkeitsvereinen einen Teil der Satzung.

Mit der Aufnahme eines neuen Versicherten geht Hand in Hand die Registrierung in den verschiedenen Büchern zur Fortführung der verschiedenen Bestandstatistiken.

Von diesem gesamten ersten Teil wird die Technik der Prämien- und Reserveberechnung besonders zu erörtern sein. (§ 16.) Hier handelt es sich um die Art und Weise, wie der Preis der Versicherung auf Grund (mathematisch-)statistischer Berechnungen festgestellt wird, welche Bestimmungsgründe ihn leiten, und im engsten Zusammenhang mit der Prämienberechnung um das gerade im Versicherungswesen besonders ausgebildete Institut der Sicherheitsfonds. Darunter werden im weitesten Sinne alle diejenigen Rücklagen verstanden, welche das Wesen der Versicherung mit sich bringt: Schadenreserven, Rentenreserven, Prämienreserven, außerordentliche Sicherheitsreserven und sonstige Fonds, insbesondere Kriegsreservefonds. Diese Reserven werden in einem anderen Zusammenhang, nämlich mit der allgemeinen Finanzverwaltung, besonders behandelt. (§ 19.)

Eine verwandte Aufgabe wie die Sicherstellungen hat für alle Versicherungszweige die Rückversicherung. (§ 65.) Dieser bedient sich eine Versicherungsanstalt (Hauptversicherer), um einen mehr oder minder großen Teil des von ihr in Deckung übernommenen Risikos abzuwälzen. Ein Warenhaus im Werte von 40 Millionen Mark ist bei einer Gesellschaft A versichert oder auch zugleich bei mehreren Gesellschaften A B C und D mit je 10 Millionen. Keine dieser vier Anstalten möchte aber bei einem Brande mehr als höchstens 2 Millionen zu vergüten haben; jede gibt daher 8 Millionen an eine andere Gesellschaft ab, welche die Rückversicherung betreibt. Im Gegensatz hierzu nennt man das Verhältnis der vier Gesellschaften zu dem Warenhaus Mitversicherung. Bei dieser haben wir es mit einer primären Teilung des Risikos zu tun: jede Anstalt übernimmt nur $1/_4$ des Gesamtwertes in Deckung; bei der Rückversicherung handelt es sich um eine sekundäre Teilung des Risikos: jede der vier Anstalten wälzt eine Quote ihres Teilrisikos auf einen anderen Versicherer, der aber mit dem Warenhausbesitzer in keinerlei direkter Beziehung steht. Bei der Mitversicherung hat der Versicherte es durchweg freilich auch nur mit einem Versicherer zu tun, mit demjenigen nämlich, der als Beauftragter der übrigen den Versicherungsabschluß tätigt und demgegenüber der Versicherte auch die übrigen, während des Laufes der Police erforderlich werdenden Anzeigen erstattet und Zahlungen leistet. Daß materiell aber jeder der Mitversicherer dem Versicherten gegenüber unmittelbar verpflichtet ist, wenn dies formell auch nicht ohne weiteres hervortritt, ist wesentlich. Jeder Mitversicherer haftet für seinen Teil für eigene Rechnung, so daß also keineswegs eine solidarische Haftung jedes Mitversicherers für die gesamte Versicherungssumme in Betracht kommt. Die Betätigung der Mitversicherung kann eine gelegentliche sein oder auf festen Vereinbarungen mehrerer Gesellschaften beruhen. Letzteres ist namentlich der Fall bei der Übernahme notleidender Risiken. (Vgl. § 44.)

Der Preis der Versicherung und die Höhe der Reserven hängen naturgemäß aufs engste mit den laufenden Verpflichtungen der Versicherungsunternehmung zusammen, und diese wiederum bemessen sich nach dem übernommenen Risiko, nach der Höhe der etwa zur Auszahlung gelangenden Versicherungssumme. Die Versicherungssummen aber sind nach dem Versicherungswert zu bemessen, dessen Feststellung ebenfalls Aufgabe einer besonderen Technik ist. (S. 132, 194.) Die Fixierung dieser Werte ist von maßgebendem Interesse bei Eintritt des Versicherungsfalles. Sie beschäftigen uns daher in dem als zweiten Teil bezeichneten Komplex der Betriebstechnik, welcher mit dem eigentlichen Zweck der Versicherung, der Schadens- oder sonstigen Bedarfsdeckung des Versicherten zusammenhängt und in dem Augenblick in Tätigkeit tritt, in welchem sich der sogenannte Versicherungsfall ereignet, die Tatsache, für welche die ganze Versicherungseinrichtung getroffen ist, und die die Leistung des Ersatzes an den Versicherten auslöst. Hier ist die gesamte mit der Ersatzleistung verbundene Technik zu erörtern. (§ 17.)

Die Schadenstatistik enthält alle auf den Versicherungsfall bezüglichen wichtigen Punkte in ziffernmäßiger Darstellung.

Mit den beiden Teilen der allgemeinen Versicherungstechnik steht naturgemäß in Berührung die **Finanzverwaltung** der Versicherungsunternehmungen, bei welcher die Verwaltungskosten, die Vermögensanlagen und die Geschäftsgewinne die Hauptrolle spielen, da sie die wichtigsten Posten der Bilanzen sind. Es mag hier nur angedeutet werden, daß die Verwaltungskosten in Abschluß-, Inkasso-, allgemeine Betriebs- und Schadenregulierungskosten eingeteilt werden. Die Buchführung ist hier ebenfalls zu behandeln.

Um ein anschauliches Bild der Aufgabe der Versicherungstechnik zu bieten, mag der Versuch unternommen werden, ein **Schema der allgemeinen Betriebstechnik** aufzustellen, dessen einzelne Teile jedoch naturgemäß nicht für alle Versicherungszweige gleichmäßig in Betracht kommen.

1. Vor Aufnahme des Versicherten.

a) Reklame, Propaganda des Agenten, Versendung von Prospekten.
b) Ausfüllung des Antrags (Fragebogens); Anzeige der Gefahrumstände zwecks Ermittlung des Risikos.
c) Wertermittlung, Vereinbarung über Versicherungssumme, Versicherungsdauer und sonstige Punkte.
d) Normierung bzw. Mitteilung der Prämie.

2. Nach Aufnahme des Versicherten.

a) Ausfertigung der Police.
b) Rückversicherung.
c) Zahlung der Prämien.
d) Reservenberechnung und Rückversicherung.
e) Änderungen während der Versicherungsdauer.
f) Kündigung oder sonstige Beendigungsgründe.

3. Versicherungsfall.

a) Anzeigepflicht.
b) Rettungspflicht.
c) Schadenfeststellung.
d) Auszahlung der Versicherungssumme.

Zu 1—3.

a) Aufbringung und Berechnung der Verwaltungskosten.
b) Vermögensanlage.
c) Erzielung und Verwendung von Gewinnen (Dividenden).
d) Nachweise an die Aufsichtsbehörden.

Bei den meisten Versicherungsanstalten dürfte der praktische Geschäftsbetrieb in mehrere Abteilungen zerfallen, welche sich etwa beschäftigen mit: 1. dem direkten Geschäft, 2. (namentlich bei der Feuer-, See- und anderen Güterversicherungen), der Rückversicherung und Maximalkontrolle, 3. der Organisation (Agentenwesen), 4. der Registratur, 5. der Statistik, 6. den Nachweisungen an die Aufsichtsbehörden, 7. Personalien.

Es mögen einige Worte gestattet sein über die durch den Massenbetrieb ermöglichten technischen Vollkommenheiten, die sich vorzugsweise bei einzelnen großen amerikanischen Gesellschaften vorfinden. Die ausgiebigste Verwendung der Elektrizität kann da kaum überraschen. So finden sich hier elektrische Zählmaschinen, bei denen die Zählkarten durch Zuhilfenahme von Durchlochungen mit Leichtigkeit, wenn die Karten auch nach Millionen zählen, übersehen werden können. Pneumatische Posten befördern in Kapseln die Schriftstücke von einer Abteilung in die andere, vom 10. Stockwerk auf dem Umweg über die pneumatische Zentrale im Keller zum 20. Stockwerk, in kaum einer Minute. Selbst die Photographie wird sinnreich zur Vervielfältigung von Policen verwandt, wodurch beliebig viele Exemplare hergestellt werden können, ohne daß Schreibfehler oder sonstige Versehen vorkommen oder eine Beeinträchtigung der Deutlichkeit des Originals. Daß auch die Rechenmaschine, womöglich mit elektrischem Betrieb, ausgiebige Verwendung findet, bedarf kaum der Erwähnung; sie ist in allen Ländern reichlich in Gebrauch.

Sehr viele Versicherungsunternehmungen kranken an der Unzulänglichkeit eines veralteten Bureaubetriebes und eines unzeitgemäßen verrechnungstechnischen Apparates, ohne daß man sich jedoch bisher in größerem Umfange dazu hat entschließen können, das Taylorsystem einzuführen. Es kann keinem Zweifel unterliegen, daß die landläufigen Arbeits und Verrechnungsmethoden, die zeitraubende und gewaltige Kosten erfordernde ständige Kleinarbeit des Herausschreibens der verschiedensten Scheine, Abrechnungen, Quittungen usw. gänzlich unzureichend sind und durch wesentlich verbesserte Methoden, wie sie Taylor und die Anhänger seiner Methode empfehlen, ersetzt werden können. In vorbildlicher Weise ist das Taylorsystem im Schwedischen Reichsversicherungsamt eingeführt worden.

§ 15. Mathematisch-statistische Grundlagen.

Die wissenschaftliche Erforschung von Massenerscheinungen mittels erschöpfender Beobachtung ihrer Elemente durch Zahl und Maß nennen wir Statistik. Sie ist das notwendigste technische Hilfsmittel jeder Versicherung. Ohne Statistik gibt es keinen rationellen Versicherungsbetrieb. Je ausgebildeter die Statistik, auf einer desto höheren Stufe steht die Versicherung.

Aber nicht nur die exakte Methode des Zählens und Messens ist es, welche praktisch verwendbare Grundlagen für den Versicherungsbetrieb schafft, sondern es muß auch, bei der Unmöglichkeit objektiver und erschöpfender Beobachtungsweise aller Zufälle und Erscheinungen, das Zurückgreifen auf den subjektiven Standpunkt des Beobachters, die Erfahrung oder auch nur die schätzende Betrachtung zu Hilfe genommen werden.

Die auf Erfahrung oder Schätzung beruhenden Betrachtungen sind nach *v. Mayr* als sekundäre Beobachtungsformen zu bezeichnen und zu diesen gehören insbesondere notizenartige Zahlenorientierungen.

Hierbei handelt es sich um Beobachtungen solcher Massen, denen das für die eigentliche Statistik entstehende Merkmal erschöpfender Beobachtung fehlt.

Bei der Schätzung handelt es sich stets darum, aus bereits bekannten Zählungen oder Messungen verwandter Erscheinungen oder Zufälle für die durch unmittelbare Beobachtung überhaupt nicht oder noch nicht verfügbaren Massen Näherungswerte abzuleiten.

Nur für die wenigsten Versicherungszweige besteht die Möglichkeit exakter Massenbeobachtung. Am günstigsten liegen für eine genaue statistische Erfassung die Verhältnisse bei solchen Versicherungszweigen, bei denen es sich um einen durch menschliche Tätigkeit überhaupt nicht oder nur unter ganz besonderen Umständen herbeiführbaren Bedarfsfall handelt, also bei der Erlebensversicherung oder der Sturmschädenversicherung. Bei den meisten Versicherungszweigen konnte und kann erst durch jahrzehntelangen Betrieb die erforderliche Statistik erlangt werden.

Das wichtigste Gesetz der Statistik, welches für das Versicherungswesen in Betracht kommt, ist das Gesetz der großen Zahlen. Man hat erfahrungsgemäß die Beobachtung gemacht, daß bei den großen Zahlen, in welchen das Ergebnis statistischer Massenbeobachtungen zum Ausdruck gelangt, Regelmäßigkeiten, sei es des Eintritts gewisser Ereignisse, sei es im Gefüge einer Masse auftreten, die bei Beobachtung eines nur kleinen Postens nicht erkennbar sind. Als besonders bekanntes Beispiel hierfür mag auf die große Regelmäßigkeit in der Absterbeordnung einer Bevölkerung hingewiesen werden, während diese bei einzelnen Familien keine Regelmäßigkeit ahnen läßt.

Die als Gesetz der großen Zahl bezeichnete Tatsache erklärt *v. Mayr* in folgender Weise. „Wenn es sich um viele Fälle handelt, überwiegen die allgemein durchgreifenden oder mehr oder minder konstanten Hauptursachen, welche den Aufbau einer Bestandsmasse oder den Verlauf einer Bewegungsmasse veranlassen, die einzelnen ausnahmsweise und unregelmäßig eintretenden Nebenursachen so sehr, daß die gefundene Regelmäßigkeit der Masse sich als notwendige Folge der überwiegenden Wirkung jener Hauptursache darstellt." Allerdings läßt sich die Frage, wie groß nun eine Massenbeobachtung sein muß, damit bei ihr die Regelmäßigkeit der Erscheinungen konstatiert werden kann, nicht allgemein beantworten. Es ist auch noch nicht ausreichend erforscht, auf welchen Gebieten das Gesetz der großen Zahl gilt. Wenn man nun aber auch für einige Gebiete imstande ist, die Zahl von Fällen anzugeben, welche ausreichend ist, um daraus das Gesetz der großen Zahl ableiten zu können, so wäre es auf der anderen Seite wieder für die Zwecke des Versicherungswesens verkehrt, wollte man die Behauptung aufstellen, daß, je größer die Zahl der Beobachtungsfälle sei, desto genauer das Gesetz der großen Zahl zur Anwendung gelangt. Denn bei übergroßer Massenbeobachtung werden zahlreiche bedeu-

8*

tungsvolle Unterschiede vollkommen nivelliert. So hätte z. B. eine auf Beobachtung aller in der Welt lebenden Menschen beruhende Sterbetafel für die Lebensversicherung einer deutschen Gesellschaft, welche nur Deutsche versichert, gar keinen Wert; „denn man hätte es mit einer die gewaltigsten Rassen-, Nationalitäten-, Stammesunterschiede verwischenden Abstraktion zu tun".

Wenn man die wertvolle wissenschaftliche Arbeit der Statistik überhaupt in der reichlichen Differenzierung sieht und nur darauf Gewicht legt, daß die Gruppen, welche Sonderbetrachtungen und Abstraktionen unterworfen werden, so weit den Charakter der Masse tragen, daß voraussichtlich die allgemeinen und durchschlagenden Verursachungen gegenüber den Nebenursachen indirekter Natur genügend zur Geltung kommen, so gilt diese Forderung ganz besonders für die Versicherungsstatistik.

So verschieden die statistischen Ziele für die einzelnen Versicherungszweige sein mögen, gemeinsam ist allen die möglichst genaue Erforschung der Gefährlichkeit des einzelnen Risikos, oder doch wenigstens einer Gruppe von Risiken. Auf Grund der Erfahrungen sucht man zunächst Gefahrenklassen zu konstruieren und für jede die rationelle Grundprämie statistisch zu ermitteln. Alsdann sucht man innerhalb der Gefahrenklassen die einzelnen Risiken besonders zu gruppieren, um möglichst jedes Risiko zu einer erschwingbaren Prämie versicherbar zu machen. Diesem Zweck dienen einmal vertragsmäßige Vereinbarungen über die Haftung des Versicherers, dann aber auch solche über besondere Sicherheitsvorschriften u. dgl. m. Schließlich sucht man durch die Rückversicherung eine Verteilung der Risiken durchzuführen.

Grundsätzlich ist jedes Risiko versicherbar, wenn die entsprechende Prämie gezahlt wird. Voraussetzung ist dabei nur, daß die persönlichen und ökonomischen Verhältnisse der Versicherten normal sind, daß das von den Engländern als moral hazard bezeichnete Moment, die moralische Qualität der Versicherten, nicht zu erheblichen Bedenken Anlaß gibt.

Der Ausdruck Risiko wird im Versicherungswesen in einem mehrfachen, einem abstrakten und einem konkreten Sinne gebraucht. Abstrakt bedeutet er das Maß der Gefahr oder den Ausdruck des Durchschnittsbetrags eines möglichen Schadens in einer bestimmten Zeiteinheit. Die Praxis hat diesen ursprünglich abstrakten Begriff zu einem konkreten gestaltet und versteht unter Risiko ein Objekt, und zwar ein Leben, eine Sache, ein Vermögen, welches durch das Ereignis, an dessen Eintreten bei der Versicherung gedacht wird, zerstört oder beschädigt oder sonst irgendwie ungünstig beeinflußt werden kann. In dem eben erörterten Sinne haben wir das Risiko vom Standpunkt der Versicherungsunternehmung aus betrachtet. Es liegt aber auf der Hand, daß der Begriff des Risikos für den einzelnen an der Versicherung Beteiligten ein wesentlich anderer ist. So können wir dem konkreten Begriff des Risikos im objektiven Sinne ein subjektives Risiko gegenüberstellen, und verstehen hierunter ein Objekt, welches durch ein Ereignis zum Nachteile einer bestimmten Person, eines bestimmten Interessenten, beeinträchtigt werden kann. Ein Beispiel mag dies erläutern. Hundert auf einem Dampfer untergebrachte Sendungen, welche hundert verschiedenen Personen gehören, aber alle bei demselben Versicherungsunternehmen versichert sind, bilden nur ein einziges Risiko für den Versicherer, während für jeden der hundert Eigentümer nur die ihm gehörige Sendung ein Risiko ist.

Wenn im vorhergehenden von Statistik gesprochen wurde, so ist dabei die Statistik nur in einem ihrer vielen Begriffe betrachtet worden. Auch das, was nunmehr unter der Bezeichnung Mathematik zu erwähnen ist, wird häufig als Statistik, und zwar als mathematische Statistik bezeichnet.

Das Gesetz der großen Zahl, welches im Vordergrund der Erörterungen stand, ist nur ein Hauptanwendungsfall der Wahrscheinlichkeitsrechnung, deren Grundlage kurz zu schildern ist.

Zahlreiche Erscheinungen des täglichen Lebens zeigen, daß beim Vorhandensein gewisser Bedingungen ein bestimmter Erfolg mit einer gewissen Wahrscheinlichkeit erwartet werden darf. Wenn ein Mensch das Alter von x Jahren erreicht hat, so erlebt er das Alter von $x+1$ Jahr oder er erlebt es nicht. Es handelt sich hier — wenn wir den Darlegungen *Czubers* folgen dürfen — um die Beobachtung eines Menschen, der x Jahre alt geworden ist und nun mit der ihm eigentümlichen Konstitution den kaum dem Namen nach anführbaren Einflüssen ausgesetzt ist, von welchen Leben und Sterben abhängt, und die in einer bestimmten Kombination auf dasselbe einwirken.

Man kann sich nun vorstellen, daß sich in Ansehung einer bestimmten Konstitution die Möglichkeiten der maßgebenden Einflüsse in zwei Gebiete scheiden, von denen die eine mit Notwendigkeit zum Durchleben des gedachten Zeitraums, die andere zum vorzeitigen Tode führt. Über diese allgemeine Vorstellung hinaus ist aber mit dem uns zu Gebote stehenden Wissen nicht zu kommen. Es sind mehrere einander ausschließende Erfolge möglich, ohne daß wir jedoch aus dem Gang der Verwirklichung jener Bedingungen einen bestimmten Erfolg mit Sicherheit angeben können. Allein hier kommt uns die Bestimmungsmöglichkeit der Wahrscheinlichkeit zugute und gibt uns eine wesentliche Ergänzung unseres Nichtwissens von der Zukunft. Unsere Erfahrung lehrt uns: von zahlreichen Personen, welche in dem Alter des von uns zu beobachtenden Individuums stehen und seine Konstitution haben, werden nur wenige oder sehr viele $x+1$ Jahr alt. Aus dieser Erfahrung heraus können wir uns ein Urteil bilden, welches, wenn auch nicht das Wesen der Gewißheit, so doch die Form der Gewißheit hat.

Unter mathematischer Wahrscheinlichkeit versteht man

das Verhältnis der Zahl der Fälle einer bestimmten Art zu der Zahl der überhaupt und gleich möglichen Fälle. Die mathematische Wahrscheinlichkeit gibt uns mithin ein Maß für die Berechtigung einer Erwartung oder Vermutung.

Bezeichnen wir die Gewißheit des Nichteintritts eines Ereignisses mit 0 und die des Eintritts desselben mit 1, in dem von uns behandelten Falle also das Erleben des $x+1$ten Jahres mit 1, das Sterben im $x$ten Jahre mit 0, so ist es klar, daß das Maß für die Wahrscheinlichkeit des Erlebens oder Nichterlebens zwischen 0 und 1 liegen muß. Zu ermitteln nun, welches das richtige Maß zwischen 0 und 1 ist — offenbar ausgedrückt in Form eines Bruches — ist Zweck und Aufgabe der Wahrscheinlichkeitsrechnung.

Am klarsten werden die Aufgaben der Wahrscheinlichkeitsrechnung, wenn wir an das Würfelspiel denken. Bei einem einfachen Würfel besteht die Möglichkeit, daß im Einzelfall die mit 1, 2, 3, 4, 5 oder 6 Punkten versehene Fläche zu oberst zu liegen kommt. Wann trifft dies nun für die einzelne Fläche zu? Die Wahrscheinlichkeit, daß eine bestimmte Nummer herauskommt und die Wahrscheinlichkeit, daß diese bestimmte Nummer nicht herauskommt, liegt zwischen 0 und 1. Die Gewißheit des Herauskommens wird von 1, die Gewißheit des Nichtherauskommens von 0 dargestellt. Gewißheit und Ungewißheit zusammen genommen sind mithin gleich 1. Sechs Fälle sind gleich möglich; folglich ist die Wahrscheinlichkeit des Herauskommens einer bestimmten Nummer $^1/_6$. Daß das Feld mit 5 Punkten oben zu liegen kommt und daß dies mit einem Feld geschieht, welches nicht 5 Punkte enthält, sind 2 mögliche Fälle; der 2. Fall ist aber fünfmal so oft möglich als der 1. Die Wahrscheinlichkeiten sind also mithin hier $^1/_6$ bzw. $^5/_6$.

Aber während man beim Würfelspiel, ebenso wie bei Lotterien und Kartenspielen die Anzahl der möglichen und der günstigen Fälle wirklich zählen kann, ist dies im Versicherungswesen durchweg nicht der Fall. Hier ist vielmehr die Anzahl aller und die Anzahl der günstigen Fälle unbekannt. Deshalb muß man die Erfahrungen, die Statistik zu Hilfe nehmen. Handelt es sich z. B. darum, die Wahrscheinlichkeit davon zu ermitteln, daß ein dreißigjähriger Mann noch 10 Jahre lebt, so ersieht man aus der auf statistischen Angaben von 23 Versicherungsgesellschaften beruhenden deutschen Sterblichkeitstafel, daß von 54454 dreißigjährigen Männern noch 48775 vierzig Jahre alt werden. Die Wahrscheinlichkeit des Erlebens des 40. Lebensjahres bei dem in Betracht kommenden Individuum ist $48775 : 54454 = 0{,}8957$.

Die Darstellung der Wahrscheinlichkeitsrechnung in ihren weiteren Ausgestaltungen ist die Aufgabe der Versicherungsmathematik.

„Die Behauptung" — so führt *Czuber* aus —, „die Wahrscheinlichkeitstheorie bilde die Grundlage des Versicherungswesens, mag dem Laien oder demjenigen, welcher diese Studienrichtung eben erst betritt, wenn er ein Werk über den genannten Gegenstand zur Hand nimmt und die ersten Probleme liest, befremdlich erscheinen. Es wird sich ihm die Frage aufdrängen, wie es denn möglich sei, daß Untersuchungen an Karten- und Würfelspielen, an Ziehungen aus Urnen mit verschiedenfarbigen Kugeln unter komplizierten Bedingungen, in Beziehungen stehen sollten zu jenen Vorgängen, welche die Struktur einer Gesamtheit von Lebenden bestimmen und verändern. Auf diese Frage kann nicht besser als wieder mit einer Frage geantwortet werden Wie ist es möglich, daß Betrachtungen an geraden Linien, an Winkeln, Dreiecken, an der Kreislinie uns befähigen sollten, die erhabenen Gesetze in der Bewegung der Himmelskörper zu erfassen und darzustellen? Und doch ist dem so, und doch beruhen unsere Kenntnisse von den Bewegungen im Himmelsraume, wie von den Bewegungen an Maschinen und anderen terrestrischen Objekten in letzter Linie auf unseren geometrischen Erkenntnissen. Darin liegt eben das Wesen eine. jeden Wissenschaft, daß sie ihr Erkenntnisgebiet in Elemente auflöst und diese zuerst einzeln, dann in ihren mannigfachen Verbindungen erforscht, um dem Geiste nach und nach die Herrschaft über das ganze Gebiet zu verschaffen. Auch die Wahrscheinlichkeitstheorie verfährt so, wenn sie ungewisse, häufig wiederkehrende Schlüsse an einfachen, durchsichtigen Bildern richtig zu machen und dann korrekt zu kombinieren lehrt."

Grundprinzip aller Versicherungstechnik ist die erwartungsgemäße Proportionalität von Leistung und Gegenleistung. Es besteht ein solches Verhältnis zwischen dem Einsatz seitens der Gesamtheit aller Teilnehmer und dem Einsatz der Unternehmung, jeder Einsatz multipliziert mit der Wahrscheinlichkeit den Einsatz zu verlieren. Dabei sind Leistung und Gegenleistung meist keine festen Werte, sondern Erwartungswerte, die Produkte einer bestimmten Summe und einer Wahrscheinlichkeit. Die Ausbildung rationeller Versicherung ist erst auf Grund dieser Erkenntnis möglich gewesen. Deren Entwicklung muß aber die Versicherungsmathematik lehren.

§ 16. Technik der Prämienberechnung.

Die Bestimmung des Verkaufspreises der Versicherung weist ganz besondere Eigentümlichkeiten auf. Die Schwierigkeit der Berechnung erhellt schon daraus, daß allein für diejenige der Lebensversicherungsprämien und des damit zusammenhängenden Stoffes eine eigene Wissenschaft tätig sein muß, die erwähnte Versicherungsmathematik. Hier sind natürlich nur die wirtschaftlichen Seiten dieser Technik zu erörtern.

Bei der Bestimmung des Preises für die einzelnen Versicherungen ist dem Versicherer ein recht weitgehender Spielraum gelassen, insofern, als er sich seine Risiken auswählen, sein Arbeitsgebiet ausdehnen oder beschränken, sein Vermögen mehr oder minder produktiv anlegen kann. Im großen ganzen wird sich der Preis für die Versicherung nach Angebot und Nachfrage und den Produktionskosten richten. Doch gilt dies in viel weiterem Umfange für die Sachversicherungen als für die Personen-, namentlich die Lebensversicherung. Eine Erhöhung der Produktionskosten, wie sie insbesondere in den letzten Jahren eingetreten ist, durch Qualitätsverschlechterung auszugleichen, macht im allgemeinen allein schon die Konkurrenz der Versicherungsunternehmungen unmöglich.

In besonders mißlicher Lage befinden sich bei plötzlichen erheblichen Kostensteigerungen die Versicherer, welche langjährige Verträge abgeschlossen haben, oder auch solche, die Naturalersatz, etwa die Lieferung zerbrochener Glasscheiben, übernommen haben. Die Lebensversicherung, namentlich aber auch die Haftpflichtversicherung, soweit hier langfristige Verträge bestehen, können wohl nur durch besondere gesetzliche Ermächtigung die Möglichkeit bekommen, wenigstens für die noch nicht abgelaufenen Jahre der alten Verträge Zuschläge erheben zu dürfen. Die Sachversicherer, namentlich wenn sie Verträge von nur kurzer Dauer abschließen, haben es wesentlich leichter, den Verkaufspreis den Produktionskosten entsprechend zu erhöhen.

Während in der Regel der Fabrikant im voraus die Herstellungskosten des Artikels weiß, welchen er verkauft, kennt der Versicherer diese Kosten nicht. Sein Geschäft, das als ein Verkauf von Sicherheit erscheint, ist meistens ein Vertrag, durch welchen eine bestimmte Summe nach ihrem zukünftigen Kassenwert gekauft wird. Der Kaufmann kann sich zufolge seiner persönlichen und sachlichen Kenntnisse über die Kosten seiner sämtlichen Waren vergewissern, bevor er sie verkauft hat. Der Versicherer erhält diese Aufklärung, durch welche er die Kosten der Sicherheit, die er verkauft, bestimmt, nicht auf Grund seiner eigenen Erfahrung, sondern auf Grund der Erfahrung vieler Versicherer in vielen Staaten viele Jahre hindurch. Die für den Kaufmann oder Fabrikanten in Betracht kommenden Kosten sind eine ganz konkrete, im voraus feststehende Tatsache. Die Kosten des Versicherers sind eine auf der Durchschnittswahrscheinlichkeit beruhende Abstraktion.

Die Proportionalität des Risikos ist (wie § 15 gelehrt hat) notwendige Voraussetzung jeder Versicherung. Der beiderseitige Einsatz setzt sich aber, wie an derselben Stelle gezeigt wurde, zusammen aus der Höhe des Bedarfs und der Schadenswahrscheinlichkeit. (S. 119.)

Was die Berechnung der S c h a d e n s w a h r s c h e i n l i c h k e i t anlangt, so ist es für eine Unternehmung nicht angängig, verschiedenartige Risiken in gleicher Weise zu behandeln, falls nicht etwa das eigentliche Prinzip der Versicherung, nämlich das der erwartungsmäßigen Proportionalität durchbrochen und sozialpolitische oder Wohltätigkeitsabsichten an die Stelle dieser Proportionalität treten sollen. Im allgemeinen ist dies nicht der Fall. Jedenfalls kennt der private Versicherungsbetrieb, welcher hier als technisch am weitesten fortgeschritten zweckmäßigerweise allein ins Auge zu fassen ist, derartige, dem Wesen der Versicherung an sich nicht eigentümliche Nebenabsichten nur ausnahmsweise.

Seinen Prinzipien wäre es danach nicht entsprechend, wenn beispielsweise in der Lebensversicherung Chinesen und Kaukasier, Kinder und Greise, Männer und Frauen als gleichwertige Risiken behandelt würden. Denn erfahrungsgemäß ist die Lebensdauer eines Kindes eine ganz andere wie die eines Greises, ebenso wie die Lebensdauer nach Rassen und Geschlechtern verschieden ist. Wenn man die Sterblichkeit der versicherten Amerikaner zur Grundlage nimmt, so ist die der versicherten Japaner um 20 Prozent, die der versicherten Neger um 50 Prozent, die der Ostinder und Chinesen aber um 100 Prozent höher. Von 1000 Fünfzigjährigen sterben nach einer Statistik jährlich 20, von 1000 Dreißigjährigen nur 8.

Es erhellt hieraus, daß es betriebstechnisch richtig ist, wenn man z. B. aus allen Dreißigjährigen, ebenso wie aus allen Fünfzigjährigen eine besondere Risikengruppe, eine Gefahreneinheit bildet.

Für die Bildung von Gefahreneinheiten ist aber nicht nur die Größe der Schadenswahrscheinlichkeit maßgebend, sondern in gleich hohem Maße die finanzielle Seite des Risikos, die Versichernugssumme. Es ist klar, daß für ein Versicherungsunternehmen zehn kleine Villen, welche durch das Unbewohntsein während des Winters in hohem Maße der Diebstahlsgefahr ausgesetzt sind und Mobiliar im Werte von je 10 000 Mark in sich bergen, trotz der großen Schadenswahrscheinlichkeit ein weit geringeres Risiko sind, als ein einziger Juwelierladen, der Tag und Nacht bewacht wird, aber einen Wert von 100 000 Mark darstellt.

Die Gefahreneinheiten werden nicht allein nach der Schadenswahrscheinlichkeit der Objekte gebildet, sondern auch in Berücksichtigung des für die Unternehmung im Bedarfsfalle sich ergebenden Schadens. Die Gleichwertigkeit der Risiken ist also für eine Gefahreneinheit Ideal. Das Mittel, diese Gleichwertigkeit möglichst zu erzielen, bietet (wie bereits S. 111 erwähnt), die Rückversicherung. (Vgl. auch § 65.) Mittels dieser gibt der Hauptversicherer alle einen bestimmten Betrag, das Maximum, übersteigende Summen in Rückdeckung, so daß er selbst nur Risiken behält, welche sämtlich die gleiche Werthöhe darstellen.

Aber selbst wenn wir eine Gefahreneinheit mit möglichst großer Anzahl von Fällen mit gleichem Risiko haben, bei der es sich also um gleiche Schadenswahrscheinlichkeit und um gleiche Versicherungssummen handelt, so ist dennoch das Risiko des einzelnen Falles, abgesehen von der einzigen Ausnahme der Lebensversicherung, unbekannt. Nur bei der Lebensversicherung handelt es sich nämlich um sogenannte Totalschäden, Vollschäden: wenn der Bedarfsfall eintritt, wird die gesamte Bedarfssumme fällig. Bei allen anderen Versicherungszweigen können auch Partialschäden, Teilschäden eintreten, d. h. die in Aussicht genommene Bedarfssumme ist, weil nicht der ganze, sondern nur ein teilweiser Bedarf eintritt, auch nur teilweise zu entrichten. Ein Haus im Werte von 10 000 Mark wird in dieser Höhe gegen die Gefahr des Abbrennens versichert; es brennt jedoch nur der Dachstuhl ab und bringt dem Eigentümer einen Schaden von 500 Mark. Wollte man also — abgesehen von der Lebensversicherung — das genaue Risiko des einzelnen Falles feststellen, so müßte man für jeden Teilschaden, der jeden Wert zwischen 0 und dem Vollschaden annehmen kann, die Schadenswahrscheinlichkeit ermitteln. Dann müßte man jeden möglichen Teilschaden mit der entsprechenden Schadenswahrscheinlichkeit multiplizieren. Alsdann erst könnte man durch Addition aller Teilrisiken das Gesamtrisiko feststellen. Dieses theoretisch einwandfreie Verfahren ist jedoch in der Praxis nicht üblich. Die praktische Versicherungstechnik geht hier vielmehr (nach *Rau*) in der Weise vor, daß sie aus den Beobachtungen einer Reihe von Jahren die Gesamtschadenswahrscheinlichkeit der Fälle einer Gefahreneinheit berechnet, ausgedrückt in dem Verhältnis zwischen den durchschnittlichen jährlichen Versicherungssummen und dem durchschnittlichen Jahresgesamtschaden, bezogen auf 1000. Das Risiko des Einzelfalles ergibt sich aus dem Produkt von dessen Versicherungssumme mit dieser Verhältniszahl.

Als Beispiel diene eine Zusammenstellung von Schäden und Versicherungssummen einer Gefahreneinheit gegen Feuer versicherter Häuser.

Jahr	Zahl der versicherten Gebäude	Versicherungssummen	Schäden	Schaden auf 1000 Mark Versicherungssumme
1915	9 395	177 903 405	180 507	1,02
1916	9 761	183 221 347	175 743	0,96
1917	9 873	189 460 579	193 946	1,02
1918	10 113	193 506 701	191 703	0,99
1919	11 317	213 341 178	205 187	0,96
1915—19	50 459	957 433 210	947 086	0,99

Es trifft demnach auf 1000 Mark Versicherungssumme im Jahre ein Schaden von etwa 1 Mark, die Schadenswahrscheinlichkeit eines Falles (Hauses) beträgt $^1/_{1000}$ und demnach das Risiko eines auf 10 000 Mark geschätzten Hauses $^1/_{1000} \times 10\,000 = 10$ Mark, eine Summe, die der Versicherer als Nettoprämie erheben muß.

An der Hand einer solchen Statistik ist es dem Versicherer ermöglicht, die Höhe der Prämien zu kontrollieren, zu prüfen, ob sie durchschnittlich zur Deckung der Schäden genügen, und je nach dem Ergebnis die bisherigen Prämien zu erhöhen oder zu erniedrigen.

Besondere Schwierigkeit bieten die für die lebenslängliche Versicherung in Betracht kommenden Prämien. Diese Art der Versicherung, welche übrigens durchaus nicht ein Produkt moderner Versicherungstechnik ist, vielmehr bereits früheren Jahrhunderten bekannt war, wird neuerdings auf immer mehr Zweige angewandt. So wurde z. B.

eine lebenslängliche Unfall- wie Haftpflichtversicherung eingeführt, während der Versuch der Einführung einer lebenslänglichen Feuerversicherung gescheitert ist. Und doch kannte man eine lebenslängliche Feuerversicherung bereits 1681 in England. Bei der lebenslänglichen Versicherung wird eine einmalige oder auch auf eine Anzahl Monate oder Wochen verteilte Prämie entrichtet. Diese soll rechnungsmäßig für die während der Lebensdauer eines Individuums eintretenden Versicherungsfälle ausreichen. Es handelt sich hier um eine solche Verquickung der Lebensdauer mit Unfall- oder Haftpflichtereignissen, daß sich jedenfalls nicht allgemein behaupten läßt, es sei etwa wirklich eine rationelle Berechnung der lebenslänglichen Prämie möglich.

Da die Ergebnisse der Wahrscheinlichkeitsrechnung zwar bei einer großen Vielheit von Fällen zutreffen, im Einzelfall aber nicht unerhebliche Abweichungen leicht möglich sind, so sucht jede Versicherungsunternehmung sich gegen diese Möglichkeiten finanziell zu sichern. Beim Gegenseitigkeitsverein können diesem Zweck etwaige Nachschüsse dienen. Allein es bedarf keiner besonderen wirtschaftlichen Einsicht, um zur Erkenntnis zu gelangen, daß es besser ist, im voraus in guten Zeiten durch Zurücklegen von Notpfennigen für solche Fälle zu sorgen, als erst bei deren Eintritt durch nachträgliche Umlagen Hilfe zu bringen. Daraus erklärt es sich, daß ohne Rücksicht auf die Unternehmungsformen, wenn wir von ganz primitiven Versicherungsveranstaltungen absehen, Rücklagen, Reserven, Sicherheitsfonds der mannigfachsten Art vorhanden sind.

Wo immer bisher in diesem Abschnitt vom Preis der Versicherung die Rede war, handelte es sich um die sogenannte Nettoprämie, um die Beitragsleistungen, welche ausschließlich dazu dienen, in ihrer Gesamtheit die Gesamtheit der Ersatzleistungen zu decken. Der dem Publikum mitgeteilte Preis ist aber fast stets eine Bruttoprämie, d. h. mit Zuschlägen zur Nettoprämie versehen, und zwar kommen sowohl Betriebskostenzuschläge in Betracht als auch Sicherungszuschläge.

Was die ersteren betrifft, die zum Teil gelegentlich auch als besondere Nebenkosten erhoben werden, so werden sie nicht unter Berücksichtigung der Ausgaben, welche das einzelne Versicherungsverhältnis verursacht, ermittelt und berechnet, sondern es herrscht der Grundsatz, daß die Gesamtheit der Versicherungsnehmer an den gesamten Betriebskosten nach einem einheitlichen Maßstab teilnimmt. Dieses Verfahren, wonach also jeder Versicherte denselben Verwaltungskostenzuschlag auf dieselbe Einheit der Nettoprämie hinzu zu zahlen hat, kann naturgemäß leicht zu einer ungerechten Belastung des Einzelnen führen. Diesem Mißstand ist aber dadurch zu begegnen, daß gewisse Kosten nicht der Allgemeinheit auferlegt, sondern zu Lasten des Versicherten gebucht werden, der sie verursacht. Es handelt sich hier insbesondere um etwaige besonderen Porto-, Schadensregulierungs- und ähnliche Kosten.

Die Sicherungszuschläge dienen dem Zweck, auch bei einer ungewöhnlichen Zunahme von Zahlungen seitens der Versicherer infolge außerordentlicher Mehrausgaben für Versicherungsfälle oder Betriebskosten gedeckt und der Notwendigkeit enthoben zu sein, die Prämien zu erhöhen. Aus den Sicherungszuschlägen werden sehr häufig Rücklagen gebildet. Die Berechnung dieser Zuschläge geschieht in der gleichen Weise wie die der Betriebskostenzuschläge. Gelegentlich werden sie als selbständige Posten in Form von Eintrittsgeld erhoben. Für diejenigen Versicherungsscheine, bei denen eine Gewinnbeteiligung der Versicherten auch bei den Aktiengesellschaften üblich ist, also in erster Reihe bei der Lebensversicherung, in geringerem Maße bei der Unfall- und Haftpflichtversicherung, kommen auch noch Gewinnverteilungszuschläge zu den Prämien in Betracht. (Vgl. § 32.)

(Die Begriffe Brutto- und Nettoprämien kommen gelegentlich auch in anderer Bedeutung als eben hier gebraucht vor, und zwar in Verbindung mit der Rückversicherung. Bruttoprämieneinnahme wird oft die gesamte Einnahme einer Versicherungsanstalt an Prämien genannt, einschließlich der Prämien, die sie an Rückversicherer weitergibt. Bei der Nettoprämieneinnahme sind diese abgegebenen Prämien in Abzug gebracht. Entsprechend werden Brutto- und Nettoschadenzahlungen unterschieden, je nachdem die Entschädigungsleistungen, welche der Rückversicherer zu zahlen hat, mitgerechnet werden oder nicht.)

Eine hohe Bedeutung für die gesamte Betriebstechnik der Versicherung hat die Höhe des Zinsfußes. Hier mag nur darauf hingewiesen werden, daß der Zinsfuß keine feste Größe ist, sondern Schwankungen unterliegt, die, auch wenn sie eine nur unbeträchtliche Kurve ausmachen, bei nicht genügender Beachtung in den Voranschlägen geradezu den Ruin eines Riesenunternehmens herbeizuführen in der Lage sind, da es sich bei einzelnen Gesellschaften oft um viele Millionen von Vermögensanlagen handelt. Der bei den deutschen Gesellschaften als Rechnungsgrundlage angenommene Zinsfuß beträgt größtenteils $3^1/_2$, teilweise nur 3 Prozent. Für den alten Versicherungsbestand hat die Reichsaufsichtsbehörde bis auf weiteres die Anwendung eines Zinssatzes bis zu 4 Prozent gestattet. Bei dem Neugeschäft darf höchstens mit $3^1/_2$ Prozent gerechnet werden.

Die Auffassungen darüber, welche Anforderungen man an die technischen statistisch-mathematischen Grundlagen eines Versicherungszweiges stellen muß, um ihm die Bezeichnung eines rationellen Betriebs erteilen zu können, gehen auseinander. Wenn auch heute im allgemeinen die vor noch nicht allzulanger Zeit viel verbreitete Auffassung nicht mehr herrscht, daß nur die Lebensversicherung und vielleicht noch wenige Zweige der Elementarversicherung, wie etwa die Feuerversicherung, echte Versicherungszweige seien, so wird doch häufig noch die Ansicht vertreten, daß es besonders entwicklungsfähigen neuen Zweigen, wie der Haftpflichtversicherung oder der Diebstahlversicherung, an jeder rationellen technischen Grundlage fehle. Besonders deutlich geht die Verschiedenheit der Auffassung aus einem Beispiel der amerikanischen Gesetzgebung hervor. So verbietet ein Gesetz des Staates Massachusetts die Versicherung minderwertiger Leben aus dem Grunde, weil es an zuverlässigen Sterblichkeitstafeln für solche fehle und daher eine mathematisch genaue Prämie nicht festzustellen sei. Derselbe Gesetzgeber gestattet aber ohne Bedenken die Haftpflichtversicherung, ja selbst die Streikversicherung.

Wollte man nur solche Versicherungen vom Staate aus genehmigen und als rationell betrachten, für welche mit mathematischer Genauigkeit nach dem Muster der Lebensversicherung oder auch nur der Feuerversicherung das Risiko zu ermitteln wäre, so wäre damit jeder Weiterbildung, jeder Fortentwicklung des Versicherungswesens ein fester Riegel vorgeschoben, und in Deutschland hätte man, wären wir von diesen Forderungen ausgegangen, bis heute noch keine Sozialversicherung einführen können. Denn bei deren Schaffung war man über das Risiko noch weniger orientiert, als man es heute ist. Die Erfahrungen nicht nur der deutschen Arbeiterversicherung, sondern insbesondere auch der Haftpflichtversicherung zeigen, daß es sozial wertvolle Versicherungszweige auch ohne genaue statistische Vorkenntnisse geben kann. Die Erfahrung erst muß solche schaffen. Im Anfangsstadium wird jede Unternehmung naturgemäß mehr oder minder im ungewissen über ihr Risiko schweben, ebenso wie der einzelne Versicherte. Es ist dabei ebenso leicht möglich, daß viel zu hohe, wie daß viel zu niedrige Beiträge erhoben werden. Die Geschichte der Prämientarife bei zahlreichen Versicherungsarten belehrt uns hierüber zur Genüge. Aber wir sehen aus derselben Geschichte, daß früher oder später auf Grund der Erfahrungen vieler Unternehmungen ein Tarif zustande zu kommen pflegt, dessen Prämiensätze dem wirklichen Risiko mehr oder minder entsprechen.

Die billigste Versicherung als die beste zu betrachten, ist ein schwerer Mißgriff der Versicherungsnehmer. Selbst solche Gesellschaften, die ihre Prämien nicht höher festsetzen, als daß die durchschnittliche Schadenswahrscheinlichkeit gedeckt wird, können nicht als dauernd gut fundiert betrachtet werden. Vielmehr muß, wie *Rohrbeck* treffend ausführt, die Gesamtheit der Versicherungsnehmer das ureigenste Verlangen haben, nur zu einem Preise gedeckt zu sein, der über die reine Schadendeckung hinaus zur finanziellen Stärkung und zur Konsolidierung des Unternehmens noch beitragen kann.

Die Bezahlung einer Ware erfolgt Zug um Zug oder auf Kredit, in einmaliger oder ratenweiser Zahlung. Auch bei der Bezahlung der Warenversicherung finden wir diese verschiedenen Zahlungsweisen:

einmalige Prämien, jährliche, monatliche, wöchentliche Prämien; Prämien, welche Zug um Zug beim Empfang der Police entrichtet werden, und solche, die kreditiert und erst nach Ablauf einer gewissen Zeit, etwa eines Jahres, zu entrichten sind. Bei der Vorauszahlung für eine Reihe von Jahren finden wir allenthalben Rabattgewährung. (S. 128.) Umgekehrt pflegen die Sätze höher zu sein, wenn die Prämienraten für eine kürzere Frist als für ein Jahr gezahlt werden. Das alles sind keine der Versicherung eigentümliche Verhältnisse; sie ergeben sich vielmehr schon aus dem Wesen des Zinses ohne weiteres.

Auch die Frage, ob sofortige Barzahlung oder Kreditierung des Kaufpreises privat- oder volkswirtschaftlich mehr zu empfehlen sei, ist der Versicherung nicht eigentümlich. Ebenso sind es ganz allgemeine Gesichtspunkte, nach denen die Entscheidung darüber zu treffen ist, ob man es vorziehen soll, beim Kauf nach dem Preis zu fragen und diesen fest zu vereinbaren, oder ob man über diesen überhaupt keine oder nur eine ungefähre Abrede treffen soll. Im ersteren Fall weiß man genau, was man zu zahlen hat, kauft aber unter Umständen, wenn es sich beispielsweise um die Herstellung einer Ware handelt, teuerer, als im letzteren Fall; hier kennt man zwar den Preis, der nach vollendeter Lieferung verlangt wird, im voraus nicht, aber unter Umständen bekommt man dann auch einen billigeren Preis in Rechnung gestellt, als im ersteren Fall. Freilich: er mag oft genug auch weit höher sein. Dort trägt der Verkäufer das Risiko einer bis zur Lieferung erfolgenden Konjunkturverschlechterung; hier vermag er ohne weiteres das Risiko auf den Käufer abzuwälzen.

Von diesen elementaren Gesichtspunkten aus betrachtet, kann es gar keinen Streit darüber geben, ob eine feste, im voraus normierte und unveränderliche Prämie, wie sie das eigentliche Prinzip der Aktiengesellschaften ist, oder ob eine schwankende im voraus höchstens ungefähr abgeschätzte, veränderliche Beitragsleistung besser ist.

Hier muß das individuelle Empfinden, das subjektive Bedürfnis im Einzelfall entscheiden, und alle mehr oder minder geistreichen und gründlichen Erörterungen über die Vorzüge und Nachteile des festen Beitrags- oder des schwankenden Umlageverfahrens können keinen Anspruch auf allgemeine Gültigkeit erheben.

Die Art der Beitragsleistung, die rein wirtschaftlich nichts anderes ist als die Verteilung der Ersatzleistungen auf die Vielheit aller sich gegenseitig im Rahmen des Versicherungsunternehmens deckenden Teilnehmer, kann in drei Verfahren geschehen:

1. Das Umlageverfahren. Hier werden die in einem Geschäftsabschnitt zur Auszahlung gelangten Summen (Kapital- und Rentenzahlungen, Verwaltungskosten usw.) am Schluß des Geschäftsabschnittes auf die Gesamtheit der Beteiligten umgelegt. Diese Umlage kann ohne weitere Abstufung erfolgen oder mit einer solchen nach

der Höhe des Risikos (z. B. Umfang und Gefährlichkeitsgrad des Betriebs usw.). Ein Teil der Umlage, der zur Erhebung gelangen muß, kann im voraus erhoben werden (Vorprämie), der Rest am Ende des Jahres (Nachprämie). Bei Versicherungszweigen mit Rentengewährung schwillt die Beitragslast nach diesem Verfahren von Jahr zu Jahr stark an; denn zu den aus den Vorjahren noch vorhandenen Rentenempfängern kommen in jedem Jahr neue, ohne daß die Zahl der früheren sich in gleichem Umfang durch Tod lichtet. Erst nach vielen Jahrzehnten tritt ein Beharrungszustand ein, in dem dann die Umlagen ziemlich konstant bleiben. Durch Erhebung von Zuschlägen zu den Umlagebeiträgen, aus denen ein Reservefonds gebildet wird, kann das Anschwellen der Renten gemildert, der Eintritt des Beharrungszustandes beschleunigt werden. Dieses Verfahren herrscht in der deutschen sozialen Unfallversicherung; in der Privatversicherung ist es bei den Gegenseitigkeitsvereinen fast aller Zweige (in der Lebensversicherung nur bei Sterbekassen) zu finden. Seine Nachteile liegen auf der Hand: mehr oder minder stark schwankende, vorher nicht bestimmte Prämien und die Gefahr der Zahlungsunfähigkeit vieler Teilnehmer bei Einziehung der Umlagen.

2. Das Kapitaldeckungsverfahren. Hier werden durch die für jede Geschäftsperiode neu festzusetzenden Beiträge die Kapitalwerte der in ihr fällig werdenden Zahlungen (neu bewilligten Renten) aufgebracht; es sind hier also die Geldbeträge anzusammeln, welche mit Zinsen und Zinseszinsen benötigt werden, um jede in der betreffenden Periode neu zur Entstehung gelangte Rente bis zu ihrem Ende (Tod des Rentenberechtigten usw.) zu zahlen. Dieses Verfahren schwächt zwar die Steigerung der Beiträge von Jahr zu Jahr ab, beseitigt sie indessen nicht völlig.

3. Das Prämienverfahren. Hier zahlen die Versicherten dauernd im voraus festgesetzte gleichbleibende Beiträge und haben dafür im voraus bestimmte Gegenleistungen zu beanspruchen.

a) Es werden hier nicht nur alle bereits entstandenen Ansprüche, sondern auch die erwartungsmäßigen Anwartschaften aller Versicherten berechnet und durch einmalige oder wiederkehrende Beiträge im voraus gedeckt. Dabei sind zwei Wege möglich. Das Prämiendurchschnittsverfahren unterscheidet nicht zwischen den verschiedenen Risikengruppen: ein 16 jähriger muß dieselben Beiträge leisten wie ein 60 jähriger, obwohl jener für die Invalidenversicherung ein viel leichteres Risiko darstellt als dieser.

b) Das eigentliche, gewöhnliche Prämienverfahren sucht im Gegensatz hierzu Gefahrenklassen zu bilden, das individuelle Risiko zu berücksichtigen, erhebt die „Gerechtigkeit" in der Beitragsleistung zum höchsten Grundsatz: jeder Versicherte soll so viel für die Gesamtheit aller Versicherten leisten, wie diese für ihn leistet. Dieses letztere Verfahren herrscht fast unbeschränkt in der Privatversicherung, während das Durchschnittsverfahren in der Sozialversicherung zu Hause ist und hier auch aus sozialpolitischen, weniger aus versicherungstechnischen Gründen gerechtfertigt werden kann.

Bei beiden Methoden dieses am weitesten verbreiteten Verfahrens muß jederzeit der Gesamtwert aller künftigen Beiträge mit Einschluß des Vermögens dem Gesamtwert aller Verpflichtungen gleich sein. Anfangs sind hier die Einnahmen aus den Beiträgen größer als die Ausgaben, später ist das Umgekehrte der Fall, die Einnahmen aus den Beiträgen bleiben gegenüber den Ausgaben zurück; allein aus den anfänglichen Mehreinnahmen werden Rücklagen (Prämienreserven) gebildet, aus deren Zinsen und Zinseszinsen die späteren Differenzen beglichen werden. (Vgl. Lebensversicherung. § 31.)

Bei Versicherungen für längere Perioden, bei welchen eine einmalige Gesamtprämie entrichtet wird, muß naturgemäß eine Rücklage für die einzelnen Jahre stattfinden. Wenn also ein Fabrikant eine Haftpflichtversicherung abschließt, und für 10 Jahre im voraus die Prämie in einem einzigen Beitrag bezahlt, so darf diese nicht für das erste Jahr allein eingestellt, sondern sie muß auf alle 10 Jahre verteilt werden.

Die Höhe der Prämie ist für die einzelnen Versicherungszweige durchaus verschieden. Die Prämien für Lebens-, Unfall- und auch Hagelversicherung werden in Deutschland in Prozenten, für Transprot-, Feuer-, Einbruchdiebstahl-, Glasversicherung in Promille ausgedrückt. Schon hieraus erhellt die große Verschiedenheit der Prämienhöhe. Aber auch für denselben Zweig weicht die Prämienhöhe in den einzelnen Ländern häufig stark voneinander ab. So betragen die amerikanischen Feuerversicherungsprämien etwa das Vierfache der deutschen, entsprechend der größeren Schadenhäufigkeit in Amerika. (S. 139.)

Über die Art und Weise, wie bei mehrjährigen Versicherungen Rabatte gewährt werden, mögen folgende dem Tarif einer großen Anstalt entnommene Bestimmungen Aufschluß geben, in denen es heißt:

1. Die in den Tarifen angegebenen Prämien sind Jahresprämien und verstehen sich für eine Versicherung von mindestens fünfjähriger Dauer Für Versicherungen von mindestens zehnjähriger Dauer wird ein Rabatt von 10 Prozent gewährt; für Versicherungen von weniger als fünfjähriger Dauer ist ein Zuschlag von 10 Prozent zu entrichten. Dieser Zuschlag wird nicht erhoben, wenn die Versicherung mit kurzer Dauer als Bestandteil einer Versicherung von mindestens fünfjähriger Dauer gewährt wird.

2. Wird die Prämie auf 5 Jahre vorausbezahlt, so darf ein Nachlaß von höchstens einem halben Freijahr, wird sie auf 10 Jahre vorausbezahlt, ein solcher von höchstens 2 Freijahren neben dem Rabatt für zehnjährige Dauer gewährt werden.

3. Für Versicherungen, deren Jahresprämie ohne Berücksichtigung des Rabatts für zehnjährige Versicherungsdauer mindestens 75 Mark beträgt, wird ein Rabatt von 10 Prozent gewährt; für Versicherungen, deren Prämie mindestens 150 Mark beträgt, wird ein Rabatt von 15 Prozent gewährt.

4. Die unter 1 und 3 aufgeführten Rabatte, ev. auch ein etwaiger Empfehlungsvertragsrabatt, können zusammengerechnet und in einem Posten von der Prämie abgezogen werden. Bei allen übrigen zugelassenen Rabatten ist eine Addition derselben zwecks Verminderung der Prämien unzulässig, vielmehr dürfen dieselben nur einzeln und stets nur von der jedesmal sich ergebenden Restprämie berechnet werden. Die Reihenfolge der Verrechnung ist gleichgültig.

5. Die Zahlung der Jahresprämie in halb- oder vierteljährlichen Raten erfordert einen Zuschlag von 3 Prozent bzw. 5 Prozent zur Jahresprämie.

§ 17. Technik der Ersatzleistung.

Die gesamte Einrichtung eines Versicherungsbetriebs zielt auf den Augenblick hin, und die wesentlichste privat- wie volkswirtschaftliche Bedeutung kommt ihm in dem Augenblick zu, in welchem das Ereignis, in dessen Gefolge der Versicherte den erwarteten Geldbedarf nötig hat, die Ersatzleistung des Versicherers an den Versicherten auslöst. (Versicherungsfall.)

Nur die Versicherung ist vollkommen, welche im Bedarfsfall dem Versicherten möglichst vollständig und möglichst schnell mit der Ersatzleistung hilft. Dieser Ersatz kann in Naturalien oder in Geld, und im letzteren Falle als Kapital oder als Rente gewährt werden. Das häufigste ist Geldersatz in Form einmaliger Kapitalleistung.

Das beim Eintritt eines Versicherungsfalls zu lösende Problem besteht in der Vereinigung von vier hier zum Ausdruck kommenden Interessengegensätzen. Einmal hat der die Ersatzleistung beanspruchende Versicherte das Interesse, möglichst schnell und vollkommen Ersatz zu erlangen, wobei der durchaus entschuldbare, rein menschliche Wunsch nicht gar zu selten eintritt, mindestens vollen Ersatz, wenn möglich auch über diesen hinaus von der Versicherungsunternehmung eine Geldsumme zu erhalten. Dabei denkt der vom Versicherungsfall Betroffene ebenfalls ganz natürlicherweise nur an sich und fühlt gerade in dem bedeutungsvollsten Moment der gesamten Versicherung vielleicht noch weniger als sonst, daß der einzelne Versicherte nur ein Atom der gesamten Versicherungseinrichtung ist, nur ein Glied in einer großen Kette. Er wird jetzt vielleicht noch weniger als sonst sich darüber klar, daß jeder Pfennig, welchen er über den wirklich ihm zustehenden Anspruch, über den der wirklich gezahlten Prämie entsprechenden Ersatzwert hinaus erhält, ein Unrecht gegenüber allen anderen Gliedern der großen Kette ist und alle anderen Glieder schwächer macht.

Dem Interesse des Einzelnen steht an zweiter Stelle das Interesse der Gesamtheit der Versicherten gegenüber. Die berufenen Anwälte zur Wahrung dieses Gesamtinteresses sind die Organe der Versicherungsunternehmung.

Das dritte in Betracht kommende und mit den beiden anderen nicht immer harmonierende Interesse ist das der erwähnten Organe, welche nicht nur im Interesse der Gesamtheit an möglichst geringer Schadenzahl und Schadenhöhe interessiert sein können.

Schließlich kommt vielfach als viertes das Erwerbsinteresse der Versicherungsunternehmer in Betracht, das der Aktionäre oder der Gründer einer Versicherungsanstalt.

Den Ausgleich dieser Interessen herbeizuführen ist die nicht leichte Aufgabe der Gesetzgebung. Das Versicherungsrecht lehrt, wie die Lösung der Aufgabe versucht worden ist.

Alle Versicherungsscheine erhalten mehr oder minder eingehende Bestimmungen darüber, was im Versicherungsfall der Versicherer wie der Versicherte zu tun berechtigt und verpflichtet ist. (§ 24.)

Es ist klar, daß es zunächst einer sicheren zweifelsfreien Feststellung der Tatsache des Eintritts des Versicherungsfalls bedarf, und der Abschätzung, in welcher Höhe der Versicherte auf Grund eines Ereignisses einen Ersatz fordern kann, sofern nicht, wie z. B. bei der Lebensversicherung, eine ein für allemal feststehende Summe auszuzahlen ist. Es ist durchaus nicht in allen Fällen etwa der gesamte Bedarf vom Versicherer zu tragen.

Derjenige, welcher zuerst das Eintreten des Versicherungsfalls bemerkt, ist in der Regel der Versicherte oder einer seiner Angehörigen. Eine Ausnahme macht wohl nur die Auslosungsversicherung, bei der zuerst der Versicherer die Auslosung — das ist hier der Versicherungsfall — erfährt. Es ist daher ganz allgemein eine in der Natur der Sache liegende Verpflichtung des Versicherten, das Eintreten des Versicherungsfalls dem Versicherer zu melden. Diese Anzeigepflicht wird im Versicherungsvertrag genau festgesetzt, und zwar werden gewöhnlich recht kurze Fristen bestimmt, innerhalb deren die Anzeige des Versicherungsfalls vollzogen werden muß. Darüber, ob lediglich die eingetretene Tatsache anzumelden ist, oder ob etwa weitere Angaben gleichzeitig zu machen sind, entscheidet die bei den einzelnen Versicherungszweigen verschieden abgefaßte Police.

Außer der Anzeigepflicht hat der Versicherte bei den meisten Güterversicherungen eine Rettungspflicht. Er muß bei Eintritt des Versicherungsfalls die versicherten Gegenstände, welchen eine Gefahr droht, zu retten suchen und für ihre Sicherung und Erhaltung sorgen.

Die folgende Schilderung der Schadenerhebungstechnik faßt zunächst die Feuerversicherung ins Auge, kann aber — wenn wir von der Lebensversicherung absehen, bei welcher die ganze Erledigung der Ersatzleistung besonders einfach gestaltet ist, da es sich meist lediglich um eine feste im voraus bestimmte Summe handelt — als typisch für die meisten Versicherungsarten angesehen werden.

Es sind drei Teile zu unterscheiden:

1. die Feststellung des Versicherungsfalls;
2. die Schätzung und Berechnung des Schadens;
3. die eigentliche Abrechnung.

Hinsichtlich der Ermittlung des Ereignisses ist es Aufgabe des Schadenbeamten, festzustellen, ob etwa eine absichtliche oder auch nur fahrlässige Herbeiführung durch den Versicherten stattgefunden hat, ob der entstandene Brand von jemand in verbrecherischer Weise angelegt, ob der angeblich verübte Diebstahl etwa nur fingiert worden ist. Meist pflegt eine Bestimmung des Inhalts in den Policen enthalten zu sein, daß die Versicherungsgesellschaft berechtigt ist, eine jede auf den Schaden und dessen Ursache bezügliche Untersuchung eintreten zu lassen.

Eine beachtenswerte Nebenwirkung dieser Feststellungen besteht im Sammeln von Erfahrungen, welche für Herabminderung und Einschränkung analoger Gefahren verwertet werden können.

Wie erwähnt, bildet den zweiten Teil der Schadenerhebung die Berechnung des Schadens. Es ist ein alt überkommener Satz, daß die Versicherung selbst weder einen Beweis noch eine rechtliche Vermutung für das Vorhandensein und den Wert der versicherten Gegenstände zur Zeit des Schadens begründet. Es ist daher eine Identifizierung zwischen Versicherungsgegenstand und Schadenobjekt nötig. Alsdann ist der Wert des versicherten Objekts vor Eintritt des Schadens und die Wertminderung durch den Schaden festzustellen. Hinsichtlich dieser Wertabschätzungen herrscht, wie kaum anders möglich, eine große Meinungsverschiedenheit, insbesondere bei der Feuerversicherung, bei der es sich darum handelt, welche Summe als Versicherungswert bei den einzelnen Gegenständen anzunehmen ist.

Die Schadenfeststellung kann entweder in freier Verhandlung zwischen Versicherten und Versicherer erfolgen oder durch Sachverständige. Bei den meisten Versicherungszweigen finden sich ausführliche Vorschriften über diese Abschätzung durch Sachverständige. Als typisch anzusehen sind nachstehende Anordnungen, die sich ohne wesentliche Verschiedenheit in den Formularen der meisten Anstalten finden.

Sowohl die Gesellschaft als auch der Versicherte haben, in Ermangelung eines anderweitigen Übereinkommens und unbeschadet der sonstigen Bestimmungen der Police, das Recht zu verlangen, daß der Betrag des Schadens an den versicherten Gegenständen durch Sachverständige festgestellt werde. Für dieses Abschätzungsverfahren, welches mit verbindlicher Kraft für beide Parteien auf gemeinschaftliche Kosten vorzunehmen ist, gelten folgende Bestimmungen.

Jede Partei bestellt schriftlich einen Sachverständigen. Zeigt eine Partei, nachdem sie hierzu von der anderen unter Benennung des ihrerseits gewählten Sachverständigen schriftlich aufgefordert ist, nicht binnen acht Tagen nach Empfang dieser Aufforderung die von ihr getroffene Wahl schriftlich an, so geht das Recht, den zweiten Sachverständigen zu wählen, auf die auffordernde Partei über und kann von der säumigen Partei nicht mehr ausgeführt werden. Beide Sachverständige wählen vor Beginn der Abschätzung einen dritten Sachverständigen als Obmann; können sie sich über dessen Wahl nicht einigen, so wird er auf Antrag der Parteien oder einer von ihnen von dem Vorsitzenden des ordentlichen Gerichts, in dessen Bezirk der Schaden sich ereignet hat, ernannt. Der Obmann tritt nach beendeter Abschätzung in dem Falle in Tätigkeit, wenn sich die beiden Sachverständigen über die Abschätzung nicht geeinigt haben, und entscheidet innerhalb der Grenzen ihrer Abschätzungen über die streitig gebliebenen Punkte.

Die von den Sachverständigen schriftlich abzufassenden Schätzungen müssen mindestens enthalten:

a) den Wert des Gegenstands unmittelbar vor dem Schadenfalle; bei Gebäuden und Maschinen außerdem auch den Neubauwert bzw. Neuanschaffungswert,

b) den Wert des Gegenstands nach dem Schadenfalle oder den Wert der übrig gebliebenen Teile und Materialien unter Berücksichtigung ihrer Verwendbarkeit für die Wiederherstellung.

Die Abschätzungsbefunde sind dem Versicherten auf Verlangen schriftlich mitzuteilen.

Nach Eintritt eines Schadens und nach dessen Vergütung verringert sich nach den Bestimmungen der meisten Versicherungspolicen die Haftung des Versicherers um die ausgezahlte Summe; er haftet bei einem später eintretenden Versicherungsfall nur noch mit dem verbleibenden Restbetrag. Es ist aber dem Versicherten unbenommen, falls er die Haftung des Versicherers in der alten Höhe wieder herbeiführen will, eine Nachversicherung zu nehmen, für welche er eine entsprechende Prämie zu zahlen hat.

Unter Versicherungswert (vgl. auch § 24) ist bei allen Versicherungen mit Ausnahme der Personen- und Haftpflichtversicherung zu verstehen der jeweilige Wert, welchen das Interesse des Versicherten zu der Zeit und an dem Orte hat, wo sich der versicherte Gegenstand gerade befindet. Es kann mithin der Anschaffungswert, ja sogar der Zukunftswert (also eine voraussichtliche Werterhöhung, z. B. bei Rohbauten), versichert werden. Meistens wird freilich der Versicherungswert eine sinkende Tendenz zeigen, so daß man für bestimmte Fälle Abschreibepolicen (§ 42) eingerichtet hat.

Auch Versicherungen mit wechselnden Summen kommen vor, sowohl als Staffelversicherungen wie als Jahreszeitversicherungen, sofern erfahrungsgemäß innerhalb Jahresfrist die Versicherungssumme in bestimmten Industriezweigen sehr erheblich zu schwanken pflegt, wie beispielsweise bei Lebensmittellagern in Kühlhäusern oder bei Roheislagern. Hier wird etwa vereinbart, daß im April und Dezember je 1 Million, von Juli bis November je $^1/_2$ Million, in den übrigen Monaten je $^1/_4$ Million Mark versichert sein sollen. Ähnlich ist die Jahreszeitversicherung, welche z. B. für Konfektionsgeschäfte in Betracht kommt, die nur in bestimmten Jahreszeiten große Läger unterhalten, im übrigen aber nur für ganz geringe Bestände Deckung benötigen; hier wird beispielsweise vereinbart, daß in den Monaten Februar und März sowie August und September je 1 Million gedeckt sein sollen, in den übrigen Monaten nur je $^1/_4$ Million. Durch solche Versicherungen mit wechselnden Summen kann der Versicherungsnehmer Prämien sparen, allein nur dann sind Staffel- oder Jahreszeitversicherungen empfehlenswert, wenn mit völliger Bestimmtheit übersehen werden kann, wie hoch die Bestände in den einzelnen Monaten sind.

Wird der Versicherungswert beim Vertragsabschluß zwischen dem Versicherer und dem Versicherten fest vereinbart in der Weise, daß der Betrag auch als Wert des versicherten Interesses bei Eintritt des Versicherungsfalles gelten soll, so spricht man von Taxe. Außer bei der Versicherung entgehenden Gewinns ist ein solches Verfahren zulässig und in der Transport- wie auch in der Viehversicherung häufig. Der Abschluß einer taxierten Police hat den Vorteil, daß die Taxe unter den Parteien als vereinbarter Versicherungswert gilt. Es wird daher dem Versicherten im Schadensfalle der Nachweis über den Wert des versicherten Gegenstandes erspart. Der taxierte Versicherungswert gilt auch als Ersatzwert. Der Versicherte braucht beispielsweise keine Rechnungen vorzulegen. Dennoch kann der Versicherer eine Herabsetzung der Taxe verlangen, wenn sie den wirklichen Versicherungswert erheblich übersteigt (übersetzte Taxe). Bleibt die Taxe hinter der Versicherungssumme zurück, so hat der Versicherer nur im Verhältnis von Versicherungssumme zur Taxe zu haften. (Nur bei der Mobiliarfeuerversicherung findet sich die gesetzliche Einschränkung der Wirkung einer Taxe, daß sie hier lediglich den Versicherungswert zur Zeit des Vertragsabschlusses darstellt.)

Die taxierte Police steht im Gegensatz zur offenen Police, bei der eine solche Taxe im voraus nicht getroffen wird, und die weitaus die Regel bildet.

Neben dem allgemeinen Wert kommt häufig ein besonderer Liebhaberwert in Frage. Nach einem Bescheid des Aufsichtsamts aus dem Jahre 1912 ist zu unterscheiden zwischen objektivem und subjektivem Liebhaberwert. Ersterer ist im Grunde genommen nichts anderes als der Marktwert; das Amt versteht darunter den Wert, den ein bestimmter, wenn auch engerer Kreis von Personen aus besonderen Gründen beweglichen Sachen, wie Briefmarken, Autogrammen, Gegenständen aus dem Besitz berühmter Personen beimißt, und deren Wert wegen des, wenn auch engen Marktes dieser Sachen, von sachverständigen Personen ermittelt werden kann. Bei der Höhe der hier zu gewährenden Entschädigung sind dieselben Grundsätze maßgebend wie bei Sachen mit Kunstwert. Unter dem subjektiven Liebhaberwert ist die auf rein persönlichen Beziehungen eines Einzelnen beruhende Wertschätzung einer Sache zu verstehen. Da an sich ganz geringwertige, für andere selbst völlig wertlose Gegenstände aus Gründen persönlicher Beziehungen, der Pietät usw. für einen Einzelnen einen gelegentlich geradezu unersetzbaren Wert haben können, so liegt es auf der Hand, daß ein solcher subjektiver Wert gar nicht ermittelt werden kann, zum mindesten sehr zweifelhaft ist. Die Versicherung hat nicht die Aufgabe und kann nicht dem Zweck dienen, einen lediglich das Gemüt, nicht aber das Vermögen berührenden Verlust in barem Geld zu ersetzen. Jene persönlichen Beziehungen lassen sich aber in Geld nicht umwerten und ausdrücken. Erfolgt dennoch eine solche Versicherung, so dürfte sie nach dem Reichsgesetz über den Versicherungsvertrag als nichtig anzusehen sein; denn ein objektiver Maßstab für die Ermittlung der Höhe des eingetretenen Schadens fehlt; die Feststellung des subjektiven Liebhaberwerts bezweckt aber nichts anderes als die Festsetzung einer Taxe, die als der Wert gelten soll, den das versicherte Interesse zur Zeit des Eintritts des Versicherungsfalls hat. Die Nichtigkeit einer solchen Vereinbarung (für die Feuerversicherung) ist aber, wie erwähnt, im Gegensatz zu den Rechten anderer Staaten jetzt in Deutschland gesetzlich festgelegt.

Mit dem Versicherungswert nicht zu verwechseln ist der Ersatzwert, d. i. der Wert des versicherten Interesses bei Eintritt des Versicherungsfalls, noch auch die Versicherungssumme. Diese stellt den im Versicherungsvertrag vereinbarten Höchstbetrag der Ersatzleistung dar; sie bildet die äußerste Grenze des Ersatzes, den der Versicherer dem Versicherten leistet; sie bildet den Maßstab nicht nur für das Risiko, das der Versicherer läuft, sondern auch für die Beitragsleistung des Versicherten.

Je nach dem Verhältnis von Versicherungswert zu Versicherungssumme ist zu unterscheiden zwischen Vollversicherung, Unterversicherung, Überversicherung und Doppelversicherung.

Voll- oder Vollwertversicherung bedeutet Gleichheit zwischen Versicherungswert und Versicherungssumme: ein Haus hat einen Wert von 100 000 Mark für den Eigentümer und der Eigentümer versichert es in Höhe von 100 000 Mark.

Unterversicherung nennt man das Zurückbleiben der Versicherungsumme hinter dem Versicherungswert. Hier kann es sich aber im Einzelfall handeln um gewöhnliche Unterversicherung, oder um Versicherung auf erstes Risiko. In beiden Fällen wird das erwähnte Haus im Werte von 100 000 Mark nur zu 50 000 Mark versichert. Bei der gewöhnlichen Unterversicherung erhält der Versicherte, falls das Haus zur Hälfte abbrennt, nur 25 000 Mark. Denn übersteigt der Wert der versicherten Gegenstände zur Zeit des Brandes die darauf versicherte Summe, so wird der Schaden verhältnismäßig vergütet; haben sie einen geringeren Wert als die darauf versicherten Summen, so wird der Schaden nur nach dem geringeren Wert ersetzt. Dieses Verfahren ist daraus erklärlich, daß die Versicherer ein Interesse haben, daß möglichst der volle Wert eines Gegenstands versichert wird.

Bei der Erstschadenversicherung (Versicherung auf erstes Risiko) wird keine Verhältnisberechnung angestellt, sondern es wird in einem Schadensfall bis zum Betrag der Versicherungssumme Vergütung geleistet. Ein Warenlager im Werte von 500 000 Mark wird auf erstes Risiko bis 250 000 Mark gegen Einbruch versichert und wird halb ausgeraubt; dann erhält der Versicherte auch 250 000 Mark;

wäre der Schaden höher, so würde aber auch nicht mehr gezahlt, wäre er niedriger, so würde Ersatz nur bis zur Schadenshöhe geleistet werden. Diese Art Unterversicherung kommt in der Praxis auch in einer Variation als Bruchteilwertversicherung vor.

Hier wird von dem Gesamtwert ein bestimmter Bruchteil, etwa 1/4, 1/3 oder 1/2 des Gesamtwertes des Versicherungsgegenstandes in Deckung genommen. Die Haftung des Versicherers erstreckt sich im Schadenfalle bis zur Höhe der versicherten Bruchteilsumme. Voraussetzung hierbei ist jedoch, daß am Schadentage der Gesamtwert nicht höher ist, als die Vollwertsumme, die bei der Bruchteilversicherung zugrunde gelegt worden war. Sonst erfolgt eine verhältnismäßige Entschädigung. Ein Warenlager im Werte von 100000 Mark ist für 1/4, also in Höhe von 25000 Mark in Bruchteilversicherung gegeben. Am Schadentage hat das gesamte Warenlager den Wert von 100000 Mark, den es im Augenblick der Versicherung gehabt hat, gleichfalls aufgewiesen. Der Schaden hat 25000 Mark betragen und wird auch in dieser Höhe vergütet. Wenn nun aber am Schadentage das Warenlager 200000 Mark Wert gehabt hat, also doppelt so viel, wie am Tage des Versicherungsabschlusses, so wird bei einem Schaden von 25000 Mark nun nicht eine Entschädigung von 25000 Mark gewährt, sondern nur eine solche von 12500 Mark.

Bruchteilversicherung und Erstschadenversicherung kommen dann in Betracht, wenn ein Vollschaden ganz oder wenigstens nahezu ausgeschlossen ist, beispielsweise bei der Einbruchdiebstahlversicherung eines großen Warenlagers. Diese beiden Deckungsarten haben aber für den Versicherten nur dann einen Sinn, wenn sie billiger sind als die Vollwertversicherung. Bei dem wenigstens bisher herrschenden System der Prämienberechnung für die meisten Versicherungszweige wird davon ausgegangen, daß die Prämieneinnahmen für alle vom Versicherer übernommenen Risiken nur dann zur Deckung aller Schäden genügend sind, wenn sämtliche Objekte in ihrem vollen Wert unter Versicherung gebracht werden. Die Höhe der Prämie wird hier nun aber nicht so bemessen, als wenn in allen Schadenfällen ein Totalschaden zu vergüten wäre, sondern selbstverständlich unter Berücksichtigung der Erfahrung und Tatsache, daß Teilschäden weitaus die Regel bilden. Es ergibt sich daher mit zwingender Logik, daß bei Beschränkung der Versicherungssummen auf einen Teil des Wertes die Prämie verhältnismäßig höher eingeschätzt werden muß, weil hier die Wahrscheinlichkeit, daß der allein versicherte Teilwert ersetzt werden muß, sehr viel größer ist als die Wahrscheinlichkeit einer Ersatzleistung auf die volle Summe bei Vollwertversicherung. Zahl und Höhe der Schäden von beispielsweise 10 Prozent des Gesamtwertes bleiben die gleichen, einerlei, ob eine Vollwert- oder nur eine Bruchteil- oder Erstschadenversicherung genommen wird. Der Prämiensatz wird daher um so höher sein müssen, je beschränkter die Versicherungssummen sind. Es ist sogar durchaus möglich, daß eine Bruchteildeckung teurer zu stehen kommt, als eine Vollwertdeckung Bei der Einbruchdiebstahlversicherung eines Geschäftes im Werte von 20000 Mark sind beispielsweise für Vollwertdeckung 1 Promille der Prämie erhoben worden, während der Prämiensatz für Bruchteildeckung von 10000 Mark für dieses Geschäft 2 1/2 Promille betrug, also 25 Mark gegenüber 20 Mark im ersteren Falle. Bei 40000 Mark waren im ersteren Falle 40 Mark zu zahlen gewesen, im letzteren Falle bei der gleichen Bruchteildeckung von 10000 Mark nur 25 Mark.

Überversicherung ist im Gegensatz zur Unterversicherung das Zurückbleiben des Versicherungswerts hinter der Versicherungssumme: das erwähnte Haus wird mit 200000 Mark versichert. Es ist aber sehr leicht möglich, daß sich erst während des Laufes einer Police eine Nichtübereinstimmung zwischen Versicherungssumme und Versicherungswert ergibt, eine Über- oder Unterversicherung nachträglich eintritt. Erstere kann sich in letztere verwandeln, wenn etwa die Konjunktur steigt, der Warenwert zunimmt u. dgl. m. (Vgl. S. 176, 195.)

Doppelversicherung liegt schließlich vor, wenn dieselben Gegenstände für dieselbe Versicherungsdauer gegen dieselben Gefahren in derselben Art bei mehreren Versicherern in der Weise versichert sind, daß die sämtlichen Versicherungssummen zusammengenommen den Versicherungswert übersteigen: der Eigentümer des erwähnten Hauses versichert bei vier verschiedenen Anstalten je auf die Dauer von drei Jahren sein Haus gegen Feuerschäden zu je 50 000 Mark. (S. 195.)

Nicht zu verwechseln mit Doppelversicherung ist die Mehrfachversicherung innerhalb der Grenze des Versicherungswerts. Hier bestehen mehrere Versicherungen gleicher Art, doch übersteigen die sämtlichen Versicherungssummen zusammen nicht den eigentlichen Wert des versicherten Gegenstandes, so daß keine besonderen Rechtsregeln für diesen Fall nötig sind.

Es liegt auf der Hand, daß eine Vollwertversicherung, ebenso wie eine Unterversicherung durchaus zulässig sind, falls nicht besondere Umstände vorliegen, wohl aber muß dafür gesorgt werden, daß Über- und eine Doppelversicherung nicht zu einem Gewinn führen. (Über die Rechtsfolgen vgl. § 24.)

In neuester Zeit sind vereinzelt Ansätze zu einer Versicherung auf vollen Ersatz gemacht worden. Hier ist die ursprünglich festgesetzte Versicherungssumme nur für die Zwecke der Prämienbemessung gewählt, doch stellt sie nicht die Höchstgrenze der Versicherungsleistung dar, vielmehr soll der Versicherte ohne jede Rücksicht auf die Versicherungssumme vollen Ersatz erhalten. Diese von der Sächsischen Landesbrandversicherungsanstalt als Kriegsnotmaßnahme vorgeschlagene Neuerung ist jedoch nicht in die Wirklichkeit umgesetzt worden.

In gewissem Umfang kommt dem Ziel einer Versicherung auf vollen Ersatz die Vorsorge- oder Mehrwertversicherung nahe. Hier erstreckt sich nämlich die Haftung des Versicherers ohne weiteres auf die nach Abschluß der Versicherung hinzugekommenen Sachen auch insoweit, als hierdurch der gesamte Versicherungswert die ursprüngliche Versicherungssumme um einen gewissen Prozentsatz überschreitet (z. B. bei Einbruchdiebstahlversicherung), oder neue Gefahren hinzutreten können (z. B. bei Haftpflichtversicherung eines Privatmannes als Hundebesitzer). Dazu hat man gegriffen, um die für den Versicherten unangenehme Möglichkeit einer erheblichen Preissteigerung und bei Eintreten des Versicherungsfalles Verluste infolge zu starker Unterversicherung zu vermeiden, wie sie namentlich in der Kriegs- und Nachkriegszeit häufig waren.

Um die Bedeutung der Vorsorgeversicherung zu veranschaulichen, sei auf Grund der Bedingungen einer Gesellschaft ein Beispiel aus der Einbruchdiebstahlversicherung angeführt. Angenommen, der Gesamtwert der versicherten Gegenstände sei mit 60000 Mark angegeben gewesen, bei Eintritt des Einbruches aber auf 90000 Mark gestiegen, und es seien Haushaltungsgegenstände, für die der Versicherungsantrag gegenüber dem Wert bei Schadenseintritt gleichfalls eine viel zu niedrige Angabe enthielt, für 36000 Mark gestohlen worden, so daß 30000 Mark zu wenig versichert gewesen seien, mithin eine entsprechende Unterversicherung vorliegt. Enthält die Police keine Vorsorgeklausel, so hat der Versicherer eine Ersatzleistung in Höhe von 60000 : 90000 = 2 : 3 zu gewähren, also nur $^2/_3$ von 36000 Mark = 24000 Mark. Bei der hier als Beispiel gewählten Vorsorgeversicherung greift aber die verhältnismäßige Teilentschädigung erst Platz, wenn die seit dem Abschluß der Versicherung erfolgte Werterhöhung ein Viertel des ursprünglichen Versicherungswertes überschreitet. In unserem Beispiel schreibt also die Gesellschaft dem Versicherten $^1/_4$ von 60000 Mark = 15000 Mark gut, rechnet so, als ob die Versicherung von vornherein auf 75000 Mark gelautet hätte, und wendet nun erst die verhältnismäßige Teilentschädigung an. Die Entschädigung stellt sich jetzt wie 75000 : 90000 = 5 : 6 = $^5/_6$. Daher werden nunmehr $^5/_6$ vom gestohlenen Wert, also von 36000 Mark ersetzt = 30000 Mark.

Eine andere, die Glasversicherung betreibende Gesellschaft hat folgende Vorsorgeklausel eingeführt: Tritt eine Erhöhung der Glaspreise ein, so ist der Versicherungsnehmer dennoch bis zur vollen Höhe der neu eingeführten Glashandelspreise für die versicherten Maße zuzüglich der Einsatzkosten gesetzt. Der Versicherungsnehmer hat jedoch auf Aufforderung der Gesellschaft, die auch durch einen der Prämienrechnung beigedruckten Hinweis erfolgen kann, zu der seitherigen Prämie einen jeweilig nach dem Stande der Glaspreise von der Gesellschaft festgesetzten Prämienzuschlag für Mehrwertversicherung zu entrichten, und zwar vom Eintritt der erwähnten Glaspreiserhöhung ab. Tritt infolge Ermäßigung der Glaspreise eine Herabsetzung des Tarifs der Gesellschaft für Neuabschlüsse ein, so werden der Versicherung — unter entsprechender Herabsetzung der Deckungsgrenze — vom Beginn des folgenden Versicherungsjahres an die ermäßigten Prämiensätze des für das Neugeschäft maßgebenden Tarifs zugrunde gelegt.

Als drittes Stadium der Schadenerhebung kommt endlich die eigentliche Abrechnung in Betracht. Hier spielt das Verhältnis zwischen Versicherungssumme und Versicherungswert eine große Rolle, insbesondere die Frage, ob eine Unterversicherung, und auch, ob eine Selbstbeteiligung vorliegt.

Die Schadenregulierung verläuft durchaus einfach und gibt zu Schwierigkeiten keinen Anlaß, wenn ein Gegenstand zu seinem vollen Werte versichert ist und bei Eintritt des unter Versicherung gebrachten Ereignisses vollkommen zerstört wird. Das 100000 Mark werte und zu diesem Betrag versicherte Haus brennt vollkommen ab. Hier wird naturgemäß die gesamte Versicherungssumme, die sich mit dem Versicherungswert deckt, fällig. Sind 1000 Mark Bargeld gegen Diebstahl versichert und wird davon die Hälfte gestohlen, so ist selbstredend auch die Hälfte zu ersetzen. Schwierigkeiten entstehen aber bereits, wenn das 100000 Mark werte Haus nur zu einem Teil abbrennt. Dann ist zu ermitteln, welcher Wert vernichtet worden ist und welcher noch vorhanden ist.

Im allgemeinen läßt sich hier folgendes sagen: zunächst ist der Gesundwert festzustellen, d. i. der Wert, welcher vor Eintritt des Versicherungsfalls für den Versicherten bestanden hat. Von diesem ist der gerettete Wert abzuziehen. Alsdann sind die Schäden zu ermitteln, für welche die Ersatzleistung ausbedungen ist. Häufig ist für gewisse Fälle eine Haftung des Versicherers ausgeschlossen. Hinzuzurechnen zur Ersatzleistung sind etwaige Unkosten, welche der Versicherte durch versuchte Rettung gehabt hat.

Von Bedeutung bei der Abrechnung ist die etwa vereinbarte Selbstbeteiligung des Versicherten. (Vgl. S. 17.) Diese kann eine in allen Fällen eintretende sein, und zwar entweder festbeziffert (bei jedem Schaden trägt der Versicherte 100 Mark selbst) oder eine verhältnismäßig bestimmte (der Versicherte trägt 10 Prozent jedes Schadens) oder auch die Selbstbeteiligung tritt nur ein, wenn der Schaden unter einem Maximum bleibt (nur bei Schäden unter 100 Mark), geht er darüber hinaus, so vergütet der Versicherer den gesamten Schaden. Die Freizeichnung des Versicherers in der angeführten Weise wird in der Praxis oft Franchise genannt (von besonderer Bedeutung in der Seeversicherung, vgl. § 41).

Über den Wert der Selbstdeckung bei den einzelnen Versicherungen herrscht durchaus nicht gleiche Meinung, auch nicht unter erfahrenen Praktikern des Versicherungswesens. Wir finden in der Literatur wie in der Praxis Anhänger wie Gegner gleich stark vertreten. Während einige beispielsweise bei der Haftpflichtversicherung für eine Selbstdeckung eintreten, sprechen sich andere Autoren entschieden dagegen aus; sie glauben, daß der Wert der Selbstdeckung überschätzt werde und bezweifeln, ob diese jemals wenigstens hinsichtlich schwer schätzbarer Risiken ein Feuer verhindert habe, wegen der so enorm großen Schwierigkeit genauer Abschätzung eines Wertes, insbesondere eines Warenlagers; es sei viel mehr Gewicht auf die Beachtung des individuellen Risikos zu legen. Ein amerikanischer Praktiker meint: „Wir müssen in weitem Maße auf den guten Glauben, die Achtsamkeit und die Intelligenz unserer Agenten und Inspektoren rechnen und in keinem kleinen Grad die Ehrlichkeit des Versicherten selbst ins Auge fassen und sein anständiges Benehmen. Denn wir werden finden, daß eine größere Sicherheit und mehr Gewinn für den Versicherer dann sich ergibt, wenn er einem ehrlichen sorgsamen Eigentümer seine Besitzung mit dem vollen Wert, als wenn er einem unehrlichen und nachlässigen nur die Hälfte seines Eigentums versichert."

Eine Ersatzleistung über 100 Prozent des Versicherungswerts kann in einzelnen Fällen eintreten, beispielsweise wenn der Versicherer nicht nur vollen Ersatz zu gewähren, sondern auch Prozeßkosten zu tragen oder Rettungskosten zu vergüten hat.

Die nachstehenden Tabellen haben den Zweck, die Verschiedenheit der Schadenanteile bei den einzelnen Zweigen hervorzuheben.

I. Schäden in % der Prämieneinnahmen bei den deutschen Unternehmungen 1897—1919.

Jahr	I. Leben	II. Unfall- u. Haftpflicht	III. Transport	IV. Feuer	V. Hagel	VI. Glas	VII. Diebstahl	VIII. Vieh	IX. Rückv.
1897	43,8	47,0	75,4	64,4	78,0	59,1	.	71,4	68,3
1898	43,5	44,4	75,3	63,0	86,0	61,0	.	70,0	70,8
1899	45,8	48,3	71,1	68,0	77,7	60,7	.	73,0	72,8
1900	47,9	46,5	77,3	66,2	79,4	67,7	26,9	74,4	72,3
1901	48,0	49,7	75,8	62,3	76,2	63,1	30,0	76,8	71,7
1902	48,0	48,2	76,4	56,5	88,5	60,2	28,5	79,1	69,4
1903	49,5	50,2	75,1	60,3	78,1	56,8	21,7	78,6	66,9
1904	50,1	51,3	71,7	61,6	66,2	55,4	21,9	79,7	69,1
1905	50,8	53,1	72,3	54,5	103,3	59,7	21,8	81,5	66,6
1906	51,7	51,8	72,8	70,8	89,8	60,5	21,6	80,0	80,4
1907	56,8	52,0	78,5	54,3	88,9	59,7	28,7	80,8	65,9
1908	55,7	49,5	79,0	57,4	101,6	59,9	28,2	82,5	67,8
1909	53,9	49,8	75,3	54,9	55,4	59,1	25,5	83,5	65,8
1910	51,5	49,0	75,5	53,4	90,0	60,2	27,0	83,4	64,5
1911	51,2	51,2	73,9	66,4	60,0	63,9	26,0	83,0	68,1
1912	53,0	49,2	75,9	57,0	76,3	65,1	26,0	84,0	66,4
1913	53,5	49,9	75,4	56,4	61,7	59,7	26,0	81,6	71,1
1914	64,9	50,1	80,2	54,1	74,3	58,5	22,4	81,9	68,2
1915	70,0	48,2	78,9	42,2	65,1	59,2	21,8	79,0	65,0
1916	69,0	46,0	78,9	37,2	74,8	65,4	35,0	72,5	66,4
1919	44,6	54,7	71,0	40,0	68,6	79,3	129,0	68,5	61,2

Tabelle II zeigt die ziemlich gleichbleibende Schadenhöhe bei der Feuerversicherung an einem amerikanischen Beispiel, während Tabelle III die große Verschiedenheit der Schäden bei einem Vergleich mehrerer Länder untereinander kennzeichnet.

II. Schadenhöhe bei der amerikanischen Feuerversicherung.

Jahr	Zahl der Unternehmungen	Feuerschäden in % der Prämieneinnahmen	Jahr	Zahl der Unternehmungen	Feuerschäden in % der Prämieneinnahmen
1860—70	146	58,02	1902	145	52,48
1871—80	177	58,60	1907	156	46,42
1881—90	152	58,97	1908	162	54,84
1892	130	62,89	1909	163	48,12
1897	152	49,29	1910	175	49,74

III. Schadenhöhe bei der Feuerversicherung verschiedener Länder.

Nach *Dean* weisen die von den Feuerversicherungsgesellschaften auf je 100 Dollars Versicherungssumme auszuzahlenden Beträge folgende Höhe auf:

In Frankreich . . .	ℳ 0,24	In Massachusetts .	ℳ 2,40
„ England	„ 0,36	„ Texas	„ 4,40
„ New York . . .	„ 2,32	„ Arkansas	„ 5,24

Der durchschnittlich für Brandschäden zu zahlende Betrag in Arkansas und Texas ist etwa zweimal so groß als in New York und Massachusetts, 13 mal so groß als in Großbritannien und 20 mal so groß als in Frankreich. — Derartige internationale Vergleiche der Schadenhöhe sind von großer Wichtigkeit für die

Frage der Ausdehnung des Betriebs einheimischer Unternehmungen auf das Ausland.

Die Verschiedenheit der Feuerschädenziffer wird auch durch folgende Ziffern illustriert, die seitens des Verbandes amerikanischer Feuerversicherer mitgeteilt worden sind; sie beziehen sich jedoch nur auf Städte in den betreffenden Staaten.

Verlust pro Kopf der Bevölkerung:

Vereinigte Staaten . .	10,16	England	1,87
Frankreich	3,91	Norwegen	1,06
Irland	1,91	Deutschland	0,81

§ 18. Technik der Buchführung.

Die Besonderheiten der Versicherungsbuchführung gehen daraus hervor, daß, wie *Koburger* ausführt, jedes Versicherungsunternehmen zum Zwecke des Gefahrenausgleichs zwar auf einen großen Geschäftsumfang angewiesen ist, andererseits aber die einzelnen Versicherungen, in ihrem finanziellen Effekt betrachtet, im allgemeinen recht geringfügig sind. Diese einzelnen Versicherungen tauchen aber, einmal abgeschlossen, nicht in der Masse des Versicherungsbestandes unter, wie z. B. gleichartige Fabrikate ins Warenlager übergeführt werden und damit gleichsam ihre Individualität verlieren; jede einzelne Versicherung behält vielmehr während ihres ganzen Bestehens ihre durch die Person des Versicherungsnehmers bedingte Individualität bei und sie muß sich daher während ihrer ganzen Zugehörigkeit zum Versicherungsbestand in ihrer Individualität leicht und zuverlässig verfolgen lassen.

Dadurch allein schon erhält die Versicherungsbuchführung einen außerordentlich großen Umfang, der noch eine Steigerung erfährt durch die ausgedehnte Geschäftsstatistik, deren die Versicherungsunternehmungen bedürfen.

Was die verschiedenen Rücklagen anbetrifft, für welche in der Bruttoprämie gewisse Zuschlagsteile enthalten sind, so weisen diese nur bei der Lebensversicherung, soweit die Prämienreserven in Frage stehen, Besonderheiten auf. Darüber wird im zweiten Teil das Nähere gesagt werden. (§ 31.)

Die anderen Rücklagen treten im allgemeinen unter den folgenden Namen auf, die kaum einer Erklärung bedürfen: Sicherheitsfonds, Kapitalreservefonds, Unkostenreservefonds, Kriegsreservefonds.

Als Schadenreserve ist die Summe der am Ende des Geschäftsjahres angemeldeten aber noch nicht bezahlten Schäden in Ausgabe zu stellen; auch die Posten werden hier verbraucht, die erst nach Jahresschluß, aber vor der endgültigen Bilanzziehung zur Meldung gelangen.

Die Bilanzen der Versicherungsgesellschaften haben, wie die einer jeden anderen Unternehmung den Zweck, ersichtlich zu machen, ob das Unternehmen am Ende einer Geschäftsperiode, regelmäßig eines Jahres, solvent ist. Eine Gesellschaft ist solvent zu nennen, wenn ihr Vermögen vollkommen ausreicht, allen von ihr übernommenen Verpflichtungen, entsprechend ihren Versicherungsbedingungen, dauernd gerecht zu werden.

Es muß daher das vorhandene Vermögen mindestens den wahrscheinlichen Wert des Deckungskapitals für alle künftig etwa entstehenden Verpflichtungen erreichen. Grundbedingung hierfür ist selbstredend, daß die Beiträge dem Risiko angemessen sind. Die Regelung dieser Nachweise ist ein Ergebnis der neueren Gesetzgebung. Leider herrscht hier, so wenig wie auf anderen Gebieten der staatlichen Regelung, eine Übereinstimmung.

Für die privaten Versicherungsunternehmungen sind folgende Rechnungslegungsvorschriften vom Reichsaufsichtsamt in seinen Veröffentlichungen erlassen worden, welche neben den allgemeinen Vorschriften des Handelsgesetzbuches in Betracht kommen:

1. unter dem 2. Juni 1902:
   a) für die größeren Lebensversicherungsunternehmungen,
   b) für die größeren Unfall- und Haftpflichtversicherungsunternehmungen,
   c) für die größeren Hagel- und Viehversicherungsunternehmungen und
   d) für die größeren Feuerversicherungsunternehmungen;
2. unter dem 28. Februar 1903:
   a) für Sterbekassen und sonstige kleinere Kapitalversicherungsunternehmungen und
   b) für Pensionskassen und sonstige kleinere Rentenversicherungsunternehmungen sowie Krankenkassen und
3. unter dem 5. Februar 1909:
   für Rückversicherungsunternehmungen, soweit diese Unternehmungen der Aufsicht unterstellt sind.

Die für die Feuerversicherung gegebenen Vorschriften gelten auch für alle übrigen Zweige der Schadenversicherung, soweit nicht für einzelne Zweige besondere Vorschriften erlassen sind.

Das deutsche Aufsichtsgesetz vom 12. Mai 1901 gibt nur die folgenden kurzen Bestimmungen:

„Die Bücher einer Versicherungsunternehmung sind alljährlich abzuschließen; auf Grund der Bücher ist für das geschlossene Geschäftsjahr ein Rechnungsabschluß und ein für die Verhältnisse sowie die Entwicklung des Unternehmens darstellender Jahresbericht anzufertigeu und der Aufsichtsbehörde einzureichen.“

Die auf Grund des erwähnten Gesetzes vom Aufsichtsamt für Privatversicherung erlassenen Vorschriften sind in Einzelheiten für die verschiedenen Versicherungsarten verschieden; sie dürften dem Verständnis am nächsten gebracht werden durch den Abdruck einer genau dem amtlich angeordneten Schema entsprechenden Gewinn- und Verlustrechnung sowie einer Bilanz.

A. Für größere Lebensversicherung.

Gewinn- und Verlustrechnung.

A. Einnahmen.

I. Überträge aus dem Vorjahre:
1. Vortrag aus dem Überschuß
2. Prämienreserven
ab: Reserve der Rückversicherer
3. Prämienüberträge
4. Reserve für schwebende Versicherungsfälle
5. Gewinnreserve der Versicherten Zuwachs aus dem Überschusse des Vorjahrs
6. Sonstige Reserven und Rücklagen

II. Prämien für:
1. Kapitalversicherungen auf den Todesfall:
a) selbst abgeschlossene
b) in Rückdeckung übernommene
2. Kapitalversicherungen auf den Lebensfall:
a) selbst abgeschlossene
b) in Rückdeckung übernommene
3. Rentenversicherungen:
a) selbst abgeschlossene
b) in Rückdeckung übernommene
4. Sonstige Versicherungen:
a) selbst abgeschlossene
b) in Rückdeckung übernommene

III. Policegebühren

IV. Kapitalerträge
1. Zinsen für festgelegte Gelder
2. Zinsen für vorübergehend belegte Gelder
3. Mietserträge

V. Gewinn aus Kapitalanlagen
1. Kursgewinn
2. Sonstiger Gewinn

VI. Vergütung der Rückversicherer für
1. Prämienreserveergänzung
2. Eingetretene Versicherungsfälle
3. Vorzeitig aufgelöste Versicherungen
4. Sonstige vertragsmäßige Leistungen

VII. Sonstige Einnahmen

B. Ausgaben:

I. Zahlungen für unerledigte Versicherungsfälle der Vorjahre aus selbst abgeschlossenen Versicherungen:
1. geleistet
2. zurückgestellt

II. Zahlungen für Versicherungsverpflichtungen im Geschäftsjahr aus selbst abgeschlossenen Versicherungen für:
1. Kapitalversicherungen auf den Todesfall:
a) geleistet
b) zurückgestellt
2. Kapitalversicherungen auf den Lebensfall:
a) geleistet
b) zurückgestellt
3. Rentenversicherungen:
a) geleistet (abgehoben)
b) zurückgestellt (nicht abgehoben)
4. Sonstige Versicherungen)

III. Vergütung für in Rückdeckung übernommene Versicherungen
1. Prämienreserveergänzung gemäß § 58 Pr. V. G.
2. Eingetretene Versicherungsfälle
a) geleistet
b) zurückgestellt
3. Vorzeitig aufgelöste Versicherungen
4. Sonstige vertragsmäßige Leistungen

IV. Zahlungen für vorzeitig aufgelöste, selbst abgeschlossene Versicherungen (Rückkauf)

V. Gewinnanteile an Versicherte:
1. aus Vorjahren:
a) abgehoben
b) nicht abgehoben
2. aus dem Geschäftsjahre:
a) abgehoben
b) nicht abgehoben

VI. Rückversicherungsprämien für:
1. Kapitalversicherungen auf Todesfall
2. Kapitalversicherungen auf Lebensfall
3. Rentenversicherungen
4 Sonstige Versicherungen

VII. Steuern und Verwaltungskosten (abzügl. der vertragsmäßigen Leistungen) für in Rückdeckung übernommene Versicherungen:
1. Steuern
2. Verwaltungskosten
a) Abschlußprovision
b) Inkassoprovision
c) sonstige Verwaltungskosten

VIII. Abschreibungen

IX. Verlust aus Kapitalanlagen
1. Kursverlust
2. Sonstige Verluste

X. Prämienreserven am Schlusse des Geschäftsjahrs für:

1. Kapitalversicherungen auf den Todesfall
2. Kapitalversicherungen auf den Lebensfall
3. Rentenversicherungen
4. Sonstige Versicherungen

XI. Prämienüberträge am Schlusse des Geschäftjahrs für:
1. Kapitalversicherungen auf den Todesfall:
   a) selbst abgeschlossene
   b) in Rückdeckung übernommene
2. Kapitalversicherungen auf den Lebensfall:
   a) selbst abgeschlossene
   b) in Rückdeckung übernommene
3. Rentenversicherung
   a) selbst abgeschlossene
   b) in Rückdeckung übernommene
4. Sonstige Versicherungen
   a) selbst abgeschlossene
   b) in Rückdeckung übernommene

XII. Gewinnreserve der Versicherten
XIII. Sonstige Reserven und Rücklagen
XIV. Sonstige Ausgaben

C. Abschluß.

Gesamteinnahmen
Gesamtausgaben

Überschuß { der Einnahmen / der Ausgaben

D. Verwendung des Überschusses.

I. An den Reservefonds (§ 37 des Privatversicherungsgesetzes, § 262 des Handelsgesetzbuches)
II. An die sonstigen Reserven
III. An die Aktionäre oder Garanten
IV. Tantième an:
1. Aufsichtsrat
2. Vorstand
3. Hauptbevollmächtigten
4 Sonstige Personen

V. Gewinnanteile an die Versicherten und zwar:
1. zur Auszahlung
2. an die Gewinnreserve

VI. Sonstige Verwendungen
VII. Vortrag auf neue Rechnung

Bilanz.

A. Aktiva.

I. Wechsel der Aktionäre oder Garanten
II. Grundbesitz
III. Hypotheken
IV. Darlehen auf Wertpapiere
V. Wertpapiere:
1. Mündelsichere Wertpapiere
2. Wertpapiere im Sinne des § 59 Ziffer 1 Satz 2 Pr. V. G., nämlich
   a) nach landesges. Vorschriften zur Anlegung von Mündelgeld zugelassen
   b) Pfandbriefe deutscher Hypotheken-Akt.-Gesellschaften
3. Sonstige Wertpapiere

VI. Vorauszahlungen und Darlehen auf Policen
VII. Reichsbankmäßige Wechsel
VIII. Guthaben:
1. bei Bankhäusern
2. bei anderen Versicherungsunternehmungen

IX. Gestundete Prämien
X. Rückständige Zinsen und Mieten
XI. Ausstände bei Generalagenten bzw. Agenten:
1. aus dem Geschäftsjahre
2. aus früheren Jahren

XII. Barer Kassenbestand
XIII. Inventar und Drucksachen
XIV. Kautionsdarlehen an versicherte Beamte
XV. Sonstige Aktiva
XVI. Verlust

B. Passiva.

I. Aktien- oder Garantiekapital
II. Reservefonds (§ 37 Pr. V. G., § 262 H. G. B.):
1. Bestand am Schlusse des Vorjahrs
2. Zuwachs im Geschäftsjahre

III. Prämienreserve für:
1. Kapitalversicherungen auf den Todesfall
2. Kapitalversicherungen auf den Lebensfall
3. Rentenversicherungen
4. Sonstige Versicherungen

IV. Prämienüberträge für:
1. Kapitalversicherungen auf den Todesfall
2. Kapitalversicherungen auf den Lebensfall
3. Rentenversicherung
4. Sonstige Versicherungen

V. Reserven für schwebende Versicherungsfälle:
1. beim Prämienreservefond aufbewahrt
2. sonstige Bestandteile

VI. Gewinnreserven der mit Gewinnanteil Versicherten
VII. Sonstige Reserven
VIII. Guthaben anderer Versicherungsunternehmungen
IX. Barkautionen
X. Sonstige Passiva
XI. Gewinn

B. Für größere Feuerversicherungsunternehmungen.

Bilanz für den Schluß des Geschäftsjahres 19 .

A. Aktiva.

1. Forderungen an die Aktionäre für noch nicht eingezahltes Aktienkapital (bzw. bei Gegenseitigkeitsvereinen Forderungen an die Garantiefondszeichner wegen der nicht bar gedeckten Obligos, die Art der Deckung — Wechsel, Schuldscheine usw. — ist anzugeben)
2. Sonstige Forderungen:
   a) Rückstände der Versicherten
   b) Außenstände bei Agenten bzw. Generalagenten
   c) Guthaben bei Banken
   d) Guthaben bei anderen Versicherungsunternehmungen
   e) im folgenden Jahre fällige Zinsen, soweit sie anteilig das laufende Jahr betreffen
   f) anderweit (getrennt nach Gattungen und Summen)
3. Kassenbestand
4. Kapitalanlagen:
   a) Hypotheken und Grundschulden
   b) Wertpapiere
   c) Darlehen und Wertpapiere
   d) Wechsel
   e) anderweit (getrennt nach Gattungen und Summen)
5. Grundbesitz
6. Inventar
7. Sonstige Aktiva (getrennt nach Gattungen und Summen)
8. Noch zu deckende Organisations-(Einrichtungs-)Kosten bei Gegenseitigkeitsvereinen
9. Verlust

B. Passiva.

1. Aktienkapital, bei Gegenseitigkeitsvereinen Betrag des etwaigen Garantiefonds
2. Überträge auf das nächste Jahr, zu a) und b) nach Abzug des Anteils der Rückversicherer:
   a) für noch nicht verdiente Prämien
   b) für angemeldete, aber noch nicht bezahlte Schäden (Schadenreserve)
   c) anderweit (getrennt nach Gattungen und Summen)
3. Hypotheken und Grundschulden, sowie sonstige in Geld zu schätzende Lasten (Reallasten, Renten usw.) auf den Grundstücken Nr. 5 der Aktiva
4. Barkaution
5. Sonstige Passiva:
   a) Guthaben anderer Versicherungsunternehmungen
   b) anderweit (getrennt nach Gattungen und Summen)
6. Reservefonds
7. Spezialreserven (einzeln)
8. Gewinn

Bei der Betrachtung von Versicherungsbilanzen muß zwischen denen der Aktiengesellschaften und denen der Gegenseitigkeitsvereine streng unterschieden werden; während dort nämlich die Bilanz mit Gewinn oder Verlust abschließt, weist hier die Bilanz keines von beiden auf; denn bei diesen Gegenseitigkeitsvereinen richten sich gewissermaßen die Einnahmen nach den Ausgaben; es wird so viel Prämie erhoben, wie Schäden und sonstige Kosten im Geschäftsjahre zu verzeichnen sind. Das primitive Umlageverfahren findet sich keineswegs in allen Versicherungszweigen und bei allen Gegenseitigkeitsvereinen. Die heutige Lebensversicherung hat es, abgesehen von einer großen Anzahl von Sterbekassen, so gut wie vollständig verlassen. Soweit die Gegenseitigkeitsvereine das Prämienverfahren der Aktiengesellschaften angenommen haben, weisen ihre Bilanzen dieselbe Form auf, mithin auch Gewinn und Verlust.

An den wiedergegebenen Bilanzformularen ist mit Recht Kritik geübt worden, namentlich neuerdings von *Lengyel*, der darauf hinweist, daß die Vermögensteile auf beiden Seiten der Bilanzen in einer ganz willkürlichen Reihenfolge aufgezählt seien, welche dem inneren organischen Zusammenhang der Bilanzposten nicht entsprechen. Er hat infolgedessen den beachtenswerten Versuch unternommen, das „amtliche Schema durch Zusammenfassen der homogenen Elemente systematisch umzugruppieren“ und gibt „folgendes auch theoretisch und organisch richtige Schema“:

Bilanz.

I. Aktiva im engeren Sinne:

1. Sachen:

a) bewegliche:

1. Kassenbestand
2. Wechsel und Schecks
3. Wertpapiere
4. Inventar

b) unbewegliche:

5. Grundstücke
6. Häuser

2. Forderungen:

a) offene:

7. Außenstände bei Agenten
8. Guthaben bei Banken und Sparkassen
9. Guthaben bei anderen Versicherungsgesellschaften
10. Diverse Debitoren

b) verbriefte:

11. Forderungen an Aktionäre oder Garanten
12. Darlehen an öffentliche Körperschaften, Schul- und Kirchengemeinden

c) Pfandgedeckte (Real-)Forderungen:

13. Hypotheken
14. Darlehen und Wertpapiere

II. Antizipationen:

15. Anteilige Zinsen
16. Ungetilgte Organisationskosten

III. Durchlaufende Posten:

17. Kautionswerte
18. Pensionsfondsvermögen
19. Avalforderungen

IV. Bewertungsposten:

20. Verlust

I. Reinvermögen:

1. Aktienkapital (im Nennwerte)
2. Gesetzliche Reserve
3. Sonstige Reserven (einzeln)
4. Gewinn

II. Transitorische Posten (Antizipationen):

5. Prämienübertrag
6. Schwebende Schäden
7. Sonstige transitorische Posten (vorausempfangene Kapital- und Mietzinsen usw.)

III. Durchlaufende Posten:

8. Kautionen
9. Pensionsfonds
10. Avalschulden

IV. Bewertungsposten:

11. Delkrederekonto
12. Sonstige Bewertungsposten (Abschreibungen von Realitäten, vom Inventar usw.)

V. Passiva im engeren Sinne:

13. Passivsaldi der Rechnungen mit den Rückversicherern
14 Hypothekarische Schulden
15. Kreditoren

Die deutsche Aufsichtsbehörde hat in Erkenntnis des Umstandes, daß aus Konkurrenzgründen Versicherer ein berechtigtes Interesse an der Geheimhaltung mancher Geschäftsvorgänge haben, zugelassen, daß über die dem Amt zu liefernden Nachweisungen und die Punkte, über welche öffentlich Rechenschaft abgelegt werden muß, verschiedene Regeln gelten. Beispielsweise ist es Rückversicherern, die an sich der Aufsichtsbehörde nicht unterstehen, von denen aber durch eine Verordnung von 1908 eine Rechenschaftslegung gefordert wurde, gestattet worden, eine ganze Reihe von Versicherungszweigen der Sachversicherung unter der Rubrik „sonstige Versicherungszweige" zusammenzufassen, um nicht jedermann ersichtlich zu machen, welche Zweige gewinnbringend, welche verlustreich gewesen seien. Dem Aufsichtsamt gegenüber muß aber eine genaue Trennung in allen Fällen durchgeführt werden.

§ 19. Technik der Finanzverwaltung.

Der tatsächliche Preis der Versicherung, die Bruttoprämie, enthält, wie bei Behandlung der Prämienberechnungstechnik angedeutet wurde, gewisse Zuschläge zur Nettoprämie. Diese haben den naheliegenden Zweck, Kosten zu decken, die ein Versicherungsunternehmen neben den Ersatzleistungen zu tragen hat. Sie zerfallen im wesentlichen in solche für Verwaltungskosten und für Rücklagen. Dazu kommen bei der Lebensversicherung solche für die als Gewinne oder Dividenden bezeichneten Zahlungen an die Versicherten.

Die Verwaltungskosten bilden nach den bereits erörterten Schadenzahlungen die Hauptausgabeposten. Sie sind einzuteilen in allgemeine Verwaltungskosten (für Bureaumiete, Gehälter der Direktoren und aller sonstigen Beamten, Prozeßkosten, Bedarf an Drucksachen, Inventar u. dgl. m.) und in besondere Verwaltungskosten. Es liegt auf der Hand, daß nur die letzteren Eigentümlichkeiten gegenüber anderen Betrieben aufweisen. Sie zerfallen wieder in Abschluß-, Inkasso- und Regulierungskosten. Auch von diesen ist bereits gelegentlich der Erörterung des Vermittlerwesens die Rede gewesen. Alle Verwaltungskosten zusammengerechnet, betragen, wenn man versucht einen gewissen Durchschnitt zu ziehen, bei allen Gesellschaften und allen Zweigen meist zwischen 10 und 30 Prozent der Prämie, und zwar ist in der Regel die Organisationsform ohne Belang. Es lassen sich ebensowohl einzelne Aktiengesellschaften nennen, welche ein Mehrfaches der Verwaltungskosten von Gegenseitigkeitsanstalten aufzuweisen haben, wie umgekehrt. Stellt man reine Privatunternehmungen den ganz oder teilweise öffentlichen gegenüber, so lassen sich dieselben Beobachtungen machen. Regeln über das Verhältnis zwischen Gesamthöhe der Verwaltungskosten und Unternehmungsformen kann man kaum aufstellen. Jeder Versicherungszweig, jede Organisationsform, jede Anstalt hat besondere Eigentümlichkeiten, muß individuell betrachtet werden. Höchstens kann man sagen, daß je älter eine Gesellschaft, je größer ihr Versicherungsbestand, desto geringer die auf den Einzelnen fallenden Quoten der Verwaltungskosten.

Ein Beispiel mag die Behauptung rechtfertigen, daß ein allgemeines

Urteil über die Verwaltungskosten kaum möglich ist, sondern nur ein solches von Fall zu Fall. So ist namentlich von den Zwangsanstalten die Immobiliarfeuerversicherung viel billiger als die Mobiliarversicherung zu betreiben. Eine große Sozietät kam 1867—1877 mit 14 Prozent aus, von 1878 an aber hatte sie 35 Prozent der Beiträge als Verwaltungskosten aufzuwenden, da sie 1878 mit der vorher nicht betriebenen freiwilligen Mobiliarfeuerversicherung begann.

Betrachtet man die Höhe der Verwaltungskosten absolut, so ergeben sich gewaltige Beträge. 1910 haben die unter Reichsaufsicht stehenden Anstalten (einschließlich Rückversicherung) an Verwaltungskosten einschließlich Steuern 260 Millionen Mark benötigt. Der Betrag ist weiter gestiegen bis auf 277 Millionen Mark im Jahr 1916. Wenn man bedenkt, daß demgegenüber die Gesamtausgaben Württembergs im Jahre 1910 211 Millionen Mark betrugen und die Beiträge Preußens zum Etat des Reiches 142 Millionen Mark, so scheint die Berechtigung einer Kritik der Höhe der Verwaltungskosten unserer Gesellschaften psychologisch verständlich, allein man darf nicht vergessen, daß auf der anderen Seite auch die Einnahmen ebenso wie die Auszahlungen der Versicherungsanstalten im Vergleich zu den Finanzen des erwähnten Staates imponierend sind. So haben die Einnahmen des preußischen Staats aus den gesamten Steuern 1910 noch nicht 460 Millionen Mark betragen, während im gleichen Jahr die deutschen Privatversicherungsanstalten an Prämien über 1600 Millionen Mark eingenommen haben. An Versicherungssummen wurden von den gleichen Anstalten etwa 700 Millionen Mark ausbezahlt. Die preußischen Staatsschulden umfaßten im gleichen Jahr rund 10 Milliarden Mark; die Verpflichtungen allein der deutschen Lebensversicherungsanstalten betrugen aber über 14 Milliarden Mark. Die oben erwähnten Zunahmen der Verwaltungskosten zeigen sich bei allen Zweigen, am meisten in der Lebens- und dann in der Feuerversicherung. Allein zu den Verwaltungskosten sind hier stets die Steuern gerechnet und es gilt die Zunahme nur von den absoluten Zahlen. Die Tabelle S. 148 zeigt, daß prozentual betrachtet die Verwaltungskosten in den einzelnen Zweigen im Verhältnis zur Prämieneinnahme zwar wesentlich verschieden sind, innerhalb desselben Zweiges aber wenigstens Jahr für Jahr fast unverändert bleiben. Bei einigen Zweigen bilden die Agenturkosten einen recht hohen Prozentsatz der Verwaltungskosten. Bei der Lebensversicherung werden etwa die Hälfte, bei der Feuer- und Glasversicherung etwa $^4/_5$ aller Verwaltungskosten für Abschluß- und Inkassoprovision verausgabt.

In Ergänzung der umseitigen Tabelle seien für 1916 auch noch die Sätze für die kleineren Zweige angegeben. Es wurden von Prämieneinnahmen verbraucht für Verwaltungskosten in der Wasserleitungsversicherung 41 Prozent, Sturmschädenversicherung 30 Prozent, Kautions- und Garantieversicherung 19 Prozent, Kreditversicherung 37 Prozent, Maschinenversicherung 25 Prozent. Die Rückversicherung wies im gleichen Jahre 29 Prozent auf.

Die Verwaltungskosten der Transportversicherung betrugen in den Jahren 1902 bis 1916 durchschnittlich etwas über 20 Prozent, die der Einbruchdiebstahlversicherung etwa das Doppelte, nämlich ungefähr 40 Prozent.

Die Verwaltungskosten ausländischer Anstalten sind in der Regel viel höher; so betragen die der amerikanischen Feuerversicherungs-Aktiengesellschaften, welche im Staate New York 1910 tätig waren (insgesamt 147 Institute), rund 42 Prozent unter Einrechnung der Ausgaben für Steuern; davon entfallen auf Agentenprovisionen etwa 22, auf feste Gehälter etwa 8 Prozent.

Verwaltungskosten (einschl. Steuern) in den einzelnen Versicherungszweigen bei den deutschen Anstalten in % der Prämieneinnahmen. 1902—1916.

Jahr	I. Leben	II. Unfall u. Haftpflicht	III. Feuer	IV. Hagel	V. Glas	VI. Vieh
1902	13	52	21	18	25	24
1903	12	41	23	18	26	23
1904	14	43	23	21	25	23
1905	14	34	26	14	29	23
1906	14	35	27	14	25	24
1907	14	35	27	12	30	23
1908	15	36	28	19	30	22
1909	14	36	28	20	31	22
1910	15	36	27	11	32	24
1911	16	41	30	16	30	18
1912	16	41	31	14	30	17
1913	15	42	31	15	34	17
1914	15	40	32	13	34	17
1915	11	38	31	16	34	17
1916	12	41	32	14	32	18

Die hier mitgeteilten Unkostensätze geben indessen keinen Anhalt für die Beurteilung der größeren oder geringeren Billigkeit einer Gesellschaft, einer Gruppe von Gesellschaften oder der Versicherungszweige, weil man zu diesem Zwecke auf die einzelnen Quellen zurückgehen müßte, aus denen die Unkosten entstehen. Es sind da die Abschlußkosten, die Inkassoprovisionen, die laufenden Kosten des Bureaudienstes und die der Regulierung zu unterscheiden. Sachgemäße Analysen nach dieser Richtung sind bisher nur auf dem Gebiete der Lebensversicherung und verwandter Versicherungszweige, wie der Invalidenversicherung, veröffentlicht, bei denen die Verträge über eine lange Reihe von Jahren laufen, während die Abschlußkosten, wie der Name sagt, sofort bei Beginn der Versicherung fällig werden, und daher die obigen Zahlen ganz besonders geeignet sind, den Laien über die größere oder geringere Billigkeit einer Anstalt zu einem falschen Urteil zu veranlassen. Da die Abschlußkosten relativ viel höher sind als die laufenden Verwaltungskosten, wird bei derartigen Vergleichen unter zwei Gesellschaften, die auf eine Police und Prämie dieselben Unkosten aufweisen, immer die Gesellschaft scheinbar teurer sein, die einen größeren Neuzugang hat. Für die Dividenden aber, die bei einem rationellen Dividendensystem nur von den Kostensätzen pro Police und Prämie abhängen und die im Verein mit den Tarifprämien die größere oder geringere Billigkeit entscheiden, ist es ohne Bedeutung, wie hoch der Neuzugang sich stellt.

Altenburger hat für die ungarischen Lebensversicherungsgesellschaften (in der Zeit vor dem Weltkrieg) Ziffern gewonnen, die auch dem Durchschnitt der deutschen Lebensversicherungsgesellschaften annähernd entsprechen dürften. Nach ihm betragen

1. die gesamten Abschlußkosten 4 Prozent der Versicherungssumme;

2. die dauernden Unkosten setzen sich zusammen aus

a) solchen, die während der ganzen Prämienzahlungsperiode einer Versicherung in Frage kommen (wie die Inkassoprovision) und die etwa 3 Prozent der Tarifprämie betragen, und außerdem

b) solchen, die während der ganzen Versicherungsdauer auftreten, also auch evtl. noch nach bereits erfolgtem Ablauf der Prämienzahlung, und die noch etwa 1 Prozent der Versicherungssumme gleich sind.

Eine Gesellschaft, die diese Unkostensätze hat, weist also einen durch sie bedingten Grad der Billigkeit auf Denkt man sich nun zwei Gesellschaften mit einem Versicherungsbestande von 200 Millionen Mark, deren jede eine Tarifprämie von etwa 40 Mark für je 1000 Mark Versicherungssumme erhebt, von denen die erste A aber einen Zugang von 40 Millionen, die zweite B einen solchen von 10 Millionen Mark Versicherungssumme hat, so stellt sich die Rechnung wie folgt:

Im Geschäftsjahr	Gesellschaft A	Gesellschaft B
Prämieneinnahme:	ℳ	ℳ
1. Alte Versicherungen (40 × 200 000)	8 000 000	8 000 000
2. Neue Versicherungen (40 × 40 000 bzw. 40 × 10 000)	1 600 000	400 000
3. Summa	9 600 000	8 400 000
4. Abschlußkosten (4 % von ℳ 40 Millionen bzw. (ℳ 10 Millionen)	1 600 000	400 000
5. Auf Prämien entfallende Verwaltungskosten (3 % von ℳ 9 600 000 bzw. ℳ 8 400 000) . .	288 000	252 000
6. Auf Versicherungssumme berechnete sonstige Verwaltungskosten (1 ‰ von ℳ 240 Millionen bzw. ℳ 210 Millionen)	240 000	210 000
7. = 4 + 5 + 6 Unkosten Summa	2 128 000	862 000
8. = 7 : 3 Unkosten in Prozenten der Prämieneinahme	22,2 %	10,26 %

Obwohl also die Gesellschaften A und B mit genau den gleichen Unkostensätzen arbeiten und daher ihren Versicherten die Versicherung zu genau gleichem Preise liefern können, erscheint dem Laien die Gesellschaft A doppelt so teuer wie die Gesellschaft B, wenn er ohne Trennung der Unkosten nach ihren Quellen, deren Gesamtbetrag einfach mit der Gesamtprämieneinnahme der Gesellschaft vergleicht.

Die Unkostenvergleichung ist ein beliebtes Gebiet auf dem Felde der Tendenzstatistik, die um so lieber zu solchen Zwecken verwandt wird, als der Laie die hier erforderliche Trennung der Unkosten, bei der ohnehin eine gewisse Willkür nicht zu vermeiden ist, mangels ausreichender Daten und hinreichender Einsicht gar nicht vorzunehmen vermag.

Bei dem Streit, ob die private oder die öffentliche Versicherung geringere Verwaltungskosten aufweist, darf man sich nicht durch die nackte Zahl der Statistik zu einseitiger Parteinahme verführen lassen. Wenn es auch richtig ist, daß die öffentlichen Feuerversicherungsanstalten mit einem geringeren Prozentsatz der Nettobeiträge für Verwaltungskosten auskommen als die privaten Anstalten, so mag man die Ausführungen des früheren Präsidenten der schweizerischen Aufsichtsbehörde *Kummer* beachten, in denen er erklärt: „Ein Hauptargument, das gegen die private Versicherung ins Feld geführt wird, besteht in deren Kosten. Allerdings kostet die staatliche Anstalt wenig, weil in der Regel bloß die Ausgabe für einen Buchhalter und für die Abfassung der Jahresrechnung gebucht wird. Die von den Mitgliedern der Regierung, namentlich von dem Chef des betreffenden Departements, auf dieses Geschäft verwendete kostbare Zeit, die Beratungen der Kantonsräte und die Referendumsvorlage, die Portofreiheit, die Arbeit der Bezirksbehörden, die durch die Entschädigung nicht gedeckten Zeitversäumnisse der Gemeindebehörden und meist auch die Auslagen der Versicherten selbst werden eben nicht in Rechnung gebracht, aber so viel ist sicher, daß an dem Anschwellen der Kosten der Gemeinde- und Staatsadministration vielfach jene Geschäftszweige schuld sind, die man dem Gemeindewesen aufbürdet in der Meinung, daß ihm keine Mehrkosten erwachsen."

Prüft man zur Ermöglichung einer Beurteilung der Wirtschaftlichkeit der Versicherung die Verwaltungskosten in ihrem Verhältnis zu den Schadenszahlungen — ein allerdings in der Praxis aller Zweige, aller Systeme und aller Anstalten wenig beliebtes Verfahren —, so kommt man namentlich bei Berücksichtigung der gegenwärtigen ökonomischen Lage keineswegs zu einem sehr befriedigenden Durchschnittsergebnis. Diese Tatsache drängt dazu, auf möglichst große Ersparnis durch Betriebsvereinfachung und Verbilligung aller Art (Taylorisierung, Typisierung, Fusionierung oder wenigstens Bildung von Arbeitsgemeinschaften usw.) bedacht zu sein. Auch das Problem der Einführung der Einheitsversicherung, der Universalpolice (1. Bd. S. 191. 2. Bd. § 42) ist in diesem Zusammenhang zu nennen. Das sind freilich Reformen zum Teil sehr einschneidender Art, deren Durchführung an mannigfachen heftigen Widerständen leicht scheitern kann.

Die neueren Aufsichtsgesetze enthalten auch Bestimmungen über die Art und Weise der Kapitalanlage der Versicherungsgesellschaften. Hier ist vor allem zu beachten, daß die Kreditgewährung nicht Selbstzweck ist, sondern sich nach den Bedürfnissen des Versicherungsbetriebes richtet und auch von diesem abhängig ist. Hauptgrundsatz muß sein, daß der Versicherungsbetrieb ungestört und sicher auch in ungünstigen wirtschaftlichen Zeiten funktionieren kann. Sicherheit, Rentabilität, Liquidität, Anpassung der Verwaltung an den Versicherungsbetrieb sind daher die Grundsätze, welche *Rudolf Mueller* für die Kapitalanlage aufstellt. In die Verantwortung für die rationellen Kapitalanlagen teilen sich die Versicherer mit den zuständigen Verwaltungsbehörden bzw. Gesetzgebern. Stellt eine Aufsichtsbehörde unrichtige Grundsätze auf, so kann auch das Verwaltungsgenie eines Versicherungsdirektors die Fehler der Aufsichtsbehörde nicht korrigieren. Am wichtigsten ist die sichere Anlage, die Frage der Rentabilität darf nicht an erster Stelle stehen. Die Liquidität braucht nicht bei allen Versicherungszweigen gleich groß zu sein.

Die herrschenden Bestimmungen der deutschen Reichsaufsichtsbehörde beziehen sich zunächst nur auf die größeren Lebensversicherungsgesellschaften. Diese Vorschriften umfassen gewisse Grundsätze für die Beleihung und Ermittlung des Wertes von Grundstücken. Es heißt darin u. a., daß der Feststellung des Beleihungswertes eine Abschätzung des Grundstücks durch eine für diese Zwecke errichtete öffentliche Behörde oder durch Sachverständige voranzugehen hat, falls nicht etwa das Darlehen auf Grund gesetzlicher Bestimmungen als mündelsicher anzusehen ist. Die Beleihung darf der Regel nach nur zur ersten Stelle erfolgen und darf die ersten $^3/_5$ des Grunstückwertes nicht übersteigen. Besondere Vorsichtsmaßregeln sind für die Prämienreserve bei der Lebensversicherung getroffen. (§ 31.)

Kapitalanlagen bei den deutschen Unternehmungen.

(Nach der letzten vollständigen amtlichen Statistik für 1916)

Versicherungszweig und Gesellschaftsform		Insgesammt in 1000 M.	Von 1000 M. der Kapitalanlagen kommen auf							
			Grundbesitz	Hypotheken	Darlehen an öffentliche Körpersch.	Wertpapiere	Darlehen auf Wertpapiere	Darlehen auf Policen	Darlehen auf Wechsel	Sonstige Anlagen
Lebensversicherung	A.-G.	3 998 821	23	758	51	89	0,11	79	—	—
	G.-V.	2 380 199	8	729	78	94	1	89	1	—
	Berufsver.	151 277	8	623	76	276	0,016	17	—	—
Unfall- u. Haftpflichtversicherung	A.-G. u. G.-V.	295 884	80	477	149	277	3	14	0,32	—
Viehversicherung	A.-G.	629	172	—	—	828	—	—	—	—
	G.-V.	6 444	35	148	0,24	817	—	—	—	—
Hagelversicherung	A.-G.	24 489	18	68	—	873	8	—	33	—
	G.-V.	14 349	30	106	1	812	0,21	—	49	2
Feuerversicherung	A.-G.	445 941	74	433	2	452	10	14	11	4
	G.-V.	106 245	27	339	99	521	—	—	4	10
Glasversicherung	A.-G.	12 483	112	687	—	200	1	—	—	—
	G.-V.	985	35	699	—	266	—	—	—	—
Rückversicherung	A.-G.	288 061	37	204	5	730	1	—	16	7
	Insgesamt	7 725 807	24	686	59	137	1	70	2	1

Wir sehen aus dieser den Bilanzwert der Anlagen wiedergebenden, der amtlichen Statistik entnommenen Zusammenstellung, wie sehr die Kapitalanlage in Hypotheken bei den deutschen Anstalten in ihrer Gesamtheit überwiegt (von 1000 Mark Kapitalanlagen entfielen 686 auf Hypotheken), wie namentlich in der Lebensversicherung, welche die weitaus höchsten Kapitalbestände von allen Zweigen aufweist, die Hypothekenanlagen alle anderen Vermögensanlagen überflügeln. Diese Erscheinung hat bis 1916 von Jahr zu Jahr zugenommen, seitdem aber hat eine rückläufige Bewegung eingesetzt, hingegen ist der Anteil von Darlehen an öffentliche Körperschaften gestiegen.

Welche verschiedenen Grundsätze in den einzelnen Staaten hinsichtlich der Vermögensanlagen bestehen, wie sehr insbesondere das Verhältnis von Anlagen in Hypotheken zu den sonstigen Anlagen sich unterscheidet, geht aus der folgenden, dem Bericht des Eidgenössischen Versicherungsamts entnommenen Tabelle hervor.

Anlage der Aktiven am 31. Dezember in:	Jahr	Gesellschaften				
		Schweizerische %	Deutsche %	Französische %	Englische %	Amerikanische %
Hypotheken	1888	38,81	73,29	2,95	12,29	24,60
	1898	50,14	78,57	5,75	18,2	17,90
	1908	60,28	79,45	5,97	25,71	16,94
	1918	56,70	65,69	4,64	22,8[illegible]	18,15
Liegenschaften	1888	4,35	2,36	22,56	3,76	14,36
	1898	5,59	1,47	21,59	4,02	11,40
	1908	4,61	1,23	18,91	7,04	4,11
	1918	3,66	0,99	16,70	6,19	2,27
Wertschriften	1888	26,51	5,73	55,90	36,59	46,31
	1898	24,89	3,13	57,15	45,58	56,07
	1908	20,42	2,56	61,65	43,24	59,87
	1918	15,55	10,94	58,50	52,40	59,85

Die Frage der Vermögensanlage steht seit Jahren im Mittelpunkt der Erörterung nicht nur in Deutschland. Eine Reihe Staaten hat, um ihre Anleihen günstig unterzubringen, erklärt, ausländische Gesellschaften nur dann zum Geschäftsbetrieb zuzulassen, wenn diese einen gewissen Betrag in inländischen Staatspapieren anzulegen sich verpflichten. Die Forderung, die einheimischen Versicherungsanstalten zu zwingen, einen Teil ihrer Fonds (man dachte an 10—25 Prozent) in Anleihen des Deutschen Reichs oder der Bundesstaaten anzulegen, ist nicht verwirklicht worden. Die Berufsgenossenschaften und Landesversicherungsanstalten, die Reichsversicherungsanstalt für Angestellte und die öffentlichen Feuersozietäten sind jedoch zu einer 25prozentigen Anlage durch Gesetz verpflichtet worden.

Wenn nun noch von den Gewinnen die Rede ist, so muß darauf hingewiesen werden, daß diese Bezeichnung in doppeltem Sinne bei der Versicherung verwandt wird, einmal in dem gewöhnlichen, auch bei anderen Unternehmungen üblichen, in der Bedeutung von Unternehmergewinn; dann aber in einem speziellen bei der Lebensversicherung. Hier versteht man darunter gewisse Rückzahlungen an die Versicherten. Auf diese Gewinne ist im zweiten Band zurückzukommen. (§ 32.)

Die Rentabilität der deutschen Privatversicherung mag aus den nachstehend abgedruckten Tabellen S. 153 ersehen werden.

Hiernach steht von größeren Zweigen die Vieh- und Hagelversicherung am ungünstigsten, vom Rentabilitätsstandpunkt aus betrachtet; man darf aber dabei nicht übersehen, daß die Träger beider Zweige regelmäßig Vereine auf Gegenseitigkeit sind. Mäßige Gewinne zeigen auch die Rückversicherung und Transportversicherung. Daß bei neu eingeführten Zweigen, wie etwa Maschinen- oder Kreditversicherung in den ersten Jahren auf Rentabilität nicht zu rechnen ist, bedarf kaum besonderer Hervorhebung.

I. Prämienüberschüsse (in Prozenten der Prämien für eigene Rechnung) 1888—1919 bei deutschen Anstalten sämtlicher Zweige.

	1891—95	1896—00	1901—05	1906—10	1911—15	1916	1919
1. Leben . . .	12,3	16,1	18,9	17,9	18,4	18,5	13,4
2. Unfall und Haftpfl. . .	19,5	15,1	8,8	10,0	9,8	13,0	— 19,8
3. Transport .	4,1	2,6	4,9	2,9	2,1	8,4	3,7
4. Feuer . . .	9,8	11,0	15,5	14,4	14,1	31,3	19,1
5. Glas. . . .	7,8	6,1	8,7	7,0	4,7	1,5	— 16,4
6. Hagel . . .	8,7	— 0,8	0,3	1,7	16,4	11,5	13,0
7. Vieh . . .	— 6,3	2,0	0,6	— 0,8	0,5	9,2	7,9
8. Diebstahl .	—	26,5	24,9	27,2	32,5	21,9	— 84,4
9. Wasserl. . .	6,3	3,3	9,5	12,5	23,2	27,5	— 6,0
10. Rück . . .	2,9	1,5	1,6	1,1	1,4	2,9	0,1

II. Industrieller Gewinn von Versicherungsanstalten der Schweiz in % der Gesamtprämieneinnahmen 1900—1916.

Zweig	1900	1902	1904	1906	1908	1910	1912	1914	1916
1. Leben	?	?	?	?	?	?	?	?	?
2. Unfall und Haftpfl. .	6,35	3,97	5,6	5,9	6,2	6,8	5,1	5,9	5,0
3. Transport	7,15	9, 3	10,12	7,63	3,69	6,8	3,6	7,1	10,2
4. Feuer	5,95	11,25	5,57	—9,56	10,8	12,6	9,4	3,9	9,0
5. Glas.	0,44	7,08	14,39	9,53	10,1	6,0	3,7	11,8	6,3
6. Diebstahl	7,00	8,97	17,09	27,41	22,9	24,7	26,9	36,3	26,4
7. Wasserleitung . . .	32,05	33,25	23,84	1,93	12,6	27,0	14,3	29,8	28,7
8. Rück	5,87	1,27	—0,24	5,29	2,7	—0,7	1,6	—2,3	1,3

Bei der Beurteilung der Dividendenhöhe der Versicherungsanstalten muß man eine möglichst lange Reihe von Jahren ins Auge fassen und hieraus den Durchschnittssatz errechnen. In den ersten Jahren des Bestehens einer Gesellschaft pflegen ihre Dividenden sehr niedrig zu sein, während sie in den späteren Jahren zu steigen pflegen, freilich gelegentlich nicht ohne Rückschläge.

Wenn einzelne Versicherungsgesellschaften abnorm hohe Gewinne auszuschütten in der Lage gewesen sind und man gegen diese Einwendungen erhebt, so darf man den Gesetzgeber nicht von jeder Verantwortung freisprechen, vielmehr hat der Gesetzgeber die besondere Stellung der Versicherungsaktiengesellschaften nicht erkannt, sonst hätte er wahrscheinlich beschränkende Bestimmungen für ihre Gewinnverteilung aufgestellt. Haben wir doch eine Reihe privater Versicherungsgesellschaften, die aus freien Stücken die Dividendengewährung stark eingeengt haben.

Die Hauptquelle der Erträge sind die Zinsen. Bei den deutschen Unternehmungen dürften diese täglich über anderthalb Million Mark betragen. Mindestens $^2/_3$ aller Zinsgewinne fallen auf die Lebensversicherung.

Was die *eigentlichen Gewinne* der Anstalten durch Versicherungsbetrieb anbelangt, so muß vor allem darauf geachtet werden, daß die Privatversicherung, deren Fundament auf einem gesunden wirtschaftlichen Egoismus beruht, an sich kein Wohltätigkeitsinstitut ist. Ob in der Form der Aktiengesellschaften oder des Gegenseitigkeitsvereins, sie ist kein philanthropisches Unternehmen, sondern ein Geschäft, das Gewinn erzielen muß. Die Angestellten der Unternehmung wollen besoldet sein; die Agenten, ohne die im allgemeinen ein rationeller Versicherungsbetrieb heute unmöglich ist, wollen und müssen bezahlt werden. Und bei den Aktiengesellschaften kommt die Notwendigkeit hinzu, das Aktienkapital zu verzinsen. Alle diese Momente erfordern das Streben nach Gewinn bei der Privatversicherung, das an sich durchaus nicht verwerflich zu sein braucht. Trotz dieses Strebens nach Gewinn ist und bleibt die Versicherung ein gemeinnütziges Institut, dessen Vorteile oft verkannt werden, weil man nur an die Aktionärdividenden denkt. Hinsichtlich der Prämien gilt nicht unbedingt der Satz, daß ein hoher Gewinn gleichbedeutend ist mit einer zu hohen Prämie. Umgekehrt sind geringe Prämien nicht stets gleichbedeutend mit geringem Gewinn. Einen unmittelbaren Zusammenhang zwischen diesen beiden Posten hat noch Niemand nachgewiesen. Ebenso wie die Fabrikatpreise durch Einführung technischer Verbesserungen sinken können und dennoch eine Erhöhung des Unternehmergewinns damit verbunden sein kann, ohne daß von zu hohem Verdienst der Unternehmer zu sprechen ist, ebensowenig ist der Privatversicherung in ihrer Gesamtheit der Vorwurf zu machen, daß ihre Verdienste zu hoch seien, wenn dies auch gelegentlich der Fall ist. Man bedenke nur, daß im Einzelfall oft für eine nach Pfennigen bemessene Prämie eine nach Tausenden bemessene Versicherungssumme geleistet wird.

Häufig wird unter Zugrundelegung der Versicherungssummen eine Gewinnberechnung aufgemacht. Das ist meist unzulässig. Haben diese z. B. schon bei der Unfallversicherung eine untergeordnete Bedeutung für den Geschäftsstand, so trifft das bei der Haftpflichtversicherung in noch höherem Maße zu. Denn wenn die Versicherungssummen in ihrer Gesamtheit sich auch als schwebende Verpflichtungen darstellen, so werden sie doch in den meisten Zweigen nie in ihrer Gesamtheit fällig und zeigen auch nicht annähernd das übernommene Risiko. Bei Zugrundelegung der Dividendenverteilung und dem Verhältnis der Dividenden zum Aktienkapital ist zu beachten, daß das eingezahlte Kapital nur ein Teil des wirklich haftenden ist. Richtig allein erscheint es, die Rentabilität aus dem Verhältnis zwischen Reingewinn und Prämieneinnahme zu berechnen. Ein Versicherer kann z. B. bei einem eingezahlten Aktienkapital von 1 Million eine Prämieneinnahme von 5 Millionen und hieraus einen Gewinn von 200 000 Mark erzielen; die Aktiendividenden würden in diesem Falle 20 Prozent ausmachen, während aus den Einnahmen doch nur 4 Prozent verdient worden sind.

Eine wie minimale Verteuerung der Prämienbeiträge der einzelnen Versicherten durch eine wenn auch sehr hohe Aktionärdividende eintritt, zeigt das Beispiel einer der größten Versicherungsanstalten Europas, welche vornehmlich Personenversicherung betreibt. Diese, eine deutsche Anstalt, hat ein 6 Millionen Mark betragendes Aktienkapital auf welches 5,6 Millionen Mark einbezahlt sind. Aus dem Jahresgewinn erhielten die Aktionäre 18 Millionen Mark = 21 Prozent der Einzahlung. Rechnet man hierzu noch die Tantiemen, welche mit 844 284 Mark ausgewiesen werden, so daß sich der Gesamtbetrag von 2,02 Millionen Mark ergibt, so sind dies nur 1,4 Prozent der gesamten Prämieneinnahme und sogar nur 1,1 Prozent der Prämien einschließlich Zinseinnahme.

In gerechter Würdigung dieser Sachlage hat z. B. die schweizerische Aufsichtsbehörde, damit man nicht auch die von den Gesellschaften aus ihrem bedeutenden baren Vermögen bezogenen Zinsen, (welche in der Dividende mit enthalten sind,) zu dem den Versicherten abgenommenen Geld rechne, in ihren Berichten neben der Gewinn- und Verlustrechnung die Berechnung des „industriellen Gewinnes" eingeführt. Hier werden in den Einnahmen nur die Leistungen der Versicherten aufgezählt, „um zu zeigen, wieviel eigentlich von diesen Leistungen nach Bezahlung der Schäden und der Verwaltungskosten übrig bleibe". Das Resultat ist seit Jahren, daß die Gesellschaften der meisten Zweige über die Zinsen ihrer eigenen Garantiekapitalien hinaus für das von diesen Kapitalien getragene Risiko „ein recht bescheidenes Entgelt" erhalten. (S. 153.) Als einen ebenso unparteiischen Richter wie das Eidgenössische Versicherungsamt muß man wohl das Österreichische Ministerium des Innern ansehen, in dessen Berichten sich gelegentlich der Satz vorfindet: „das Jahresgeschäft aller Aktiengesellschaften als Ganzes hat einen Gewinn überhaupt nicht abgeworfen."

Aus den angeführten Tabellen wird man sich selbst ein zutreffendes Urteil darüber bilden können, ob und eventuell wo der Gewinn der Versicherungsunternehmungen ein zu hoher ist.

Der Einwand, daß die Dividendenhöhe nicht nach dem gezeichneten, sondern nur nach dem eingezahlten Kapital betrachtet werden müsse, ist jedenfalls in dieser schroffen Form unberechtigt. Wenn auch bei dem sicheren Stand der Versicherungsaktiengesellschaften die Wahrscheinlichkeit, daß das nichteingezahlte Kapital tatsächlich nicht haftet, durchweg groß ist, so darf man doch nicht ohne weiteres einfach die Folgerung daraus ziehen, daß irgendeine Zinsvergütung für die rechtlich doch unbedingt haftenden Summen ungerechtfertigt ist. Jedenfalls darf der bei einzelnen Gesellschaften zu hohe Gewinn nicht der Gesamtheit der Gesellschaften zur Last gelegt werden.

V. Versicherungspolitik.

§ 20. Die Probleme der Versicherungspolitik.

Unter dem Begriff Versicherungspolitik sind alle Maßnahmen zu verstehen, mit welchen der Staat eine Einwirkung auf das Versicherungswesen bezweckt.

Diese Maßnahmen gliedern sich vornehmlich in Staatsaufsicht, Kriminalpolitik, Finanzpolitik und Zivilrechtspolitik. Bei den drei ersten gelangen die unmittelbaren Beziehungen zwischen Staat und Versicherungsunternehmungen zur Darstellung. Das Zivilrecht beschäftigt sich hingegen mit den Beziehungen zwischen Versicherungsunternehmungen und den Versicherten, enthält mithin das Recht des Versicherungsvertrags. Ein Teil der Versicherungspolitik ist schon in dem Kapitel über die Organisation der Versicherung erörtert worden, nämlich die Betätigung des Staates als Unternehmer oder Organisator der Versicherung. (§ 10.) Auch die Beziehungen des Staates zu den Unternehmerverbänden mußten vorausgenommen werden. (§ 12.)

Wie auf zahlreiche andere Streitfragen im Gebiet des Versicherungswesens kann auch die Antwort auf die Frage nicht einheitlich lauten, welche Rolle der Staat als Gesetzgeber dem Versicherungswesen gegenüber einzunehmen hat. Eine Einigung der verschiedenen Ansichten, die hier gegenüberstehen, hat sich erst in letzter Zeit angebahnt.

Die Lösung des Problems wird von der einen Seite erblickt in dem möglichst geringfügigen Einmischen des Staates in das gesamte Versicherungswesen. Nicht nur soll der Staat nicht selbst Versicherung betreiben; er soll auch den von seinen Bürgern ins Leben gerufenen Unternehmungen keine Vorschriften machen; ja selbst das Recht des Versicherungsvertrags soll er lediglich der freien Parteivereinbarung überlassen. Vielleicht ist das extreme Manchestertum nirgendwo so lange und so nachdrücklich vertreten worden wie im Versicherungswesen. Noch heute begegnen wir beispielsweise in Holland durchaus manchesterlicher Auffassung. In diesem Buch wird ein entgegengesetzter Standpunkt eingenommen, welcher der Auffassung vieler modernen Gesetzgebungsarbeiten auf dem Gebiete des Versicherungswesens, insbesondere auch der deutschen entspricht.

Aber selbst unter den Anhängern einer Staatseinmichung bestehen wesentliche Meinungsverschiedenheiten über deren Art und Umfang. Sowohl theoretisch wie praktisch lassen sich hier drei verschiedene Systeme feststellen: das System der Publizität, das der Normativbestimmungen und das der Konzession nebst materieller Staatsaufsicht.

Innerhalb dieser drei Systeme, von denen das letztere immer mehr zur Herrschaft gelangt, und namentlich auch im Deutschen Reich auf Grund des Gesetzes über die privaten Versicherungsunternehmungen vom 12. Mai 1901 eingeführt worden ist, bieten sich naturgemäß wieder eine ganze Reihe von Problemen.

Das Publizitätssystem, wie es beispielsweise in Großbritannien vornehmlich für die Lebensversicherung herrscht, beschränkt die Tätigkeit des Staates im wesentlichen darauf, daß er Vorschriften gibt, die Geschäftsergebnisse der Unternehmungen in bestimmten Perioden zu veröffentlichen und allen Interessenten zugänglich zu machen. Natürlich kann eine große Verschiedenheit dadurch erzielt werden, daß mehr oder minder viele Nachweisungen vom Gesetzgeber gefordert werden. Der Grundgedanke dieses Systems besteht darin, daß nicht der Staat, sondern daß die Versicherten die Instanz sind, welche eine Kontrolle über den Geschäftsbetrieb der Versicherungsunternehmungen auszuüben haben. Lediglich, um den Versicherten und dem Publikum überhaupt diese Kontrolle zu ermöglichen, gibt der Staat die Vorschrift der Veröffentlichung gewisser Nachweise.

Dieses System ist ebensowenig für alle Länder, wie für alle Versicherungszweige gleich geeignet oder ungeeignet. Wenn alle Versicherte ausgezeichnete Kenner des Versicherungswesens sind und neben Fähigkeit und Urteilskraft Zeit und Neigung besitzen, die Unternehmungen, bei welchen sie sich versichert haben, zu prüfen, dann ist dieses System ausgezeichnet. Je weniger aber diese Möglichkeit eigener Prüfung vorhanden ist, desto weniger tauglich ist das System der Publizität.

Das System der Normativbestimmungen gibt dem Staate weitergehende Befugnisse. Hier wird vorgeschrieben, welchen Anforderungen ein Versicherungsunternehmen genügen muß, um zum Geschäftsbetrieb zugelassen zu werden. Es wird vom Gesetz ein unveränderliches Schema der Erfordernisse aufgestellt. Jedes Unternehmen, das formell diesen Erfordernissen Genüge leistet, muß unbedingt zugelassen werden. Nach der Zulassung ist es von jeder weiteren Staatsaufsicht frei.

Dieses System ist dann berechtigt, wenn man die Auffassung vertritt, daß der Betrieb des Versicherungsgeschäfts auf eine Linie zu stellen ist mit jedem anderen Gewerbebetrieb, welchem freies Gewährenlassen zugesichert ist. Man muß dann die Überzeugung haben, welche auch bei den Anhängern des Publizitätsprinzips zu finden ist, daß das versicherungsuchende Publikum sich selbst überlassen werden kann und seine Interessen durch eigene Wachsamkeit genügend vertreten werde. Von den Verfechtern des Normativsystems wird insbesondere geltend gemacht, daß nur unter ihm der freie Wettbewerb der Unternehmungen in keiner Weise gehemmt werde. Hierdurch sei bereits eine hinreichende Sicherung zur Ausmerzung schwindelhafter Unternehmungen und zur Beseitigung unsoliden Geschäftsgebarens gegeben. Wir finden dieses Normativsystem gegenwärtig nur noch in sehr wenigen Ländern.

Dem immer mehr unter den heutigen Verhältnissen als richtig anerkannten System der Konzession und materiellen Staatsaufsicht liegen entgegengesetzte Auffassungen zugrunde, nämlich — wie es in der Begründung des deutschen Aufsichtsgesetzes heißt — die, daß das öffentliche Interesse an einer gedeihlichen und soliden Entwicklung des Versicherungswesens in besonders hohem Grade beteiligt ist und dem Staate die Pflicht besonderer Fürsorge auf diesem Gebiete auferlegt. „Maßgebend hierfür ist insbesondere einerseits die Rücksicht auf die große volkswirtschaftliche, soziale und ethische Bedeutung des Versicherungswesens, anderseits auf die Gefahr schwerster Schädigung des Volkswohls, die von einem Mißbrauche des Versicherungswesens droht, und um so näher liegt, als auf diesem Gebiete des Wirtschafts- und Verkehrslebens selbst der sorgsame und verständige Bürger ohne Hilfe von anderer Seite zu eigener zuverlässiger Beurteilung der Anstalten, denen er sich anvertrauen muß, regelmäßig nicht imstande ist."

Zunächst ist es die Höhe der dem Versicherungszweck gewidmeten und der durch sie gewährleisteten Summen, welche den Gesetzgeber zur Wahl des herrschenden Systems veranlaßt hat. „Vor allem müssen auch die eigenartigen, für den Volkswohlstand und das ethische Volksleben bedeutsamen Funktionen ins Auge gefaßt werden, durch welche sich das Versicherungswesen von den sonstigen Wirtschaftszweigen wesentlich abhebt. Wie der durch die Versicherung ermöglichte Schutz des Einzelnen gegen die vernichtenden und zerrüttenden Wirkungen elementarer Schäden eine wichtige, volkswirtschaftliche und zugleich kulturelle Errungenschaft bildet, so ist die durch die Lebensversicherung zu erreichende Fürsorge der Versicherungsnehmer für die Zukunft ihrer Familienangehörigen nicht bloß eine für letztere segensreiche Betätigung des Familiensinns und der Familienpflichten, sondern auch für den Versorgenden selbst ein Mittel, sich von drückender Sorge für die Zukunft zu befreien und sich für die Anforderungen der Gegenwart Mut und Schaffensfreudigkeit zu sichern. Unter diesen Umständen ist es bei der dem deutschen Volke eigenen Auffassung von den Aufgaben des Staates unmöglich, dem Staate dem Versicherungswesen gegenüber kein anderes Interesse und keine anderen Pflichten zuzusprechen, als gegenüber einer beliebigen auf Erzeugung und Bereitstellung materieller Güter für den Volksbedarf gerichteten freien Gewerbetätigkeit.

Dazu kommt, daß der Versicherungstrieb mehr als irgendein anderer Wirtschaftszweig auf das Vertrauen der Bevölkerung angewiesen ist. Nur wo dieses auf Grund langer gleichmäßiger Erfahrungen, auf Grund einer von Generation zu Generation sich fortpflanzenden Überlieferung den Versicherungsunternehmungen im allgemeinen entgegengebracht wird, kann das Versicherungswesen mit seinem segensreichen

Wirken alle Bevölkerungsklassen durchdringen und die ihm zukommende Rolle im Volksleben spielen. Wird dieses Vertrauen getäuscht, so sind nicht nur die Getäuschten die Leidtragenden und nicht bloß die eine Anstalt, welche das Vertrauen verscherzt hat, ist die Geschädigte, sondern das gesamte Versicherungswesen leidet empfindliche Einbuße an Vertrauen. Darunter haben denn auch die soliden und gut verwalteten Anstalten, die einer eingehenden staatlichen Kontrolle weniger bedürfen würden, zu leiden, ebenso dann auch die Bevölkerung, welche sich einschüchtern und davon abhalten läßt, die Vorteile der Versicherung sich nutzbar zu machen.

Tausende und aber Tausende setzen bei der Versicherung ihr Vertrauen darauf, daß die versicherte Anstalt ihnen im Falle der Not Hilfe bringen kann und auch bringen will, ohne etwa die eigene Überlegenheit über die Geschäftsunkunde der Versicherten auszubeuten und deren Ansprüche zu eigenem Vorteile etwa durch Benutzung listiger Vertragsklauseln zu vereiteln. Bei langfristigen Versicherungen vertraut der Versicherungsnehmer für seine Lebenszeit oder für Jahrzehnte seine oft nur unter den empfindlichsten Entbehrungen erzielten Ersparnisse der Anstalt in der Zuversicht an, daß redlich, dem Versicherungszweck entsprechend damit geschaltet wird. Der Staat hat ein lebhaftes Interesse daran, dieses Vertrauen, insbesondere der weniger gebildeten Staatsangehörigen zu schützen, und das gleiche Interesse haben die Versicherungsunternehmungen selbst, wegen ihres eigenen Ansehens und Gedeihens sowie wegen der weiteren Entwicklung der Versicherung überhaupt."

Die Eigentümlichkeit des Systems der materiellen Staatsaufsicht liegt darin, daß diese sich nicht lediglich in formeller Richtung betätigt, sondern auch die Einhaltung der durch Gesetz und Satzungen gegebenen Bestimmungen überwacht. „Die Aufsicht soll vielmehr durch Prüfungen und Entscheidungen materieller Art das Entstehen solcher Anstalten hindern, welche von vornherein des Vertrauens unwürdig erscheinen, bei allen zugelassenen Anstalten fortlaufend den gesamten Geschäftsbetrieb im Auge behalten und darüber wachen, daß von dem genehmigten Geschäftsplan nicht abgewichen wird, in der Geschäftsführung nicht Mißbräuche Platz greifen, welche die Versicherten gefährden und aus einem zu gemeinnütziger Wirksamkeit berufenen Institut ein gemeingefährliches machen würden. Da, wo veränderte Verhältnisse, z. B. Änderung der Gefahrenverhältnisse, des Zinsfußes, es nötig machen, soll die Aufsicht dahin wirken, daß durch Umgestaltung der technischen und finanziellen Grundlagen des Geschäfts der Bestand und die Leistungsfähigkeit der Anstalt erhalten bleiben, und endlich in Fällen, wo dennoch ein Zusammenbruch nicht abzuwenden ist, dafür sorgen, daß dem Geschäftsbetrieb rechtzeitig ein Ziel gesetzt wird und die Abwicklung der Geschäfte ohne willkürliche Beschädigungen oder Bevorzugungen Einzelner unter gleichmäßiger Wahrung der Interessen aller Beteiligten erfolgt."

Das System der materiellen Staatsaufsicht pflegt naturgemäß mit dem Konzessionsprinzip verbunden zu sein. An Stelle der Verpflichtung des Staats zur Zulassung eines neuen Unternehmens, wenn es rein formell den ein für allemal festgesetzten Zulassungsbedingungen entspricht, wie beim Normativsystem, tritt hier die Vorschrift, daß die Eröffnung des Geschäftsbetriebs in jedem Einzelfall der behördlichen Prüfung und Genehmigung unterliegt.

Dieses System baut sich auf der Erfahrung auf, daß formell eine Unternehmung einwandfrei sein mag, daß sie aber doch bereits bei ihrer Entstehung an wesentlichen Mängeln leiden kann. Beim Normativsystem ist die Möglichkeit vorhanden, daß der Staat mit offenem Auge der Errichtung einer Anstalt untätig zusehen muß, deren Geschäftsbetrieb ihm geradezu gemeingefährlich erscheint. Wenn freilich auch keine Behörde jemals zur gänzlichen Vermeidung der Errichtung unsolider und unsicherer Versicherungsanstalten imstande ist, so ist immerhin doch schon viel dadurch erreicht, daß wenigstens solche Unternehmungen nicht zugelassen werden, die ganz offensichtlich von vornherein wesentliche Mängel in ihren finanziellen und technischen Grundlagen aufweisen.

So sehr man auch Anhänger einer umfassenden Staatsaufsicht über das Versicherungswesen sein mag, so verkehrt wäre es, die erheblichen Mängel, welche auch dieser Einrichtung anhaften, leugnen zu wollen. Auch der deutsche Gesetzgeber erkennt in der Begründung des Aufsichtsgesetzes diese Fehler an, indem er ausführt: „Es liegt auf der Hand, daß damit der Staatsaufsicht ungemein schwierige und verantwortungsvolle Aufgaben gestellt sind, und daß deren Erfüllung nicht in allen Fällen mit unbedingter Sicherheit erwartet werden darf. Daraus indessen, daß man sich zuweilen vielleicht mit nur annähernden Erfolgen wird begnügen müssen, ist nicht der Schluß gerechtfertigt, daß hier die öffentlichen Gewalten überhaupt zur Untätigkeit verurteilt und staatliche Behörden nicht imstande seien, ohne Benachteiligung des Vertrauens in die staatlichen Einrichtungen überhaupt die Beaufsichtigung der Versicherungsunternehmungen zu führen. Staatsbehörden werden jedenfalls, darüber kann ein Zweifel nicht bestehen, weit besser imstande sein, Übelstände aufzudecken und abzuwehren als die auf die Selbsthilfe verwiesenen Versicherungsbedürftigen und die auf sich allein gestellte private Kritik. Letztere wird erst dann recht fruchtbar werden können, wenn sie neben der Staatsaufsicht und mit dieser in gegenseitiger Unterstützung der Aufgabe waltet, das Versicherungswesen auf vertrauenswürdiger Bahn zu erhalten." Freilich wird die Aufsichtsbehörde, wenn sie ihrer schwierigen Aufgabe gewachsen sein soll, der Mitwirkung von Sachverständigen nicht entbehren können und neben großer Sorgfalt auch einen besonderen Takt beweisen müssen.

Es ist selbstverständlich, daß das System der materiellen Staatsaufsicht keine feste Größe ist, vielmehr einen äußerst dehnbaren Rahmen besitzt. So bietet sich das schwierige Problem, den Staatsbehörden zwar einen gewissen Spielraum zu geben, anderseits aber die unbedingte Gewißheit zu haben, daß immerhin bestimmte Grenzen für die Aufsichtstätigkeit vorhanden sind. Die Grenzen dürften dann am besten gewahrt werden, wenn den Versicherungsdirektionen eine gewisse Mitwirkung bei Ausübung der Verwaltung eingeräumt wird, wie es im Deutschen Reich der Fall ist und auch in anderen Ländern durchgeführt worden ist. Aber auch hierbei drohen Gefahren, falls etwa die Auswahl der Mitglieder eines solchen Beirats einseitig getroffen wird.

Schwierig ist die Frage, ob ausnahmslos alle Versicherungsunternehmungen ohne Rücksicht auf den Versicherungszweig, welchen sie betreiben, der Staatsaufsicht unterstehen, ob insbesondere auch solche Versicherungszweige darunter fallen sollen, welche bei Abfassung eines Gesetzes über die Staatsaufsicht überhaupt noch nicht vorhanden waren und erst später entstanden sind. Sollen einzelne Zweige von der Staatsaufsicht ausgeschlossen werden, so fragt es sich, wo hier die Grenze zu ziehen ist. Will man aber umgekehrt alle, auch erst künftig entstehende Versicherungszweige der Staatsaufsicht unterstellen, so besteht die große Gefahr, daß man der Weiterentwicklung des Versicherungswesens Erschwerungen bereitet. Es dürfte daher am besten sein, wenn lediglich die bestehenden Versicherungszweige, diese aber möglichst ausnahmslos, der Staatsaufsicht unterstellt würden.

Bei einem Rückblick auf seine Tätigkeit in den ersten fünf Jahren hebt das deutsche Aufsichtsamt hervor: „Ohne das Konzessionssystem wäre unser Versicherungsmarkt von einer Unzahl neuer Gründungen auf dem Gebiete der verschiedensten Versicherungszweige überschwemmt worden. Nach Hunderten zählen die Unternehmungen, die ins Leben gerufen werden sollen und wohl auch zum größeren Teile ins Leben getreten wären, wenn es hierzu nicht der aufsichtsbehördlichen Genehmigung bedurft hätte. Für Fernstehende ist es kaum glaublich, wieviel Menschen, von den besten Absichten beseelt, aber aller Sachkunde wie aller finanziellen Mittel bar, die Menschheit mit neuen Versicherungsideen und neuen Gründungen beglücken zu können glauben. Daneben laufen zahlreiche Zulassungsanträge, die von rein geschäftsmäßigen Spekulanten ausgehen, ebenfalls sachkundiger wie finanzieller Vorbereitung und Fundierung entbehren und zweifellos zur gewissenlosesten Ausbeutung des Publikums geführt haben würden. In den weitaus meisten Fällen ist es gelungen, solche unreifen dilettantenhaften und bedenklichen Projekte ohne förmliche Entscheidungen, lediglich im Wege der Verhandlung mit den Antragstellern durch Hinweis auf die technischen Schwierigkeiten, durch Forderung gründlicher sachgemäßer Vorbereitungen oder namentlich durch das Verlangen finanzieller Garantiemittel abzuwehren. Alle diese Unternehmungen würden nicht von langem Bestande gewesen sein, wenn sie sich frei und ungehindert hätten erproben können; aber welche Verwüstung im Vertrauen des Publikums zu dem deutschen privaten Versicherungswesen hätten sie auch in kurzer Zeit angerichtet, sehr zum Schaden der bestehenden gediegenen Versicherungsunternehmungen."

Die Einführung eines Versicherungsverwaltungsrechts in den einzelnen Ländern führt, wie schon angedeutet wurde, zu einem äußerst schwierigen neuen Problem: wie sind die internationalen Rechtsbeziehungen im Sinne einer Vereinheitlichung auszugestalten, damit die Staaten sich gegenseitig im Interesse der heimischen Versicherungsindustrie keine Hindernisse in den Weg legen?

Vor einer Reihe von Jahren waren Bestrebungen im Gange, Vereinbarungen unter einer großen Anzahl europäischer Staaten dahin zu treffen, daß dieselben Rechnungsnachweise für alle diese Staaten anerkannt werden. Zu einem praktischen Ergebnis ist man bisher nicht gelangt.

Was die Kriminalpolitik in ihrer Beziehung zur Versicherung betrifft, so sind deren Aufgaben eng begrenzt. Sie hat wirksame Strafrechtsnormen aufzustellen, um insbesondere den Versicherungsbetrug, wie immer er begangen sein mag, in rationeller Weise unter das Strafgesetz zu bringen.

Wie die fortschreitende Entwicklung des Versicherungswesens in den meisten Kulturländern auch eine fortschreitende Entwicklung in der Ausgestaltung des Verwaltungsrechts, des Strafrechts und des Vertragsrechts aufzuweisen hat, fehlt es auch nicht an Belegen dafür, daß die Vermehrung der für die Versicherungsunternehmungen in Betracht kommenden Steuergesetze fortschreitet. Obgleich die Staaten naturgemäß durch die eingehendere Beschäftigung mit dem Versicherungswesen dessen privat- und volkswirtschaftliche, soziale und politische Vorteile besser schätzen und kennen lernen als früher, und an der weiteren möglichst vorteilhaften Ausbildung des Versicherungswesens mehr und mehr interessiert werden, zwingt sie doch ihre durchweg äußerst trostlose Finanzlage dazu, die Versicherung durch fiskalische Auflagen besonders zu belasten.

Eine umfassende Regelung des Versicherungsvertragsrechts besteht bis auf den heutigen Tag nur in sehr wenigen Ländern. Nur das Deutsche Reich, die Schweiz und dann Österreich haben es vermocht, der Schwierigkeiten Herr zu werden, welche das mitten in seiner machtvollen Entwicklung stehende Versicherungswesen dem Versuch bietet, seine privatrechtlichen Normen in starre Paragraphen zu schmieden. In Frankreich und den skandinavischen Ländern liegen Kodifikationsentwürfe vor.

Bei der gesamten Versicherungspolitik ist aber stets daran zu denken, daß, je umfassender sie gestaltet wird, desto größer die Verantwortung der Regierung, desto geringer die Verantwortung der Unternehmer, desto blinder das Vertrauen der großen Masse ist, welche zur Selbständigkeit zu erziehen vielleicht die höchste Aufgabe der Versicherungspolitik wäre.

§ 21. Staatsaufsicht.

Die prinzipiellen Erörterungen über das Gebiet der Staatsaufsicht im Versicherungswesen dürften dem Verständnis der gegenwärtigen Verhältnisse den Weg geebnet haben. Ein Blick auf die Zustände, welche in Deutschland vor Inkrafttreten des jetzigen Reichsgesetzes über die privaten Versicherungsunternehmungen vom 12. Mai 1901 geherrscht haben, wird den Beweis bringen, von welchen bedeutenden Vorteilen die nunmehrige einheitliche Gesetzgebung für das Versicherungswesen ist.

Nach § 6 der Reichsgewerbeordnung findet diese keine Anwendung auf den Gewerbebetrieb der Versicherungsunternehmer, aber nicht etwa, weil der Gesetzgeber unumschränkte Gewerbefreiheit für diesen Betrieb schaffen wollte, sondern weil er ein besonderes Gesetz hierfür beabsichtigte, wozu Artikel 4 Nr. 1 der Reichsverfassung die Handhabe bot. Hier wurden nämlich als der Beaufsichtigung des Reiches und der Gesetzgebung derselben unterliegend bezeichnet: die Bestimmungen über den Gewerbebetrieb, einschließlich des Versicherungswesens. Die neue Verfassung der Republik bestimmt dasselbe.

Solange aber das Reich von der ihm zustehenden Befugnis keinen Gebrauch gemacht hatte, unterstand das private Versicherungswesen nicht einem Reichsgewerberecht, sondern den verschiedenen Landesrechten. Und das war bis zum 1. Januar 1902 in vollem Umfange der Fall.

Diese Landesrechte folgten den verschiedensten Systemen, vom freien unbeaufsichtigten Wettbewerb für die gesamte Privatversicherung oder für die meisten Zweige derselben bis zum strengen Konzessionsprinzip mit oder ohne Bedürfnisnachweis, sowie anderen Kautelen, und mit mehr oder weniger Staatsaufsicht. Innerhalb eines Staates gab es mitunter verschiedene Rechte. So galten in Preußens neuen Provinzen andere Vorschriften als in den alten Landesteilen, ja innerhalb derselben Provinz waren die für eine Konzessionserteilung zuständigen Behörden ebensowenig die nämlichen, wie die Beaufsichtigung einer einzigen Zentralbehörde oblag. Drei Ministerien, das des Innern, das Landwirtschafts- und das Handelsministerium teilten sich hierein.

Zu dieser kaum übersehbaren Vielgestaltigkeit kam hinzu die unzeitgemäße Erscheinung, daß die deutschen Bundesstaaten sich gegenseitig als Ausland ansahen.

Die Mannigfaltigkeit der Gesetze wurde häufig noch durch ihre Unzulänglichkeit übertroffen. Wo es an gesetzlichen Vorschriften überhaupt fehlte, hatte sich ein Gründungsschwindel entwickelt, dem die Behörden oft so lange machtlos gegenüberstanden, bis das Unternehmen am Zusammenbruch angelangt und allgemeines Unheil angerichtet war. Da mußte die Anwendung des Strafgesetzbuchs nachträglich gutmachen, was teilweise nur durch die Kurzsichtigkeit der Gesetzgeber gewisser Bundesstaaten, durch den Mangel eines brauchbaren Verwaltungsgesetzes verursacht worden war. Bedenklich war andrerseits die in manchen Gebieten den Behörden eingeräumte allzu große Machtbefugnis, die in der Möglichkeit freier Widerruflichkeit einer Konzession zum Ausdruck kam. Auch hier war im Interesse der Rechtssicherheit eine Änderung dringend erwünscht.

Die Bestrebungen nach Vereinheitlichung des öffentlichen Rechtes der deutschen Privatversicherung lassen sich bis ins Jahr 1861 zurückverfolgen. Aber nicht vor Ende 1898 wurde der erste Entwurf eines Gesetzes über die privaten Versicherungsunternehmungen veröffentlicht. Seine Redaktion rührt von dem späteren Präsidenten des Aufsichtsamts für Privatversicherung *Gruner* her. Er ist auf der Grundlage der *Bödiker*schen Vorarbeiten aufgebaut und verwertet diese teilweise sowohl im Gesetzestext wie in den Motiven.

Der Hauptvorteil des Gesetzes vom 12. Mai 1901 ist in der Schaffung einer einheitlichen Rechtsgrundlage für das gesamte Reichsgebiet zu erblicken. Aber diese Grundlage umfaßt durchaus nicht alle Materien, die für die Privatversicherung in Betracht kommen. Das Gesetz beschränkt sich grundsätzlich auf die Regelung des öffentlichen, des Verwaltungsrechts, scheidet also von vornherein die Ordnung des Versicherungsvertrags aus. Nur die Verhältnisse zwischen den Privatversicherungsunternehmungen und dem Staat, nicht aber die Beziehungen zwischen Unternehmungen und Versicherten will das Gesetz mit seinen Normen umfassen. Doch das Prinzip ist nach einer doppelten Richtung hin durchbrochen. Einmal wird auch das Zivilrecht nicht unerheblich berücksichtigt; die Gegenseitigkeitsvereine erhalten durch das Gesetz zum erstenmal in Deutschland eine einheitliche Gestaltung. Auch konkursrechtliche und sonstige privatrechtliche Normen enthält das Gesetz. Dieses Hinausgehen über die selbstgezogenen Grenzen war ebenso notwendig wie nützlich. Bedenken erregte hingegen der völlige Ausschluß der zahlreichen auf Landesrecht beruhenden öffentlichen Versicherungsanstalten und der landesgesetzlichen Vorschriften. Die staatlichen Lebens-, Feuer-, Hagel- und Viehversicherungsanstalten bleiben unberührt von dem Aufsichtsgesetz, ebenso bleiben die landesrechtlichen Vorschriften über polizeiliche Kontrolle der Feuerversicherungsverträge — jedoch unter Beseitigung der Präventivkontrolle —, über Leistungen für gemeinnützige oder Feuerlöschzwecke u. dgl. m. bestehen. (Vgl. § 44.)

Weiter finden wir den Ausschluß der Innungs- und Knappschaftskassen, während die ursprünglich ausgeschlossenen ehemaligen eingeschriebenen Hilfskassen, die jetzt nur noch Krankenversicherungsvereine auf Gegenseitigkeit sind, im Zusammenhang mit der Neuregelung der Sozialversicherung durch die Reichsversicherungsordnung der Aufsichtsbehörde für Privatversicherung gleichfalls unterstellt worden sind. Die anfangs gänzlich aufsichtsfreie Rückversicherung ist durch bundesratliche Verordnung vom 18. Juni 1908 teilweise (in bezug auf Einsichtnahme in den Geschäftsbetrieb, statistische Nachweisungen und Gebührenzahlung) der Aufsichtsbehörde unterstellt worden. Keine Befugnisse hat diese gegenüber der Kursverlust- und der Transportversicherung; es unterstehen jedoch dem Gesetz die meist lokalen Charakter tragenden kleinen Transportversicherungen auf Gegenseitigkeit. Das Gesetz zur Ergänzung des Gesetzes über die privaten Versicherungsunternehmungen vom 24. Oktober 1917 erklärt von der Aufsicht frei „Unternehmungen, die der Förderung des Grundkredits durch Übernahme des Hypothekenschutzes dienen, insbesondere in der Weise, daß sie gegen ein von dem Hypothekenschuldner zu entrichtendes Entgelt sich für die ihm obliegenden Leistungen verbürgen oder Vorschüsse auf diese Leistungen zahlen".

Die Erlaubnis zum Geschäftsbetrieb wird erteilt und die laufende Aufsicht ausgeübt, wenn eine Unternehmung ihren Betrieb über die Grenzen eines Bundesstaats ausdehnt, von dem Kaiserlichen Aufsichtsamt für Privatversicherung, bei Beschränkung auf einen Bundesstaat von den Landesbehörden, die jedoch ihre Befugnisse der Reichsbehörde übertragen können. Ausländische Anstalten bedürfen der Zulassung durch den Reichskanzler.

Mit dem Antrag auf Zulassung sind, um der Behörde die Prüfung der rechtlichen und wirtschaftlichen Seite des Betriebes zu ermöglichen, der Gesellschaftsvertrag bzw. die Satzung, die allgemeinen Versicherungsbedingungen und technischen Grundlagen einzureichen. Von der Bedürfnisfrage ist die Konzession für das Reichsgebiet ebensowenig abhängig zu machen, wie eine zeitliche oder örtliche Beschränkung der Konzession zulässig ist, sofern nicht etwa eine solche von dem Unternehmer gewünscht wird. In allen Fällen bedarf es dann noch einer Anzeige, die von dem Vorstand an die Landeszentralbehörde jedes Bundesstaats zu richten ist, in dem der Geschäftsbetrieb stattfinden soll. Die Landeszentralbehörden können verlangen, daß jedes Versicherungsunternehmen, das nicht seinen Sitz in ihrem Bundesstaat hat, einen Hauptbevollmächtigten mit Wohnsitz in dem betreffenden Bundesstaat und mit weitgehenden Vollmachten ausgestattet, bestellt.

Wichtig ist die Bestimmung, daß Personenvereinigungen, welche die Versicherung ihrer Mitglieder nach dem Grundsatz der Gegenseitigkeit betreiben, nur noch zugelassen werden, falls sie in der Form von Versicherungsvereinen auf Gegenseitigkeit errichtet werden, deren Verfassung das Gesetz genau vorschreibt. (§ 11.) Mithin sind insbesondere die Genossenschaften vom Betrieb aufsichtspflichtiger Zweige ausgeschlossen.

Zum Betrieb der wichtigsten Versicherungszweige: Lebens-, Unfall-, Haftpflicht-, Feuer- und Hagelversicherung darf die Erlaubnis nur an die Versicherungsvereine auf Gegenseitigkeit und an Aktiengesellschaften erteilt werden. Nur diese werden als den Anforderungen genügend angesehen, die man an Unternehmungen stellen muß, welche solche Versicherungszweige von hoher volkswirtschaftlicher Bedeutung betreiben. Darin folgt das Gesetz dem Muster mehrerer ausländischer Gesetzgebungen. Der Reichsrat hat die Möglichkeit, die Beschränkung hinsichtlich der Unternehmungsform auch noch auf andere Versicherungszweige auszudehnen.

Während ausländische Gesetze mehrfach die Konzessionserteilung regelmäßig von einer Kautionsstellung abhängig machen, ist eine solche nach dem deutschen Gesetz in der Regel nicht erforderlich, kann aber von der Aufsichtsbehörde im Einzelfall verlangt werden.

Die Konzessionsverweigerung gegenüber inländischen Unternehmungen darf nur aus bestimmten Gründen stattfinden, nämlich wenn der Geschäftsplan den Gesetzen widerspricht oder nach ihm die Interessen der Versicherten bzw. die dauernde Erfüllbarkeit der Verpflichtungen nicht genügend gewahrt erscheinen oder schließlich, wenn Tatsachen vorliegen, welche die Annahme rechtfertigen, daß ein den Gesetzen oder den guten Sitten entsprechender Geschäftsbetrieb nicht stattfindet.

Über den Inhalt des Gesellschaftsvertrags sowie der allgemeinen Versicherungsbedingungen sind keine obligatorischen Bestimmungen getroffen, sondern lediglich fakultative. Hingegen ist es eine zwingende Vorschrift, daß Abweichungen von den allgemeinen Versicherungsbedingungen zuungunsten des Versicherten nur bei schriftlicher Bestätigung desselben vor Vertragsschluß zulässig sind, und daß ebenfalls vor Vertragsschluß dem Versicherten ein Exemplar der allgemeinen Versicherungsbedingungen, eventuell auch der Satzungen, gegen eine besonders auszufertigende Empfangsbescheinigung auszuhändigen ist.

Das Gesetz gibt für das Gebiet der Lebensversicherung ausführliche Sondervorschriften, welche uns z. T. an anderem Ort beschäftigen werden. (§ 31.) Auf die der Lebensversicherung hinsichtlich der mathematisch-technischen Grundlagen nahe verwandte Unfall- und Krankenversicherung finden diese Vorschriften teilweise entsprechende Anwendung.

Änderungen des Geschäftsplans sind anzeige- und genehmigungspflichtig, ebenso Fusionen. Bei beiden darf die Verweigerung nur aus denselben Gründen wie die Konzessionsverweigerung stattfinden.

Eine Beschränkung der Zahl der verschiedenen Versicherungsarten, denen sich das gleiche Unternehmen widmet, ist zwar gesetzlich nicht vorgeschrieben worden; die Aufsichtsbehörde gestattet aber nicht mehr neu die Verbindung von Personen- und Sachversicherungsarten durch dieselbe Anstalt.

Die Reichsaufsichtsbehörde besteht aus einem Vorsitzenden und der erforderlichen Zahl von ständigen und nichtständigen Mitgliedern. Außerdem ist im Gesetz die fakultative Berufung von Kommissaren zur Erleichterung des Geschäftsverkehrs des Aufsichtsamts mit den seiner Aufsicht unterstehenden Unternehmungen vorgesehen.

Neben dem Amt ist ein Versicherungsbeirat eingerichtet, eine aus Sachverständigen bestehende, teils mitentscheidende, teils begutachtende Behörde, deren Mitglieder, angesehene und erfahrene Vertreter und Kenner des deutschen Versicherungswesens, im Ehrenamte tätig sind. Als Muster diente hier der 1896 eingerichtete, 1900 aufgelöste preußische Versicherungsbeirat. Unter dem Druck der Verhältnisse hat sich das Reichsaufsichtsamt 1921 entschlossen, seinen Beirat zeitgemäß zu erweitern und neben den Leitern von Versicherungsunternehmungen, die bisher die überwiegende Mehrzahl der Mitglieder des Beirats bildeten, einige Vertreter der Versicherungsangestellten mit heranzuziehen. Die Wissenschaft ist in dem Beirat völlig ungenügend beachtet — im Gegensatz zu Gepflogenheiten, wie wir sie oft im Ausland finden.

Das Verfahren vor dem Amt wird in dem Reichsgesetz nur in seinen Grundlagen geregelt: Mündlichkeit des Verfahren, Entscheidungen in der Besetzung von drei Mitgliedern des Amtes und zwei des Beirats, Möglichkeit eines Rechtsmittels, Rekurs bzw. Beschwerde gegen die meisten Entscheidungen des Amtes, Recht des Amtes auf Zeugenvernehmung u. dgl. m.

So allgemein als möglich bestimmt das Gesetz: „Der Aufsichtsbehörde liegt es ob, den ganzen Geschäftsbetrieb der Versicherungsunternehmungen, insbesondere die Befolgung der gesetzlichen Vorschriften und die Einhaltung des Geschäftsplans zu überwachen. Sie ist befugt, diejenigen Anordnungen zu treffen, welche geeignet sind, den Geschäftsbetrieb mit den gesetzlichen Vorschriften und dem Geschäftsplan im Einklange zu halten oder Mißstände zu beseitigen, durch welche die Interessen der Versicherten gefährdet werden oder der Geschäftsbetrieb mit den guten Sitten in Widerspruch gerät. Zur Befolgung ihrer Anordnungen kann die Aufsichtsbehörde die Inhaber und Geschäftsleiter der Unternehmungen durch Geldstrafen bis zu 1000 Mark anhalten."

Als weitere Befugnisse der Behörde zählt das Gesetz sodann auf: das uneingeschränkte Recht zur jederzeitigen Prüfung der Geschäftsführung und Vermögenslage auch hinsichtlich der Übereinstimmung der Veröffentlichungen mit den tatsächlichen Umständen, das Recht auf Büchereinsicht und Auskunft, das Recht auf Entsendung von Kommissaren in die Versammlungen der Organe der Anstalten, das Recht auf Berufung von Versammlungen. Auch während der Liquidation einer Anstalt dauert das Aufsichtsrecht fort.

Diesen weitgehenden Befugnissen wird Nachdruck verliehen durch das der Aufsichtsbehörde eingeräumte Recht der Betriebsuntersagung. Eine solche kann aus ähnlichen Gründen erfolgen, aus denen die Konzessionserteilung zu versagen ist. Es handelt sich hier um Fälle, in denen ein fortgesetztes Zuwiderhandeln gegen die aus der Konzessionserteilung sich ergebenden Verpflichtungen erfolgt oder eine Gefährdung der Versicherten oder „der guten Sitten" droht.

Der Behörde ist die ausschließliche Befugnis eingeräumt, den Antrag auf Konkurseröffnung zu stellen. Eine Neuerung nach englischem Vorbilde ist das Sanierungsverfahren. Hierüber bestimmt das Gesetz:

„Ergibt sich bei der Prüfung der Geschäftsführung und der Vermögenslage eines Unternehmens, daß dieses zur Erfüllung seiner Verpflichtungen für die Dauer nicht mehr imstande ist, die Vermeidung des Konkurses aber im Interesse der Versicherten geboten erscheint, so kann die Aufsichtsbehörde die zu diesem Zwecke erforderlichen Anordnungen treffen, sowie auch die Vertreter des Unternehmens auffordern, binnen bestimmter Frist eine Änderung der Geschäftsgrundlagen oder die sonstige Beseitigung der Mängel herbeizuführen. Bestimmte Arten von Zahlungen, insbesondere Gewinnverteilungen und bei Lebensversicherungen der Rückkauf oder die Beleihung des Versicherungsscheins sowie Vorauszahlungen darauf können zeitweilig verboten werden."

Die zur Sanierung erforderlichen Maßregeln sind nicht einzeln aufgezählt. Nur für die Lebensversicherung wird bestimmt, daß die Behörde — ein Fall, der ohne Vorbild im ganzen deutschen Rechtsleben dasteht und dem höchstens die Enteignung zur Seite zu stellen ist — eine zwangsweise Herabsetzung der Einzelansprüche im Interesse der Gesamtheit der Versicherten herbeizuführen befugt ist.

Bisher hat die Behörde von ihrem Herabsetzungsrecht noch keinen Gebrauch gemacht; um so häufiger hat sie Fusionen, Bestandsübertragungen, Portefeuilleabtretung der Anstalten gefördert, das Aufgehen einer Gesellschaft in einer anderen. Dabei ist es wiederholt zu Meinungsverschiedenheiten über die Rechtsfolgen einer solchen Fusion für die bei der aufgesogenen Anstalt Versicherten gekommen. Nach herrschender Ansicht steht im allgemeinen den Versicherten ein Rücktrittsrecht nicht zu, in Hinblick darauf, „daß eine wirksamere sachgemäßere, der Natur der Versicherungsverträge wie den Zwecken der gesetzlichen Bestimmung mehr entsprechende Sicherstellung nicht geboten werden kann, als sie die Versicherten dadurch erhalten, daß in die Verpflichtungen der Anstalt ihnen gegenüber ein anderer Versicherer eintritt, den die Aufsichtsbehörde für genügend sicher erklärt hat."

Die deutsche Aufsichtsbehörde greift gelegentlich auch in den Wettbewerb unter den Versicherungsanstalten ein, um hier herrschende Mißstände zu beseitigen. So hat sie 1908 für die Hagelversicherung, 1911 für die Viehversicherung Grundsätze aufgestellt, die zwar den gesunden Wettbewerb, der zur weiteren Bildung dieser Versicherungszweige erforderlich ist, nicht hindern, wohl aber gewisse Auswüchse beseitigen wollen; es heißt hier u. a., daß die Zahlen der Zusammenstellung nur die ordnungsmäßigen Veröffentlichungen oder die eigenen Mitteilungen der verglichenen Gesellschaften oder amtlichen Veröffentlichungen wiedergeben sollen, und daß Gruppierungen solcher Zahlen erkennen lassen müssen, aus welchen Einzelposten sie sich zusammensetzen.

Für die ausländischen Unternehmungen möglichst das gleiche Recht wie für die inländischen zu normieren, entspricht dem internationalen Charakter der Privatversicherung. Wollte man in Deutschland härtere Bestimmungen für die Ausländer treffen, so würde das Ausland sogleich mit den entsprechenden Maßregeln gegen deutsche Unternehmungen vorgehen. In der Tat bestimmt das Gesetz auch indirekt im Interesse der inländischen Versicherer, weniger aber im Interesse der Versicherten, daß seine Vorschriften auf die ausländischen Unternehmungen im allgemeinen Anwendung finden sollen. Nur wenige Ausnahmen von diesem Prinzip bestehen.

Der Betrieb des Versicherungsgeschäfts ausländischer Anstalten im Inland durch die Vermittlung von Vertretern, Bevollmächtigten, Agenten oder sonstige Vermittler ist konzessionspflichtig, während zu dem lediglich im Korrespondenzweg zu betreibenden Geschäft eine Konzession nicht erforderlich ist, da hierfür einerseits ein praktisches Bedürfnis nicht vorliegt, anderseits die Durchführung einer solchen Vorschrift mit erheblichen Schwierigkeiten zu kämpfen hätte.

Ausschließlich zuständig zur Entscheidung über den Antrag auf Konzessionserteilung ist, wie schon erwähnt, der Reichskanzler. Ein Recht auf Erlaubniserteilung hat in Gegensatz zu einem inländischen ein ausländisches Unternehmen nicht. Die Konzession darf nur an Gesellschaften, die mit juristischer Persönlichkeit in ihrem Heimatsstaat ausgestattet sind, erteilt werden, nach gutachtlicher Äußerung des Aufsichtsamts darüber, ob nicht Gründe vorliegen, die zur Konzessionsverweigerung auch bei inländischen Gesellschaften führen müßten, und unter der Bedingung, daß die Gesellschaft einen mit weitgehender Vollmacht ausgerüsteten verantwortlichen Vertreter mit Wohnsitz im Reichsgebiete bestellt. Nur durch Vermittlung von im Inland wohnenden Vertretern darf die ausländische Gesellschaft Versicherungsverträge mit Inländern abschließen.

Die inländischen Prämienreserven müssen derart sichergestellt werden, daß über diese nur mit Genehmigung der Aufsichtsbehörde verfügt werden kann.

Um im Notfall Wiedervergeltungsrecht ausüben zu können, ist die zweckmäßige Bestimmung getroffen, daß auf Antrag des Reichskanzlers der Bundesrat gegen zugelassene ausländische Unternehmungen die Untersagung des Geschäftsbetriebes nach freiem Ermessen beschließen kann, abgesehen von dem ordnungsmäßigen Untersagungsrecht des Aufsichtsamts.

Ausländischen Anstalten gegenüber beschränkt sich die Aufsichtstätigkeit des Amtes nicht nur auf das deutsche Geschäft, vielmehr auch auf den Betrieb der Gesellschaften in seiner Gesamtheit; denn Maßnahmen und Vorgänge im Ausland können, wenn sie auch das deutsche Geschäft nicht unmittelbar berühren, die ganze Unternehmung und damit auch die Interessen der deutschen Versicherten gefährden.

Der Vollständigkeit halber bedarf es noch der Erwähnung der Bestimmungen anderer Reichsgesetze, in welchen das private Versicherungswesen betreffende Vorschriften enthalten sind. Diese sind jedoch meist nicht öffentlich-rechtlicher Natur, betreffen vielmehr das Verhältnis zwischen Versicherern und Versicherten.

Nach Artikel 75 des Einführungsgesetzes zum Bürgerlichen Gesetzbuch bleibt auch nach dessen Inkrafttreten das Landesrecht für die privatrechtliche Seite des Versicherungswesens maßgebend. Daß jedoch dem Reich die Befugnis zur Regelung nach dieser Seite zusteht, ist ausdrücklich festgesetzt durch das Gesetz vom 20. Dezember 1873, wonach dem Reiche die Gesetzgebung über das gesamte bürgerliche Recht zugewiesen ist.

Die §§ 1045 und 1046 des Bürgerlichen Gesetzbuchs enthalten Bestimmungen über die Versicherung der Nießbrauchsache: die Versicherungspflicht des Nießbrauchers und die Surrogierung der Versicherungsforderung. Die §§ 1127 bis 1130 desselben Gesetzes regeln die Versicherungsansprüche bei Hypotheken: das Erstrecken der Hypothek auch auf die Forderung gegen den Versicherer, die Stellung des Versicherers in solchen Fällen, bei Gebäudeversicherung und anderweiter Versicherung und die satzungsgemäße Zahlung zur Wiederherstellung.

Aus dem Handelsgesetzbuch vom 10. Mai 1897 ist anzuführen die Bestimmung des § 1 Abs. 2 Nr. 3, wonach als Handelsgewerbe der Gewerbebetrieb gilt, welcher die Übernahme von Versicherungen gegen Prämie zum Gegenstand hat, ferner § 278, der bezüglich der Versicherungsaktiengesellschaften eine Ausnahme gegenüber anderen Aktiengesellschaften dahin zuläßt, daß eine Erhöhung des Grundkapitals durch Ausgabe neuer Aktien auch vor der vollen Einzahlung des bisherigen Kapitals erfolgen darf. (S. 79.) Im letzten Buch des Handelsgesetzbuches ist das Recht der Seeversicherung normiert. (Vgl. aber dazu §§ 40/41.) Die §§ 390, 407, 417 desselben Gesetzes regeln die Verantwortlichkeit des Kommissionärs, Spediteurs und Lagerhalters wegen der Unterlassung der ausdrücklich von Kommittenten angeordneten Versicherung der Ware.

Die Reichsgewerbeordnung bestimmt in § 14 Abs. 2 eine Anmeldepflicht für Feuerversicherungsagenten bei Übernahme und Aufgabe der Agentur.

Von der Strafgesetzgebung wird im § 22 die Rede sein.

Früher als in Deutschland ist die Kodifikation des Versicherungsaufsichtsrechts in Österreich und in der Schweiz erfolgt.

Die Grundlage des deutsch-österreichischen Aufsichtsrechts bildet, solange das im Entwurf seit Jahren vorliegende Gesetz nicht zur Annahme gelangt ist, die Verordnung der Ministerien des Innern, der Justiz, des Handels und der Finanzen vom 5. März 1896, betreffend die Errichtung, Einrichtung und Geschäftsgebarung von Versicherungsanstalten, in neuer erheblich geänderter Fassung vom 7. März 1921.

Diese Verordnung stellt die Forderung staatlicher Konzession auf. Nur Aktiengesellschaften oder auf dem Prinzip der gegenseitigen Haftung beruhende Vereine sind zulassungsfähig.

Im Gegensatz zum deutschen Gesetz fallen sämtliche Versicherungszweige unter die Bestimmungen der österreichischen Verordnung.

Die Gesellschaften sind verpflichtet, den Organen der Staatsaufsicht jederzeit alle Aufklärungen zu geben, welche gefordert werden. Insbesondere ist die Einsicht in die Bücher und Rechnungen der Gesellschaft jederzeit zu gestatten. Durch besondere fachtechnische Organe werden periodische Untersuchungen des Geschäftsganges aller Gesellschaften vorgenommen.

Was die Einrichtung der Versicherungsanstalten betrifft, so finden sich hier ungefähr dieselben Vorschriften, wie in dem deutschen Gesetz: über den Inhalt des Statuts, den Inhalt der allgemeinen Versicherungsbedingungen, die Stellung einer Kaution, Kapitalanlage usw. Besonders einschneidende Bestimmungen sind für den Betrieb der Lebensversicherung getroffen. Die Verbindung des Betriebes der Lebensversicherung mit Zweigen der Schadensversicherung kann nur dann gestattet werden, wenn im Einzelfall besondere Zweckmäßigkeitsgründe vorliegen und überdies die Einrichtung des Betriebes insbesondere des Versicherungsplanes besondere Sicherheiten, z. B. bezüglich der Risikengattung, der Rückversicherung usw. bietet, doch muß eine getrennte Betriebsführung, Vermögensverwaltung und Rechnungslegung für die Lebensversicherung im Falle einer solchen Vereinigung eingerichtet werden.

Aus den sonstigen Vorschriften verdient hervorgehoben zu werden die Bestimmung, daß Prospekte und alle Kundmachungen, die Reklamezwecken dienen, nur solche ziffernmäßigen Angaben über die Geschäfts- und Vermögenslage, die Geschäftsentwicklung und die von den Anstalten gebotenen Vorteile enthalten dürfen, die aus den in der betreffenden Druckschrift mit Jahresangabe zu bezeichnenden, der Behörde eingereichten Rechnungsabschlüssen unmittelbar zu entnehmen sind oder den jeweils geltenden Tarifen und allgemeinen Versicherungsbedingungen entsprechen.

Zum Zwecke der Beratung der Aufsichtsbehörde, als welche das Bundesministerium für Inneres und Unterricht fungiert, besteht ein „Beirat für die Vertragsversicherung“. Mitglieder dieses Beirates sind außer Vertretern der Ministerien „versicherungskundige Personen“ aus dem Kreise der Versicherungsanstalten (Leitungen und Angestellte) einerseits, und aus dem für Versicherungsnehmer an der Vertragsversicherung interessierten Bevölkerungskreisen (Festbesoldete, freie Berufe, Gewerbe, Handel, Industrie, Landwirtschaft usw.) andererseits. Auffällig ist hier die völlige Ignorierung der Wissenschaft.

In diesem Zusammenhang ist darauf hinzuweisen, daß die Gesetzgebung Deutsch-Österreichs, ebenso wie die der Tschechoslowakei 1919 und 1920, den Versicherungsgesellschaften das Recht zur „Erhebung von außerordentlichen Verwaltungsgebühren“, d. h. Teuerungszuschlägen, zugestanden hat. Aus der Begründung der österreichischen Verordnung sei hierzu das Folgende mitgeteilt:

„Gegen eine für die ganze Vertragsdauer festgestellte periodisch zahlbare Gegenleistung hat der Versicherer während dieser Vertragsperiode die 'Gefahr' zu tragen, d. h. seine Vertragsleistung für den Versicherungsfall bereit zu halten. Diese Bereitstellung erfordert eine Verwaltungsorganisation und Verwaltungstätigkeit, deren Kosten in die von dem Versicherer ausbedungene Gegenleistung nach einem rechnerischen Voranschlag als Regiezuschlag eingezogen werden. Angesichts der während der letzten Jahre mit der wachsenden Geldentwertung täglich fortschreitenden beträchtlichen Steigerung der Kosten aller geschäftlichen Betriebe lag die Annahme vorweg nahe genug, daß die Aufrechterhaltung der zur Vertragserfüllung notwendigen Verwaltungstätigkeit des Versicherers bei Bindung desselben an die unter ganz anderen wirtschaftlichen Verhältnissen vereinbarten Prämien für den alten Geschäftsstock vielfach unter den Gesichtspunkt der 'Unerschwinglichkeit der Leistung' treten müsse."

Das Recht der Schweiz ist in dem Bundesgesetz vom 25. Juni 1885, betreffend Beaufsichtigung von Privatunternehmungen im Gebiete des Versicherungswesens, niedergelegt.

Auch hier herrscht das Konzessionsprinzip mit materieller Staatsaufsicht. Um die Zulassung zu erhalten, ist, wie nach deutschem Rechte, die Einreichung aller Papiere erforderlich, aus welchen die finanziellen und technischen Grundlagen der Unternehmung hervorgehen. Eine besondere Eigentümlichkeit der schweizerischen Konzession ist, daß diese sämtlichen Versicherungsanstalten stets nur auf sechs Jahre verliehen wird. Beachtenswert ist die im deutschen Recht fehlende Bestimmung, daß Versicherungsgesellschaften gegen Sachbeschädigung die zur Anwendung kommenden Grundsätze bei Berechnung der Reserven für die am Schlusse des Rechnungsjahres bekannten, aber noch nicht vollständig erledigten Schäden, sowie der Prämienüberträge für noch nicht abgelaufene Versicherungen und für vorentrichtete Prämien dem Bundesrate mitzuteilen haben. Sämtliche Unternehmungen haben dem Bundesrat eine von diesem festzusetzende Kaution zu leisten. Der Inhalt des Rechenschaftsberichts und der Jahresrechnung sind genau vorgeschrieben. Wie in Deutschland und Österreich findet sich auch hier die Ermächtigung der Aufsichtsbehörde zur Einsicht in die Bücher.

Einen großen Gegensatz zu der geschilderten Gesetzgebung bildet Großbritannien. Die Gesetze vom Anfang der 70er Jahre sind durch das Gesetz vom 3. Dezember 1909 neu gefaßt worden. Während ursprünglich nur Anstalten unter die Gesetzgebung fielen, welche die Lebensversicherung betreiben, wird jetzt wenigstens teilweise auch die Kranken-, Unfall-, Invaliden-, Haftpflicht- und Feuerversicherung davon erfaßt. Von Bedeutung ist hauptsächlich die Vorschrift der Deponierung fester Beträge bei der Gründung und die jährliche Veröffentlichung der nach einem bestimmten Schema aufzustellenden Bilanzen, welche in einem amtlichen Bericht erscheinen. Weiterhin haben die Anstalten mindestens alle fünf Jahre eine Untersuchung ihrer finanziellen Lage durch einen sachverständigen Mathematiker vornehmen zu lassen und einen Bericht jedem Versicherten oder Aktionär auf Wunsch zu verabfolgen. Im übrigen beschränken sich die Anordnungen der englischen Gesetzgebung auf die Rechtsverhältnisse bei Fusionen,

Liquidationen und ähnlichem. Selbstredend unterstehen die Versicherungsgesellschaften aber auch dem allgemeinen Recht, insbesondere dem gewöhnlichen Aktienrecht.

Ein europäischer Staat nach dem anderen ist zum deutschen System übergegangen. Von wichtigen Staaten kennen heute nur noch Holland und Belgien keine umfassende Staatsaufsicht. Aber auch hier dürfte die Einführung einer solchen lediglich eine Frage der Zeit sein.

Es ist im höchsten Grade charakteristisch, daß Länder, welche eine so außerordentlich große Verschiedenheit in wirtschaftlicher Beziehung aufzuweisen haben, wie Deutschland, Österreich, die Schweiz auf der einen, die Vereinigten Staaten auf der anderen Seite, gleichmäßig das Konzessionsprinzip mit materieller Staatsaufsicht auf den Schild erhoben haben.

Besonders beachtenswert dürfte der Umstand sein, daß, wenigstens nach dem Wortlaut der Gesetze, in den Vereinigten Staaten von Amerika das schärfste Aufsichtsrecht herrscht. Jeder der Einzelstaaten hat aber sein besonderes Gesetzbuch und eine eigene Aufsichtsbehörde. Meist enthalten die Gesetze in buntem Durcheinander Vorschriften über den Versicherungsvertrag, über die Besteuerung, über das Aufsichtsrecht.

In Einzelheiten weichen die amerikanischen Aufsichtsrechte oft ganz erheblich voneinander ab. Am wichtigsten sind die Gesetze der Staaten New York und Massachusetts. Denn die größten amerikanischen Gesellschaften haben hier ihren Sitz. Dazu kommt, daß die Gesetzgebungen dieser beiden Staaten die ausführlichsten und juristisch wie technisch hervorragendsten sind. Außerdem sind die Aufsichtsämter der beiden Staaten die ältesten. Das Amt in Boston wurde 1855, das in Albany 1859 errichtet. Das Recht des Staates Massachusetts, welches sich von dem New Yorker durch seine systematische Anordnung vorteilhaft unterscheidet, hat auch in sehr vielen Fällen als Muster für die Gesetzgebung anderer Unionstaaten gedient.

Im allgemeinen herrscht in den Vereinigten Staaten das Konzessionsprinzip. Eine gewisse Gleichartigkeit ist ferner vorhanden hinsichtlich der von den Anstalten zu erstattenden Rechnungslegung, der Forderung des Nachweises eines Mindestvermögens der Gesellschaften und der Hinterlegung einer Sicherheit, der Anordnung von jährlicher Berichterstattung an die Behörden und der Revisionen.

Die Vorschriften sind nach den verschiedenen Zweigen in Einzelheiten verschieden. Besonders für die Lebens- und Feuerversicherung bestehen strenge Anordnungen. Die Richtigkeit der von den Behörden eingeforderten Nachweise muß meistens beschworen werden. Eine Befreiung einzelner Versicherungszweige von der Staatsaufsicht, wie in Deutschland, kennt man in den meisten der Vereinigten Staaten nicht. Besonders eigentümlich sind der amerikanischen Gesetzgebung Beschränkungen in der Risikenübernahme. So dürfen Feuer- und andere

Güterversicherungsgesellschaften in den erwähnten beiden Staaten kein Risiko übernehmen, welches 10 Prozent ihres Vermögens übersteigt.

Wie schon an anderer Stelle erwähnt worden ist, bestehen in einer Reihe von Staaten Antikartellgesetze. (S. 96.) In einigen Unionsstaaten hat sich die Regierung in die Tarifierung der Feuerversicherungsprämie eingemischt. Politische oder fiskalische Gründe sind es, welche den Anlaß zu einer Reihe weiterer Vorschriften bieten. So findet sich häufig die Anordnung, daß Rückversicherung nur bei den in den einzelnen Staaten zugelassenen Gesellschaften gestattet ist, ferner, daß nur in den einzelnen Staaten konzessionierte Agenten Versicherungen vermitteln dürfen. Die Aufsichtsgesetzgebung erstreckt sich auch auf die Agenten. Diese bedürfen jährlich einer Konzessionserneuerung. Dem im Dienste einer Lebensversicherung stehenden Agenten ist die Gewährung eines Prämienrabatts bei Strafe untersagt. Im Staate New York ist den Seeversicherungsgesellschaften verboten, ihren Agenten mehr als 15 Prozent der Prämie, welche die Versicherer für gewisse Risiken erhalten, zu zahlen. Die Anstellung der bei den Gesellschaften beschäftigten Beamten darf stets nur auf ein Jahr erfolgen. Den Versicherungsbeamten ist es verboten, für die Vermittlung von Hypothekengeschäften eine Provision zu nehmen.

§ 22. Versicherungskriminalpolitik.

Der kanadische Schriftsteller *Campbell* führt mit Recht aus, daß die Versicherung, weil sie ihrer ganzen Natur nach einen hohen Grad von Ungewißheit in sich schließt, wie diese jedenfalls kaum in einem anderen Geschäftszweig zu finden ist, schon hierdurch mehr als andere in hervorragendem Maße den Betrug fördert. Wenn A von B für 10 Mark einen Hut kauft und der Kauf Zug um Zug zustande kommt, so handelt es sich hier um eine einfache und bestimmte Tätigkeit, und es besteht nur eine geringe Möglichkeit für Betrügereien auf der einen oder der anderen Seite. Aber schon, wenn der Kauf nicht Zug um Zug erfolgt, sondern wenn der Hut dem Käufer ins Haus gebracht werden soll, oder gar, wenn die beiden, anstatt persönlich miteinander zu verhandeln, sich durch Vermittler vertreten lassen, oder wenn etwa die Auszahlung des Kaufpreises oder die Ablieferung der Ware abhängig gemacht worden ist von dem Eintritt irgendeines ungewissen Ereignisses, so steigen natürlich die Möglichkeiten für einen Betrug in hohem Maße. Wenn aber hier ein Betrug auch wirklich verübt wird, so wird er immer nur von dem einen Individuum an dem anderen begangen. Wie ganz anders stellt sich ein Betrugsfall innerhalb des Gebiets der Versicherung dar. Hier erhält der Käufer keine gewöhnliche Ware für sein Geld, er verhandelt nicht direkt mit dem Direktor der Unternehmung; er erhält nur eine Urkunde, in welcher ihm für den Fall des möglichen Eintritts eines Ereignisses eine Summe Geldes in Aussicht gestellt wird unter einer ganzen Reihe von Bedingungen. Begeht der Versicherte einen Betrug, so schädigt er Tausende anderer Versicherter. Wird seitens der Unternehmung ein Betrug begangen, so bedeutet dies gleichzeitig eine hochgradige Veruntreuung vielen Tausenden gegenüber und einen Mißbrauch des großen Vertrauens, welches ihr gewährt worden ist.

Diese Ausführungen veranschaulichen die einschlägige Aufgabe der Kriminalpolitik, nämlich nach zwei Seiten hin tätig zu sein. Wenn die Strafgesetze aber auch teils gegen die Versicherten, teils gegen die Versicherer gerichtet sind, so zielen sie doch alle auf den Schutz der Gesamtheit der Versicherten ab.

Was zunächst das positive Recht anbelangt, so sind hinsichtlich der wichtigsten Strafrechtsverhältnisse die Versicherungsunternehmungen in derselben Lage wie andere Personenvereinigungen. Dies gilt insbesondere von allen den strafrechtlichen Vorschriften, durch welche Eigentum oder Besitz geschützt, oder durch welche die Rechtsverhältnisse von Beamten oder sonstigen Vertretern geregelt werden. Es ist nur ein verhältnismäßig enges Gebiet, hinsichtlich dessen die Versicherungsunternehmungen sich vom strafrechtlichen Gesichtspunkte aus in einer Sonderstellung befinden. Die hier zu beachtenden Fälle gehören beinahe ausschließlich dem Gebiete des Betrugs an, und zwar des an den Versicherungsunternehmungen und dadurch mittelbar an den übrigen Versicherten begangenen Betrugs.

Die Strafgesetzbücher fast sämtlicher Nationen haben diesem sogenannten Versicherungsbetrug Strafbestimmungen gewidmet. Hinsichtlich der Art des Vorgehens lassen sich zwei Hauptgruppen von Gesetzgebungen unterscheiden. Die eine hat Strafbestimmungen allgemeiner Natur in dem Abschnitt über gemeingefährliche Verbrechen oder Betrug aufgestellt, worunter dann der Versicherungsbetrug gebracht wird; und zwar pflegen in der Regel hier nur die an einer Feuer- oder Seeversicherungsunternehmung begangenen Betrugshandlungen durch Brandstiftung oder Sinkenmachen genannt zu werden. Die Strafgesetzbücher nur weniger Länder gehören zu der anderen Gruppe. Sie kennen ein umfassenderes Delikt des Versicherungsbetrugs ohne Rücksicht auf den Versicherungszweig. Hier ist insbesondere das Strafgesetzbuch des Staates New York und das Ungarns zu nennen.

Das Deutsche Reich gehört in die erste Gruppe, wie aus dem Strafgesetzbuch § 265 erhellt. Hier ist festgesetzt, daß, wer in betrügerischer Absicht eine gegen Feuersgefahr versicherte Sache in Brand setzt oder ein Schiff, welches als solches oder in seiner Ladung oder in seinem Frachtlohn versichert ist, sinken oder stranden macht, mit Zuchthaus bis zu zehn Jahren und zugleich mit Geldstrafe von 150 bis 6000 Mark bestraft wird. Bei mildernden Umständen tritt Gefängnisstrafe nicht unter sechs Monaten ein. Daneben kann auf Geldstrafe bis zu 3000 Mark erkannt werden.

Diese Strafbestimmung erscheint unzureichend und würde besser bei der bevorstehenden Reform des Strafgesetzbuchs durch die weit zweckmäßigere Bestimmung ersetzt werden können, daß zu bestrafen ist, wer in der Absicht, sich eine Versicherungssumme rechtswidrig zu verschaffen, diejenige Tatsache arglistig herbeiführt oder vorspiegelt, durch welche der Versicherungsfall bedingt ist.

Neben diesem eigentlichen Versicherungsbetrug spielt — im Gebiet der Feuerversicherung — die Überversicherung eine gewisse Rolle. Diese liegt vor, wenn entweder gesetzlich nur der wahre Wert einer Sache versichert werden darf oder nach den Versicherungsbedingungen versichert werden soll, die angegebene Versicherungssumme den wahren Wert der Sache aber erheblich überschreitet. Die auf dieses Delikt gesetzten Strafen sind meist gering. Das deutsche Strafgesetzbuch kennt keine Strafen auf Überversicherung. Nach altem, noch herrschendem preußischen Recht wird sie jedoch bestraft. (Vgl. S. 195.)

Das Reichsstrafgesetzbuch bedroht hingegen in besonderen Bestimmungen (§§ 277 bis 280) mit Strafen: die Ausstellung oder den Gebrauch eines falschen Zeugnisses über den Gesundheitszustand einer Personenversicherungsgesellschaft gegenüber, um diese über den Gesundheitszustand eines Versicherten zu täuschen.

Eine ganze Reihe von Strafbestimmungen richtet sich gegen die leitenden Persönlichkeiten der Versicherungsunternehmungen und ist im Aufsichtsgesetz vom 12. Mai 1901 enthalten. Hier sind insbesondere unter Strafen gestellt: wissentlich falsche Angaben zwecks Konzessionserlangung oder -verlängerung; der Geschäftsbetrieb ohne Genehmigung; die Unterlassung von Anzeigen seitens des Vorstands; wissentliche Verletzung der Vorschriften über die Vermögensverwaltung oder wissentlich falsche Angaben darüber vor dem obersten Organe seitens der Mitglieder des Vorstands, des Aufsichtsrats, eines Liquidators oder des Mitglieds eines sonstigen Organs oder eines Sachverständigen; die Untreue der Mitglieder des Vorstands und Konkursvergehen. Die Strafen sind durchweg Gefängnis oder Geldstrafen bis zu 20000 Mark. Auch auf Verlust der bürgerlichen Ehrenrechte kann erkannt werden.

Analoge Strafbestimmungen, welche der Durchführung der Vorschriften über die Beaufsichtigung der Versicherungsunternehmungen Nachdruck verleihen sollen, finden sich in Gesetzbüchern des Auslands.

Eine Unterstützung findet die Kriminalpolitik durch die Praxis der Versicherungsunternehmungen, ihre Bedingungen auszurüsten mit den „vielgeschmähten harten Erziehungsmaßnahmen, mit denen die Versicherungsbedingungen den Einzelnen von der Ausbeutung der Gesamtheit abzuschrecken trachten“. Hinsichtlich dieser wird mit Recht die Frage aufgeworfen, ob sie nicht gemäß den veränderten Zeitverhältnissen in Zukunft noch eine Verschärfung erfahren müßten.

Denn es mag daran erinnert werden, daß — wie insbesondere die Erfahrungen der Unfallversicherungspraxis beweisen — die Ausbeutungsgefahr im Wachsen begriffen ist, da im Publikum vielfach in steigendem Maße die Erfahrung sich herausbildet, wie man am besten die Versicherungsgesellschaften täuschen bzw. einen Schadenfall ausnützen kann.

Ein höchst lehrreicher, beachtenswerter Versuch ist eine Statistik der bewußt falschen Angaben von Versicherten. Es besteht unter den Lebensversicherungsgesellschaften ein besonderer Verband zur Mitteilung abgelehnter Risiken, dessen Mitglieder davon unterrichtet werden, welche Personen mit einem Lebensversicherungsantrag bei den einzelnen Anstalten abgelehnt werden mußten. Die Mitglieder dieses Verbandes sind also in der Lage, jeden eingegangenen Antrag dahin zu kontrollieren, ob seitens des Antragstellers frühere Ablehnungen, nach denen im Antrage ausdrücklich gefragt wird, etwa nicht angegeben wurden. *Bischoff* hat nun zum Zwecke der Materialbeschaffung eine Umfrage über diese Verschweigungen bei dem größten Teil der deutschen Lebensversicherungsgesellschaften gehalten und auf diesem Wege einiges statistisches Material zusammengetragen. Bei der Umfrage wurde festgestellt, daß im Durchschnitt von 100 Antragstellern, die an eine Gesellschaft herantraten, 7 bereits abgelehnt waren, und daß von diesen 7 nur 4 die Vorablehnung wahrheitsgemäß deklarierten, während 3 sie verschwiegen. Also eine Verschweigungsziffer von 40 Prozent. Wenn man diese Zahl 40 Prozent ins Auge faßt, dann wird man daraus folgern dürfen, daß in der Lebensversicherungspraxis mit der Deklarationstreue der Versicherungsnehmer traurige Erfahrungen gemacht werden. Und in anderen Versicherungen ist es ebenso. „Diese ungünstigen Erfahrungen sind in den letzten Jahrzehnten offenbar nicht besser geworden; aus manchen Anzeichen erhellt sogar, daß sie sich eher verschlimmert haben. Das hängt vielleicht damit zusammen, daß das moralische Empfinden sich heute keineswegs in der Aufwärtsbewegung befindet.“ Es ist damit zu rechnen, daß nicht wenige Versicherte in hohem Maße bestrebt sind, die Gesamtheit auszubeuten, daß man also in ebensolchem Maße jene Notwendigkeit berücksichtigen muß, durch bestimmte Abschreckungsmaßnahmen die redlichen, vertragstreuen Versicherten vor derartiger Ausbeutung zu schützen.

Das Versicherungswesen hat zweifelsohne eine ganze Menge großer und kleiner Verbrechen im Gefolge gehabt. Aber so wenig jemand die Religion verdammen wird, weil sie furchtbare Kriege veranlaßt hat, so wenig werden die Schatten, die den Lichtseiten der Versicherung gegenüberstehen, dieser Eintrag tun können. Ein Radikalmittel zur Beseitigung der üblen Folgen gibt es nicht. Insbesondere kann die Strafgesetzgebung allein nur wenig ausrichten. Sie muß unterstützt werden durch ein gutes Zivilrecht, vor allem aber auch durch eine Versicherungswissenschaft, welche in den breiten Volksschichten verstanden wird.

Einen Beweis dafür, daß die strafrechtliche Ahndung durchaus nicht allmächtig ist, bieten Erscheinungen, welche zweifelsohne als Wucher zu bezeichnen, aber kaum kriminell zu fassen sind, und die nicht gar zu selten vorkommen dürften. Eine Person braucht Geld. Sie findet jemanden, der ihr gegen Wechsel oder Pfand und zu dem üblichen Zinsfuß die gewünschte Summe besorgt. Nur eine Bedingung knüpft der Vermittler an das Leihgeschäft: der Schuldner muß einen Lebensversicherungsvertrag in Höhe eines vielfachen Betrages des vermittelten Kredits eingehen, dessen Abschluß der Vermittler des Geldgeschäfts ebenfalls vornimmt. Die erste Prämie oder auch die für mehrere Jahre wird von dem Darlehen abgezogen, und der Schuldner erhält seine Police. In vielen Fällen wird der Schuldner nie wieder eine weitere Prämie zu entrichten in der Lage sein; die Police verfällt vielmehr. Aber der Vermittler hat, was er wollte: die Abschlußprovision; denn die Versicherung war nicht zur größeren Sicherheit des Gläubigers, sondern lediglich im Interesse des Vermittlers beantragt worden. Dergleichen verwerfliche Ausbeutungsgeschäfte kommen in verschiedener Art vor und verdienen die energischste Bekämpfung, um das Versicherungswesen nicht in Mißkredit zu bringen.

§ 23. Versicherungsfinanzpolitik.

Sämtliche Abgaben, die von Versicherungsunternehmungen zu leisten sind, werden nicht etwa auch von diesen getragen, vielmehr sind in fast allen Fällen die Versicherten die Träger der Steuern. Jede Besteuerung der Versicherung bedeutet mithin eine Erschwerung ihrer Ausbreitung, eine Verteuerung, oft in Form einer Erhöhung der Prämien. Insofern bedarf die Auferlegung von Steuern auf Versicherungsunternehmungen oder Vorgänge eingehender Prüfung. Wenn man aber auch aus Gründen der Versicherungspolitik gegen eine hohe oder sogar gegen jede Versicherungsbesteuerung eintreten kann, so kann es trotzdem Fälle geben, in welchen man mit Rücksicht auf das allgemeine Wohl und die Existenz des Staates diese Auffassung finanzpolitischen Erwägungen unterordnen muß. Wenn ein Land sich in Verhältnissen befindet, wie das Deutschland der Nachkriegszeit, so ist es unerläßlich, daß auch die Versicherung und alles, was mit ihr zusammenhängt, nach besten Kräften versuchen muß, die zerrütteten Staatsfinanzen im Interesse jedes einzelnen Staatsbürgers durch entsprechende Abgaben wieder in Ordnung zu bringen.

Bei der Besteuerung der Versicherung ist stets zu unterscheiden zwischen allgemeinen Steuern, von denen alle Unternehmungen und mithin auch die Versicherungsanstalten getroffen werden, und speziellen nur für die Versicherung bestehenden Abgaben, welche übrigens nicht allein unter den Begriff der Steuern im engeren Sinne fallen. Von ersteren sind hier nur solche wichtige Steuern zu erwähnen, bei denen für die Versicherung irgendwelche Ausnahmen festgesetzt sind.

Ferner ist zu unterscheiden zwischen steuerlichen Anordnungen einerseits zu Lasten oder zugunsten der Versicherungsunternehmungen, andererseits zu Lasten oder zugunsten der Versicherungsnehmer oder der durch die Versicherung begünstigten Personen.

Von allgemeinen Abgaben, welche für die deutsche Versicherung in Betracht kommen, sind nach dem Stand der Gesetzgebung von Mitte 1921 zu nennen: das Reichsstempelgesetz vom 3. Juli 1913, das Umsatzsteuergesetz vom 24. Dezember 1919, das Gesetz über das Reichsnotopfer vom 31. Dezember 1919, das Körperschaftssteuergesetz vom 30. März 1920, das Kapitalertragssteuergesetz vom 29. März 1920; auch die Reichsabgabenordnung vom 13. Dezember 1919 enthält Einschlägiges.

Das Reichsstempelgesetz vom 3. Juli 1913 hat die vielfach bis dahin vorhandene, aus der Verschiedenheit der einzelstaatlichen Steuergesetzgebung erklärliche Doppelbesteuerung beseitigt und eine einheitliche Stempelpflicht für das gesamte Reichsgebiet eingeführt. Die hier normierten Steuersätze erfahren von 1922 ab eine nicht unwesentliche Erhöhung, zugleich mit Abänderungen über Befreiungen usw. Die nachfolgende Tabelle gibt Aufschluß über die stempelpflichtigen Versicherungen und die (voraussichtliche) Höhe ihrer Belasting nach dem bisherigen und nach dem vermutlich zur Annahme gelangenden neuen Versicherungssteuergesetz von 1922:

Reichs-Steuersätze.

Versicherungszweige	Bisher ₰	Künftig ₰
Feuerversicherung		
a) unbewegliche Gegenstände	5	20
b) bewegliche Gegenstände	15	20
Hauslebensversicherung	?	20
Hagelversicherung	frei	20
für je 1000 Mark der Versicherungssumme jährlich		
Einbruchdiebstahlversicherung	10 %	10
Glasversicherung	10 %	10
Viehversicherung	befreit	2
Transportversicherung, Waren-, Valoren-, Transportmittel usw.	1 %	3
Kasko-, Schiffsbaurisiken-, Luftfahrzeugversicherung	—	2
Lebensversicherung	½ %	2
Unfallversicherung	befreit	5
Haftpflichtversicherung	befreit	5
Sonstige Versicherungen	—	5
Einheitspolicen	—	10
vom Hundert des gezahlten Versicherungsentgelts		

Befreit von der Steuer sind 1. Lebensversicherungen bis 5000 Mark Kapital oder 500 Mark Jahresrente, einschließlich der Kollektiv- und Altersrentenversicherungen; 2. Rückversicherungen; 3. Arbeitslosen- und Stellenlosigkeitsversicherungen; 4. Krankenversicherungen bis zu 30 Mark täglichem Krankengeld; 5. Versicherungen nach Maßgabe der Reichsversicherungsordnung, des Angestelltenversicherungsgesetzes und bei Knappschaftskassen.

Hingegen waren bisher befreit:

1. Rückversicherungen.
2. Versicherungen, bei welchen die Versicherungssumme den Betrag von 3000 Mark nicht übersteigt. (Als Versicherungssumme gilt bei Rentenversicherungen der Kaufpreis und in Ermangelung eines solchen der zehnfache Betrag der Rente. Werden bei Versicherungen gleicher Art von demselben Versicherer für dieselbe Person mehrere Versicherungsverträge abgeschlossen, so tritt die Befreiung nur ein, wenn deren Beträge zusammen die Summe von 3000 Mark nicht übersteigen.)
3. Versicherungen nach Maßgabe der Reichsversicherungsordnung, soweit sie nicht auf §§ 843, 1029, 1198 beruhen, des Versicherungsgesetzes für Angestellte oder der auf Grund berggesetzlicher Vorschriften errichteten Knappschaftskassen.
4. Versicherungen von Bediensteten und Arbeitern gegen Todesfall oder Körperverletzung im Gewerbebetriebe.
5. Krankenversicherungen (von gewissen Ausnahmen abgesehen).
6. Arbeitslosen- und Stellenlosigkeitsversicherungen.
7. Hagel- und Viehversicherungen.
8. Unfall- und Haftpflichtversicherungen.
9. Versicherungen anderer als der im Gesetz genannten Art.

Steuerschuldner ist der Versicherungsnehmer. Zu seinen Lasten ist die Steuer vom Versicherer oder seinem Bevollmächtigten zu entrichten. Der Versicherer hat über die von ihm übernommenen Versicherungen dem Finanzamt eine Aufstellung vorzulegen, die in gewissen Fällen durch ein Versicherungsregister oder dergleichen ersetzt werden kann. Auch die Festsetzung der Steuer im Wege der Abfindung ist möglich.

Dem neuen Versicherungssteuergesetz unterliegen alle Versicherungen, die im Inland befindliche Gegenstände betreffen oder mit Versicherungsnehmern abgeschlossen sind, die im Inland ihren Wohnsitz oder dauernden Aufenthalt haben. Dabei gelten als Versicherungen auch die Verbandsselbstversicherung, nämlich die „zwischen Personen, Personenvereinigungen oder Körperschaften getroffene Vereinbarung, gewisse Verluste oder Schadensverbindlichkeiten gemeinsam zu tragen, die den Gegenstand einer Versicherung bilden können."

In dem z. T. niedrigere als die endgültigen Sätze enthaltenen Gesetzentwurf war der Ertrag der Versicherungssteuer auf 190½ Millionen Mark berechnet worden, während 1919 nach dem damals geltenden Steuergesetz, welches auch viel mehr Befreiungen kannte, der tatsächliche Steuervertrag sich auf nicht ganz 60 Millionen Mark belief.

Die Erfassung der Versicherungsverträge durch das Stempelsteuergesetz ist der Grund für die Befreiung der Versicherungen vom Umsatzsteuergesetz, weil sonst eine Doppelbesteuerung erfolgen würde. Diese Befreiung von der Umsatzsteuer erstreckt sich aber nicht auf die Provisionen der Generalagenten und Agenten, soweit sie selbständige Gewerbetreibende und nicht Angestellte sind, denn die Steuerfreiheit kommt nur in Betracht für die Übernahme von Versicherungen.

Neben der Stempelsteuer spielt von allgemeinen reichsgesetzlichen Abgaben die Einkommensteuer eine Rolle, wie sie das Körperschaftssteuergesetz normiert. Von der Körperschaftssteuer sind befreit rechtsfähige Pensions-, Witwen-, Waisen-, Sterbe-, Unterstützungs- und sonstige Hilfskassen für Fälle der Not oder Arbeitslosigkeit; das gleiche gilt für nichtrechtsfähige Kassen dieser Art, wenn die dauernde Verwendung der Einkünfte für die Zwecke der Kassen gesichert ist. Versicherungsvereine auf Gegenseitigkeit sind steuerpflichtig nur in bezug auf die Einkünfte aus Grundbesitz, Kapitalvermögen und Gewerbebetrieb. Ein solcher liegt nicht vor, soweit der Versicherungsverein nur Mitglieder versichert. Nicht als steuerbares Einkommen werden jedoch bei den Gegenseitigkeitsvereinen die Einkünfte aus Grundbesitz und Kapitalvermögen betrachtet, soweit sie auf Rücklagen entfallen, die satzungsgemäß zur Deckung der Verpflichtungen des Unternehmens gegen seine Mitglieder bestimmt sind, ferner sonstige Einkünfte, soweit sie zur Deckung von Betriebsverlusten verwendet werden. Eine weitere Vergünstigung genießen die Gegenseitigkeitsvereine durch Beschränkung des Satzes der Körperschaftssteuer auf 10 Prozent ihres steuerbaren Einkommens, während die Versicherungsaktiengesellschaften außer diesem Satz noch einen Zuschlag zu entrichten haben. Weiter ist zu bemerken, daß als steuerfrei auch die Prämienreserven bei den Versicherungsaktiengesellschaften anzusehen sind, da sie Rücklagen für die an die Versicherten auszuzahlende Versicherungssumme sind, sich nicht als Reinvermögen, sondern als Schuldposten darstellen, mithin unechte Reserven sind.

Das Kapitalertragssteuergesetz gewährt den Versicherungsunternehmungen eine Anzahl Vergünstigungen. Der für die Lebensversicherungen in Betracht kommende besondere Rechtszustand ist der, daß von der Kapitalertragssteuer die Zinsen erfaßt werden, welche bei Lebens-, Kapital- und Rentenversicherungen rechnungsmäßig nach dem Geschäftsplan auf die Prämienreserven entfallen. Steuerfrei sind Zinsen von Forderungen, die auf Grund einer Vereinbarung entrichtet werden, ferner Zinsen von Grundschulden, Zinsen von Hypotheken, Renten von Rentenschulden, Diskontbeträge von Wechseln und Anweisungen einschließlich der Schatzanweisungen, soweit sie Lebens-, Kapital- und Rentenversicherungs-Unternehmungen anfallen. Im übrigen enthält das Gesetz noch zahlreiche Zweifelsfragen, welche erst durch die Rechtsprechung der Finanzgerichte geklärt werden müssen.

Nicht für die Versicherungsunternehmungen, wohl aber für die Versicherten sind von Bedeutung eine Reihe von Vorschriften aus der

Reichsabgabenordnung. Besonders wichtig erscheint die Bestimmung, daß noch nicht fällige Ansprüche aus Lebens-, Kapital- oder Rentenversicherungen, soweit die Steuergesetze nichts anderes vorschreiben, mit zwei Dritteln der eingezahlten Prämien oder Kapitalbeiträge angerechnet werden; weist der Steuerpflichtige nach, für welchen Betrag die Versicherungsanstalt den Versicherungsschein nach ihrer Satzung oder den Versicherungsbedingungen zurückkaufen würde, so ist dieser Betrag maßgebend.

Dem Abschluß einer Lebensversicherung nicht gleich zu achten ist die Beteiligung an einer Sterbe- oder Begräbniskasse, da hier nur die Kosten der Beerdigung und andere mit dem Sterbefall zusammenhängende Ausgaben gedeckt werden, nicht aber den Hinterbliebenen eine Summe verschafft wird, die ihr Vermögen vermehrt. Soweit es sich um bereits fällige Ansprüche aus Versicherungen handelt, werden Kapitalforderungen mit dem Nennwert eingesetzt, sofern nicht besondere Umstände einen höheren oder geringeren Wert begründen; steuerpflichtige Renten werden in ihrem Wert nach dem Lebensalter der Rentenberechtigten kapitalisiert, und zwar wird als Wert angenommen bei einem Alter bis zu 15 Jahren das 18fache, bei einem Alter von mehr als 45—55 Jahren das 12fache, bei einem Alter von 75—80 Jahren das 3fache usw. des Wertes der einjährigen Nutzung. Ergibt sich aus dieser Anordnung insbesondere für Erben eine besondere Härte, so kann eine Art Berichtigungsverfahren eintreten. Schließlich sei noch auf die Bestimmung der Reichsabgabenordnung hingewiesen, wonach Sicherheitsleistungen durch Versicherungsscheine erfolgen können.

Vom Reichsnotopfer werden nicht nur physische Personen betroffen, sondern auch inländische Aktiengesellschaften und die Versicherungsvereine auf Gegenseitigkeit. Hier kommt für die Abgabepflicht das reine Vermögen nach Abzug des eingezahlten Grund- und Stammkapitals in Betracht. Befreit von der Abgabe sind jedoch Pensions-, Witwen-, Waisen-, Sterbe-, Kranken- und Unterstützungskassen ohne Rücksicht darauf, ob ihr Betrieb öffentlich oder privat, gemeinnützig oder in Erwerbsabsicht ausgeübt wird. Die eigentlichen Versicherungsgesellschaften werden aber von dieser Befreiung nicht berührt. Von den abgabepflichtigen Unternehmungen sind bei den Versicherungsunternehmungen in Abzug zu bringen die Rücklagen für die Versicherungssummen und für die an die Versicherten zurückzuzahlenden Prämienüberschüsse, welche als technische Reserven angesehen werden, nicht aber als über den Betrag des Grundkapitals hinaus eine Kapitalansammlung darstellende Bilanzposten.

Für versicherte Personen sind eine Anzahl Bestimmungen des Reichsnotopfergesetzes gleichfalls von Bedeutung, vor allem die Bestimmungen, daß noch nicht fällige Ansprüche aus nach dem 31. Juli 1914 eingegangenen Lebens-, Kapital- und Rentenversicherungen bei Feststellung des Vermögens mit der vollen Summe der eingezahlten Prämien oder Kapitalbeträge anzusetzen sind, falls die jährliche Prämienzahlung den Betrag von eintausend Mark oder die einmalige Kapitalzahlung den Betrag von dreitausend Mark übersteigt. Erfolgt die Auszahlung vertragsmäßig in Kriegsanleihe, so ist die Einzahlung zu berechnen nach dem Steuerkurse der Kriegsanleihe vom 31. Dezember 1919. Als Kapitalversicherung gilt jede Versicherung, auf Grund deren dem Versicherten unter allen Umständen eine Kapitalauszahlung gewährleistet ist.

Die beim Reichsnotopfer eingeführte Tilgungsversicherung ist durch nachträgliche Änderung des Gesetzes wieder bedeutungslos geworden. Nach dem ursprünglichen Gesetz durfte jeder Steuerpflichtige sein Notopfer, statt sofort, in 30 Jahresrenten zahlen; beim Tode des Steuerpflichtigen sollten aber die noch nicht getilgten Beträge sofort fällig sein. Wollte nun jemand seinen Erben die Last der sofortigen Tilgung des Notopferrestes bei seinem Tode abnehmen, so konnte er eine entsprechende Tilgungsversicherung abschließen. Das Gesetz vom 22. Dezember 1920 hat aber die beschleunigte Erhebung des Reichsnotopfers und damit die Beseitigung der 30jährigen Tilgungsfrist gebracht.

Das Einkommensteuergesetz begünstigt, wie es schon das älteste Einkommensteuergesetz tat, (das von Pitt 1799 in England eingeführt worden war), die Versicherung. Auch die früheren Einkommensteuergesetze der deutschen Einzelstaaten gaben den lebensversicherten Steuerpflichtigen allenthalben das Recht, vom steuerbaren Einkommen Lebensversicherungsbeträge bis zu einer gewissen Höhe, in Preußen z. B. bis zu 600 Mark, in Abzug zu bringen. Nunmehr ist einheitlich für das Reich diese Grenze auf 1000 Mark normiert. Vom Gesamtbetrage der Einkünfte sind folgende Ausgaben in Abzug zu bringen:

Alle Versicherungsprämien, die zu den Geschäftsunkosten zu rechnen sind, d. h. die zur Sicherheit und Erhaltung des Geschäftsvermögens entrichtet werden (Werbekosten). Dies sind insbesondere Prämien für die Feuerversicherung von Geschäftsgebäuden, Prämien für Glas-, Haftpflicht-, Einbruchdiebstahl-, Transport-, Streikversicherung usw. Recht zweifelhaft ist die Frage der Abzugsfreiheit der Prämien für eine Geschäftsteilhaber- oder Sozienversicherung.

Beiträge, die der Steuerpflichtige für sich und seine nicht selbständig veranlagten Haushaltungsangehörigen zu Kranken-, Unfall-, Haftpflicht-, Angestellten-Invaliden- und Erwerbslosenversicherungs-, Witwen-, Waisen- und Pensionskassen gezahlt hat, soweit sich der Gegenstand der Versicherung auf die bezeichneten Gefahren beschränkt;

Beiträge zu Sterbekassen bis zu einem Jahresbetrage von insgesamt hundert Mark;

Versicherungsprämien, welche für Versicherungen des Steuerpflichtigen oder eines seiner nicht selbständig veranlagten Haushaltsangehörigen auf den Todes- oder Lebensfall gezahlt werden, soweit sie den Betrag von sechshundert Mark jährlich nicht übersteigen.

Als steuerbares Einkommen werden nicht angesehen Kapitalempfänge auf Grund von Lebens-, Unfall- und sonstigen Kapitalversicherungen.

Der Vollständigkeit halber sei darauf hingewiesen, daß möglicherweise seitens einer Person, auf deren Namen eine Kapitalversicherung abgeschlossen worden ist, nach Auszahlung der Versicherungssumme eine Schenkungssteuer zu entrichten ist. Ebenso ist zu beachten, daß, wer als Lohn- oder Gehaltsempfänger eine Lebensversicherungsprämie als Teil seines Einkommens vertraglich erhält, hiervon einkommensteuerpflichtig ist.

Auch das Erbschaftssteuergesetz beschäftigt sich mit den Versicherungen. Sowohl für die Nachlaß- wie für die Erbanfallsteuer gilt der Grundsatz, daß die Auszahlung der Lebensversicherungssumme dem Erwerb durch Erbgang steuerlich gleich zu erachten ist, d.h. die Versicherungssumme wird dem zu versteuernden Nachlaß hinzugerechnet. Weiter werden als Kapitalvermögen betrachtet noch nicht fällige Ansprüche aus Lebens- und Kapitalversicherungen oder Rentenversicherungen, aus denen der Berechtigte noch nicht in den Rentenbezug eingetreten war. Ein weiterer Paragraph bestimmt, daß Versicherungsbeträge aus Versicherungen auf den Todesfall, welche der Versicherungsnehmer zugunsten des Reichs lediglich zur Berichtigung von Nachlaß- und Erbanfallsteuer aufgenommen hat, zur Hälfte keinen Teil des steuerpflichtigen Nachlasses bilden. Hierdurch soll der Erblasser angeregt werden, die recht hohen Erbschaftssteuersätze durch Abschluß einer Versicherung bei seinen Lebzeiten im Augenblick seines Todes bereitzustellen, ohne daß sein Nachlaß zu stark beeinträchtigt wird. In der Beziehung ist der deutsche Gesetzgeber der Praxis des Auslandes gefolgt, in welchem solche Erbschaftssteuerversicherungen oft gefördert werden. Schließlich sei noch angeführt, daß die Versicherungsunternehmungen vor Auszahlung von Versicherungssummen oder Leibrenten bei Todesfällen der Steuerbehörde Abschrift des Versicherungsscheins und etwaiger Nachträge unter Bezeichnung der Empfangsberechtigten einzureichen haben.

Keine Erbschaftssteuer ist übrigens in dem Falle zu zahlen, daß nicht der Ehemann zugunsten seiner Frau und seiner Kinder ein Kapital versichert hat, sondern daß die Frau oder die Kinder selbst unter Zahlung der Prämien aus eigenen Mitteln eine Summe auf den Tod des Mannes bzw. Vaters versichert haben.

In zahlreichen Bundesstaaten kommen für die Versicherungsunternehmungen fernerhin in Betracht die Gewerbesteuern. In Preußen werden nach dem Gewerbesteuergesetz vom 24. Juni 1891 Betriebe mit 50 000 und mehr Mark jährlichen Ertrags oder mit 1 000 000 oder mehr Kapital mit 1 Prozent des Ertrags zur Gewerbesteuer herangezogen.

Die Agenten ausländischer Versicherungsunternehmungen haben zum Betrieb in Preußen einen Erlaubnisschein notwendig, welcher mit 100 Mark zu stempeln ist.

Eine weitere Gruppe allgemeiner Steuern, durch welche auch die Versicherungsunternehmungen betroffen werden, sind Kommunalabgaben. Auch die Kreis- und Provinzialabgaben sind anzuführen, denen alle juristischen Personen unterstehen. Sofern diese im Kreise Grundeigentum besitzen oder ein stehendes Gewerbe betreiben, haben sie zu den Kreisabgaben beizutragen, die auf Grundbesitz, Gewerbe oder aus diesen Quellen fließendes Einkommen gelegt werden. Daß z. B. in Baden die Gesellschaften auch zur Kirchensteuer für beide Konfessionen herangezogen werden, soll der Kuriosität halber nicht unerwähnt bleiben. Schließlich sind die Abgaben zu den Handelskammern anzuführen.

Die wichtigste spezielle Abgabe, welche auf allen Versicherungsunternehmungen im Deutschen Reiche lastet, ist durch das Reichsaufsichtsgesetz veranlaßt worden. Dieses bestimmt nämlich, daß als Gebühren für die Aufsichtstätigkeit des damals neueingerichteten Aufsichtsamtes für Privatversicherung von den seiner Aufsicht unterstellten Versicherungsunternehmungen Jahresbeiträge erhoben werden. Deren Höhe wird bemessen nach den einer jeden Unternehmung im letzten Geschäftsjahr aus den im Inland abgeschlossenen Versicherungen erwachsenen Bruttoprämien (Beiträgen, Vor- und Nachschüssen, Umlagen), jedoch abzüglich der zurückgewährten Überschüsse oder Gewinnanteile. Dabei ist als Maximalbetrag festgesetzt, daß die Gebühren $^1/_{1000}$ der Bruttoprämien nicht übersteigen dürfen. Einen anderen Verteilungsmaßstab einzuführen ist der Bundesrat nach Anhörung des Versicherungsbeirats befugt. Der Gesamtbetrag der Gebühren soll annähernd die Hälfte der jeweils im letzten Reichshaushaltsetat für das Amt festgesetzten fortdauernden Ausgaben betragen. Die eine Hälfte der Ausgaben wird also von den Unternehmungen, d. h. den Versicherten, die andere Hälfte vom Reiche getragen. Eine ähnliche Regelung kennen Länder mit demselben System der Beaufsichtigung, beispielsweise die Schweiz und Schweden.

Konzessionsgebühren werden noch in einzelnen Bundesstaaten erhoben, soweit hier die Landesbehörden als Aufsichtsbehörde in Betracht kommen.

Die sonstigen speziellen auf der Versicherung ruhenden Abgaben betreffen vorwiegend die Feuerversicherung. Die bis zum Inkrafttreten des Reichsaufsichtsgesetzes in einer Reihe von Bundesstaaten übliche Gebühr zur Genehmigung des Abschlusses von Feuerversicherungsverträgen ist fortgefallen, da diese polizeiliche Machtbefugnis beseitigt worden ist, hingegen ist die Heranziehung von Versicherungsunternehmungen zu Beiträgen für das Feuerlöschwesen, beispielsweise in Bayern, Sachsen, Württemberg und zur Unterstützung für verunglückte Feuerwehrleute und deren Hinterbliebene, wie es in den beiden Mecklenburg üblich ist, beibehalten worden. Über die Berechtigung zu dieser Heranziehung herrscht Streit. Während die öffentlichen Anstalten jede Maßnahme billigen, die auf Heranziehung der Versicherungsanstalten zu Feuerlöschzwecken u. dgl. abzielt, wehren sich die privaten Unternehmungen stark hiergegen, u. a. mit der Begründung, daß sie keinen Anlaß hätten, die Feuersicherheit auch der bei ihnen nicht Versicherten zu fördern, und weisen auf die erheblichen Summen hin, die eine Reihe von Anstalten freiwillig für diese Zwecke verwandt hat. Wo eine allgemeine freiwillige Beitragsleistung stattfindet, liegt jedenfalls kein unmittelbares Bedürfnis zu einer gesetzlichen Regelung vor.

Es ist eine eigentümliche Erscheinung, daß in dem Lande, in welchem das Versicherungswesen die größte Verbreitung hat, in den Vereinigten Staaten, auch die Besteuerung am schärfsten ist. Hier hat jeder Staat besondere Steuergesetze und belegt regelmäßig ohne Rücksicht auf den einzelnen Versicherungszweig die Prämien mit Abgaben, welche sich zwischen 1 Prozent und 4 Prozent bewegen und in der Regel eine verschiedene Höhe aufweisen, je nachdem es sich um Versicherungsverträge einer einheimischen, einer einem anderen amerikanischen Staate angehörigen oder einer außeramerikanischen Unternehmung handelt. Dazu kommen Abgaben der mannigfachsten Art in Gebührenform, für Zulassung, Aufbewahrung der jährlichen Nachweise und sonstiger nach dem Gesetze einzurechnender Papiere, für Ausfertigung von Zertifikaten, von Erlaubnisscheinen für Agenten usw.

§ 24. Gesetzliche Regelung des Versicherungsvertrags.

Eine Darstellung des Versicherungsprivatrechts hatte bis vor kurzem mit ganz besonderen Schwierigkeiten zu kämpfen. Denn bis 1910 gab es, wie wiederholt hervorgehoben ist, in keinem Staate ein umfassendes Gesetz über den Versicherungsvertrag. Nur das Recht des Seeversicherungsvertrags war im allgemeinen geregelt. Nunmehr liegen neben einer Reihe von Entwürfen drei fertige Gesetze vor, ein von *Roelli* verfaßtes für die Schweiz, ein für Deutschland geltendes, als dessen Hauptredaktoren wir neben *Nieberding* und *Hoffmann, Oegg* und *Struckmann jr.* ansehen dürfen, sowie ein deutsch-österreichisches, um das sich *Hupka, Grünhut, Ehrenzweig* u. a. verdient gemacht haben.

Die Ursache der bis in die jüngste Zeit stiefmütterlichen Behandlung des Versicherungsvertrags ist wohl darin zu suchen, daß dem römischen Recht, das bis 1900 auch in weiten Gebieten Deutschlands herrschte, der Versicherungsvertrag als solcher unbekannt war, wenn sich auch verwandte Rechtsnormen hier auffinden lassen.

Meist hat sich die Fortbildung des Versicherungsrechts durch die Praxis der Versicherer und der Gerichte vollzogen. Die großen Mißstände, welche diese Tatsache im Gefolge hatte, und zugleich das Bedürfnis, welches für eine Kodifikation des Versicherungsrechts bestand, beleuchtet *V. Ehrenberg* mit beredten Worten: „Das Recht soll dem Verkehr Sicherheit und Stetigkeit gewähren; ist das Recht also selber unsicher, weil es nur in der schwankenden traditionellen Gestalt des sogenannten Gewohnheitsrechts existiert und aus der trüben Quelle, die man Natur der Sache nennt, ermittelt werden muß, dann kann es dem Verkehr diese Sicherheit nicht gewähren: so ist es auf dem Gebiete des Versicherungswesens, abgesehen von der Seeversicherung; und die Unsicherheit ist hier eine so große, daß sie nach einer gesetzlichen Regelung geradezu schreit. Sie wird dadurch so besonders fühlbar, daß die Interessengegensätze, um die es sich im Privatrecht ja stets handelt, durch den eigentümlichen Charakter des Versicherungswesens besonders schroff empfunden werden. Ist doch diese Rechtsunsicherheit den Assekuradeuren fast noch mehr fühlbar geworden als den Versicherten, nämlich durch die starke Parteinahme der Gerichte für die Versicherten. Weil bei dem Mangel feststehender Rechtsnormen die Versicherer das Recht der Vertragsfreiheit viel zu stark ausbeuteten, kehrte sich die Rechtsprechung naturgemäß in fast tendenziöser Weise gegen die Versicherer: unter der Maske einer scheinbaren Auslegung der Bedingungen setzte man sich in Wahrheit über das Prinzip der Vertragsfreiheit hinweg."

Die großen prinzipiellen Fragen einer staatlichen Regelung des Versicherungsvertrags sind etwa die folgenden:

Sollen alle Versicherungszweige von der Gesetzgebung umfaßt werden, oder nur einige und welche dann? Grundsätzlich sind sämtliche Versicherungszweige der Regelung zu unterwerfen; Ausnahmen müssen aber gemacht werden für noch vollkommen unentwickelte Zweige.

Sollen Unterschiede gemacht werden zwischen dem Recht der verschiedenen Organisationsformen? Derartige Unterschiede, also etwa Befreiung der öffentlichen Anstalten von den allgemeinen Rechtsnormen, sind nicht zu rechtfertigen.

Sollen die Gesetzesvorschriften zwingend oder der beliebigen Abänderung unterworfen sein? Hier die richtige Mischung herzustellen, eine Übervorteilung der Versicherten auszuschließen, ohne die notwendige Bewegungsfreiheit der Versicherer zu sehr zu hemmen, ist das schwierigste Problem einer Gesetzgebung.

Soll ein Gesetzbuch über den Versicherungsvertrag allgemeine Regeln für alle darin behandelten Zweige aufstellen, oder aber Sonderbestimmungen für jeden einzelnen Zweig? Auch hier muß mit weisem Maße die richtige Mitte eingehalten werden.

Soll der Aufsichtsbehörde das Recht eingeräumt sein, Bestimmungen des Zivilrechts, welche nicht zwingender Natur sind, mit bindender Kraft auszustatten? Das ist in der Regel auszuschließen, da es sonst gar keinen Sinn hätte, überhaupt nichtzwingende Normen aufzustellen.

Hauptfrage ist stets: wo ist die richtige Mitte zwischen den sich oft schroff gegenüberstehenden Interessen des einzelnen Versicherten und der Versicherungsunternehmung?

Die gesamte staatliche Regelung des Versicherungsvertragsrechts findet ihre Grenzen im Preis der Versicherung. Es liegt auf der Hand, daß, je weitgehender die Verpflichtungen der Versicherungsunternehmungen, je größer insbesondere die übernommene Gefahr ist, je leichter der Versicherte sich etwa seinen Verpflichtungen entziehen kann, desto teurer das Entgelt werden muß. Gewisse gesetzliche Vorschriften mögen auf den ersten Blick durchaus rationell erscheinen. Aber da sie den Versicherungsbetrieb sehr verteuern, würden sie ihm ein großes Hemmnis in den Weg legen.

Die Schwierigkeit einer auf der einen Seite dem allgemeinen Rechtsgefühl entsprechenden, auf der anderen die Betriebstechnik der Versicherung genügend beachtenden Versicherungsgesetzgebung dürfte hiernach einleuchten.

Das schweizerische Gesetz über den Versicherungsvertrag trägt das Datum des 12. April 1908, das deutsche ist vom 30. Mai desselben Jahres. Beide Gesetze sind am 1. Januar 1910 in Kraft getreten. Neueren Datums ist das deutsch-österreichische Gesetz vom 23. Dezember 1917, eine „mit mosaikartigen Einzelkorrekturen" versehene Neuredaktion der Versicherungsordnung vom 22. November 1915. Besonders charakteristisch für diese Gesetze ist die Vereinigung von Rechtsbestimmungen, welche nach Belieben der Parteien umgeändert werden können (abänderliches Recht), mit solchen, die zuungunsten der Versicherten eine Abänderung nicht erfahren dürfen (zwingendes Recht). Hieraus geht hervor, daß die modernen Versicherungsvertragsgesetze in gewissem Umfange gedacht sind als Schutzgesetze für die Versicherten. Der Gesetzgeber hat also die Auffassung, daß die Versicherten wirtschaftlich entweder zu schwach oder zu unerfahren sind, um ihre Interessen allein wahrzunehmen. So erklärt es sich auch, daß Versicherungszweige nicht von dem deutschen Gesetz erfaßt werden, bei welchen den Versicherungsanstalten eine ebenbürtige Vertragspartei gegenübersteht, wie das bei der Rückversicherung und der Seeversicherung der Fall zu sein pflegt. Für das Recht der Seeversicherung kommt nach wie vor das vierte Buch des Handelsgesetzbuches in Betracht (das jedoch nur abänderliches Recht enthält und daher durch die Allgemeinen Deutschen Seeversicherungsbedingungen als ausgeschaltet betrachtet werden darf, wie in §§ 40, 41 näher darzulegen ist). Auf die Versicherung gegen Kursverluste wie gegen Arbeitslosigkeit, auf die Binnentransportversicherung von Gütern und die Kreditversicherung finden die Beschränkungen der Vertragsfreiheit keine Anwendung, im übrigen fallen sie unter das Vertragsgesetz. Das gleiche gilt für die laufende Versicherung. (S. 191.)

Weiterhin ist bestimmt, daß durch Verordnung mit Zustimmung des Bundesrats (jetzt Reichsrats) die die Vertragsfreiheit beschränkenden Bestimmungen außer Anwendung gesetzt werden können, um die Ausbildung neuer Versicherungszweige nicht allzusehr zu hemmen.

Neben diesen sachlichen Ausnahmen bedarf der Erwähnung, daß das Anwendungsgebiet des Gesetzes sich auf die öffentlichen Versicherungsanstalten nicht in gleichem Maße erstreckt wie auf die privaten. Teils stehen diese Anstalten überhaupt nicht unter dem Gesetz, teils finden auf sie nur die Zwangsvorschriften keine Anwendung. Ihre landesgesetzliche Regelung ist jedoch, u. a. 1910 durch das preußische Gesetz betreffend die öffentlichen Feuerversicherungsanstalten, mit beachtenswerten Reformmaßregeln zugunsten der Versicherten erfolgt.

Das Gesetz teilt die gesamte Privatversicherung ein in Personenversicherung und in Schadenversicherung, es versteht unter der ersteren vor allem Lebens- und Unfallversicherung, unter der letzteren Transport-, Feuer-, Hagel-, Vieh- und Haftpflichtversicherung usw.

Im allgemeinen sind alle Interessen versicherbar. Der Vertrag darf nur nicht gegen die guten Sitten verstoßen oder sich als ein Mißbrauch des Versicherungsgedankens darstellen. Die materiellen Schadensfolgen aus der Verletzung staatlicher Verbote können ebensowenig unter Versicherung gebracht werden, wie eine Versicherungsanstalt für vorsätzlich herbeigeführte Schäden eine Haftung übernehmen darf. Dem Ermessen des Gesetzgebers bleibt es naturgemäß überlassen, weitere Einschränkungen zu machen. So darf (nach dem Recht vieler Kulturstaaten) die Heuerforderung des Schiffers und der Schiffsmannschaft nicht unter Versicherung gebracht werden. (§ 41.) Auch die Todesfallversicherung von Kindern ist häufig verboten oder wenigstens sehr eingeschränkt (§ 33), ebenso die Haftpflichtversicherung von Beamten. (§ 39.)

Da sich die Rechtsvorschriften naturgemäß an den technisch-organischen Aufbau der Versicherung anschließen, so müssen wir wiederholt auf den dritten und vierten Abschnitt dieses Bandes zurückgreifen. Dort war von wirtschaftlich-technischen Gesichtspunkten aus der Gang des Versicherungsbetriebes zu verfolgen; hier haben wir, wenn auch in gedrängtester Kürze, die wichtigsten, mit dem Versicherungsvertrag zusammenhängenden Rechtsfragen anzudeuten. Ersatz für ein Lehrbuch des Versicherungsrechts kann diese Übersicht nicht bieten.

Ein wichtiges Kapitel ist allerdings schon erörtert worden, nämlich das Recht der Versicherungsagenten. (§ 13.) Wir wissen bereits, daß der Versicherungsvermittler in beschränktem Umfange als Bevollmächtigter der Versicherungsanstalten gilt.

Hingewiesen worden ist bereits auch auf die Verpflichtung des Versicherungsnehmers zur Wahrheit. (§ 14.) Er muß bei Schließung des Vertrages wahrheitsgemäße Anzeige über alle für die Entschließung des Versicherers erheblichen, ihm bekannten Gefahrsumstände machen; als erheblich gilt aber im Zweifel ein Umstand, nach dem der Versicherer ausdrücklich und schriftlich gefragt hat; während jedoch früher häufig eine auch nur unwesentliche Verletzung der Anzeigepflicht den Versicherungsnehmer aller oder wichtiger Rechte beraubte, die Police womöglich zum Verfall brachte (Verwirkungsklauseln), hat der deutsche Gesetzgeber jetzt in dieser wie in anderen Beziehungen die Versicherten besser gestellt; sie erleiden nur Rechtsnachteile, wenn sie ein Verschulden trifft, wenn sie also beispielsweise einen Gefahrsumstand, nach dem nicht ausdrücklich gefragt worden ist, arglistig verschweigen, oder bewußt unrichtige Angaben machen; dann erhält der Versicherer das Recht zum Rücktritt vom Vertrag oder, wenn der Versicherungsfall schon eingetreten ist, so wird er von jeder Leistung frei, ohne seinen Anspruch auf die Prämie zu verlieren. Wenn freilich der Versicherer die Unrichtigkeit der Angabe kannte, so darf er nicht zurücktreten; er bleibt auch zur Leistung verpflichtet, wenn der Umstand, hinsichtlich dessen der Versicherte die Anzeigepflicht verletzt hat, einen Einfluß auf den Eintritt des Versicherungsfalles oder den Umfang der Leistung des Versicherers nicht gehabt hat. Eine Lebensversicherungsanstalt kann die Zahlung der für den Todesfall ausbedungenen Versicherungssumme nicht weigern, wenn jemand bei einem Theaterbrand ums Leben kommt, der bei der Ausfüllung des Fragebogens verschwiegen hat, daß er an einer schweren Krankheit leidet; nur einer arglistigen Täuschung darf sich der Versicherte nicht schuldig gemacht haben.

Der Versicherungsvertrag wird in der Regel durch Antrag seitens des Versicherungsnehmers (§ 14) und durch Annahme dieses von seiten der Gesellschaft geschlossen. Auch in der Weise ist Vertragsschluß möglich, daß der Versicherer jeden zu versichern erklärt, der eine gewisse Leistung bewirkt, z. B. Einwurf eines Geldstücks in einen Automaten und Ausfüllung bestimmter Formulare oder Kauf eines Gegenstandes oder Abonnement einer Zeitung. (Vgl. § 37.) Der Inhalt der vertragsmäßigen Vereinbarungen wird im Versicherungsschein bekundet; eine besondere Form ist für diesen nicht vorgeschrieben; nach dem Aufsichtsgesetz soll jedoch dem Versicherungsnehmer vor Vertragsabschluß ein Exemplar der allgemeinen Versicherungsbedingungen ausgehändigt werden. Mit Annahme des Versicherungsscheines gilt in der Regel der Inhalt als genehmigt. Widerspruch darf der Versicherungsnehmer binnen Monatsfrist erheben. In der Form des Inhaberpapieres kommt der Versicherungsschein bei der Transportversicherung wie bei der Lebensversicherung vor; er ist aber stets nur Legitimationspapier, niemals echtes Inhaberpapier; die Versicherungsanstalt ist also berechtigt, nach Eintritt des Versicherungsfalles die Legitimation der auf den Schein hin Ansprüche erhebenden Person nachzuprüfen, ist aber hierzu nicht verpflichtet. Eine Verpfändung ist erst gültig, wenn sie der Versicherungsanstalt angezeigt wird. In der Transportversicherung kann der Versicherungsschein auch als Orderpapier vorkommen; er ist dann mit den versicherten Gegenständen aufs engste verbunden und kann indossiert werden. Bei Vernichtung oder Abhandenkommen des Versicherungsscheines kann die Ausstellung einer Ersatzurkunde verlangt werden; die alte Police wird im Wege des Aufgebotsverfahrens für kraftlos erklärt.

Der Versicherungsschein hat entweder die Form der für einen einmaligen Versicherungsabschluß bestimmten Einzelpolice oder der Generalpolice, auch Abonnementspolice genannt. Unter dieser, welche vorwiegend in der Transport-, Feuer- und Rückversicherung vorkommt (vgl. § 42), versteht man die durch einen im voraus geschlossenen allgemeinen Versicherungsvertrag getroffene Abrede, daß und wie künftig entstehende Versicherungsverhältnisse in Deckung gegeben und genommen werden sollen. Jener Vorvertrag bildet den Rahmen, der durch die späteren Anmeldungen der entstehenden Risiken seine Ausfüllung findet und diese alle wie einen Mantel umfaßt. Die Generalpolice kommt in verschiedenen Abarten vor, sowohl als Abschreibeversicherung wie als Pauschalpolice mit einer im voraus bestimmten, auf Tag, Monat oder Jahr berechneten Gesamthöchstversicherungssumme oder in der Regel ohne eine solche Einschränkung als laufende Versicherung. Diese findet im Vertragsgesetz besondere Erwähnung; der Gesetzgeber nennt sie „eine Schadensversicherung, die in der Weise genommen wird, daß die versicherten Interessen bei der Schließung des Vertrages nur der Gattung nach bezeichnet und erst nach ihrer Entstehung dem Versicherer einzeln aufgegeben werden." Die Einzelsätze der Prämie werden hier im voraus festgestellt, der Gesamtbetrag der an den Versicherer zu leistenden Vergütung ergibt sich aber erst durch die vom Versicherer tatsächlich zu tragenden Gefahr.

In gewissen Fällen wird der Einzelversicherung auch die Kollektiv- oder Sammelversicherung gegenüber gestellt. Hierunter versteht man die Zusammenfassung mehrerer Objekte in denselben Versicherungsvertrag, gleichviel, ob es sich um mehrere Güter oder mehrere Personen handelt. Wesentlich ist dabei die Einheit der Versicherungssumme. Diese Vertragsart findet sich beispielsweise bei der Unfallversicherung der Mitglieder einer Turngemeinde, der Haftpflichtversicherung eines Magistrats oder der Feuerversicherung mehrerer voneinander getrennter Gebäude.

Schließlich ist in diesem Zusammenhang auf die viel erörterte Einheits- oder Universalpolice (auch Veredelungs-, Omnium-, Korsopolice genannt) hinzuweisen. Hierunter versteht man eine Police, in der dasselbe Objekt gegen die verschiedensten Gefahren gedeckt wird, die sonst nur durch Abschluß mehrerer Verträge versichert zu werden pflegen. Als Beispiel dafür darf eine Form der Automobilversicherung angeführt werden, wie sie namentlich in England und Amerika weit verbreitet ist, bei der persönliche Unfälle des Automobilbesitzers, seine Haftpflicht, das gesamte Transportrisiko usw. unter Deckung genommen wird. Insoweit solche Universalpolicen in Deutschland von aufsichtsfreien Transportversicherern in der Weise ausgestellt worden sind, daß auch Risiken erfaßt werden, die bisher nur von aufsichtspflichtigen Betrieben, z. B. der Feuerversicherung mitgedeckt worden sind, hat das Aufsichtsamt sie 1921 verbieten zu müssen geglaubt. In der Tat sind solche Universalpolicen nicht einwandfrei, soweit sie auf nicht genügender Prämienbemessung beruhen. Im übrigen aber verdienen sie insofern Beachtung und Fortbildung, als sie für den Versicherer wie für den Versicherten eine wesentliche Vereinfachung und Verbilligung bringen können.

Der Jurist unterscheidet zwischen Versicherungsnehmer und Versicherten. Ersterer ist der Vertragsabschließende, letzterer der aus dem Vertrage Berechtigte. Beides kann in derselben Person zusammentreffen, indem man in eigenem Namen und für eigene Rechnung versichert. Man kann aber auch für fremde Rechnung versichern, einen Vertrag zugunsten eines Dritten abschließen. Hiermit nicht zu verwechseln ist die Versicherung in fremdem Namen, bei der der Vertragsschließende nicht Vertragsbeteiligter ist, sondern lediglich als Stellvertreter des Versicherungsnehmers in Betracht kommt. Auch wenn jemand in eigenem Namen und für eigene Rechnung einen Versicherungsvertrag eingeht, so kann er insbesondere bei der Lebensversicherung einen bezugsberechtigten Dritten, seine Frau, seine Kinder bezeichnen.

Mit dem Abschluß des Vertrages kommen die als Versicherungsverhältnis zu bezeichnenden Beziehungen zustande. Für die Haftung des Versicherers ist aber Voraussetzung, daß die Prämie gezahlt wird, sofern nicht eine Kreditierung dieser stattfindet. Als Leistungsort für die Entrichtung der Beiträge wird der Wohnsitz oder aber die gewerbliche Niederlassung des Versicherungsnehmers bestimmt. Dieser hat jedoch auf seine Gefahr und Kosten die Beiträge dem Versicherer zu übermitteln. Ist der Beitrag aber regelmäßig beim Versicherungsnehmer eingezogen worden, so ist er zur Übermittlung erst dann verpflichtet, wenn ihm eine schriftliche Anzeige darüber zukommt, daß diese Übermittlung verlangt werde. Leistet der Versicherte die erste Prämie nicht, so ist der Versicherer berechtigt, das Versicherungsverhältnis unter Einhaltung einer Kündigungsfrist von einem Monat zu kündigen. Wird inzwischen Zahlung geleistet, so treten die Wirkungen der Kündigung nicht ein. Wenn der Versicherungsfall vor der Zahlung erfolgt, so ist der Versicherer von der Leistung frei. Handelt es sich nicht um die erste Prämie, sondern um spätere Folgeprämien, so ist im Interesse der Versicherten das folgende Verfahren von der Versicherungsgesellschaft einzuschlagen. Zunächst hat die Anstalt dem säumigen Versicherten schriftlich eine Nachfrist von nicht weniger als zwei Wochen unter Angabe der Rechtsfolgen zu setzen, während deren die Versicherung unverändert fortbestehen bleibt. Für die Gebäudefeuerversicherung beträgt die Nachfrist sogar vier Wochen. Das Recht, sofort zu kündigen, hat der Versicherer erst nach fruchtlosem Verstreichen der Nachfrist, und selbst dann nur, wenn der Versicherungsnehmer für die Nichtzahlung verantwortlich zu machen ist. Noch viel weiter geht der Schutz der Versicherten in der Lebensversicherung. (Vgl. § 31.)

In dem Versicherungsschein, dessen Inhalt nach den Versicherungsarten sehr verschieden sein kann, pflegen eine Reihe von Punkten fast immer enthalten zu sein (generellerVertragsinhalt), so daß gerade auch über diese der Gesetzgeber sich zu äußern nicht umhin kann. Solche wesentliche Bestandteile des Versicherungsvertrages bilden u. a. die Vereinbarungen über das Ereignis, bei dessen Eintritt die Ersatzsumme zu leisten ist. In den Kapiteln, welche die einzelnen Versicherungszweige behandeln, wird dieser Punkt stets näher erörtert werden. Weiterhin äußert sich der Versicherungsvertrag darüber, an welchen Personen, Gegenständen, Vermögen sich das Ereignis betätigen muß. Ferner muß naturgemäß eine Bestimmung darüber getroffen werden, in welchem Verhältnis der Vertragschließende zu dem versicherten Gegenstand oder der versicherten Person steht (individueller Vertragsinhalt).

Eine wichtige Rolle spielen weiter in den Versicherungsverträgen eine Reihe von Klauseln, insbesondere die sogenannten Verwirkungsklauseln, das sind Bestimmungen, welche dem Versicherer ein Rücktrittsrecht gewähren oder ihn von der Verpflichtung zur Zahlung der Ersatzsumme befreien sollen für den Fall, daß der Versicherte eine Obliegenheit (beispielsweise gewisse Anzeigen oder die Beachtung von Sicherheitsmaßregeln) nicht rechtzeitig oder überhaupt nicht erfüllt. Das Gesetz bestimmt, daß die für den Versicherten ungünstigen Rechtsfolgen bei Verletzung einer Obliegenheit nur dann eintreten dürfen, wenn die Verletzung von dem Versicherten verschuldet ist, in gewissen Fällen nur dann, wenn die Verletzung auf Vorsatz oder auf grober Fahrlässigkeit beruht. Diese Bestimmung ist eine solche zwingenden Rechts, so daß sie durch Parteivereinbarung nicht abgeändert werden kann. Sie soll nach der ausgesprochenen Absicht des Gesetzgebers den einzelnen Versicherten gegenüber den Versicherungsunternehmungen schützen.

Die Dauer der Versicherung bildet ein weiteres wesentliches Moment, über welches Einigung erzielt werden muß. Beispielsweise ordnet das Gesetz an: eine Vereinbarung, nach welcher ein Versicherungsverhältnis als stillschweigend verlängert gilt, wenn es nicht vor dem Ablaufen der Vertragszeit gekündigt wird, ist insoweit nichtig, als sich die jedesmalige Verlängerung auf mehr als ein Jahr erstrecken soll.

Besonders eingehend pflegen auch die Vertragsbestimmungen zu lauten, soweit sie sich auf den Umfang der Ersatzleistungen im Versicherungsfall erstrecken. Was diese betrifft, so wird vereinbart, daß der Versicherer Schadenersatz in Geld zu leisten hat, sofern nicht andere Abmachungen getroffen sind. (Lieferung neuer Glasscheiben für zerstörte.) Ferner haftet der Versicherer, wie in anderem Zusammenhang schon zu erörtern war (S. 134), von Ausnahmen abgesehen, nur bis zur Höhe der Versicherungssumme.

Was als Wert der versicherten Sache anzusehen ist, bestimmt das Gesetz nicht. In der Begründung findet sich lediglich die Bemerkung, es werde regelmäßig das Interesse maßgebend sein, welches ein Eigentümer an der Sache hat. Darunter verstanden wird wohl das objektive Interesse eines Eigentümers, der sich in derselben wirtschaftlichen und sozialen Lage befindet. Allein das Interesse kann außerordentlich mannigfaltig sein. Es kann sich im einzelnen um den Gebrauchswert, den Ertragswert, den Verkaufswert, den Herstellungswert usw. handeln. Welcher Wert im Einzelfall nun als der Versicherungswert zu gelten hat, muß, soweit gesetzliche Bestimmungen fehlen, in den Versicherungsbedingungen gesagt werden, und soweit diese darüber schweigen, ist die Verkehrssitte maßgebend. Sofern es sich weder um Haushaltungsgegenstände noch um Arbeitsgeräte, Maschinen oder Gebäude handelt, enthalten die Versicherungsbedingungen in der Feuerversicherung ebensowenig Angaben, welcher Wert in Betracht kommt, als die Bedingungen der Einbruchdiebstahlversicherung und anderer Zweige, welche die Feuerversicherungsbedingungen zum Vorbild genommen haben. Der Grund hierfür liegt darin, daß bei der zu großen Mannigfaltigkeit der Gegenstände die Aufstellung einer allgemeinen Regel nicht möglich ist. Wohl aber haben sich naturgemäß bestimmte Regeln in der Praxis herausgebildet. Im Einzelfall kann die Bemessung des Versicherungswertes zu großen Meinungsverschiedenheiten führen.

Einen Einblick in die großen Schwierigkeiten und Mannigfaltigkeiten dessen, was z. B. in der Feuerversicherung und in Analogie hierzu auch bei anderen Sachversicherungsarten als Ersatzwert in Betracht kommt, gibt die folgende, dem gründlichen Werk von *Fick* entnommene Zusammenstellung. Generell zu sagen ist, daß Ersatzwert der Wert ist, den das versicherte Interesse zur Zeit des Eintritts des befürchteten Ereignisses, des Schadenfeuers, gehabt hat. Bei Tauschgütern sind maßgebend die Anschaffungskosten völlig gleichwertiger Gegenstände. Bei Nutzgütern kommen in Betracht die Beschaffungskosten gleichbrauchbarer Gegenstände, in der Regel jedoch nach einem Abzug für Wertverminderung. Bei marktgängigen Waren ist der Ersatzleistung der Marktpreis zugrunde zu legen, bei nicht marktgängigen Waren der Verkehrswert, sogenannter gemeiner Wert, den der Versicherte zur Beschaffung völlig gleichwertiger Gegenstände nach den für ihn maßgebenden örtlichen und persönlichen Verhältnissen hätte aufwenden müssen. Bei Ersatz von verbrannten Fabrikaten in fertigem wie in unfertigem Zustand sind maßgebend die Herstellungskosten, wenn sie geringer sind als der Verkehrswert. Doch wird man in gewissen Fällen die Beschaffungskosten auf dem Warenmarkt zur Berechnung des Ersatzwertes zugrunde legen müssen. Bei Gebäuden, die wieder aufgebaut werden, ist auszugehen vom ortsüblichen Bauwert, den Herstellungskosten eines gleichbrauchbaren Gebäudes unter Abzug der seit Erbauen eingetretenen baulichen Wertverminderung. Bei Mobiliar, Gebrauchsgegenständen, Arbeitsgerätschaften und Maschinen ist der Ersatzwert der Betrag, den die Neuanschaffung gleichbrauchbarer Gegenstände

erfordern würde, wobei jedoch die Wertverminderung zu berücksichtigen ist, und zwar sowohl die durch Abnutzung wie auch die aus anderen Gründen eingetretene.

Weiterhin werden Rechtsvorschriften gegeben, welche die schon an anderer Stelle erwähnte Über-, Unter- und Doppelversicherung betreffen. (§ 17.)

Die Überversicherung (S. 135, 176) ist nicht immer verboten oder gar strafbar. Nach dem Reichsgesetz ist sie nur dann nichtig, wenn durch sie ein rechtswidriger Vermögensvorteil erzielt werden soll. In einigen Fällen ist sie aber geradezu eine wirtschaftliche Notwendigkeit, beispielsweise, wenn ein Kaufmann außerhalb der Saison sein sehr geringes Warenlager versichert, welches in der Hochsaison einen sehr viel höheren Wert erhält; dann darf er, wenn er dem Versicherer die erforderliche Aufklärung gibt, zweifelsohne eine Versicherungssumme einsetzen, welche dem Höchstwerte des künftigen Lagers entspricht. Erforderlichenfalls können aber Versicherer wie Versicherter zur Beseitigung einer erheblichen Überversicherung Herabsetzung der Versicherungssumme verlangen, doch wirkt eine solche Abänderung der vertraglichen Vereinbarungen nur für künftige Versicherungsperioden.

Ist ein Interesse gegen dieselbe Gefahr bei mehreren Versicherern in Deckung gebracht, so muß jedem Versicherer hiervon unverzüglich Mitteilung gemacht werden, gleichviel, ob die Versicherungssumme zusammen den Versicherungswert übersteigt oder nicht. In ersterem Falle handelt es sich um Doppelversicherung. Auch diese war, wie die gewöhnliche Überversicherung nach älterem Recht, insoweit eine höhere Deckung vorhanden war, als dem Versicherungswert entsprach, nichtig, während sie nach herrschendem Recht ähnlich wie die Überversicherung behandelt wird. Entspringt sie der Absicht rechtswidrigen Vermögensvorteils, so verliert der Versicherungsnehmer seinen Anspruch. Ist die Doppelversicherung aber ohne Kenntnis des Versicherungsnehmers entstanden, so hat er ein Recht auf Herabsetzung der Versicherungssumme und der Prämie. Die eintretende Herabsetzung wirkt nicht nur für die künftige Versicherungsperiode, sondern vom Beginn der Versicherungsperiode an, in der sie beantragt wird. Während nach ausländischem Recht meistens der zuerst geschlossene Vertrag gültig bleibt, die folgenden Verträge aber, soweit sie eine Überversicherung enthalten, unwirksam werden, bestimmt das herrschende deutsche Gesetz, daß ohne Rücksicht auf das Alter der Verträge ein anteilsmäßiges Herabsetzungsrecht gegen alle Versicherer vorhanden ist. Doch ist Voraussetzung, daß der Versicherungsnehmer bei Eingehung der Doppelversicherung von den anderen Versicherungen nichts wußte. Die Versicherer haften bei der Doppelversicherung als Gesamtschuldner; jeder Versicherer hat den Betrag zu leisten, dessen Zahlung ihm nach seiner Police obliegt, im ganzen aber kann der Versicherungsnehmer nicht mehr als den Betrag seines Schadens verlangen.

Nach Abschluß des Vertrages können nachträgliche Änderungen eintreten, z. B. über den Versicherer kann der Konkurs hereinbrechen, und ebenso über den Versicherten. Das Gesetz muß sich daher auch zu diesen Punkten äußern. Ferner kann ein Wechsel in der Person des Versicherten erfolgen: ein versichertes Haus wird verkauft. Es ist daher nur logisch, wenn das Gesetz einen besonderen Abschnitt erhält, welcher die Veräußerung der versicherten Sache betrifft. Hier wird u. a. bestimmt, daß, wenn die versicherte Sache veräußert wird, der Erwerber an die Stelle des Veräußerers in die während der Dauer seines Eigentums aus den Versicherungsverhältnissen entspringenden Rechte und Pflichten des Versicherungsnehmers tritt, daß für die Prämie aber, welche auf die laufende Versicherungsperiode entfällt, Veräußerer und Erwerber als Gesamtschuldner haften.

Nach dem Abschluß des Vertrages darf der Versicherungsnehmer nicht ohne Einwilligung des Versicherers eine Erhöhung der Gefahr vornehmen oder durch einen Dritten gestatten. Andernfalls kann der Versicherer den Vertrag ohne Einhaltung einer Kündigungsfrist kündigen. Auch dann steht dem Versicherer ein Kündigungsrecht zu, wenn nach Abschluß des Vertrages eine Gefahrserhöhung unabhängig vom Willen des Versicherungsnehmers eintritt. Dem Versicherungsnehmer wird aber die Pflicht auferlegt, sobald er von der Erhöhung der Gefahr Kenntnis erlangt, dem Versicherer unverzüglich Anzeige zu machen.

Eine Herabsetzung der Versicherungssumme liegt nicht außerhalb des Bereichs der Möglichkeit, findet sich vielmehr häufig in Anwendung der Bestimmung, daß die Versicherungssumme sowohl auf Verlangen des Versicherers als des Versicherungsnehmers herabgesetzt werden kann, und die Prämien für die künftigen Versicherungsperioden alsdann eine verhältnismäßige Minderung erfahren, wenn die Versicherungssumme den Versicherungswert erheblich übersteigt. Fällt das Interesse, für welches die Versicherung genommen ist, überhaupt weg, so wird auch die Versicherung selbst hinfällig. Der Versicherer darf aber die Prämie für die laufende Versicherungsperiode beanspruchen. Kommt das Interesse gar nicht zur Entstehung, so ist eine Prämie nicht zu zahlen, wohl aber kann der Versicherer eine angemessene Geschäftsgebühr verlangen.

Die wichtigste Wirkung des Versicherungsvertrags ist, daß bei Eintritt des in Betracht kommenden Ereignisses der Versicherer eine Ersatzleistung zu gewähren hat. Allein, dieses Ereignis darf nicht von dem Versicherten vorsätzlich und, abgesehen von der Haftpflichtversicherung, auch nicht fahrlässig herbeigeführt werden. Tritt der Versicherungsfall ein, so hat der Versicherungsnehmer dem Versicherer unverzüglich Anzeige zu machen und ihm jede Auskunft zu erteilen, die zur Feststellung des Umfanges der Leistungspflicht des Versicherers erforderlich ist. Außer dieser Anzeigepflicht und Schadenfeststellungspflicht besteht noch für den Versicherten eine Rettungspflicht. (§ 17.)

Immer wieder haben die bei den allermeisten Versicherungszweigen seit jeher üblichen Bedingungen die Kritik weiter Kreise herausgefordert, daß nach Eintritt eines Versicherungsfalls jeder Teil berechtigt ist, das Versicherungsverhältnis zu kündigen. Einen Schutz des Versicherten gegen solche Kündigung hat das Reichsgesetz jedoch nicht für erforderlich erachtet. Nur insofern enthält es eine Schutzvorschrift, als es beispielsweise bei der Feuerversicherung ausdrücklich die Kündigung nur bis zum Ablauf eines Monats seit Abschluß der Verhandlungen über die Entschädigung zuläßt und dem Versicherer die Pflicht auferlegt, eine einmonatige Kündigungsfrist einzuhalten, damit der Versicherte hinlänglich Zeit hat, eine neue Versicherung zu suchen, und nicht unversichert zu bleiben braucht. Denselben Erwägungen entspricht die Vorschrift bei der Hagelversicherung, daß der Versicherer nur für den Schluß der Versicherungsperiode kündigen darf, in welcher der Versicherungsfall eingetreten ist.

Die Frage der Abtretung von Ansprüchen des Versicherten gegen dritte Personen, welche den Versicherungsfall schuldhaft herbeigeführt haben, die sogenannte Subrogation, pflegt in vielen Versicherungsverträgen besonders behandelt zu werden. Bald fordern die Versicherer eine solche Abtretung, bald leisten sie ausdrücklich Verzicht darauf. Fehlt es an vertraglichen Bestimmungen darüber, so ist die Rechtslage bei Personenversicherung eine andere als bei Güterversicherung. Erleidet ein gegen Unfall Versicherter dadurch einen Unfall, daß ein Automobil ihn überfährt, so dürfte dem Verunglückten das Recht nicht zu bestreiten sein, daß er sowohl von dem Automobilbesitzer als auch von seinem Versicherer sich entschädigen läßt. Von einem zu bekämpfenden Gewinn für den Versicherten kann hier kaum die Rede sein. Anders liegt der Fall, wenn ein gegen Feuer Versicherter dadurch einen Feuerschaden erleidet, daß ein anderer sein Haus in Brand steckt. Dann kann er nicht von diesem und von der Feuerversicherungsgesellschaft den Ersatz des Brandschadens verlangen; hier würde sonst zweifelsohne eine nicht zu rechtfertigende Bereicherung vorliegen.

Die Ansprüche aus dem Versicherungsvertrag gegenüber dem Versicherer werden regelmäßig sofort wahrgenommen werden. Immerhin ist es erforderlich, auch hier eine Verjährung anzuordnen. Das Gesetz bestimmt, daß solche Ansprüche in zwei Jahren verjähren. Nur bei der Lebensversicherung setzt es eine Verjährungsfrist von fünf Jahren fest.

Der Gerichtsstand für Klagen aus dem Versicherungsvertrag gegen die Anstalt ist durch das neue Gesetz in wichtiger Beziehung geändert worden. Früher mußte man wohl ausnahmslos den Versicherer beim Gericht seines Wohnsitzes bzw. seiner gewerblichen Niederlassung verklagen; jetzt wird die Klage an dem Ort eingebracht, wo der in

Tätigkeit getretene Agent Niederlassung bzw. Wohnsitz hatte. Der Agent verörtlicht also das Geschäft, eine bedeutende Erleichterung der Rechtsverfolgung für den Versicherten, eine Erschwerung für die Gesellschaften.

Die bisher erwähnten, fast in jedem Versicherungsvertrag behandelten Bestimmungen hat das Gesetz in der Weise geordnet, daß es zunächst allgemeine Vorschriften, welche für sämtliche Versicherungszweige in Betracht kommen, zusammengestellt hat, alsdann solche, welche nur bei der Schadenversicherung üblich sind, z. B. Bestimmungen über die Veräußerung versicherter Sachen. Dieser allgemeine Teil des Gesetzes umfaßt kaum die Hälfte der gesamten 194 Paragraphen. Alle übrigen beziehen sich auf einzelne Versicherungszweige, und zwar wird besonders geregelt — in der nachstehenden Reihenfolge — das Recht der Feuerversicherung, der Hagelversicherung, der Viehversicherung, der Transportversicherung, der Haftpflichtversicherung, der Lebensversicherung und der Unfallversicherung. In diesen einzelnen Abschnitten werden neben Ausnahmen, die gegenüber den allgemeinen Vorschriften für diesen oder jenen Zweig notwendig sind, Bestimmungen getroffen über den Umfang der Gefahr, d. h. den Umfang der Haftung des Versicherers. Beispielsweise wird wiederholt betont, daß der Versicherer nicht haftet, wenn das schädigende Ereignis während eines Krieges eintritt. Weiterhin werden gewisse besondere Verpflichtungen des Versicherten hervorgehoben: die Einhaltung bestimmter Fristen zur Anzeige bei Eintritt des Versicherungsfalles u. dgl. m. Die wesentlichsten dieser Bestimmungen werden im zweiten Band dieses Werkes zur Erörterung gelangen.

Für deutsche Versicherungsverträge im feindlichen Ausland sind von erheblicher Bedeutung die Bestimmungen des Versailler Friedensvertrages, der in Anlage III, Abschnitt 5 des X. Teiles unter der Überschrift „Wirtschaftliche Bestimmungen“ die Feuer-, Lebens-, See- und Rückversicherungsverträge eingehend behandelt mit der Tendenz, die Staatsangehörigen der Ententeländer vor jedem Schaden zu behüten, ohne etwa den Deutschen, welche Versicherungsverträge bei einer in einem Ententeland befindlichen Gesellschaft besitzen, eine ebenso günstige Rechtslage zu gewähren. Es kommen hier insbesondere See- und Lebensversicherungsverträge in Frage, die nur allzu häufig von Deutschen vor dem Kriege mit englischen, französischen und amerikanischen Gesellschaften abgeschlossen worden sind, in dem schwer getäuschten Vertrauen darauf, daß auch in einem Kriegsfall Privatverträge vom Feinde respektiert würden, eine Auffassung, vor der freilich häufig genug vergeblich gewarnt worden ist.

VI. Versicherungswissenschaft.

§ 25. Entwicklung der Versicherungswissenschaft.

Wie die Geschichte des Versicherungswesens sich verkörpern läßt in einem Baum mit zahlreichen weitverzweigten Wurzeln und Ästen, so bietet auch die Geschichte der Versicherungswissenschaft keine in gerader Linie einheitlich und ebenmäßig aufsteigende Säule. Dazu kommt, daß der Begriff der Versicherungswissenschaft, wie er in diesem Buche aufgefaßt wird, erst vor wenigen Jahrzehnten geprägt worden ist. Er ist rein deutschen Ursprungs. Das Verdienst, ihn zum erstenmal festgestellt zu haben, dürfen sich die Gründer des Göttinger Seminars für Versicherungswissenschaft, *Wilhelm Lexis* und *Victor Ehrenberg*, zusammen mit den Männern zuschreiben, die als Angehörige des Verbands der Deutschen Lebensversicherungsgesellschaften um das Zustandekommen und Gedeihen des Deutschen Vereins für Versicherungswissenschaft sich große Verdienste errungen haben, und von denen zu nennen sind *Emminghaus, Gerkrath, Hahn, Bischoff, v. Rasp* und *Samwer*.

Während man im Auslande in der Regel nur die mit der Lebensversicherung zusammenhängenden wissenschaftlichen Fächer, zuweilen auch noch die mit der Feuerversicherung verbundenen, unter den Begriff der Versicherungswissenschaft bringt, ist der deutsche Begriff umfassender. Er schließt alle auf das private wie auf das öffentliche Versicherungswesen bezüglichen Wissenszweige ein. Am deutlichsten erhellt dies aus den Satzungen des Deutschen Vereins für Versicherungswissenschaft, in denen es heißt:

„Unter Versicherungswissenschaft werden hier ebensowohl die rechts- und wirtschaftswissenschaftlichen wie die mathematischen und naturwissenschaftlichen Wissenszweige verstanden, deren Bestand und Fortbildung dem Versicherungswesen dienlich sind."

Die in diesem Vereine bestehenden Abteilungen für Versicherungsmathematik, Versicherungsmedizin, Versicherungsrecht und Versicherungswirtschaft zeigen, daß die deutsche Versicherungswissenschaft Bestandteile aufweist, welche, abgesehen von der theologischen Fakultät, aus allen übrigen Fakultäten und aus der Technik ausgeschält sind.

Allein, wie gesagt, die Versicherungswissenschaft in diesem Sinne ist noch keine drei Jahrzehnte alt, und seit ihrem Beginn rechnet erst die neueste, vierte Epoche in der Entwicklung der Versicherungswissenschaft überhaupt, welche durch die Ausdehnung des Begriffs der Versicherungswissenschaft, wie er eben geschildert worden ist, charakterisiert wird. Die dieser vorausgehende dritte Epoche beginnt etwa mit der Entstehung der deutschen sozialpolitischen Arbeiterversicherung, also mit dem Jahre 1880, und reicht bis 1895, dem Gründungsjahre des Göttinger Seminars. Als zweite Epoche ist die Zeit von 1880 bis zurück zum Jahre 1849, dem Gründungsjahre des Institute of Actuaries anzusehen. Alles, was vor dieser Zeit liegt und die erste Epoche bildet, läßt sich in ein System der Versicherungswissenschaft nur schwer einreihen. Es handelt sich hier nur um vorbereitende literarische Ereignisse, die allerdings im einzelnen von hohem Wert gewesen sind.

Die zweite Periode bringt eine vermehrte Fortbildung der in der ersten vorhandenen Grundlagen. Es zeigen sich die Anfänge eingehenderer wirtschaftlicher Betrachtung. In der dritten streitet man, insbesondere in Deutschland, über die wichtigsten prinzipiellen Fragen auf dem Gebiete der Versicherungspolitik, und so zeigt sich hier ein Überwiegen der wirtschaftlich-staatsrechtlichen Betrachtung. Die internationale Gestaltung der Versicherungswissenschaft, das Aufkommen des neuen deutschen Begriffes derselben und ihre Vertretung an den Hochschulen sind die Kennzeichen des letzten 1895 beginnenden Stadiums der Entwicklung, in dem wir mittendrin stehen.

Bei der überaus großen Jugend der Versicherungswissenschaft in dem hier gebrauchten Sinne wäre die historische Betrachtung vor die Notwendigkeit gestellt, die einzelnen Fächer, welche zusammen die Versicherungswissenschaft bilden, getrennt zu verfolgen.

Der vornehmste Platz müßte hier dem Wissenszweig eingeräumt werden, welcher nach englischem Vorbild zuweilen A k t u a r w i s s e n s c h a f t, Actuarial Science, genannt wird. (In England und Amerika haben die Mathematiker der Lebensversicherungsgesellschaften den Titel Aktuar, Actuary.) Diese Aktuarwissenschaft, welche auf eine etwa hundertjährige Geschichte zurückblicken kann, eine vorzügliche Organisation und hervorragende Leistungen gerade in England aufzuweisen hat, muß jedoch einer Darstellung vorbehalten werden, welche der Versicherungsmathematik gewidmet ist. Hier müssen wir uns damit begnügen, auf die Darstellung zu verweisen, welche ihr *W. Karup* gewidmet hat, und auf einige Worte, die das Institute of Actuaries betreffen. Denn die versicherungswissenschaftlichen Organisationen in anderen Ländern haben sich großenteils diese Akademie zum Vorbild genommen.

Das Londoner Institute of Actuaries of Great Britain and Ireland wurde im Jahre 1849 gegründet „mit dem Zweck der Förderung aller mit dem Stand der Aktuare zusammenhängenden Interessen, zur Ausdehnung und Verbesserung der wissenschaftlichen Methoden, welche ihren Ursprung in der Anwendung der Wahrscheinlichkeitsrechnung haben und von denen die Lebensversicherung, die Annuitäten, die Zinseszinsrechnung und andere analoge Erscheinungen ihre Prinzipien ableiten". Man sieht: es handelt sich hier um einen vorwiegend mathematischen Verein, der, so Großes er auch geleistet haben mag, in seiner engen Begrenzung nicht vorbildlich sein kann für ein Land, in dem auch andere Fächer als die Mathematik und andere Versicherungszweige als die Lebensversicherung Ansehen und wissenschaftliche Geltung zu beanspruchen ein Recht haben. Das Institut entspricht etwa unseren gelehrten Akademien; aber es ist mehr als dies, zugleich eine akademische Lehranstalt, welche Prüfungen abhält und Titel verleiht. Außerdem veröffentlicht das Institut seit seinem Bestehen eine hervorragende Zeitschrift.

Nach dem Muster dieser englischen Aktuarakademie wurden seit den fünfziger Jahren auf denselben Grundlagen und mit denselben engbegrenzten Zwecken weitere Institute errichtet: für Schottland die Faculty of Actuaries in Edinburg, 1871 der Verein der französischen Aktuare, 1888 die holländische Aktuarvereinigung, 1889 in New York die Actuarial Society of America. Es folgten ähnliche Gründungen in Belgien, in Italien, in der Schweiz, 1920 in Argentinien. 1868 war in Deutschland das Kollegium für Lebensversicherungswissenschaft geschaffen worden, das jedoch nur ein Verein von Technikern und praktischen Versicherungsmännern, ohne Fakultäten und Examinatorium war und nach kurzem Bestand wieder verschwunden ist, zweifelsohne weil uns in Deutschland die Beschränkung auf eine einzelne Disziplin für einen einzigen Versicherungszweig nicht zusagt und unnatürlich erscheint, und weil die organisatorische und soziale Stellung, welche im Auslande der Aktuar einnimmt, bei uns dem Juristen eingeräumt wird. Ob mit Recht, bleibe dahingestellt. Auch der Versuch, in Österreich-Ungarn einen Aktuarverein aufrechtzuerhalten, ist wohl aus gleichen Gründen gescheitert. Der Verband österreichisch-ungarischer Versicherungstechniker hat 1903 nach kurzem Bestehen seine Auflösung herbeigeführt. Dagegen hat er 1904 als eine der nach deutschem Muster eingerichteten wissenschaftlichen Fachabteilungen des Österreichisch-Ungarischen Verbandes der Privatversicherungsanstalten wenigstens für ein Jahrzehnt seine Wiederauferstehung erlebt. Eine Vereinigung deutscher Versicherungs-Mathematiker trat 1920 auf den Plan.

Wenn auch hier Ausführlicheres über die Aktuarvereine nicht gesagt werden kann, so soll es doch nicht versäumt werden, mit Worten des Lobes und der Anerkennung ihrer Leistungen zu gedenken, welche zu den besten gehören, die überhaupt auf dem Gebiete der Versicherungswissenschaft zu verzeichnen sind. Alle anderen Disziplinen sollten sich die Mathematiker zum Vorbild nehmen, die auf dem engen Gebiet so zahlreiche glänzende Arbeiten geliefert haben. Aber wir dürfen nicht stehen bleiben bei diesen. Wir müssen über den Rahmen, den die Aktuarvereine einmal aufgestellt haben, hinaus.

Jedenfalls an Quantität, teilweise vielleicht auch an Qualität hinter den Leistungen der Lebensversicherungsmathematiker zurück stehen die Leistungen der Angehörigen aller anderen, die Versicherungswissenschaft bildenden Zweige. Das gilt zunächst für die Juristen, und in noch weit höherem Maße für die Mediziner und Nationalökonomen, besonders aber für die Techniker der Feuer- und sonstigen Güterversicherungsarten.

Die ausführliche Schilderung dieser einzelnen Zweige in ihrem Sein und Werden muß Spezialforschungen überlassen werden. In diesem Buche können nur die Hauptwerke und ihre Autoren angeführt und kurz charakterisiert werden. (§ 27.)

Ein Mittelpunkt der Organisation, der Forschung wie des Studiums aller dieser einzelnen Zweige ist von allen Ländern zuerst in Deutschland, und hier nicht vor Mitte der neunziger Jahre geschaffen worden durch die Gründung des bereits erwähnten Seminars für Versicherungswissenschaft an der Universität zu Göttingen und die Gründung des Deutschen Vereins für Versicherungswissenschaft zu Berlin 1899. Das Seminar wird uns im Zusammenhang mit der Betrachtung des versicherungswissenschaftlichen Unterrichts zu beschäftigen haben. Was den Verein anbelangt, so mag erwähnt werden, daß er seine Aufgaben zu erfüllen sucht durch Veranstaltung wissenschaftlicher Publikationen, insbesondere durch Herausgabe einer Zeitschrift für die gesamte Versicherungswissenschaft und anderer in zwangloser Reihenfolge erscheinender Veröffentlichungen, durch Veranstaltung von Versammlungen, und zwar sowohl von solchen für die einzelnen Wissenszweige als auch von solchen für das gesamte Gebiet der Versicherungswissenschaft. Er hat ferner eine Bibliothek gegründet (wohl die reichhaltigste Versicherungs-Fachbibliothek), und unterhält ein ständiges Bureau. Seine Mitglieder teilen sich in körperschaftliche, zu welchen Behörden und Versicherungsgesellschaften gehören, und in persönliche, zu welchen alle Personen zählen können, bei denen Interesse und Verständnis für versicherungswissenschaftliche Fragen vorauszusetzen ist.

Das deutsche Beispiel hat in Rußland, Japan, Skandinavien, Polen und in der Tschechoslowakei Nachahmung gefunden.

Da das Versicherungswesen sich international entwickelt hat, so ist auch eine internationale Organisation der Versicherungswissenschaft nicht auffällig. Diese ist 1895 in Brüssel ins Leben gerufen worden und hat ihre Zentrale im Comité Permanent des Congrès Internationaux d'Actuaires. Von Deutschen hat sich insbesondere *Samwer* um die Gründung dieser internationalen Vereinigung verdient gemacht. Der Zweck der Organisation ist, wie schon der Name angibt, internationale Kongresse für Versicherungswissenschaft als Bindeglied zwischen den versicherungswissenschaftlichen Vereinen der verschiedenen Länder zu veranstalten. Bisher haben sieben derartige internationale Kongresse stattgefunden, und zwar 1895 in Brüssel, 1898 in London, 1900 in Paris, 1903 in New York, 1906 in Berlin, 1909 in Wien und 1912 in Amsterdam. Eine ganze Reihe der wichtigsten Fragen von erheblichem Interesse für das Versicherungswesen aller Länder ist auf den bisherigen Kongressen erörtert worden. Die Verhandlungen füllen dicke Bände. Auf mehreren Kongressen sind die rein mathematischen Fragen etwas in den Hintergrund getreten und die allgemein wirtschaftlichen, rechtswissenschaftlichen und historischen Fragen in den Vordergrund gerückt. Teilweise wurden nicht nur Fragen der eigentlichen Lebensversicherung erörtert, sondern auch solche der Unfall- und Haftpflichtversicherung und anderer Versicherungszweige.

Eine wichtige Ergänzung dieser allgemeinen versicherungswissenschaftlichen Kongresse bilden die internationalen Kongresse für Versicherungsmedizin, welche von der inzwischen eingegangenen Internationalen Vereinigung der Versicherungsärzte veranstaltet wurden. Der erste dieser Kongresse hat 1899 in Brüssel, der zweite 1901 in Amsterdam, der dritte 1903 in Paris stattgefunden, der vierte 1906 in Berlin. Der deutsche Vorkämpfer für diese Kongresse ist *Florschütz*.

Ein Blick auf die Wandlungen, welche die Auffassung vom Versicherungswesen im Laufe der Jahrhunderte durchgemacht hat, ist nicht ohne Reiz. Es kommt auch hier die allgemeine Weltauffassung, die Herrschaft dieses oder jenes ökonomischen Dogmas ganz naturgemäß zum Ausdruck.

Dem Zeitalter des Merkantilismus, jenes ökonomischen Systems, das staatliche Bevormundung über alles schätzte und für erforderlich hielt, lag es überaus nahe, daß wiederholt Pläne staatlicher Versicherung auftauchten; und es ist gar nichts Erstaunliches, wenn wir hören, daß vor Ausbruch des Dreißigjährigen Krieges eine staatliche Reichsfeuerversicherung geplant wurde, wenn eine Reihe Schriftsteller eine vom Staat betriebene Kinderversicherung empfahl, freilich nicht sowohl in der Erkenntnis der Wohltat der Versicherung, als um der fürstlichen Rentkammer aufzuhelfen. Hier wird also zunächst an den Unternehmer gedacht. Nur um dem Fürsten seine Kasse zu füllen, sollen die Untertanen der Wohltat der Versicherung teilhaftig werden. Wer abbrennt mit seinem Besitz, verliert die Steuerfähigkeit. Eine Familie, die verarmt, ist dem Fürsten nicht angenehm, weit mehr eine Familie, in der sich Generationen hindurch Reichtum und Besitz erhalten. Ein Mittel des Erhaltens von Besitz und Vermögen soll eben die Versicherung sein, aber dies alles nur aus fiskalischen Gründen.

Ganz anders die Auffassung in der Zeit der Physiokraten. Die Reaktion gegen die staatlichen Einrichtungen, gegen die Bevormundung, bringt auch eine Reaktion in der Auffassung vom Zweck der Versicherung. Das laissez faire, laissez aller macht ein Ende mit den staatlichen Versicherungsplänen, bringt private Unternehmungen an die Oberfläche; und wo wir Erörterungen über die Versicherungen finden, treffen wir jetzt darauf, daß man das Wohl des Versicherten als höchste Aufgabe der Assekuranz ansieht.

Mit dem Beginn kapitalistischer Wirtschaftsentwicklung und Wirtschaftsauffassung ändert sich ganz naturgemäß wieder diese Sachlage. Es tritt der Standpunkt des Unternehmers von neuem in den Vordergrund. In dem Maße, in welchem das Zeitalter des Kapitalismus durchsetzt wird von Gedanken der Sozialpolitik, tritt neben diese Auffassung eine andere: daß die Versicherung einzig und allein das Wohl des einzelnen, namentlich des besonders gefährdeten, ärmeren Versicherten ins Auge zu fassen habe.

Nebeneinander sehen wir so Ende des 19. und Anfang des 20. Jahrhunderts einseitig Unternehmerinteressen und ebenso einseitig Versicherteninteressen vertreten. Und nur derjenige, welcher unbeirrt von den verschiedenen Interessenströmungen das Ganze übersieht und von einer höheren Warte aus die Dinge betrachtet, wird sich zu einer Verschmelzung der Ansichten zu Nutz und Frommen der Allgemeinheit durchringen können.

Im Laufe weniger Jahre hat sich in Deutschland ein unverkennbarer Umschwung in der Richtung vollzogen, daß das theoretische Studium der Versicherungswissenschaft, wie es seit Ende des vorigen Jahrhunderts möglich ist, Schritt für Schritt sich Anerkennung erkämpft hat. Der Umstand, daß eine ganze Reihe theoretisch vorgeschulter Akademiker sich in leitenden Stellungen des Versicherungswesens befinden, die Tatsache, daß bei Nachfrage nach Versicherungsbeamten eine abgeschlossene akademische Bildung in zunehmendem Umfange gefordert wird, und auch der Umstand, daß Gesetzgeber und Praktiker des Versicherungswesens bei ihren Arbeiten die theoretischen Schriften zu benutzen sich genötigt sehen: das sind im einzelnen zwar wenig auffallende, aber in ihrer Gesamtheit doch deutliche Beweise für einen beachtenswerten Fortschritt in der Anerkennung der Theorie. Dazu kommt die eingehende Beachtung, welche der Versicherungswissenschaft in Regierungskreisen, wenigstens auf dem Gebiet der Privatversicherung, geschenkt wird. Und das alles bedeutet praktisch: Ersatz der reinen Empirie durch systematisches Studium, Ersatz der Geschäftsroutine durch wissenschaftliche Erkenntnis.

§ 26. Versicherungswissenschaftlicher Unterricht.

Seitdem es eine organisierte Versicherungswissenschaft gibt, besteht auch ein versicherungswissenschaftlicher Unterricht. Es ist schon erwähnt worden, daß das englische Institute of Actuaries und in Anlehnung an dieses eine Reihe anderer Aktuarvereine in verschiedenen Ländern Lehranstalten sind, aber freilich nur Lehranstalten für Lebensversicherungsmathematik und verwandte Gebiete. Es entspricht durchaus englischen Gepflogenheiten, daß private Institute sich mit dem höheren Unterrichte befassen. Das Londoner Institut besitzt geradezu ein Privilegium dieses Unterrichts und hat das Recht, den von ihm Geprüften Grade zu verleihen, welche vielleicht ein noch höheres Ansehen genießen als unsere akademischen Würden, die durch ein Examen erlangt werden können. Der Unterricht bei dem Londoner

Institut wird ausschließlich von praktischen Mathematikern erteilt, welche im Dienste von Versicherungsgesellschaften stehen. Daneben finden sich in England noch andere private Einrichtungen für versicherungswissenschaftlichen Unterricht. So hält die Federation of Insurance Institutes of Great Britain and Ireland alljährlich Prüfungen ab, welchen ein bedeutend weiterer Rahmen gesteckt ist als denen des Instituts. Hier werden namentlich auch Materien der Feuerversicherung, und zwar insbesondere solche feuertechnischer Art, behandelt, ferner solche der Rückversicherung und Unfallversicherung. Auch die juristische Seite kommt hier neben der mathematischen zu ihrem Rechte, und selbst ökonomische, historische und technische Fragen werden den Prüflingen vorgelegt. Ähnlich wie in England liegen die Verhältnisse sowohl in Amerika als auch in englischen Kolonien, in Kanada, Südafrika und Australien.

In Amerika werden von den Direktoren der großen Gesellschaften Vorlesungen an Universitäten gehalten, und außerdem pflegen die größten Anstalten eigene Versicherungskurse elementarer Art zur Gewinnung geeigneter Angestellter zu veranstalten.

An dieser Stelle interessieren naturgemäß die Einrichtungen zur Pflege der Versicherungswissenschaft in Deutschland am meisten.

Nicht nur die eigentlichen Universitäten kommen für die hier einschlägigen Vorlesungen in Betracht, sondern auch andere in Deutschland bestehende wissenschaftliche Hochschulen, die Handelshochschulen, die Technischen Hochschulen und andere, z. T. private wissenschaftliche Hochschuleinrichtungen.

Vor 1895 findet sich auf den deutschen Universitäten nur eine gelegentliche Beachtung des Versicherungswesens in den allgemeinen Vorlesungen: a) über politische Arithmetik, b) über Privatrecht und Handelsrecht, c) über Nationalökonomie.

Seit 1895 finden sich selbständige Vorlesungen: a) über Versicherungsmathematik, b) über Versicherungsrecht, c) über Versicherungswirtschaft. Und hierbei können wir wieder unterscheiden: a) Vorlesungen an Universitäten, b) Vorlesungen an sonstigen Hochschulen, insbesondere Handelshochschulen.

Die Gründung des Seminars für Versicherungswissenschaft an der Universität zu Göttingen im Jahre 1895, die Entstehung von Handelshochschulen Ende der neunziger Jahre und die Gründung des Deutschen Vereins für Versicherungswissenschaft in Berlin 1899 bilden die wesentlichen äußeren Momente der Entwicklung im Unterricht für unseren Wissenszweig.

Bis Ende der vierziger Jahre des vorigen Jahrhunderts lassen sich die Bestrebungen, dem Versicherungswesen an deutschen Hochschulen Vorlesungen zu widmen, zurückverfolgen. Allein nicht vor 1874 fanden die ersten Vorlesungen dieser Art statt, veranstaltet im Königlichen Statistischen Seminar unter der Leitung von *Engel.* Parallel mit dieser tatsächlichen Berücksichtigung des Versicherungswesens laufen Bestrebungen, in Berlin eine selbständige Assekuranzakademie ins Leben zu rufen, wozu die Anregung aus den Kreisen der Versicherungspraxis heraus ergangen ist. Die Namen *Elsner*, *Engel*, *Heym*, *Hopf*, *Knoblauch* und *Wiegand* verdienen in diesem Zusammenhang genannt zu werden. Wir finden hier einen interessanten Vorläufer der deutschen Handelshochschulbewegung, welche erst in den neunziger Jahren Erfolge aufzuweisen hat. Es kam nicht zur Gründung der Akademie, und ebensowenig vermochte das Kollegium für Lebensversicherungswissenschaft einen Unterricht auf seinem Gebiet zu organisieren. Erst 1880 finden wir auf der Humboldtakademie in Berlin wieder Zyklen über Versicherungswesen. Auch sie schliefen bald wieder ein, ebenso wie die Vorlesungen am Statistischen Seminar. Das ist um so erstaunlicher, als die Tätigkeit des Deutschen Reiches auf dem Gebiete des Versicherungswesens durch Einrichtung der deutschen Sozialversicherung zu großer Entfaltung gelangt war, und es doch nahe genug lag, an die fachgemäße Heranbildung von Staatsbeamten, welche im Dienste der Sozialversicherung beschäftigt werden sollen, zu denken. Allein erst 1912 ist eine solche durch die Kölner Hochschule für Kommunal- und Sozialverwaltung geschaffen worden.

Die erste Stätte versicherungswissenschaftlichen Unterrichts in dem hier gemeinten Sinne ist das wiederholt erwähnte Göttinger Seminar. Die erste Anregung zu seiner Errichtung ging von *Kiepert* aus, und es ist dem Interesse, welches Ministerialdirektor *Althoff* an ihm nahm, zu verdanken, daß es ins Leben gerufen wurde.

Das Seminar für Versicherungswissenschaft hat den Zweck, denjenigen, die als Mathematiker oder höhere Verwaltungsbeamte im öffentlichen oder privaten Versicherungswesen Verwendung zu finden wünschen, Gelegenheit zu einer angemessenen wissenschaftlichen Ausbildung darzubieten. Zu diesem Zwecke werden in dem Seminar Übungen in den verschiedenen Zweigen der Versicherungswissenschaft, mathematische, ökonomisch-statistische und versicherungsrechtliche veranstaltet, die sich teils entsprechenden Vorlesungen an der Universität anschließen, teils selbständig gehalten werden. Mit dem Seminar ist eine Fachbibliothek und ein Lesezimmer verbunden. Das Seminar ist berechtigt, Prüfungen abzuhalten und den mit Erfolg Geprüften Diplome auszustellen, durch die sie sich als Versicherungsverständige der mathematischen oder der administrativen Klasse ausweisen können.

1908 hat die Göttinger Einrichtung eine Nachfolge in Freiburg erhalten; 1911 sind die bayrischen Universitäten München, Würzburg und Erlangen mit Versicherungsseminaren und Prüfungen gefolgt.

Nach Ende des Weltkrieges haben sich die Universitäten Hamburg, Köln, Frankfurt a. M. angeschlossen und auch Gießen hat entsprechende Einrichtungen getroffen. An einigen dieser Universitäten bestehen besondere Lehrstühle für Versicherungswissenschaft.

Ende der neunziger Jahre hat die Handelshochschulbewegung eingesetzt. Die (ehemalige) städtische Handelshochschule zu Köln hatte ebenso wie die (frühere) Akademie für Handels- und Sozialwissenschaft zu Frankfurt am Main und die Handelshochschule Leipzig Lehrgänge für Versicherungswissenschaft eingerichtet. Auch die 1905 in Berlin ins Leben getretene Handelshochschule weist Versicherungswissenschaft in umfassendem Maße als Lehrgegenstand auf; eine besondere Prüfung für Versicherungsstudenten ist hier aber nicht eingeführt, vielmehr bildet das Versicherungswesen ebenso wie früher in Köln lediglich ein Wahlfach (Haupt- oder Nebenfach) in der allgemeinen Diplomprüfung. Die Handelshochschulen Mannheim und München haben gleichfalls Versicherungskurse eingerichtet. Ebenso findet in verschiedenen Fortbildungskursen für Ärzte und in der Berliner wie Kölner Vereinigung für staatswissenschaftliche Fortbildung das Versicherungswesen Berücksichtigung.

Was die Technischen Hochschulen betrifft, so besitzt Dresden seit 1896 ein versicherungstechnisches (mathematisches) Seminar, Aachen seit 1908 Kurse für Feuerversicherungstechnik. An der landwirtschaftlichen Hochschule Berlin wurde 1912 ein Versicherungskolleg eingerichtet.

Es wäre ein großer Fehler und höchst bedauerlich, wenn diese Einrichtungen zur Pflege der Versicherungswissenschaft dazu führen würden, diese in starkem Umfang als einziges und als Brotstudium zu betreiben. Denn es ist nur ein sehr mäßiger jährlicher Ersatzbedarf an speziell vorgebildeten Anwärtern vorhanden. Deutschland hat nur innerhalb der Versicherungsunternehmungen Platz für diese Spezialisten. Die Behörden kommen bisher im allgemeinen ohne solche aus. Auch ist uns in Deutschland noch das Institut der Consulting Actuaries, wie es in den Vereinigten Staaten, in Kanada, auch in England vorkommt, nahezu unbekannt. Consulting Actuary läßt sich etwa übersetzen mit Versicherungsanwalt, wobei jedoch weniger an einen Rechtsanwalt als etwa an einen Patentanwalt zu denken ist, weniger an einen juristisch als vielmehr mathematisch-technisch, ökonomisch und geschäftlich ausgebildeten Sachverständigen, der die Praxis wie auch die Theorie des Versicherungswesens eingehend studiert hat und seine Dienste Versicherungsgesellschaften, Versicherten und Aufsichtsbehörden zur Verfügung stellt.

Ungeschlichtet ist noch der Streit, ob sich Spezialexamina für Versicherungswissenschaft empfehlen. Aber darüber sind Theoretiker wie Praktiker einig, daß es für das gesamte Versicherungswesen, und zwar für die privaten Versicherungsgesellschaften ebenso wie für die öffentliche Versicherung von Nutzen ist, wenn auf unseren Hochschulen über Versicherungswissenschaft Vorlesungen gehalten werden, und wenn so möglichst weiten Kreisen Gelegenheit geboten ist, die Vorteile und Einrichtungen der Versicherung kennen zu lernen. Eine stärkere Ausdehnung der Pflege der Versicherungswissenschaft auf sämtliche Universitäten kann nur eine Frage der Zeit sein. Allein man sollte bestrebt sein, das Wissen von der Versicherung als einen notwendigen Gegenstand der allgemeinen Bildung aufzufassen, ohne daß man freilich die Spezialausbildung und Fortbildung der Fachleute aus dem Auge verliert.

In den letzten Jahren ist die Tendenz immer mehr zum Durchbruch gelangt, den Versicherungsunterricht bis in die niedrigsten Schulen zu bringen, und zwar in Verbindung mit dem Unterricht in Bürgerkunde. Auch im Fortbildungsschulunterricht mancher Städte hat die Assekuranz eine ihr gebührende Beachtung gefunden. Seitens der Fachverbände der Versicherungsbeamten werden neuerdings häufiger Vorträge und Lehrgänge veranstaltet. Ein privates Lehrinstitut für Feuerversicherungstechnik in Hannover, welches ebenfalls eine Ausbildung von Versicherungsbeamten erstrebte, vermochte sich leider nur kurze Zeit zu halten. Fortbildungslehrgänge für Vorgeschrittene veranstaltet in zwangloser Reihenfolge der Deutsche Verein für Versicherungswissenschaft.

§ 27. Versicherungswissenschaftliche Literatur.

Im folgenden ist der Versuch unternommen, einen knappen Überblick über die Literaturgeschichte der Versicherungswissenschaft zu geben, wobei freilich die ältere Literatur nur ganz nebenbei Beachtung finden kann.

Die Anfänge versicherungswissenschaftlicher Literatur finden sich in drei unabhängig nebeneinander herlaufenden Gruppen. Einmal sind es rein juristische Werke, welche vorzugsweise das Recht der Seeversicherung behandeln. Besonders berühmt sind von Versicherungsjuristen *Petrus Santerna* (Tractatus de assecurationibus et sponsionibus mercatorum, 1552), *Benvenuto Straccha* (De assecurationibus, 1569), *Pothier* (Traité du contrat d'assurance, 1777), *Weskett* (A complete digest of the theory law and practice of insurance, 1781, deutsch von *Engelbrecht*, 1782 ff.), *Emérigon* (Traité des assurances, 1782), *Baldasseroni* (Trattato delle assecurazioni maritime, 1787), *Beneke* (System des Assekuranz- und Bodmereiwesens, 1810). Groß ist aber auch die Zahl der Abhandlungen aus dem 18. Jahrhundert über andere Zweige der Versicherung.

Neben dieser juristischen Literatur läuft eine mathematische her, welche sich naturgemäß auf die Lebensversicherung beschränkt. An die Namen der Mathematiker *Pierre de Fermat*, *Pascal* und *Huygens*, sämtlich im 17. Jahrhundert lebend, knüpft sich die Entstehung der Wahrscheinlichkeitslehre; *Jacob Bernoulli* († 1705), *Laplace* († 1827), *Lacroix* († 1843), *Gauß* († 1855) u. a. haben sich um die weitere Ausbildung der Wahrscheinlichkeitslehre Verdienste erworben. Die Begründung der Sterblichkeitsforschung und der Lebensversicherungstechnik ist mit den Namen *de Witt*, *Graunt*, *Petty*, *Neumann*, *Halley*, *Kerseboom*, *Deparcieux*, *Süßmilch* eng verbunden. Alle diese Forscher lebten im 18. Jahrhundert.

Die dritte Gruppe von Werken, die den Anfang einer versicherungswissenschaftlichen Literatur enthalten, sind staatswissenschaftlicher Natur. Sie behandeln neben der Lebens- vorzugsweise die Feuerversicherung. Beispielsweise können *Berthold Holzschuher* um 1560 (Plan einer obligatorischen Aussteuerversicherung; Urkunden im Hamburger und Lübecker Staatsarchiv) und *Georg Obrecht* angeführt werden als Autoren, welche für eine Ausbreitung der Versicherung in Deutschland aus staatswirtschaftlichen Gründen eintraten, ebenso wie der Philosoph *Leibniz* (in einer Schrift: Über Assekuranzen, 1697). Die Tontinen waren es namentlich, welche zahlreiche Schriften staatswissenschaftlichen Gehalts hervorriefen, ohne daß diese von erheblicher Bedeutung sind. Weiter haben Vertreter der Polizeiwissenschaft, wie beispielsweise *v. Justy* (Grundsätze der Polizeiwissenschaft, 1765) und *v. Berg* (Handbuch des deutschen Polizeirechts, 1800), auf die Bedeutung der Versicherung zur Förderung des Volkswohlstands hingewiesen. Der Hamburger Professor *Büsch* hat sie in ausführlicher Weise beachtet (Theoretisch-praktische Darstellung der Handlung, 1792). *Rau* (Lehrbuch der Polizeiökonomie, 1828 ff.) bespricht bei Behandlung der Sorge für das Kapital die Brandversicherung und sonstige Assekuranzen als Mittel zur Erhaltung der Kapitals- und der Gebrauchsvorräte. Auch auf die landwirtschaftliche Versicherung geht er kurz ein und weist hin auf den Nutzen von Lebensversicherungseinrichtungen als Mittel zur Bekämpfung der Armut. *Mohl* (Polizeiwissenschaft nach den Grundsätzen des Rechtsstaates, 1832/34, 3. Aufl. 1866) spricht vom Versicherungswesen im Anschluß an die Darstellung der Sorge des Staates für die physische Persönlichkeit der Bürger und das Vermögen derselben. Beachtenswert ist, daß er die Lebensversicherung nicht sowohl als geeignet für die ärmsten Klassen als für den Mittelstand ansieht.

Eine dankenswerte Zusammenstellung der ganzen älteren Versicherungsliteratur, namentlich des 18. Jahrhunderts, bietet *Neumann* in der Zeitschrift für die gesamte Versicherungswissenschaft 1912; auf diese muß verwiesen werden.

Die literarische Behandlung der modernen Versicherung, deren Beginn um die Wende des vorigen Jahrhunderts anzusetzen ist, zeigt naturgemäß ebenfalls eine Dreiteilung. Die Entwickelung der mathematischen und der juristischen Gruppe ist aber hier nicht weiter zu verfolgen, sondern nur die der wirtschaftlichen.

Kleine Spezialschriften, vorwiegend geschäftlich-populären Charakters, von Versicherungspraktikern verfaßt, und umfangreiche gelehrte Werke allgemeinen Inhalts von Nationalökonomen, die dem Versicherungswesen gelegentlich einige Sätze oder Abschnitte gewidmet haben, sind die zunächst in Betracht kommenden Quellen.

An die Namen der Praktiker *Behm, Elsner, Gallus, Heym, Hopf, W. Karup, Lazarus, Masius, Saski, Wiegand* u. a. knüpft sich die frühe und eingehende Berücksichtigung der modernen Versicherung.

Die neueren Nationalökonomen behandeln die Versicherung oft zwar weit ausführlicher als ihre älteren Kollegen, aber doch nicht in umfassender Weise in ihren Lehrbüchern. Den Übergang bildet *Roscher* (System der Volkswirtschaft, 1886, Bd. I in 23. Aufl. 1900). In älteren Auflagen seines Werkes bespricht er ebenso wie die Vertreter der Polizeiwissenschaft das Versicherungswesen im Anschluß an einzelne Wirtschaftsgebiete: die Brandversicherung gelegentlich der Erörterung der Konsumtion, die Hagel- und Viehversicherung bei der Agrarpolitik. Erst in einer neueren Auflage wird dem Versicherungswesen im allgemeinen eine kurze historische Darstellung gewidmet. *Roscher* scheint der erste Autor zu sein, welcher die Trennung in den privatwirtschaftlichen und den volkswirtschaftlichen Nutzen der Versicherung vornimmt. *Schäffle* (Das gesellschaftliche System der menschlichen Wirtschaft, 1867) spricht vom Versicherungswesen als einer der schützenden Einrichtungen gegen Wertzerstörung, ohne aber zu einer ausführlicheren systematischen Auffassung und Darstellung durchzudringen. Nur kurz wird die Versicherung auch bei *Knies* (Die politische Ökonomie vom geschichtlichen Standpunkte, 1882) behandelt, wobei jedoch allein die Kapital und Kredit berührenden Punkte hervorgehoben werden. *Gustav Cohn* (System der Nationalökonomie, 1898) spricht von der Versicherung als einem Teil des Handels und des Verkehrswesens, das er in Parallele stellt zu dem Bankwesen. *v. Philippovich* (Grundriß der politischen Ökonomie, Bd. I, 1899, 8. Aufl. 1920) behandelt die Versicherung als eine Einkommenssicherung gelegentlich der Betrachtung von Einkommen und Güterverbrauch, alsdann an einer anderen Stelle in ihrer Bedeutung für die Produktion. *Schmoller* (Grundriß der allgemeinen Volkswirtschaftslehre, 2. Teil 1904) erörtert das Versicherungswesen, und zwar im Gegensatz zu den meisten übrigen Autoren das private wie das öffentliche zusammen, als einen Teil der wichtigeren neuen sozialen Institutionen, jedoch leider ohne ausreichende Beachtung der Literatur.

Allen diesen Darstellungen gemeinsam ist der mehr oder minder gelungene Versuch, das Versicherungswesen einzugliedern in das System der Volkswirtschaftslehre, ohne daß einer der erwähnten nationalökonomischen Theoretiker den Versuch unternommen hat, dem gesamten Versicherungswesen eine auch nur einigermaßen erschöpfende Darstellung zu widmen. Alle begnügen sich vielmehr mit der Hervorhebung dieser oder jener Zweige oder besonderer Erscheinungen und Vorgänge.

Systematische Behandlungen des Versicherungswesens besitzen wir nur wenige. Das gewöhnlich als ältestes deutsches Lehrbuch betrachtete von *Masius* (Lehre der Versicherung und statistische Nachweisungen aller Versicherungsanstalten in Deutschland, nebst Hinweisung auf den hohen Einfluß dieser Institute auf Nationalwohlstand und die Gesetze darüber in den verschiedenen Staaten, 1846) ist, wie schon der Titel zeigt, nichts anderes als eine gänzlich lose Aneinanderreihung von Geschäftsberichten, freilich vermengt mit einer Anzahl wertvoller Bemerkungen und vor allem wichtig als Materialsammlung. Auch *Masius*' andere Schrift (Systematische Darstellung des gesamten Versicherungswesens, 1857) steht nur wenig höher. Weit zurück hinter *Masius* bleibt die ebenso unübersichtliche wie mit einer Fülle von Fehlern versehene Darstellung von *Schmidt* (Das Ganze des Versicherungswesens, 1871).

Die ersten wissenschaftlichen systematischen Darstellungen, die auch heute noch lesenswert sind, haben *Runge* (im Rotteck-Welckerschen Staatslexikon 1834/44, 3. Aufl. 1856/66), *Makowiczka* (in Bluntschlis Staatswörterbuch 1857/70, 2. Aufl. 1875/76), *A. Emminghaus* (in Rentzschs Handwörterbuch der Volkswirtschaftslehre 1870) gegeben. Allein es handelt sich hier nur um kurze Übersichten im Rahmen vielbändiger Werke.

Eine selbständige Darstellung verdanken wir den Gebrüdern *Hermann* und *Karl Brämer* (Das Versicherungswesen, 1894). Wenn dieses inzwischen größtenteils veraltete Werk auch Mängel aufzuweisen hat, insbesondere an großer Ungleichheit in der Behandlung der einzelnen Versicherungszweige leidet, minder Wichtiges in breiter Ausführlichkeit bringt, während andere wichtige Dinge ganz oder nahezu unerörtert gelassen werden, so ist das Verdienst der Verfasser doch hoch zu veranschlagen.

Weit höher steht die Darstellung *Adolf Wagners* (in Schönbergs Handbuch der politischen Ökonomie, Bd. II, 1882, 4. Aufl. 1896/98). Die Eigentümlichkeit dieses großen Nationalökonomen, die Darstellung der Tatsachen zuweilen zurücktreten zu lassen hinter den mit großer Lebhaftigkeit vorgetragenen politischen und sozialpolitischen Forderungen, kommt vielleicht in keiner seiner Schriften so mit allen Vorzügen und Mängeln zum Ausdruck als gerade beim Versicherungswesen. Leitmotiv bei seiner ganzen höchst anregenden Darstellung ist für *Wagner* die Frage der „Überführung des privatwirtschaftlichen Betriebs der Versicherung in gemeinwirtschaftlichen". Der Wunsch, die Richtigkeit seiner staatssozialistischen Ideen an der Hand des Versicherungswesens darzutun, und die temperamentvolle Verteidigung gegen Angriffe von Seiten, welche freilich zum Teil nur durch gänzliche Nichtbeachtung richtig gewürdigt worden wären, geben seiner Darstellung zwar einen hervorragenden kritisch-polemischen Wert, allein die Schilderung der tatsächlichen Zustände kommt dabei ebenso zu kurz, wie *Wagner* wichtige Teile des Versicherungswesens unbeachtet gelassen hat.

Herrmann (Die Theorie der Versicherung vom wirtschaftlichen Standpunkte, 1867) verfällt bei seiner Darstellung in einen anderen Fehler. Er betrachtet die

Versicherung teils von einem philosophischen, teils von einem mechanisch-technischen Gesichtspunkte aus und kommt so zu Lehren, die theoretisch ebenso unhaltbar, wie praktisch wertlos sind. Für ihn ist die Versicherung bald ein Glücksspiel, bald ein Mechanismus, dem er die Einrichtung eines Blitzableiters und eines Uhrenperpendikels zur Seite stellt. Es ist der Niederschlag geistreicher französischer Autoren, auf dem sich *Herrmanns* völlig verfehlte und schiefe Betrachtungen aufbauen.

Kürzere, aber inhaltreiche Darstellungen bieten *Moldenhauer* (Das Versicherungswesen, 2 Bändchen, 3. Aufl. 1912) und äußerst anregend *Wörner* (Allgemeine Versicherungslehre, 3. Aufl. 1920, Besondere Versicherungslehre, 1908). *Manes* hat eine zur Einführung kaufmännischer wie akademischer Kreise bestimmte kleine Schrift veröffentlicht, die einen Auszug aus dem vorliegenden Handbuche darstellt. (Grundzüge des Versicherungswesens, 3. Aufl. 1918.) Daneben gibt es eine Reihe anderer, kurzer populärer Grundrisse, die aber auf wissenschaftliche Bedeutung kaum Anspruch erheben.

Die ausländische Literatur besitzt sowohl hinsichtlich der Quantität wie der Qualität nur sehr wenige systematische Darstellungen. Erwähnung verdient an erster Stelle das Werk von *Chaufton* (Les Assurances, 1884), das eine Fülle tatsächlicher Schilderungen wie gedankenvoller Betrachtungen enthält und — ein seltener Vorzug ausländischer ökonomischer Literatur — nicht nur die Zustände Frankreichs, sondern auch der hauptsächlichsten übrigen Staaten, namentlich Deutschlands, beachtet. Auch dieses Werk ist leider ganz veraltet. Dagegen bietet *Rocca* (Manuale teorico-pratico di assicurazione 1911) eine bis in die neueste Zeit gehende Darstellung, die sich in vielen Beziehungen der ersten Auflage des vorliegenden Werkes anschließt. Dieses war auch das Vorbild für das der österreichischen Praxis dienende Buch von *Horst* (Leitfaden zum Studium der Grundsätze und Einrichtungen des Versicherungswesens, 1905). Für englische Praktiker bestimmt ist das wenig systematische und lückenhafte, ursprünglich von *Walford*, dann von *Tarn*, jetzt von *Andras* herausgegebene Handbuch (The Insurance Guide, 5. Aufl. 1912).

Kürzere Darstellungen des gesamten Versicherungswesens finden sich in den großen Enzyklopädien, hauptsächlich in den neuen englischen und amerikanischen, während in den deutschen Konversationslexiken das Versicherungswesen bis jetzt noch viel zu kurz im Verhältnis sowohl zu seiner Beachtung im Ausland wie zu seiner wirtschaftlichen Bedeutung für Deutschland behandelt worden ist. Eingehend ist das Versicherungswesen im Handwörterbuch der Staatswissenschaften (3. Aufl. 1909/11), herausgegeben von Conrad, Elster, Lexis und Löning, (4. Aufl. im Erscheinen) durch *Emminghaus* und *Manes* beachtet worden, ferner vom letzteren in Elsters Wörterbuch der Volkswirtschaft (3. Aufl. 1911). Mehrere Handbücher des Versicherungswesens haben amerikanische Praktiker und Theoretiker geschaffen und hier ihre langjährigen Erfahrungen niedergelegt. (Insurance, A Text-Book, herausgegeben von *Fricke*, 1898, Insurance, a series of papers read before the University of Pennsylvania, 1905, Yale Insurance Lecturers, 2. Aufl. 1908).

Eine Reihe von Versuchen, der Fülle der Erscheinungen auf dem Gebiete der Versicherung in alphabetischer Anordnung gerecht zu werden, sind zu verzeichnen. Das groß angelegte Werk von *Walford* (The Insurance Encyclopedia, 1871/80) hat es jedoch nur auf 5 Bände gebracht, die bis zum Buchstaben H reichen. Der Versuch *Baumgartners* (Handwörterbuch des gesamten Versicherungswesens, 1899), ein weniger umfangreiches Werk zu schaffen, ist noch früher gescheitert, bereits beim Buchstaben B. Auch ein amerikanisches Projekt von *Singer* fiel zusammen. Die einzige bisher durchgeführte alphabetische Enzyklopädie ist das von *Manes* 1909 herausgegebene Versicherungslexikon nebst Ergänzungsband 1913, unter Mitarbeiterschaft von *v. d. Borght*, *Brüders*, *Damm*, *Domizlaff*, *Ehrenberg*, *Ehrlich*, *Emminghaus*, *Feilchenfeld*, *Florschütz*, *Hagen*,

Henne, Herzfelder, v. Knebel-Doeberitz, Koburger, Lexis, Loewy, Meltzing, Moldenhauer, v. Rasp, Rehm, Reuß, Samwer, Schneider und *Wertheimer.*

Allgemeine prinzipielle Fragen, welche das gesamte Versicherungswesen betreffen, sind von den meisten schon erwähnten nationalökonomischen Autoren erörtert worden. Großen theoretischen Wert hat eine Abhandlung von *Gobbi* (Die Theorie der Versicherung, in der Zeitschrift für Versicherungsrecht und -wissenschaft, Bd. II u. III, 1896). Dasselbe Gebiet behandelt *Hülsse* (Versicherung und Wirtschaft, 1914). Reiches Material bietet der vom Verein für Sozialpolitik veröffentlichte Sammelband (Untersuchungen über das Versicherungswesen in Deutschland, 1913). Das Buch von *Schaefer* und *Lübstorff* (Volkswirtschaft und Versicherung, 1916) ist nur mit Vorsicht zu benutzen. Viel Anregung geben *Stephinger* (Versicherung und Gesellschaft, 1913), *Bischoff* (Kulturaufgaben der Versicherung, 1907) und *Hoffman* (Insurance and Economics, 1911).

Die Geschichte der Versicherung im allgemeinen darzustellen hat bisher nur ein französischer Autor, *Hammond*, versucht (Histoire de l'Assurance, 1895). Oberflächlichkeit, Unvollständigkeit und Unzuverlässigkeit wetteifern jedoch in diesem vollkommen mißlungenen Versuch. Um so wertvoller sind die Forschungen des Italieners *Bensa*, wenn sie auch im wesentlichen rechtshistorisch sind (Il contratto di assicurazione nel medio evo, 1884). Eine rein wirtschaftliche Entwickelungslehre zu geben hat *Richard Ehrenberg* unternommen (Zeitschrift für die gesamte Versicherungswissenschaft, Bd. I u. II, 1901/02). Mit der Entstehung der modernen Versicherung haben sich, ohne zu einem übereinstimmenden Ergebnis zu gelangen, insbesondere beschäftigt *Endemann* (Die Entwickelung des Assekuranzwesens in der Deutschen Vierteljahrsschrift 1865, in Goldschmidts Zeitschrift Bd. IX, 1866), *Reatz* (Geschichte des europäischen Seeversicherungsrechtes, 1871), *Goldschmidt* (Universalgeschichte des Handelsrechts, 1864, 3. Aufl. 1891) und *Schaube* (in Conrads Jahrbüchern für Nationalökonomie und Statistik, 1893/94). Naturgemäß erstreckt sich die Forschung der letzten Autoren im wesentlichen auf die Seeversicherung. Dennoch sind ihre Studien für die Versicherung im allgemeinen von hohem Wert. Das gilt mit einer gewissen Einschränkung auch für die nunmehr zu nennenden Forschungen historischen Charakters für einzelne Versicherungszweige. Die Geschichte der Feuerversicherung hat *von Boenigk* (im Assekuranzjahrbuch, Bd. XV u. XVI, 1894f.) behandelt, neuerdings hat seine Resultate eifrigsten Quellenstudiums *Schaefer* mitgeteilt (Urkundliche Beiträge und Forschungen zur Geschichte der Feuerversicherung in Deutschland, 1911); beachtenswert ist auch *Maas* (Die Brandgilden, 1910). Einen reichen Urkundenschatz bietet eine Hamburger offizielle Publikation (Sammlung von Materialien betreffend die Entwickelung der Gesetzgebung über die Verminderung des verbrennlichen unbeweglichen Eigentums in Hamburg, 1897), *Grosse* hat die Lebensversicherung (Assek. Jhrbch. Bd. VI, XII und XIV, 1885, 1891, 1893), *Plass* (Geschichte der Assekuranz und der hanseatischen Seeversicherungsbörsen, 1902) sowie *Kiesselbach* (Die wirtschafts- und rechtsgeschichtliche Entwickelung der Seeversicherung, 1901) die Geschichte der Seeversicherung dargestellt. Sehr verdienstlich sind die historischen Skizzen, welche *Kleeberg* veröffentlicht hat (im Assekuranzjahrbuch 1912—1920 sowie in der Zeitschrift für die gesamte Versicherungswissenschaft, 1920) und die uns über den Werdegang kleinerer Versicherungszweige aufklären. Weitere Forschungen historischer Art finden sich in vielen noch zu erwähnenden Monographien. — Von ausländischen Werken bedürfen besonders der Hervorhebung der umfangreiche Band von *Fowler* (History of Insurance in Philadelphia, 1888) und *Martin* (History of Lloyds and of Marine Insurance in Great Britain, 1876). Reiches Material historischen Inhalts findet sich ferner zerstreut in den 40 Bänden von *Ehrenzweigs* Assekuranzjahrbuch, in *Walfords* Encyclopedia, und in zahlreichen Denkschriften zu Jubiläen inländischer und ausländischer Gesellschaften. Eine gute Übersicht über die Entwickelung der Literatur des Versicherungswesens gibt

Moldenhauer (in der Festgabe für Schmoller: Die Entwickelung der Volkswirtschaftslehre im 19. Jahrhundert, 1908).

Dem neuerdings besonders in den Vordergrund gerückten auch früher erörterten Problem der Verstaatlichung haben Schriften gewidmet: *Wagner* (Der Staat und das Versicherungswesen, 1881), *Hülßen* und *Brämer* (in der Zeitschrift des preußischen statistischen Bureaus), *Emminghaus* (in zahlreichen Zeitschriftaufsätzen), *Hager* (Die öffentlich-rechtliche Regelung des privaten Versicherungswesens in Deutschland, 1900), *Bödiker* (Die Reichsversicherungsgesetzgebung, 1898), *Woerner* (Der Staat und das Versicherungswesen, 1913 sowie Die Verstaatlichung der Feuerversicherung, 1919), *v. d. Borght* (Reichsversicherungsmonopol?, 1919), *Prange* (Die Sozialisierung des Versicherungswesens, 1920), *Vatke* (Die Verstaatlichung des Feuerversicherungswesens, 1919, *Stier-Somlo* (Rechtsfragen zur Monopolisierung des Versicherungswesens, 1920), *Manes* (Versicherungs-Staatsbetrieb im Ausland, 3. Aufl. 1919).

Das Aufsichtsrecht systematisch dargestellt haben *Moldenhauer* (Die Aufsicht über die Versicherungsunternehmungen 1903) und *Leibl* (Das Recht der Versicherungsunternehmungen, 1913). Kommentare haben verfaßt *Könige*, *Rehm*, *Manes-Hagen* u. a. Ein Sondergebiet erörtert *Woerner* (Der Versicherungsverein auf Gegenseitigkeit, 1904). Auch die Lehrbücher des Versicherungsrechts enthalten viel Einschlägiges, so das von *Lewis* (Lehrbuch des Versicherungsrechts, 1889) und von *V. Ehrenberg* (Versicherungsrecht, 1893), ferner die neuen Darstellungen des Versicherungsrechts von *Kohler* (in Dernburgs Bürgerlichem Recht, Bd. 6, 1911), *Cosack*, *Heilfron* und *Lehmann* (in ihren Lehrbüchern des Handelsrechts 1910/12). Eine vorzügliche Übersicht bietet *Wolff* (in der Enzyklopädie der Rechtswissenschaft von Holtzendorff Kohler, 1914). Noch nicht abgeschlossen ist das groß angelegte mehrbändige Werk von *Kisch* (Handbuch des Privatversicherungsrechts, 1920). Im Erscheinen begriffen ist *Hagen* (Versicherungsrecht, in *Ehrenbergs* Handbuch des Handelsrechts, 1922). Ferner ist anzuführen der große Kommentar zum Versicherungsvertragsgesetz von *Gerhard, Hagen*, *v. Knebel-Döberitz*, *Broecker* und *Manes*, 1908. Eine Fundgrube, auch für das deutsche Recht, ist *Roellis* Werk (Kommentar zum schweizerischen Bundesgesetz über den Versicherungsvertrag, 1914), nicht minder das mehrbändige Werk von *Fick* (Versicherungsrechtliche Abhandlungen, 1918). Als Kommentator des österreichischen Rechts ist *Ehrenzweig* (Gesetz über den Versicherungsvertrag, 1918) zu nennen. Kommentierungen der einschlägigen Bestimmungen des Versailler Friedensvertrages haben *Bruck* und *Berliner* 1921 gegeben. Von Ausländern sind hier zu nennen: *Dawson* (Principles of Insurance Legislation 1895) und *Krafft* (Les Cautionnements des Sociétés d'Assurances, 1921).

Den inneren Betrieb und die Verwaltung der Versicherungsunternehmungen behandeln eine Reihe neuerer deutscher Werke, verfaßt von *Koburger* (Versicherungsbuchführung, 2. Aufl., 1922), *Lengyel* (Bilanzen der Versicherungsalten, 1921), *Rudolf Mueller* (Anlage und Verwaltung der Kapitalien privater Versicherungsunternehmungen, 1914), *Moritz Müller* (Innere Verwaltung, 1914), *Wellmann* (Verwaltungsreform, 1918), *Grunewald* (Einrichtung und Betrieb einer großen deutschen Versicherungsgesellschaft, 1912), *Hilbert* (Technik des Versicherungswesens, 1914), *Meltzing* (Staatspapierkurs und Versicherungsgesellschaften, 1913), *Weiß* (Die Betriebsgewinne der deutschen Versicherungsgesellschaften, 1919). Vortreffliches bietet *Vandersee* (Die Unternehmerverbände in der deutschen Privatversicherung, 1913). Das Unterrichtswesen schildert *Manes* (Versicherungswissenschaft auf deutschen Hochschulen, 1903, und im Assekuranzjahrbuch 1912).

Eine reichere Ausbeute bietet die Literatur, welche sich mit einzelnen Versicherungszweigen beschäftigt.

Für die Lebensversicherung ist ein vorzügliches Werk *W. Karup* (Handbuch der Lebensversicherung, 1885). Denselben Zweig behandeln *Elster* (Die

Lebensversicherung in Deutschland, 1880), *Gebauer* (Die sogenannte Lebensversicherung, 1895), *van Schevichaven* (Vom Leben und Sterben, 1898). Besondere Gebiete der Lebensversicherung haben u. a. behandelt *Westergaard* (Die Lehre von der Mortalität und Morbidität, 2. Aufl. 1901), *v. Knebel-Doeberitz* und *Broecker* (Das Sterbekassenwesen in Preußen, 1902). Populär ist *Dilloo* (Wo finde ich die beste Lebensversicherung? 1908). Viel Material bietet *Bunyon* (Law of Life Insurance, 4. Aufl. 1904). Neueren Datums ist *Gephart* (Principles of Life Insurance, 1917). Einzelfragen erörtern *Illgen* (Das Versicherungsdarlehen, 1920), *Karstädt* (Die Lebensversicherung als agrarpolitisches Entschuldungsmittel, 1918).

Die Volksversicherung haben u. a. dargestellt: *Bleicher* (Die Volksversicherung, 1904), *Dryden* (Addresses and papers, 1909), *Lexis* u. a. (Berichte des Berliner Kongresses für Versicherungswissenschaft, 1906), *Söhner* (Die Volksversicherung, 1911), *Avellis* (in den Veröffentlichungen des Aufsichtsamts, 1911). Neuerdings ist die Volksversicherung ein beliebtes Thema für Dissertationen geworden: *Lederer* (1914), *Littauer* (1915) u. a. haben sie zum Gegenstand der Betrachtung gewählt.

Von den der Versicherungsmathematik gewidmeten Darstellungen mögen einige Schriften hervorgehoben werden: *Landré* (Mathematisch-technische Kapitel zur Lebensversicherung, 4. Aufl. 1911), vor allem *Czuber* (Wahrscheinlichkeitsrechnung, 2. Bd., 3. Aufl. 1921), *Bohlmann* (Lebensversicherungsmathematik, in der Enzyklopädie der mathematischen Wissenschaften, Bd. I, 1901) und *Loewy* (Versicherungsmathematik, 1903, 3. Aufl. 1915). Viel Material gibt *Joh. Karup* (Die Reform des Rechnungswesens der Gothaer Lebensversicherungsbank, 1903). Populär ist *Tarncke* (Die Rechnungsgrundlagen der Lebensversicherung, 1898), höchst anregend *K. Wagner* (Ein Besuch beim Versicherungstechniker, 1901), *Reuling* (Die Grundlagen der Lebensversicherung, 1901) und *Broecker* (Technik der Lebensversicherung, 3. Aufl. 1910). Auch einige Hauptwerke der mathematischen Statistik müssen hier genannt werden. Sie rühren her von *Wittstein* (Mathematische Statistik, 1867), *Knapp* (Ermittelung der Sterblichkeit, 1868, Theorie des Bevölkerungswechsels, 1869), *v. Bortkiewicz* (Die mittlere Lebensdauer, 1893, sowie Lebensdauer und Sterblichkeit im Handwörterbuch der Staatswissenschaften, 1900/01), *Lexis* (Abhandlungen zur Theorie der Bevölkerungs- und Mortalitätsstatistik, 1903). Eine gute Übersicht bietet *Roghé* (Geschichte und Kritik der deutschen Sterblichkeitsmessungen bei Versicherungsanstalten, 1891). Nicht vergessen werden dürfen an dieser Stelle eine Anzahl älterer, aber höchst einflußreicher Schriften, namentlich von *Zillmer*, Herausgeber der deutschen Sterblichkeitstafeln von 1883 (Die mathematischen Rechnungen bei Lebens- und Rentenversicherungen, 2. Aufl. 1887). In weiten Kreisen der Versicherungstechnik Beachtung gefunden haben die Schriften von *Liebetanz* (Die Anwerbekosten in der Lebensversicherung, 1902) und *Logophilus* (Der Streit über die *Zillmer*sche Methode, 1902). Letzterer hat auch unter seinem eigentlichen Namen *Höckner* diese Materie bahnbrechend behandelt (Das Deckungskapital im Lebensversicherungsvertrag, 1909). Zu nennen sind ferner *Pfaffenberger* und *Eisold* (Buchführung bei Kranken-, Sterbe- und Pensionskassen, 1915). Die Sammlung versicherungstechnischer Arbeiten von *Loewenberg* (bisher 5 Bände) bietet viel Einschlägiges. Die Schriften der Zentralstelle für die gemeinsamen deutschen Sterblichkeitsuntersuchungen, geleitet von *Abel* (seit 1914) enthalten für die Praxis unentbehrliches Material.

Empfehlenswerte Werke über Versicherungsmedizin stammen von *Richter* (Handbuch des Versicherungsarztes, 1899), *Florschütz* (Versicherungsmedizin in der Realenzyklopädie des gesamten Heilwesens, 1900, Der Arzt bei der Privatversicherung, 1907), *Buchheim* (Handbuch für Versicherungsärzte, 1878, Ärztliche Versicherungsdiagnostik, 1887), *Feilchenfeld* (Leitfaden der ärztlichen Versicherungspraxis, 1903), *Greene* (The Medical Examination for Life Insurance, 2. Aufl. 1905), *Grober* (Einführung in die Versicherungsmedizin, 1907). Der beste Führer dürfte das neueste Buch von *Florschütz* sein (Allgemeine Versicherungsmedizin, Berlin 1914).

Monographien über die sehr stiefmütterlich behandelte Unfallversicherung haben *Hiestand* (Grundzüge der privaten Unfallversicherung, 1900) und *Mac Neill* (A Study of Accidents and Accident Insurance, 1900) geliefert. Zu nennen sind auch die Darstellungen der Abonnentenversicherung von *Pariser* (Die rechtliche und wirtschaftliche Natur der Abonnentenversicherung, 1916) und *Fink* (Dissertation 1917). Reiches Material findet sich in den seit 1914 erscheinenden Proceedings of the Casualty Actuarial and Statistical Society of America, gegründet von *Rubinow*.

Die private Kranken- und Invalidenversicherung entbehrt der Darstellung, abgesehen von einigen älteren, aber wichtigen Schriften, namentlich von *Heym* (Die Kranken- und Invalidenversicherung, 1863; Anzahl und Dauer der Krankheiten, 1884). Neuerdings sind die Pensionskassen in technischer Beziehung behandelt worden von *Hugo Meyer* (Pensionsversicherung, 1903) und von *Amtmann-Pfaffenberger* (Zur Mathematik der Pensionsversicherung, 1907).

Über die Haftpflichtversicherung liegen Monographien vor von *Manes* (Die Haftpflichtversicherung, ihre Geschichte, wirtschaftliche Bedeutung und Technik, 1902) und, vorwiegend juristisch-kritisch, von *Georgii* (Die Haftpflichtversicherung im Gesetzentwurf über den Versicherungsvertrag, 1904). Von *van der Borght* sind beachtenswerte kleinere Schriften zur Haftpflichtversicherung erschienen (Mitteilungen des Deutschen Haftpflichtschutzverbandes, 1895/1900). *Moldenhauer* behandelt einige Organisationsfragen (Die industriellen und landwirtschaftlichen Haftpflichtversicherungsverbände, 1907). Die neueste Monographie hat *Herzfelder* zum Verfasser (Die Haftpflichtversicherung, 1914).

Die Feuerversicherung ist in wichtigen Teilen von *Ziegler* erörtert worden (Denkschrift zum 25jährigen Bestehen des Verbandes Deutscher Privatfeuerversicherungsgesellschaften, 1897), vornehmlich vom Standpunkte des Versicherten aus kritisch und mit Darbietung von viel Materialien durch *Prange* (Kritische Betrachtungen zu dem Entwurf eines Gesetzes über den Versicherungsvertrag, zugleich eine Darstellung der herrschenden Feuerversicherungspraxis, 1904). Von demselben Autor liegen drei Bände theoretischer Abhandlungen vor (Die Theorie des Versicherungswertes in der Feuerversicherung, 1895ff.). Die großen legislatorischen Gesichtspunkte hat *Hopf* erörtert (Aufgaben der Gesetzgebung im Gebiete der Feuerversicherung, 1880). Reiche praktische Erfahrung ist niedergelegt in dem umfangreichen Werke von *Moore* (Fire Insurance and how to build, 1903). Viel Material gibt *Bunyon* (Law of Life Insurance, 5. Aufl. 1906). Die Prämienfrage wird höchst interessant behandelt von *Dean* (The Rationale of Fire Rates, 1901). Neueren Datums ist das Buch des Amerikaners *Gephart* (Principles of Fire Insurance, 1917). Eine Reihe neuer deutscher Werke verdienen besondere Anerkennung, so das inhaltreiche Buch von *Henne* (Einführung in die Beurteilung der Gefahren bei der Feuerversicherung, 2. Aufl. 1914), *Domizlaff* (Die Feuerversicherung, 1914), *Domizlaff-v. Liebig* (Die Bestimmungen des Feuerversicherungsvertrages, 8. Aufl. 1921), *v. Liebig* (Das deutsche Feuerversicherungswesen, 1911) und *Romberg* (Die Brandschadenregulierung in Fabriken, 1916). Weiter sind zu nennen *Fischer* (Organisation und Verbandsbildung in der Feuerversicherung, 1911), *Lübstorff* (Öffentlicher Betrieb und privater Betrieb der Feuerversicherung, 1910) und *Brauer* (Die Wirkungen des Feuerversicherungskartells, 1912). Die vier letztgenannten Autoren bieten auch manches, was für die Versicherung im allgemeinen bedeutungsvoll ist. *Schaefers* Feuerversicherungskalender (nur 1910 bis 1914) und das *Jahrbuch* der öffentlichen Feuerversicherungsanstalten (1906 bis 1914) geben viel Material. Einen reichhaltigen Inhalt weist das zweibändige von der (nach kurzem Bestand eingegangenen) Gesellschaft für feuerversicherungsgeschichtliche Forschung in Halle herausgegebene Werk auf (Das deutsche Feuerversicherungswesen, 1914). Nicht unbeachtet bleiben darf das Werk von *Kitchin* (The Principles and Finance of Fire Insurance, 1904). *v. Knebel-Doeberitz* hat eine dankenswerte Zusammenstellung der für das Feuerversicherungswesen in Preußen in Betracht kommenden Tatsachen veröffentlicht (Das private Versicherungswesen in Preußen, Bd. II, 1903); verwandten Inhalt hat die Ausgabe von *Hagen* und *Manes* (Preußisches Gesetz betr. die öffentlichen Feuerversicherungsanstalten, 1910). Gute Darstellungen über die verschiedensten Fragen auf dem Gebiete der Feuerversicherung vorwiegend technischer Art finden sich in dem seit 1898 jährlich erscheinenden Journal of the Federation of Insurance Institutes of Great Britain und in dem amerikanischen Insurance Engineering seit 1898.

An Monographien zur Transportversicherung ist kein Überfluß. Außer den historischen Werken, deren wichtigste bereits angeführt sind, besitzen wir juristische Kommentare, namentlich von *Voigt-Seebohm* (1887) und *Sieveking* (1912). Eine systematische Darstellung haben *Andersen* (Die Seeversicherung, 1888) und *Herzog* versucht (Praxis der Transportversicherung, 1909), ferner *v. Liebig* (Die Seeversicherung, 1914). Von Ausländern sind wichtig *Arnould* (Law of Marine Insurance, 8. Aufl., 1909) und *Chalmers* (Marine Insurance Act, 1907). Eine gute Einführung bietet *Cruciger* (Transportversicherung, 2. Aufl. 1921), *Templeman* (Marine Insurance 1909), und *Keate* (Students guide to Marine Insurance, 1912). Die neuen Allgemeinen Deutschen Seeversicherungsbedingungen kommentiert *Ulrich*, die Materialien dazu hat *Bruck* herausgegeben (1920). Wichtigere Einzelfragen der Transportversicherung hat behandelt *Rothharth* (Die Seeversicherungspolice, 1915, noch unvollständig), *Weygand* (Die Kundenversicherung, 1914), *Bäumler* (Die Besonderheiten der Binnentransportversicherung, 1914), *Pauly* (Die englische Kriegsgefahrversicherung, 1919.

Die Hagelversicherung hat eine Schilderung durch *v. Thuemen* erhalten (Geschichte des Hagelversicherungswesens in Deutschland und seine gegenwärtige Gestaltung, 1896). *Suchsland* hat sich mit der Hagelversicherungspolitik beschäftigt (Die Hagelversicherungsfrage in Deutschland, 1890). Auch *Schramm* (in zahlreichen Aufsätzen im Assekuranzjahrbuch, Bd. 4 ff., 1883 ff.) und *Mayet* (Die landwirtschaftliche Versicherung in organischer Verbindung mit Sparanstalten, Bodenkredit und Schuldenablösung, 1888) sind zu beachten. Vorzüglich ist die Darstellung, welche *Buchenberger* dem Hagelversicherungswesen gewidmet hat (Agrarwesen und Agrarpolitik, 1892). Ein umfassendes Werk stammt von *Rohrbeck* (Die Organisation der Hagelversicherung, 1909), ein noch neueres, welches zugleich die Viehversicherung erörtert, von *Fratzscher* (Landwirtschaftliche Versicherung, 1914).

Die Viehversicherung hat einen kenntnisreichen Bearbeiter in *Ehrlich* gefunden (Die Viehversicherung im Deutschen Reich und ihre geschichtliche Entwickelung, 1901). Kürzer fassen sich *Hülssemann* (Die Viehversicherung, 1899), *Dörrwächter* (Die Viehversicherung, 1901) und *Luck* (Die Viehversicherung in Süddeutschland, 1908).

Was die kleineren Versicherungszweige anbelangt, so ist behandelt die Hypothekenversicherung in einer Reihe sehr wichtiger, aber jetzt veralteter Schriften von *Engel*, dann von der Sächsischen Brandversicherungskammer in Dresden (Denkschrift 1916), neustens von *Buckendahl* (in der Zeitschrift f. d. ges. Vers. Wiss., 1920), die Sturmschädenversicherung von *Humann* (im Assekuranzjahrbuch, 1901), die Diebstahlversicherung von *Manes* (Diebstahlversicherung, 1899) und *Schüttensack* (Einbruchdiebstahlversicherung, 1910), die Glasversicherung von *v. Bönigk* (in der Zeitschrift für Versicherungsrecht und -wissenschaft, Bd. II, 1896) und *Linsig* (Geschichte der Glasversicherung, 1915), die Wasserleitungsversicherung von *Kleeberg* (im Assekuranzjahrbuch, 1900, 1911, 1912, 1920, in der Zeitschrift für die gesamte Versicherungswissenschaft, 1912) sowie *Foertsch* (in derselben Zeitschrift, 1921), die Kautionsversicherung und verwandte Zweige von *Frost* (The law of Guaranty Insurance, 1902), die Kreditversicherung von *Herzfelder* (Das Problem der Kreditversicherung, 1904) und *v. Liebig* (Beiträge und Vorschläge zum Problem der Kreditversicherung, 1905), die Überschwemmungsversicherung von *Meltzing* (im Assekuranzjahrbuch, 1911), von demselben auch die Streikversicherung (in der Zeitschrift für die gesamte Versicherungswissenschaft, 1910/1921), ausführlicher von *St. Girons* (L'assurance patronale contre la grève 1908, neuestens von *v. Marck* (Landwirtschaftliche Streikversicherung, 1921), die Maschinenversicherung von *Kohl* (in der Deutschen Versicherten-Zeitung, 1905) und von *Buchsbaum* (Dissertation, 1912), die Miet- und Betriebsverlustversicherung von *Manes* (Mietverlustversicherung, 1908), *Bossert* (Betriebsverlustversicherung, 1911) und *Hansson* (Das Problem der Mietverlustversicherung, 1912). In diesem Zusammenhange sind ferner Schriften über Fliegerversicherung und ähnliche zu nennen von *Luttenberger* (Luftschadenversicherung im Frieden und im Krieg, 1916), *Döring* (Versicherung und Luftverkehr, 1921) und *Hucklenbroich* (Fliegerschadenversicherung, in der Zeitschrift f. d. ges. Vers. Wiss., 1921). Schließlich sind hier anzuführen die Schriften von *Heymann* über die Hauslebensversicherung (Die soziale Sachwerterhaltung auf dem Wege der Versicherung, 1920, Die Sachlebensversicherung und ihr Einfluß auf das Wirtschaftsleben, 1921).

Die Rückversicherung hat zuerst durch *V. Ehrenberg* eine zwar im wesentlichen juristische, aber auch von wirtschaftlichen Gesichtspunkten aus überaus beachtenswerte Darstellung gefunden. Die Rückversicherung, 1885). Eine Ergänzung bietet derselbe Verfasser (Das künftige Rückversicherungsrecht, 1908). Rein wirtschaftlich sind die Darstellungen von *Rau* (Die Rückversicherung der Gegenwart, in der Zeitschrift für die gesamte Versicheruugswissenschaft, 1902), *Schäfer* (Die Feuerrückversicherung, 1900) und *Jahn* (Studien zur Rückversicherung in der Zeitschrift für die gesamte Versicherungswissenschaft, 1912). Neuesten Datums ist das Buch von *Hermannsdorfer* (Wesen und Behandlung der Rückversicherung, 1921).

Die meisten einzelnen Versicherungszweige sind in kürzeren oder längeren Aufsätzen behandelt im Handwörterbuch der Staatswissenschaften (3. Aufl. 1909 bis 1911), ebenso wie in den allgemeinen Nachschlagewerken, hier freilich meist mit zu großer Sparsamkeit; sämtliche Zweige haben im Versicherungslexikon Berücksichtigung gefunden. Kurzen Aufschluß geben auch die Artikel im Wörterbuch der Volkswirtschaft (3. Aufl. 1911). Reichhaltiges Material über nahezu alle Versicherungszweige, und zwar unter besonderer Hervorhebung der für die Praxis wichtigen Punkte enthalten die von *Manes* herausgegebenen Veröffentlichungen des Deutschen Vereins für Versicherungswissenschaft (seit 1903, bisher 30 Bände). Die seit 1914 erscheinende Versicherungsbibliothek von *Manes* bietet in ihren einzelnen, von *Florschütz, Fratzscher, Koburger, Müller, Höckner, Rohrbeck, Domizlaff, Herzfelder* u. a. verfaßten Bänden eine Sammlung von Monographien über die verschiedenen Zweige der Versicherung. *Schaefer* gibt eine Sammlung sehr verschiedenwertiger Schriften heraus unter der Bezeichnung: Abhandlungen aus dem gesamten Gebiete der Versicherungswissenschaften.

Eine Sammlung von Formularen und Aktenstücken aus allen Zweigen bietet *Manes* (Einführung in die Praxis der Privatversicherung, 1907), neuer ist *Koburger* (Privatversicherung, 1917); den Text der alten wie der jetzigen Policen aller Zweige zeigt die vom Deutschen Verein für Versicherungswissenschaft veranstaltete Sammlung von Versicherungsbedingungen (5 Bände 1908/13).

Zahlreiche Fragen des Versicherungswesens werden in den Berichten, welche die Abhandlungen und Debatten der internationalen *Kongresse* für Versicherungswissenschaft und für Versicherungsmedizin enthalten, erörtert.

Naturgemäß pflegen gewisse Probleme der verschiedenen Zweige des Privatversicherungswesens in den die Sozialversicherung betreffenden Werken gestreift zu werden. Insbesondere ist in dieser Beziehung das Werk von *Zacher* (Die Arbeiterversicherung im Ausland, 1898 ff.) zu beachten sowie das von *Bellom*.

Seit 1921 werden die Gesetze aller Länder, welche die Sozialversicherung betreffen, vom Internationalen (Völkerbunds-) Arbeitsamt in Genf in drei Sprachen veröffentlicht.

Ebenso sind häufig wirtschaftliche Fragen in den Hauptwerken der versicherungsrechtlichen Literatur sowohl des Inlandes wie des Auslandes behandelt. Eine Sammlung der Versicherungsgesetzgebung aller Kulturvölker enthält die dritte Auflage der Handelsgesetze des Erdballs, 1906/13. Über die Fortschritte der Gesetzgebung orientiert die Rundschau der Zeitschrift für die gesamte Versicherungswissenschaft wie auch regelmäßig die Chronik der Jahrbücher für Nationalökonomie seit 1902 und gelegentlich die des Weltwirtschaftlichen Archivs.

Sehr reichhaltig an Zahl und Inhalt sind die periodischen Veröffentlichungen, welche das Versicherungswesen behandeln.

Unentbehrlich für jeden Forscher ist *Ehrenzweigs* Assekuranzjahrbuch, welches seit 1880 erscheint, stets mit ausführlichen Statistiken von *Iranyi*. Für Deutschland ist *Neumanns* Jahrbuch für das Versicherungswesen im Deutschen Reiche zu nennen sowie *Wallmanns* Deutscher Versicherungskalender. International ist der Assekuranzkompaß von *Wischniowsky*. Für Frankreich ist ein brauchbares Jahrbuch Paris-Assureur, für England der Post Magazine Almanac. Hervorragend praktisch angelegt ist das in Newyork in zwei Bänden alljährlich erscheinende Insurance Year-Book. Bis zum Jahre 1903 fanden sich ausführliche Darstellungen über die Entwickelung der Lebensversicherung in jedem Jahre in der Sammlung: Zustand und Fortschritte der deutschen Lebensversicherung. Eine anschauliche Verwertung der vorhandenen statistischen Materialien versucht *Stefan* (Assekuranzatlas, 1901).

Was die amtlichen Nachweisungen betrifft, erscheinen in Deutschland die Veröffentlichungen des Reichsaufsichtsamtes für Privatversicherung (seit 1902); daneben gibt das Amt jährlich eine besondere Versicherungsstatistik heraus. Des alten Österreich-Ungarns offizielle Statistik enthält der (1901—1915) jährlich erscheinende Band: Die privaten Versicherungsunternehmungen in den im Reichsrate vertretenen Königreichen und Ländern. In der Schweiz erscheinen ebenso treffliche wie inhaltreiche populäre Berichte des Eidgenössischen Versicherungsamtes über die privaten Versicherungsunternehmungen. In Nordamerika werden von den Aufsichtsämtern nahezu aller Staaten jährlich die Geschäftsberichte der Anstalten mitgeteilt.

Was die der Versicherung dienenden wissenschaftlichen Zeitschriften anbelangt, so kommen hier zunächst rein juristische in Betracht, von denen jedoch zur Zeit in Deutschland keine mehr besteht. Es erschien früher *Elsners* Archiv für das Versicherungswesen (1864/65) und die *Malß*sche Zeitschrift für Versicherungsrecht (1866/68), welche dann in der *Goldschmidt*schen Zeitschrift für das gesamte Handelsrecht aufging. Besonders bevorzugt wird das Versicherungsrecht in der Leipziger Zeitschrift für Handels-, Konkurs- und Versicherungsrecht (seit 1907) sowie in der Hanseatischen Rechts-Zeitschrift (seit 1917).

Auch Zeitschriften rein mathematischen Inhalts, als welche sich insbesondere die Publikationen der ausländischen Aktuarvereine darstellen, entbehren wir in Deutschland. Es erschien hier nur das Journal des Kollegiums für Lebensversicherungswissenschaft (1870/71) und das Jahrbuch für Versicherungsmathematik von *Katz* und *Rose* (1914). Von den ausländischen hat einen Weltruf erlangt das Journal of the Institute of Actuaries in London (seit 1850). Daneben seien angeführt die Transactions of the Faculty of Actuaries of Scotland in Edinburgh (seit 1901), die Transactions of the Actuarial Society of America in Newyork (seit 1889), das Bulletin Trimestriel de l'Institut des Actuaires Français in Paris (seit 1891) und das Archief voor de Verzekeringswetenschap in Amsterdam (seit 1895), jetzt (seit 1920) Het Verzekerings-Archief genannt, unter *Ekama*, *Holwerda* und *Ribbius*. Inhaltreich sind ferner die Mitteilungen der schweizerischen Versicherungsmathematiker (seit 1906). Auch die Skandinavisk Aktuarietidskrift in Upsala verdient Beachtung.

Der Versicherungsmedizin dienten das Bulletin de l'Association Internationale des Médicins-Experts in Brüssel und der Medical Examiner and Practitioner in Newyork, die beide ihr Erscheinen eingestellt haben. In Deutschland wurde die Zeitschrift für Versicherungsmedizin 1909—1914 herausgegeben. Reiches Material bieten die Blätter für Vertrauensärzte, herausgegeben vom Verband Deutscher Lebensversicherungsgesellschaften, seit 1913. Die Ärztliche Sachverständigenzeitung (seit 1895) von *Leppmann* enthält auch einschlägige Aufsätze.

Vorwiegend der Feuerversicherung dienen die höchst inhaltreichen und sehr beachtenswerten Mitteilungen für die öffentlichen Feuerversicherungsanstalten (seit 1869), seit 1912 erweitert durch das Beiblatt Wirtschaft und Recht der Versicherung unter der Leitung von *Damm* und *Baumgarte.* Daneben ist die Rundschau für Feuerversicherung von *Schaefer* (seit 1913) zu nennen. Der Feuerversicherungstechnik gewidmet ist der Insurance Engineering in Newyork (bis 1910).

Eine Zeitschrift wirtschaftlichen und zugleich allgemeinen Charakters besaß Deutschland in der von *Baumgartner* herausgegebenen Zeitschrift für Versicherungsrecht und -wissenschaft (1895—1899). Seit 1900 erscheint die Zeitschrift für die gesamte Versicherungswissenschaft, welche eine Ergänzung findet in den Veröffentlichungen des Deutschen Vereins für Versicherungswissenschaft (seit 1903), beide geleitet von *Manes.* Eine Österreichische Zeitschrift für öffentliche und private Versicherung geben seit 1910 *Berliner* und *Engländer* heraus. Seit 1921 erscheint die Nordisk Försäkringstidskrift in Stockholm unter *Bergholm.*

Als Organe der die Interessen der privaten Versicherungsunternehmungen vertretenden Fachpresse sind zu nennen für Deutschland das von *Neumann* geleitete Deutsche Vereinsblatt, welches von 1872—1903 erschien, sowie die unter gleicher Redaktion stehende Zeitschrift für Versicherungswesen (seit 1877), *Wallmanns* Versicherungszeitschrift (seit 1867), Deutsche Versicherungszeitung (seit 1864) von *Elsner*, Annalen des gesamten Versicherungswesens (1871—1920), Archiv für Versicherungswirtschaft (seit 1907), Deutsche Versicherungspresse (seit 1873) und eine Reihe andere. Das älteste deutsche Organ ist *Masius*' Rundschau, welche seit 1850 herauskommt. Für Österreich ist die von *Ehrenzweig* gegründete Österreichische Versicherungszeitung anzuführen, die Österreichische Revue von *Loewenberg* und die Union von *Fachini.* Guter Fachblätter erfreuen sich Holland wie die skandinavischen Länder. Ersteres besitzt u. a. den Verzekeringsbode, Zonneschijn und De Polis. In dänischer Sprache erscheint Assurancetidende. Für Schweden kommt Gjallarhornet in Betracht und Assurans, für Norwegen Forsikringstidende. für Finland Wakuutussanomia. Englischen Interessen dient das geschickt redigierte Skandinavian Insurance Magazine in Kopenhagen (seit 1920). Englische Fachorgane sind die in London erscheinenden Insurance Record, The Review sowie Post Magazine and Insurance Almanac. Frankreich besitzt in den Zeitschriften L'Argus und La Semaine, Polen im Kurjer Assekuracyjny, Amerika im Spectator, Monitor, Chronicle und Economic World beachtenswerte Fachorgane, Australien im Australasian Insurance and Banking Record, Japan im Hoken ginko jiho. Von deutschen Verbandsorganen sind anzuführen: die Mitteilungen des Reichsverbands der Privatversicherung (seit 1920), die vom Deutschen Versicherungs-Schutzverband herausgegebene Versicherungspraxis (*Prange*), die Bundeszeitung des Bundes Deutscher Versicherungsvertreter und die Versicherungspost.

Schließlich bedarf die Bibliographie des Versicherungswesens der Erwähnung. *Neumann* hat in verdienstvoller Weise die älteste Versicherungsliteratur, insbesondere des 18. Jahrhunderts, zusammengestellt (in der Zeitschrift für die gesamte Versicherungswissenschaft, 1912). Derselbe Verfasser hat ein unentbehrliches Werk über das neuere Schrifttum veröffentlicht (Systematisches Verzeichnis der Literatur des deutschen Sprachgebietes über das private Versicherungswesen vom Anfang des 19. Jahrhunderts bis zur Gegenwart, 1913). In dem angeführten Werke von *Brämer* hat *Lippert* eine ausführliche Zusammenstellung der Literatur bis zum Jahre 1894 gegeben. Die von 1895 bis 1899 erschienenen wichtigeren Werke sind in der *Baumgartner*schen Zeitschrift angeführt. Periodisch unterrichten über die neu erscheinende Literatur die Blätter für die gesamten Sozialwissenschaften (Berlin 1905—1915). Seit 1900 wird in der Zeitschrift für die gesamte Versicherungswissenschaft die Bibliographie des Inlandes wie des Auslandes, auch die Zeitschriftenliteratur eingehend beachtet. Hier finden sich insbesondere auch kritische Besprechungen von Neuerscheinungen. Wertvolle Fingerzeige bieten die Kataloge einiger Versicherungsfachbibliotheken, u. a. die der Gesellschaft Utrecht in Utrecht und des Londoner Institute of Actuaries. Im Versicherungs-Lexikon von *Manes* ist ebenso wie im Ergänzungsbande hierzu das bibliographische Material systematisch-alphabetisch verzeichnet.

ALPHABETISCHES SACH- UND PERSONEN-REGISTER.

Ziffern in gerader Schrift bedeuten Seite des I. Bandes, Ziffern in schräger Schrift Seite des II. Bandes.

Ziffern in gerader Schrift bedeuten Seite des I. Bandes, Ziffern in schräger Schrift Seite des II. Bandes.

Versicherungswesen

Von Prof. Dr. **A. Manes**

Band I: **Allgemeine Versicherungslehre**
Band II: **Besondere Versicherungslehre**

3., neubearbeitete und erweiterte Auflage

Aus den Besprechungen der zweiten Auflage:

„Dieses Werk war das erste, welches das gesamte Versicherungswesen als selbständigen Ausschnitt des sozialen Lebens zugleich wissenschaftlich und doch in angenehm-lesbarer Form behandelte; es hat fruchtbar gewirkt." **(Geh. Justizrat Prof. Dr. Ehrenberg, Leipzig. „Deutsche Juristenzeitung.")**

„Es bietet eine vorzügliche, weithin und scharf herumleuchtende Einführung in das Privatversicherungswesen, die dem aufmerksamen und fleißigen Leser eine umfassende und substantielle Übersicht über dieses Gebiet zu vermitteln vermag." **(Prof. Dr. R. de Waha. „Archiv f. Sozialwissensch.")**

„Die erste Anlage und die Fortführung eines Buches wie das vorliegende sind an Bedingungen geknüpft, die nur selten in einer Person vereinigt sind; sie erfordern eine lebhafte Fühlungnahme mit den Kreisen der Praxis und die Gelegenheit, die Fachliteratur in möglichst ausgedehntem Maße heranziehen zu können. Dies alles trifft bei dem Autor kraft seiner Stellung zu, und die Redaktion des von ihm herausgegebenen Versicherungslexikons verschaffte ihm jene wertvolle Übersicht über das Ganze, deren Wirkungen man in der Neuauflage deutlich wahrnehmen kann." **(Hofrat Prof. Dr. E. Czuber. „Zeitschr. f. d. ges. Vers.-Wissenschaft.")**

„Die Schilderung ist leichtfaßlich und klar. Das Buch ist nach Anlage und Ausgestaltung auch zur Einführung in das Versicherungswesen bestens geeignet, es gewährt einen guten und namentlich geschlossenen Überblick und ist damit ebenso Lehrbuch wie Handbuch. Dabei bietet es auch dem mit der Materie Vertrauten manch neuen Gesichtspunkt und besonders viel originelles Material durch die stetige Heranziehung des ausländischen Versicherungswesens." **(Dr. H. Meltzer. „Jahrb. f. Nat.-Okonomie u. Statistik.")**

„Das vorliegende Werk ist auch fernerhin neben den Grundzügen des Versicherungswesens (Leipzig 1911, 2. Aufl.), sowie dem großzügigen Versicherungslexikon von 1908 und dem hierzu soeben erschienenen Ergänzungsband berufen, Versicherungsbehörden, Versicherungsgesellschaften, Versicherungsfachmännern in Literatur und Praxis, sowie Lernenden als unentbehrlicher Führer zu dienen." **(Dr. jur. Richard Horn. „Preuß. Verwaltungsblatt.")**

„Jedem, der sich theoretisch oder praktisch mit Fragen der Versicherung beschäftigt hat, sind die Veröffentlichungen von Manes längst zu einem unentbehrlichen Handwerkszeug geworden. Es wäre überflüssig, sie besonders zu empfehlen." **(D. W. „Zeitschr. f. d. ges. kaufm. Unterrichtswesen.")**

„Als Generalsekretär des Deutschen Vereins für Versicherungswissenschaft und Herausgeber der Zeitschrift für die gesamte Versicherungswissenschaft hat der Verfasser besonders günstige Gelegenheit, in alle Zweige der Versicherung und ihre Entwicklung Einblick zu bekommen. Daher ist denn auch das neue Hand- und Lehrbuch belehrend und zuverlässig wie kein zweites in bezug auf den heutigen Stand des Versicherungswesens." **(„Literar. Zentralbl.")**

„Zusammenfassend läßt sich das Buch dahin charakterisieren, daß es ein ebenso tüchtiges wie interessantes Lehrbuch für die des Versicherungswesens Unkundigen darstellt, welches gleichzeitig dieses nach seiner allgemeinen Seite hin, wie in allen seinen Einzelzweigen nach dem neuesten Stande der Wissenschaft und Praxis behandelt und zudem die neuesten Forschungen des In- und Auslandes, sowie die tatsächlichen Verhältnisse auf dem Gebiete des gesamten Versicherungswesens berücksichtigt." **(Dr. F. Schmidt. „Germania.")**

Verlag von B. G. Teubner in Leipzig und Berlin

Unter der Schriftleitung des Verfassers vorliegenden Werkes

Professor Dr. Alfred Manes

erscheint im 22. Jahrgang

Zeitschrift für die gesamte Versicherungswissenschaft

Herausgegeben vom Deutschen Verein für Versicherungswissenschaft

Ständige Abteilungen der Zeitschrift: Abhandlungen, Rechtsprechung, Sprechsaal, Bücheranzeigen, Bücherschau, Versicherungsrundschau über Inland und Ausland.

Die Zeitschrift kann beim Verlag, aber auch bei jedem Buchhändler des Inlands wie des Auslands abonniert werden. Das Jahresabonnement für vier Hefte, welche am 1. jeden Vierteljahres erscheinen, kostet M. 80.—. (Hierzu kommen für das Ausland Valutazuschläge.)

Zu den internationalen Mitarbeitern der Zeitschrift gehören die hervorragendsten Theoretiker und Praktiker des privaten wie des sozialen Versicherungswesens.

Die Zeitschrift nimmt Stellung zu allen wichtigen Fragen; sie berichtet über alle wichtigen Vorgänge auf dem Gesamtgebiet der Versicherung.

Verlag E. S. Mittler & Sohn / Berlin SW 68, Kochstraße 68–71

Wörterbuch der Handelskunde

Von Handelsschuldirektor Dr. V. Sittel u. Justizrat Dr. M. Strauß

Zugleich fünfsprachiges Wörterbuch zusammengestellt v. **V. Armhaus**, verpfl. Dolmetscher.

(Teubners kleine Fachwörterbücher Bd. 9.) Geb. M. 25.—

Ein unentbehrliches Auskunftsmittel für Handel und Industrie, das über alle wirtschaftlichen, technischen und rechtlichen Fragen des kaufmännischen Lebens wie Bank und Börse, Spediteur, Lagerhalter, Agent, Makler, Kommissionär, Verkehr mit Post und Eisenbahn, das Recht des Kaufmannes, den Zahlungsverkehr, die buchhalterischen und rechnerischen Arbeiten im Betrieb, Reklame u. a. m. unterrichtet. Deutschland und die wichtigeren Länder der Welt werden wirtschaftlich-geographisch und handelsstatistisch betrachtet, Einfuhr, Ausfuhr, Münzen, Maße und Gewichte angegeben. Besonders sei hervorgehoben, daß die wichtigsten Fachausdrücke, die in den allgemeinen Sprachwörterbüchern zumeist nicht enthalten sind, in vier Sprachen, und zwar Englisch, Französisch, Italienisch und Spanisch wiedergegeben werden.

Wörterbuch der Warenkunde

Von Prof. Dr. M. Pietsch

(Teubners kleine Fachwörterbücher Bd. 3.) Geb. M. 25.—

Gibt unter Hervorhebung des Wesentlichen zuverlässige Auskunft über 2000 Rohstoffe, Ersatzstoffe, Halb- und Ganzerzeugnisse sämtlicher Gewerbe und Industrien nach Ursprung, geographischer Herkunft, Eigenschaften, Verarbeitung und Verwendung, dabei auch die Kennzeichen der Echtheit und die häufigsten Fälschungen sowie die Mittel zu ihrem Nachweis berücksichtigend. Bei Waren von größerer Bedeutung sind die Ursprungsländer unter Angabe der erzeugten und ausgeführten Mengen genannt. Für das Deutsche Reich ist auch zumeist der Verbrauch der größeren Wirtschaftsgebiete an einzelnen Welthandelswaren angeführt worden. Ferner sind auch die erzeugenden Wirtschaftsgebiete aufgenommen und nach geographischer Lage, Staatsform, Flächeninhalt, Einwohnerzahl und Ausfuhrmenge der wichtigsten Waren gekennzeichnet, um zu zeigen, welchen Anteil die einzelnen Länder an der Erzeugung der Welthandelswaren haben. Zur Erhöhung der Brauchbarkeit sind die warenkundlichen Namen und Begriffe mit etymologischen Erklärungen versehen und den deutschen Warenbezeichnungen die betreffenden englischen und französischen Übersetzungen beigefügt.

Verlag von B. G. Teubner in Leipzig und Berlin

Preisänderung vorbehalten

GPSR Compliance

The European Union's (EU) General Product Safety Regulation (GPSR) is a set of rules that requires consumer products to be safe and our obligations to ensure this.

If you have any concerns about our products, you can contact us on ProductSafety@springernature.com

In case Publisher is established outside the EU, the EU authorized representative is:

Springer Nature Customer Service Center GmbH
Europaplatz 3
69115 Heidelberg, Germany

Batch number: 10815964

Printed by Printforce, the Netherlands